U0015917

台資銀行中國大陸
債權確保實務
法院判例 1-25

台資銀行大陸從業人員交流協會◎著
富蘭德林證券股份有限公司◎編

導讀

為協助台資銀行在開發中國大陸業務中降低風險，本書特別挑選2015年最高人民法院指導性案例，和上海、江蘇、廣東、北京等地高院或中院，涉及外資銀行業務相關典型案例進行整理，讓台資銀行更全面、更具系統性地掌握大陸司法體系對銀行業務爭議的觀點。

受限於書籍字數限制，本次只針對「借款合同」和「擔保合同」等挑選出25個判例， 如擔保（抵押、質押、保證）、借款合同（以企業借款為主）、儲蓄合同、跨境擔保等判例，並針對每個判例進行法律實務評析，期待讀者能透過淺顯易懂的描述，更精確地掌握每個判例背後的法律精髓，以便活用在日後銀行涉及大陸的放款業務中。感謝華東政法大學與上海對外經貿大學對本書的協助，並期待本書能真正達到降低台資銀行大陸授信風險的目的。

富蘭德林證券董事長

目次

第一篇

借款合同

【案例1】逾期罰息計收複利的法律分析

天津銀行與中能天津公司等金融借款合同糾紛案評析

案號：最高人民法院（2015）民二終字第110號

【摘要】

合同未明確約定對逾期罰息計收複利，複利的計算基數應僅為合同期內正常應付利息而不包括逾期罰息；因此，銀行應在合同條款明確約定對逾期罰息計收複利。

【基本案情】

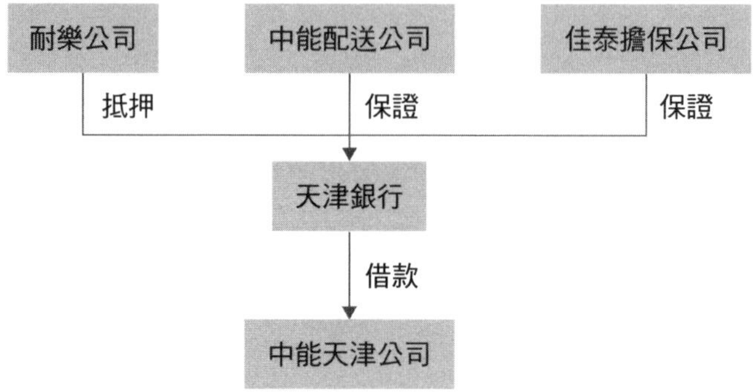

2012年12月10日，天津銀行天馬支行（以下簡稱「天津銀行」）與中能濱海電力燃料天津有限公司（以下簡稱「中能天津公司」）簽訂《流動資金借款合同》，約定天津銀行向中能天津公司發放借款人民幣6億元，期限自2012年12月10日至2013年7月9日，擔保方式為連帶責任保證及抵押，並對利息、罰息及複利等做了約定。

上述合同簽訂後，天津銀行陸續向中能天津公司發放貸款5億元，中能天津公司收到上述款項，並按合同約定用途使用。借款期滿後，中能天津公司未能歸還上述借款，並自2013年5月21日起拖欠應付利息。天津銀行多次催收未果，遂於2013年7月31日訴至法院，請求中能天津公司歸還借款本金5億元整，並償付自2013年5月21日起至實際還清欠款之日的應付利息、罰息及複利（截至2013年7月25日為8,570,988.33元）。

【法院判決】

天津市高級人民法院經審理認為，天津銀行與中能天津公司簽訂的《流動資金借款合同》是雙方的真實意思表示且未違反法律及行政法規的禁止性規定，應為合法有效。中能天津公司在借款期滿後未歸還借款5億元，同時拖欠自2015年5月21日起產生的利息。中能天津公司的上述行為已經違反了與天津銀行的相關合同約定，應當承擔償還相應本息的違約責任，故判決中能天津公司償還天津銀行借款5億元及利息8,570,988.33元（截至2013年7月25日），並支付從2013年7月26日起至該判決之日止合同約定計付的相應利息、罰息以及複利。

宣判後，中能天津公司不服一審判決，提起上訴，認為一審判決有關逾期罰息的計算方式錯誤，判令中能天津公司向天津銀行支付的利息金額8,570,988.33元明顯過高，不符合法律規定，請求改判中能天津公司減少支付利息78,788元整，僅應支付天津銀行利息8,492,200.33元。最高人民法院經審理認為，該案的爭議焦點在於複利的計算方法。一審判決判令中能天津公司應支付給天津銀行的利息為8,570,988.33元（截至2013年7月25日），係由正常利息2,858,704元、逾期罰息5,611,944元以及複利100,340.33元構成，其中複利的計算是以正常利息加上逾期罰息為基數，乘以借款合同約定的逾期利率及逾期天數得出。但是，根據中國人民銀行《人民幣利率管理規定》

及《關於人民幣貸款利率有關問題的通知》的相關規定，複利的計算基數應僅為正常利息，不包括逾期罰息，故一審判決確認的複利計算方法缺乏法律與合同依據。根據中能天津公司應付貸款利息表確認的內容，對其關於一審法院確認複利計算方法錯誤的上訴請求予以支援，並對判決相應部分依法予以改判：中能天津公司應給付天津銀行複利為21,552.33元而非100,340.33元（截至2013年7月25日），再加上正常利息2,858,704元和逾期罰息5,611,944元，中能天津公司應付天津銀行貸款利息共計8,492,200.33元。

【法律評析】

本案的主要爭議焦點，為複利的計算方法及對逾期罰息應否計收複利問題。

一、複利的計算方法

關於複利問題，中國人民銀行有兩個規範性文件。第一，《人民幣利率管理規定》第二十條規定：「對貸款期內不能按期支付的利息按貸款合同利率按季或按月計收複利，貸款逾期後改按罰息利率計收複利。」第二，《關於人民幣貸款利率有關問題的通知》第三條規定：「對逾期或未按合同約定用途使用借款的貸款，從逾期或未按合同約定用途使用貸款之日起，按罰息利率計收利息，直至清償本息為止。對不能按時支付的利息，按罰息利率計收複利。」如果合同沒有明確約定「罰息一併計收複利」，則複利的計算基數應僅為合同期內正常的應付利息，而不包括逾期後的罰息。

本案中，《流動資金借款合同》第九．四條中約定的未支付利息指正常利息，即合同期內的應付利息，而不包括貸款逾期後的罰息。根據上述的複利計算方法，中能天津公司應支付給天津銀行的複利為21,552.33元，而非一審判決中以正常利息和逾期罰息之和為基數計算得出的複利100,340.33元。一審判決採用的複利計算方法既缺乏合同依據，亦缺乏法律依據，故二審法院對中能天津公司關於減少部分複利數額的上訴請求予以支持，並依法做出改判。

二、對逾期罰息計收複利合同約定的法律規制

對逾期罰息應否計收複利問題，實務中會因案件情況不同、審理法官不同等因素，而產生不同的裁判結果。目前，已知相關案例的裁判結果大致有三種：（1）合同明確約定對逾期罰息計收複利，法院予以支持，主要基於該約定是雙方當事人的真實意思表示，且未違反法律、行政法規的強制性規定；（2）合同未明確約定對逾期罰息計收複利，僅約定對未支付的利息計收複利，在借款人認可或者沒有異議時，法院予以支持，理由同上；（3）合同未明確約定對逾期罰息計收複利，僅約定對未支付的利息計收複利，借款人認為對逾期罰息計收複利對自己明顯不公，法院會以複利計算基數為合同期內應付利息而非逾期罰息為由，駁回貸款銀行對罰息計收複利的訴訟請求，主要基於維護民法的公平和誠實信用原則。

以下針對上述常見的第三種情形進行具體分析。《中華人民共和國合同法》第一百一十三條第一款規定：「當事人一方不履行合同義務或者履行合同義務不符合約定，給對方造成損失的，損失賠償額應當相當於因違約所造成的損失，包括合同履行後可以獲得的利益，但不得超過違反合同一方訂立合同時預見到或者應當預見到的因違反合同可能造成的損失。」第一百一十四條第一、二款規定：「當事人可以約定一方違約時應當根據違約情況向對方支付一定數額的違約金，也可以約定因違約產生的損失賠償額的計算方法。約定的違約金過分高於造成的損失的，當事人可以請求人民法院或者仲裁機構予以適當減少。」

上述法律規定確定了違約金制度旨在賠償非違約方損失，而非

嚴懲違約方。同時，違約金數額應當與違約損失大抵相當，以維護公平和誠實信用原則。因此，人民法院可以基於誠實信用原則對合同意思自治進行法律規制，根據當事人請求對數額過高的違約金條款進行適當調整。在借款合同糾紛中，罰息即屬於貸款逾期情形下借款人承擔的一種違約金責任，兼具賠償貸款人損失及懲罰借款人的雙重功能。借款人按照罰息利率向貸款人支付逾期利息已使貸款人的損失得到充分賠償，若再對逾期罰息計收複利，即對借款人進行雙重處罰，數額明顯高於貸款人的實際損失，亦有違公平和誠實信用原則。因此，法院應當根據借款人的申請，駁回貸款銀行對逾期罰息計收複利的訴訟請求。

當然，實務中經常會出現對利息範圍的不同理解。有人認為，中國人民銀行相關規定中的「利息」，既包括合同期內應當支付的正常利息，也包括逾期後的罰息。現在，最高人民法院通過這個判決予以明確界定。按照中國人民銀行《人民幣利率管理規定》及《關於人民幣貸款利率有關問題的通知》的相關規定，複利的計算基數僅為合同期內應當支付的正常利息，不包括逾期罰息。因此，除合同條款明確約定對逾期罰息計收複利外，未支付的利息僅指合同約定的正常利息，不包括逾期罰息。

三、對銀行的啟示

基於司法實務中關於逾期罰息計收複利的不同約定，產生不同裁判結果的具體情況，銀行等債權人訂立借款合同時需要特別注意。如果銀行提供的借款合同範本中對逾期罰息是否計收複利約定不明，在向法院訴請對罰息計收複利時，很可能因為缺乏法律和合同依據而被駁回。如果在合同條款中明確約定對逾期罰息計收複利，比如「借款人未按期支付利息的，銀行有權從未按期支付之日起按日計收複利。具體表現為：借款到期之日前未按期支付利息的，按合同約定的借款利率計收複利；借款到期之日後，按合同約定的逾期罰息利率對罰息計收複利。」基於當事人之間真實的意思表示，且不違反法律、行政法規的強制性規定，該項約定合法有效，相應訴訟請求就可以得到法院的支持。因此，最高人民法院的這項判決既是對現有規定的確認，同時明確了合同約定不明時法院的具體認定標準，對銀行等債權人從事金融借款業務具有重要的指導意義。

附：法律文書

天津銀行股份有限公司天馬支行與中能濱海電力燃料天津有限公司、天津市佳泰投資擔保有限公司等金融借款合同糾紛二審民事判決書

最高人民法院（2015）民二終字第110號

上訴人（原審被告）：中能濱海電力燃料天津有限公司。住所地：天津市河西區圍堤道125號天信大廈24層。

法定代表人：宋剛，該公司董事長。

委託代理人：陳曉霞，天津華聲律師事務所律師。

被上訴人（原審原告）：天津銀行股份有限公司天馬支行。住所地：天津市河西區平山道24號。

負責人：王曉昕，該支行行長。

委託代理人：王建傑，天津旗幟律師事務所律師。

委託代理人：王雪，天津旗幟律師事務所律師。

原審被告：天津市佳泰投資擔保有限公司。住所地：天津市河西區圍堤道125號天信大廈25層。

法定代表人：肖福林，該公司董事長。

委託代理人：倪秀紅，天津安澤律師事務所律師。

原審被告：中能燃料配送有限公司。住所地：北京市宣武區白廣路二條1號。

法定代表人：陳望，該公司董事長。

原審被告：天津耐樂實業有限公司。住所地：天津市河西區友誼北路

37、39號四層。

法定代表人：肖福林，該公司董事長。

上訴人中能濱海電力燃料天津有限公司（以下簡稱中能天津公司）因與被上訴人天津銀行股份有限公司天馬支行（以下簡稱天馬支行），及原審被告天津市佳泰投資擔保有限公司（以下簡稱佳泰擔保公司）、中能燃料配送有限公司（以下簡稱中能配送公司）、天津耐樂實業有限公司（以下簡稱耐樂公司）借款合同糾紛一案，不服天津市高級人民法院（2013）津高民二初字第0025號民事判決，向本院提起上訴。本院依法組成由審判員王濤擔任審判長，審判員李京平、代理審判員梅芳參加的合議庭對本案進行了審理，書記員陳明擔任記錄。本案現已審理終結。

原審法院查明：天馬支行與中能天津公司於2012年12月10日訂立編號為0632012034的《流動資金借款合同》。合同約定天馬支行向中能天津公司發放借款人民幣6億元，借款用途為歸還欠款，期限自2012年12月10日至2013年7月9日，具體提款日和還款日以借據記載日期為準，利率為年息7.2%，擔保方式為連帶責任保證及抵押。

2012年12月10日，天馬支行與耐樂公司訂立《抵押合同》。合同約定：為確保中能天津公司在0632012034號借款合同項下的義務得到切實履行，耐樂公司願以座落於天津市河西區友誼北路37、39號102及二、三、四層合計16,914.98平米房產為6億元借款向天馬支行提供抵押擔保，抵押擔保範圍包括全部借款本金、利息、複利、罰息、實現主債權及抵押權的費用等。天馬支行與耐樂公司在房地產登記機構辦理了房地產抵押登記，房地產抵押證號分別為房地他證津字第103041206447號、房地他證津字第103041206446號、房地他證津字第103041300064號、房地他證津字第103041300065號、房地他證津字第103041206449號、房地他證津字第103041206450號、房地他證津字第103041300062號、房地他證津字第103041300066號。

同日，天馬支行分別與中能配送公司及佳泰擔保公司訂立《保證合同》。合同約定：為確保中能天津公司在0632012034號借款合同項下的義務得到切實履行，中能配送公司及佳泰擔保公司願向天馬支行提供保證擔保，擔保的主債權為天馬支行依據主合同發放的貸款6億元，借款用途為歸還欠款，保證方式為連帶責任保證，保證範圍包括主合同項下的全部借款本金、利息、複利、罰息、實現債權的費用等，保證期間為兩年。

上述合同簽訂後，天馬支行陸續向中能天津公司發放貸款5億元，中能天津公司收到上述款項並按合同約定用途使用。借款期滿後，中能天津公司未能歸還上述借款，並自2013年5月21日起拖欠應付利息。耐樂公司及中能配送公司、佳泰擔保公司亦未按合同約定履行抵押擔保及連帶保證責任。天馬支行經多次催收未果。

天馬支行於2013年7月31日向天津市高級人民法院提起訴訟，請求判令：一、中能天津公司償還借款本金5億元整，並償付自2013年5月21日起至實際還清全部欠款之日應付利息、罰息及複利（截至2013年7月25日為8,570,988.33元）；二、耐樂公司以向天馬支行設定抵押的天津市河西區友誼北路37、39號102及二、三、四層合計16,914.98平米房產及占用的土地使用權對中能天津公司以上債務承擔抵押擔保責任，天馬支行對該抵押房地產的拍賣、變賣價款享有優先受償權；三、中能配送公司對中能天津公司以上債務承擔連帶清償責任；四、佳泰擔保公司對中能天津公司以上債務承擔連帶清償責任；五、全部訴訟費用由中能天津公司、佳泰擔保公司、中能配送公司、耐樂公司連帶承擔。

原審法院認為：天馬支行與中能天津公司簽訂的《流動資金借款合同》、與耐樂公司簽訂的《抵押合同》、與中能配送公司及佳泰擔保公司簽訂的《保證合同》均是各方真實意思表示，且不違反法律及行政法規禁止性規定，應為合法有效。上述合同簽訂後，天馬支行如約向中能天津公司發放了5億元人民幣借款，中能天津公司收到借款並按照合同約定用途予以使用後並未歸還上述款項，同時欠付自2013年5月21日起產生的利息，耐樂公司及中能配送公司、佳泰擔保公司亦未按合同約定履行抵押擔保及連帶保證責任。中能天津公司、耐樂公司、中能配送公司以及佳泰擔保公司上述行為已經違反了與天馬支行簽訂的相關合同約定，均應承擔相應的違約責任，故天馬支行要求中能天津公司承擔償還相應本金和利息、耐樂公司及中能配送公司、佳泰擔保公司就上述款項承擔相應抵押擔保及連帶保證責任的主張應予支持。本案審理中，雖然中能天津公司對於其與天馬支行簽訂的《流動資金借款合同》中加蓋的中能濱海電力燃料天津有限公司公章真實性提出異議並要求對印章的真偽進行鑒定，但是中能天津公司對於該項申請並未提出充分且合理的理由，故該院對中能天津公司提出的鑒定申請不予准許。

綜上，該院依據《中華人民共和國合同法》第二百零五條、第二百零六條、第二百零七條，《中華人民共和國物權法》第一百七十條、第一百七十六條，《中華人民共和國擔保法》第十八條、第三十一條，《最高人民法院關於適用〈中華人民共和國擔保法〉若干問題的解釋》第四十二條之規定，判決：一、中能天津公司於判決生效後10日內償還天馬支行人民幣5億元及利息8,570,988.33元（截至2013年7月25日），並支付從2013年7月26日起至該判決之日止的合同約定計付的利息、罰息以及複利；如果未按該判決指定的期間履行給付金錢義務，應當依照《中華人民共和國民事訴訟法》第二百五十三條之規定，加倍支付遲延履行期間的債務利息；二、天馬支行對耐樂公司名下的座落於天津市河西區友誼北路37、39號102及二、三、四層合計面積為16,914.98平方米的房地產以折價或拍賣、變賣上述抵押物所得價款在欠款本息範圍內優先受償。耐樂公司承擔清償責任後，有權向中能天津公司追償；三、佳泰擔保公司、中能配送公司對上述給付事項承擔連帶清償責任，二公司承擔保證責任後有權向中能天津公司追償。案件受理費2,584,655元、保全費5,000元，由中能天津公司、佳泰擔保公司、中能配送公司、耐樂公司共同負擔。上述費用已由天馬支行預交，該院不再退還，由中能天津有限公司、佳泰擔保公司、中能配送公司、耐樂公司在執行中給付天馬支行。本案管轄異議受理費由佳泰擔保公司承擔80元，由中能濱海天津公司承擔80元。

中能天津公司不服原審法院上述民事判決，向本院提起上訴稱：原審判決判令中能天津公司向天馬支行支付的利息金額為8,570,988.33元，明顯過高，不符合法律規定，請求改判中能天津公司減少支付天馬支行利息78,788元整，中能天津公司僅應支付天馬支行利息8,492,200.33元。理由是：原審判決確認的利息金額8,570,988.33元是由貸款本金的應付利息2,858,704元、逾期利息5,611,944元以及加罰息100,340.33元構成的。對應付利息及逾期利息，中能天津公司予以認可。但原審判決就逾期罰息的計算方式錯誤。案涉《流動資金借款合同》第九．四條中的未支付的利息應指貸款期內產生的利息，而不應包括貸款逾期後的罰息。以此方式計算罰息數額為21,552.33元，與原審判決確認的罰息數額相差78,788元。

天馬支行答辯稱：原審判決認定事實清楚，適用法律正確，中能天津公司的上訴請求無事實與法律依據，應依法予以駁回，維持原審判決，並對中能天津公司偽造訴訟證據，惡意利用司法程序無理纏訴的違法行為依法予以制裁。根據中能天津公司與天馬支行簽訂的借款合同第四．一條、第九．四條、中國人民銀行《人民幣利率管理規定》第二十條之規定，天馬支行向中能天津公司計收貸款複利既有合同依據又有法律依據。

本院確認原審法院查明的上述案件事實。

本院認為：案涉《流動資金借款合同》、《抵押合同》及《保證合同》均係當事人真實意思表示，內容不違反法律、行政法規的禁止性規定，原審判決認定合法有效正確，本院予以維持。中能天津公司僅對原審判決有關複利的計算方法及數額提出上訴，故本院對原審判決認定的應償還的貸款本金、利息及罰息數額予以維持。關於複利問題，案涉《流動資金借款合同》對複利的收取有明確約定，亦符合中國人民銀行《人民幣利率管理規定》的要求，故天馬支行有關債務人應支付複利的訴訟請求應予支援。原審判決判令天津中能公司應支付給天馬支行截止2013年7月25日止的利息為8,570,988.33元，該數額係由貸款本金的正常利息2,858,704元、逾期罰息5,611,944元以及複利100,340.33元構成。其中複利的計算是以正常利息加上逾期罰息為基礎，乘以借款合同約定的逾期利率及逾期天數得出。但是，按照中國人民銀行《人民幣利率管理規定》及中國人民銀行《關於人民幣貸款利率有關問題的通知》的相關規定，複利的計算基數應僅為正常利息即合同期內的應付利息，不包括逾期罰息。故原審判決確認的上述複利計算方法缺乏法律與合同依據，本院予以糾正。中能天津公司有關原審判決確認複利的計算方法錯誤的上訴請求具有法律與合同依據，本院予以支持。根據中能天津公司應付貸款利息表（由天馬公司提交、各方當事人認可其真實性）確認的內容，至2013年7月25日止，中能天津公司應給付天馬公司複利應為21,552.33元而非100,340.33元；再加上正常利息2,858,704元、逾期罰息5,611,944元，中能天津公司應付貸款利息共計8,492,200.33元。

綜上，原審判決認定事實部分不清。本院依照《中華人民共和國民事訴訟法》第一百七十條第一款第（三）項、第一百七十五條之規定，判決如下：

一、維持天津市高級人民法院（2013）津高民二初字第0025號民事判決第二項、第三項；

二、變更天津市高級人民法院（2013）津高民二初字第0025號民事判決第一項為：中能濱海電力燃料天津有限公司於本判決生效後10日內償還天津銀行股份有限公司天馬支行人民幣5億元及利息8,492,200.33元（截至2013年7月25日），並支付從2013年7月26日起至本判決確定的履行期限屆滿之日止的合同約定計付的利息、罰息以及複利。

如果未按照本判決指定的期間履行給付金錢義務，應當依照《中華人民共和國民事訴訟法》第二百五十三條之規定，加倍支付遲延履行期間的債務利息。

本案一審案件受理費2,584,655元、保全費5,000元及一審管轄異議受理費160元，按一審判決執行。本案二審案件受理費2,306元，由天津銀行股份有限公司天馬支行負擔。

本判決為終審判決。

審判長　王濤

審判員　李京平

代理審判員　梅芳

二〇一五年十月八日

書記員　陳明

【案例2】 銀行資金監管責任非擔保責任

四川信託有限公司與中國工商銀行股份有限公司餘姚支行、浙江好當家電器有限公司借款合同糾紛評析

案號：中華人民共和國最高人民法院（2014）民一終字第184號

【摘要】

監管責任的承擔以合同當事人違反合同約定的合同義務為前提，擔保責任的承擔係因主合同中債務人未履行主合同的債務而產生，因此，監管責任不屬於擔保責任。

【基本案情】

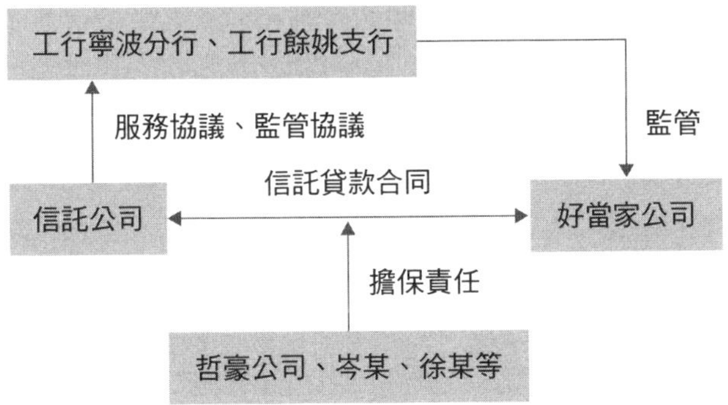

2012年4月23日，四川信託有限公司（以下簡稱「信託公司」）與浙江好當家電器有限公司（以下簡稱「好當家公司」）簽訂了SCXT2012（JXD）字第12號-2《信託貸款合同》，雙方建立信託貸款關係。信託公司（甲方）與好當家公司（乙方）、中國工商銀行股份有限公司餘姚支行（以下簡稱「工行餘姚支行」）（丙方）、寧波

哲豪電子科技有限公司（以下簡稱「哲豪公司」，丁方）及寧波寶潔電器有限公司（以下簡稱「寶潔公司」，戊方）簽訂了SCXT2012（JXD）字第12號-12《四川信託－浙江好當家電器公司流動資金貸款集合資金信託計畫之安心帳戶託管（資金監管）協議》（以下簡稱《監管協議》），其中約定甲方將向乙方發放信託貸款，甲、乙、丁、戊方共同委託丙方做為本信託貸款資金的安心帳戶託管人。哲豪公司以其土地使用權和房屋所有權，岑某寶、徐某以其所持浙江好當家公司的股權，岑某君、黃某以其所持哲豪公司的股權，提供擔保。信託公司分別與中國工商銀行股份有限公司寧波市分行（以下簡稱「工行寧波分行」）、工行餘姚支行簽訂有《高端財務顧問服務協議書》、《監管協議》。而後信託公司與好當家公司等因《信託貸款合同》履行產生爭議，信託公司遂訴至四川省高級人民法院。信託公司在請求好當家公司等被告承擔責任的同時，以其與工行寧波分行、工行餘姚支行簽訂的《高端財務顧問服務協議書》（以下簡稱服務協議）、《監管協議》為依據，認為兩個銀行在信託項目實施過程中存在惡意欺詐與重大過錯，違背了監管義務，與信託資金不能回收具有直接的因果關係，請求追加兩銀行為本案共同被告，並請求判令工行寧波分行、工行餘姚支行依法承擔連帶賠償責任。工行餘姚支行在提交答辯狀期間以《監管協議》中對糾紛管轄法院有明確約定為由，向四川省高院提出管轄權異議。四川省高院裁定駁回該異議，工行餘姚支行遂上訴至中華人民共和國最高人民法院（以下簡稱最高人民法院）。

【法院判決】

四川省高院經審理認為，做為資金監管人的第三人，工行餘姚支行對案涉信託貸款的使用情況及歸集情況負有監督的義務。儘管案涉《監管協議》中關於工行餘姚支行承擔責任的方式不具有典型意義上的保證方式的特徵，但其也可產生與保證責任類似的法律責任，實質上是一種特殊的保證形式。最高人民法院《關於適用〈中華人民共和國擔保法〉若干問題的解釋》第二十六條的規定也正是將此類情況做為一種特殊保證加以明確。因此，案涉《監管協議》應視為本案《信託貸款合同》項下的保證合同，具有附從性的性質。本案原告信託公司依據主合同及該《監管協議》向該院提起訴訟，將工行餘姚支行列為本案共同被告，並無不當。

另外依照《關於適用〈中華人民共和國擔保法〉若干問題的解釋》第一百二十九條第一款關於「主合同和擔保合同發生糾紛提起訴訟的，應當根據主合同確定案件管轄」及第二款關於「主合同和擔保合同選擇管轄的法院不一致的，應當根據主合同確定案件管轄」的規定，案涉《監管協議》所約定的因履行該協議引起的糾紛由工行餘姚支行住所地人民法院管轄，其與主合同《信託貸款合同》中關於履行該合同及相關合同引起的糾紛由信託公司住所地人民法院管轄的約定不一致，故本案應依據主合同《信託貸款合同》的約定來確定案件管轄權。據此，該院對該案依法享有地域管轄權。本案訴訟標的額為1億元本金及相應利息，依據民事訴訟法有關級別管轄的規定，該院對本案依法享有管轄權。因此裁定駁回工行餘姚支行對該案管轄權提出的異議。

工行餘姚支行不服一審裁定，提起上訴。最高人民法院經審理認為，首先，《信託貸款合同》與《監管協議》之間不屬於主從合同關係。其次，信託公司起訴好當家公司是要求該公司承擔信託貸款還款責任，而起訴工行餘姚支行是要求該行承擔賠償責任，工行餘姚支行與好當家公司以及其他擔保人之間對訴訟標的沒有共同的權利義務關係，不屬於人民法院必須合併審理的情形。再次，工行餘姚支行的監管責任不是擔保責任。一審裁定認定《監管協議》是「一種特殊的保證形式」，視為「《信託貸款合同》項下的保證合同」，並根據《關於適用〈中華人民共和國擔保法〉若干問題的解釋》第一百二十九條規定來確定案件管轄權，抹殺了保證責任和監管責任之間的差別，沒有事實依據，屬於適用法律錯誤。《監管協議》第十條明確約定因本協議引起的爭議糾紛，協商不成的，任何一方可向工行餘姚支行住所地人民法院起訴。該約定係當事人的真實意思表示，不違反法律規定，應當認定為有效。根據最高人民法院關於《全國各省、自治區、直轄市高級人民法院和中級人民法院管轄第一審民商事案件標準》的規定，浙江省高級人民法院對信託公司與工行餘姚支行之間因《監管協議》產生的糾紛依法享有管轄權，故裁定：撤銷四川省高級人民法院（2013）川民管字第9-1號民事裁定；四川省高級人民法院受理的信託公司訴工行餘姚支行基於《監管協議》產生的糾紛案件，移送浙江省高級人民法院審理。

四川省高級人民法院於2015年3月30日將案件移送至浙江省高級人民法院審理。但信託公司未在法定期限內預交案件受理費，也未提出緩交、免交之申請，浙江省高級人民法院按信託公司自動撤回起訴處理。

【法律評析】

本案主要爭議焦點：信託貸款形式下，信託公司與工行寧波分行、工行餘姚支行通過《監管協議》約定的監管責任，是不是一種特殊的保證責任？

一、《信託貸款合同》與《監管協議》之間是否屬於主從合同關係

《中華人民共和國擔保法》第五條第一款規定：「擔保合同是主合同的從合同，主合同無效，擔保合同無效。」從擔保合同與主合同的關係看，擔保合同是主合同的從合同，具有從屬於主合同的性

質。主合同是債權人與債務人之間訂立的經濟合同，擔保合同是債權人與債務人或者第三人約定，以擔保法規定的擔保方式，擔保債權實現的合同。因此，擔保合同是以主合同的存在為前提和根據的。有了主合同才有擔保的必要，沒有主合同，就無需擔保合同，主合同無效，擔保合同也無效。

在本案中，信託公司分別與好當家公司簽訂了《信託貸款合同》，與工行餘姚支行簽訂了《監管協議》，它們雖然有一定的關聯性，但是《監管協議》並不以《信託貸款合同》的成立為前提。根據《信託貸款合同》第三條第二項約定，簽訂《監管協議》並且該協議已生效是信託公司向好當家公司發放貸款的先決條件之一，說明《監管協議》的簽訂和生效是《信託貸款合同》得以履行的前提條件，該協議是獨立於《信託貸款合同》而存在的。故《信託貸款合同》與《監管協議》間並非主從合同的關係。

二、工行餘姚支行的監管責任是否屬於擔保責任？

《中華人民共和國擔保法》規定了保證、抵押、質押、留置和定金五種擔保方式，最高人民法院《關於適用〈中華人民共和國擔保法〉若干問題的解釋》（以下簡稱《擔保法司法解釋》）也沒有擴張解釋擔保方式的範圍。根據擔保合同的從屬性，擔保責任的承擔主要是因主合同中債務人未履行主合同的債務而產生的。而最高人民法院發布的《擔保法司法解釋》第二十六條規定：「第三人向債權人保證監督支付專款專用的，在履行了監督支付專款專用義務後，不再承擔責任。未盡監督義務造成資金流失的，應對流失的資金承擔補充賠償責任。」由此可以看出監管義務並不是擔保責任，僅是當事人之間約定的一種合同義務。

本案中，工行餘姚支行與信託公司簽訂的《監管協議》中第三條第七款、十一款、十三款約定了工行餘姚支行應監督好當家公司的資金使用等情況的義務。在第六條中明確了當工行餘姚支行未履行《監管協議》中所約定的監管義務時要承擔違約責任。由此可以看出《監管協議》中的監管義務是基於好當家公司與工行餘姚支行之間的合同約定而形成的一種合同義務，所承擔的責任也是基於違反合同約定所產生的違約責任，並不是以保證人的身分對好當家公司的債務進行擔保，且在保證人沒有提供保證的真實意思表示的情況下，不能推定保證成立。監管責任，和保證人根據保證合同約定在被保證人不履行債務時承擔的一般保證責任和連帶保證責任，是完全不同的。因此工行餘姚支行的監管責任不屬於擔保責任。

三、信託公司起訴好當家公司與工行餘姚支行是否屬於必要的共同訴訟

《中華人民共和國民事訴訟法》第五十二條第一款規定：「當事人一方或雙方為二人以上，其訴訟標的是共同的，或者訴訟標的是同一種類、人民法院認為可以合併審理並經當事人同意的，為共同訴訟。」本條是關於共同訴訟的規定，在共同訴訟中，一方當事人對訴訟標的有共同權利義務的，其中一人的訴訟行為經其他共同訴訟人承認，對其他共同訴訟人發生效力；對訴訟標的沒有共同權利義務的，其中一人的訴訟行為對其他共同訴訟人不發生效力。

本案中，信託公司起訴好當家公司是要求該公司承擔信託貸款還款責任，而其起訴工行餘姚支行是要求該行承擔賠償責任，前者屬於因債務人未能償還欠款而產生的債權債務，後者是因合同一方當事人違反合同約定而承擔的違約責任，從信託公司對二者的訴求來看，工行餘姚支行與好當家公司之間對訴訟標的沒有共同的權利義務關係。此外，上述兩種責任一個是基於《信託貸款合同》形成的信託法律關係而產生的，另外一個是基於《監管協議》而形成的合同關係，並不是基於同一事實上或法律上的原因而產生，其訴訟標的不屬於同

一種類，不滿足必要共同訴訟的前提要件。且本案不符合《中華人民共和國民事訴訟法》和《最高人民法院關於適用〈中華人民共和國民事訴訟法〉的解釋》中關於必要共同訴訟的其他法定情形，因此不屬於人民法院必須合併審理的情形。

附：法律文書

中國工商銀行股份有限公司寧波分行、浙江好當家電器有限公司、寧波哲豪電子科技有限公司與中國工商銀行股份有限公司餘姚支行與四川信託有限公司的一般借款合同糾紛二審民事裁定書

最高人民法院（2014）民一終字第184號

上訴人（一審被告）：中國工商銀行股份有限公司餘姚支行。住所地：浙江省餘姚市新建路58號。

負責人：張偉明，該行行長。

委託代理人：胡炫，該行副行長。

被上訴人（一審原告）：四川信託有限公司。住所地：四川省成都市錦江區人民南路二段18號紅照壁大廈。

法定代表人：劉滄龍，董事長。

委託代理人：謝春林，浙江六和律師事務所律師。

委託代理人：周蓓蓓，浙江六和律師事務所律師。

一審被告：浙江好當家電器有限公司。住所地：浙江省慈溪市新浦鎮老浦村。

法定代表人：岑旭寶，董事長。

一審被告：寧波哲豪電子科技有限公司。住所地：浙江省慈溪市逍林鎮橋東村。

法定代表人：岑仲君，董事長。

一審被告：岑建康。

一審被告：徐祝英。

一審被告：岑仲君。

一審被告：黃建慶。

一審被告：岑旭寶。

一審被告：徐柳燕。

一審被告：寧波寶潔電器有限公司。住所地：浙江省慈溪市新浦鎮經二路88號。

法定代表人：餘彭年，董事長。

委託代理人：宋力群，浙江萬豪律師事務所律師。

一審被告：中國工商銀行股份有限公司寧波市分行。住所地：浙江省寧波市中山西路218號。

負責人：俞龍，該行行長。

委託代理人：沈瀚，該行職員。

上訴人中國工商銀行股份有限公司餘姚支行（以下簡稱工商銀行餘姚支行）為與被上訴人四川信託有限公司（以下簡稱信託公司）、一審被告浙江好當家電器有限公司（以下簡稱好當家公司）、寧波哲豪電子科技有限公司（以下簡稱哲豪公司）、岑建康、徐祝英、岑仲君、黃建慶、岑旭寶、徐柳燕、寧波寶潔電器有限公司（以下簡稱寶潔公司）、中國工商銀行股份有限公司寧波市分行（以下簡稱工行寧波分行）金融借款合同糾紛一案，不服四川省高級人民法院（2013）川民管字第9 -1號民事裁定，向本院提出上訴。本院依法組成合議庭審理了本案，現已審理終結。

四川省高級人民法院受理信託公司訴好當家公司、哲豪公司、岑建康、徐祝英、岑仲君、黃建慶、岑旭寶、徐柳燕、寶潔公司金融借款合同糾紛一案後，信託公司分別以其與工行寧波分行、工商銀行餘姚支行簽訂的《高端財務顧問服務協議書》、《四川信託—浙江好當家電器公司流動資金貸款集合資金信託計劃之安心帳戶託管（資金監管）協議》（以下簡稱《監管協議》）為依據，認為兩個銀行在信託項目實施過程中存在惡意欺詐與重大過錯，違背了監管義務，與信託資金不能回收具有直接的因果關係，依法應承擔相應的民事責任，請求追加兩銀行為本案共同被告，四川省高級人民法院予以受理。信託公司的訴訟請求是：一、判令好當家公司立即歸還原告信託貸款1億元，並支付利息7,990,410.96元；二、判令哲豪公司在所抵押的土地使用權和房產價值範圍內對好當家公司應償還的主債權12,150萬元金額範圍內承擔連帶清償責任，原告對哲豪公司抵押物的處置所得享有優先受償權；三、判令原告對岑旭寶、徐柳燕質押並所持好當家公司的股權處置所得享有優先受償權；四、判令原告對岑仲君、黃建慶質押並所持哲豪公司的股權處置所得享有優先受償權；五、判令岑建康、徐祝英、岑旭寶、徐柳燕、寶潔公司對好當家公司的債務承擔連帶清償責任；六、判令工行寧波分行、工商銀行餘姚支行承擔連帶賠償責任；七、判令各被告承擔原告為實現債權所支付的律師費150萬元及全部訴訟費用。工商銀行餘姚支行在提交答辯狀期間對管轄權提出異議，請求將本案移送該行住所地有管轄權的人民法院審理。

四川省高級人民法院查明：2012年4月23日，信託公司與好當家公司簽訂了SCXT2012（JXD）字第12號 - 2《信託貸款合同》，雙方建立信託貸款關係。該《信託貸款合同》第十六條第二款約定「因履行本合同所發生的或與本合同有關的一切爭議、糾紛，雙方應協商解決。協商不成的，雙方同意依法向貸款人住所地的法院提起訴訟」。

2012年4月23日，信託公司（甲方）與好當家公司（乙方）、工商銀行餘姚支行（丙方）、哲豪公司（丁方）及寶潔公司（戊方）簽訂了SCXT2012（JXD）字第12號-12《監管協議》，其中約定甲方將向乙方發放信託貸款，甲、乙、丁、戊方共同委託丙方做為本信託貸款資金的安心帳戶託管人。該《監管協議》第三條第七款約定：「丙方應監督乙方的資金使用和資金歸集情況，如乙方未按本條第二款使用資金或未按本條第六款進行資金歸集的，丙方應於3個工作日內通知甲方」；第三條第十一款約定：「丙方託管義務：丙方確保託管帳戶（安心帳戶）內資金劃撥至預算表指定的收款人，如無甲方的書面同意，丙方有權利義務拒絕資金劃撥至其他收款人的結算要求。資金劃撥至指定收款人後，由丙方負責收集和保存相應結算憑證（影本）」；第三條第十三款約定：「丙方按照本合同第三條及預算表約定的內容和方式，完成對乙方的資金使用監督，即視為丙方的託管義務已經履行完畢」；第六條約定：「丙方違約處理：1.由於丙方未履行或者未完全履行本協議項下第三條第十一點託管義務，給甲方造成經濟損失的，丙方應當向甲方賠償相應損失；2.甲方發現丙方未按約定履行託管義務的，可以據實向中國銀監會報告」；第十條約定：「本協議適用中華人民共和國法律。因本協議引起的爭議糾紛，當事各方可友好協商解決。協商不成的，任何一方可向丙方住所地人民法院起訴」。

四川省高級人民法院認為：本案係金融擔保借款合同糾紛，做為本案主合同的《信託貸款合同》中約定了由貸款人住所地即信託公司所在地人民法院管轄，該約定未違反《中華人民共和國民事訴訟法》對級別管轄和專屬管轄的規定，應屬合法有效。信託公司住所地在四川省內，即該院對該案主合同借款關係享有地域管轄權。關於該院對信託公司與工商銀行餘姚支行之間的資金監管關係部分是否享有地域管轄權的問題。最高人民法院《關於適用〈中華人民共和國擔保法〉若干問題的解釋》（以下簡稱《擔保法解釋》）第二十六規定：「第三人向債權人保證監督支付專款專用的，在履行了監督支付專款專用的義務後，不再承擔責任。未盡監管義務造成資金流失的，應當對流失的資金承擔補充賠償責任。」就本案而言，做為資金監管人的第三人工商銀行餘姚支行對案涉信託貸款的使用情況及歸集情況負有監督的義務，並明確約定了向本案債權人賠償經濟損失的情形。儘管案涉《監管協議》中關於工商銀行餘姚支行承擔責任的方式，不具有典型意義上的保證方式的特徵，但其也可產生與保證責任類似的法律責任，實質上是一種特殊的保證形式。上述司法解釋規定，也正是將此類情況做為一種特殊保證加以明確。因此，案涉《監管協議》應視為本案《信託貸款合同》項下的保證合同，具有附從性的性質。本案原告信託公司依據主合同及該《監管協議》向該院提起訴訟，將工商銀行餘姚支行列為本案共同被告，並無不當。依照《擔保法解釋》第一百二十九條第一款關於「主合同和擔保合同發生糾紛提起訴訟的，應當根據主合同確定案件管轄」及第二款關於「主合同和擔保合同選擇管轄的法院不一致的，應當根據主合同確定案件管轄」的規定，案涉《監管協議》約定因履行該協議引起的糾紛由工商銀行餘姚支行住所地人民法院管轄，其與主合同《信託貸款合同》中關於履行該合同及相關合同引起的糾紛由信託公司住所地人民法院管轄的約定不一致，故本案應依據主合同《信託貸款合同》的約定來確定案件管轄權。據此，該院對本案依法享有地域管轄權。另外，根據最高人民法院《全國各省、自治區、直轄市高級人民法院和中級人民法院管轄第一審民商事案件標準》的規定，該院管轄的第一審民事案件包括「訴訟標的額在1億元以上的第一審民商事案件」，本案訴訟標的額為1億元本金及相應利息，故該院對本案依法享有管轄權。該院依照《中華人民共和國民事訴訟法》第一百二十七條第一款之規定，裁定駁回了工商銀行餘姚支行對本案管轄權提出的異議。

工商銀行餘姚支行向本院上訴稱：一、一審裁定認定事實不清，錯誤將《監管協議》視為《信託貸款合同》項下的保證合同。在《監管協議》中的上訴人的義務只是根據被上訴人的委託做為安心帳戶託管人，負責將託管帳戶內資金劃撥至指定收款人，不具備保證的基本特徵，更沒有為信託貸款提供保證的意思表示。二、一審裁定根據《擔保法解釋》第一百二十九條規定來確定案件管轄權，適用法律錯誤。《監管協議》是一個完全獨立的合同，不具備保證合同的特徵，與《信託貸款合同》也不具有主從合同的關係，上訴人與被上訴人之間的法律關係是基於《監管協議》產生的合同關係，由該協議引起糾紛的案件管轄應適用《民事訴訟法》中關於合同糾紛的相關規定，本案應按照《監管協議》約定由上訴人住所地人民法院管轄。請求撤銷一審裁定，將本案移送浙江省高級人民法院審理。

被上訴人信託公司答辯認為：一、《監管協議》係《信託貸款合同》的從合同，應當依據主合同確定案件管轄。《監管協議》約定，做為資金監管人的上訴人對好當家信託項目的信託貸款使用情況及歸集情況負有監督的義務，並明確約定了賠償經濟損失的情形，該約定實質產生與保證責任類似的法律責任，屬於特殊的保證形式。二、上訴人在《監管協議》項下應承擔的法律責任與原審各被告應承擔的法律責任係基於同一基礎信託法律關係產生，具有不可分割性。三、本案由四川省高級人民法院管轄，在同一案件中審理上訴人的法律責任，便於法院對全案事實的查明及各方法律責任的認定，公平合理保護各方當事人的合法權利。

一審被告好當家公司、哲豪公司、岑建康、徐祝英、岑仲君、黃建慶、岑旭寶、徐柳燕、寶潔公司、工行寧波分行沒有提交答辯意見。

本院認為：首先，《信託貸款合同》與《監管協議》之間不屬於主從合同關係。在主從合同關係中，主合同處於主導地位，從合同處於從屬地位，從合同的存在是以主合同的存在為前提的，主合同無效時，從合同亦不發生法律效力。從合同因其成立和效力依附於主合同而不具有獨立性，從屬性、依賴性是其根本屬性。本案中《信託貸款合同》與《監管協議》雖有聯繫，但各自獨立，根據《信託貸款合同》第三條第二項約定，簽訂《監管協議》並且該協議已生效是信託公司向好當家公司發放貸款的先決條件之一，說明《監管協議》的簽訂和生效是《信託貸款合同》得以履行的前提條件，該協議是獨立於《信託貸款合同》而存在的，工商銀行餘姚支行的監管責任也並非由《信託貸款合同》產生的附隨義務。

其次，信託公司起訴好當家公司是要求該公司承擔信託貸款還款責任，而起訴工商銀行餘姚支行是要求該行承擔賠償責任，工商銀行餘姚支行與好當家公司以及其他擔保人之間對訴訟標的沒有共同的權利義務關係，上述兩種責任也不是基於同一事實上或法律上的原因而產生，不是必要的共同訴訟，不屬於人民法院必須合併審理的情形。

第三，工商銀行餘姚支行的監管責任不是擔保責任。《監管協議》第六條明確約定工商銀行餘姚支行未履行或未完全履行本協議項下託管義務，給信託公司造成經濟損失的，應當向信託公司賠償相應損失。雖然《擔保法解釋》第二十六條規定監管人「保證監督支付專款專用」，並在未盡監管義務造成資金流失的情況下，「對流失的資金承擔補充賠償責任」，但是，其中的「保證監督支付專款專用」並非擔保法所規定的擔保形式，而是基於當事人之間的合同約定而形成的一種合同義務，違反該義務產生的賠償責任也是基於合同法產生的違約責任，與保證人根據保證合同約定，在被保證人不履行債務時產生的一般保證責任和連帶保證責任，是完全不同的。《中華人民共和國擔保法》規定的擔保方式只有保證、抵押、質押、留置和定金五種，《擔保法解釋》也沒有擴張解釋擔保方式的範圍，因此，一審裁定認定《監管協議》是「一種特殊的保證形式」，視為「《信託貸款合同》項下的保證合同」，並根據《擔保法解釋》第一百二十九條規定來確定案件管轄權，抹殺了保證責任和監管責任之間的差別，沒有事實依據，屬於適用法律錯誤。

《監管協議》第十條明確約定因本協議引起的爭議糾紛，協商不成的，任何一方可向工商銀行餘姚支行住所地人民法院起訴。信託公司明知該約定與《信託貸款合同》中的協議管轄條款不一致，但未提出異議，表明其已經認可在履行《監管協議》過程中發生糾紛由工商銀行餘姚支行住所地人民法院管轄，該約定係當事人的真實意思表示，不違反法律規定，應當認定為有效。根據本院關於《全國各省、自治區、直轄市高級人民法院和中級人民法院管轄第一審民商事案件標準》規定，浙江省高級人民法院對信託公司與工商銀行餘姚支行之間因《監管協議》產生的糾紛依法享有管轄權。

綜上所述，本院認為上訴人工商銀行餘姚支行的上訴理由成立，對其要求將本案移送浙江省高級人民法院審理的上訴請求，本院予以支持。一審裁定認定事實不清，適用法律錯誤，應予糾正。本院依照《中華人民共和國民事訴訟法》第一百七十條第一款第二項、第一百七十一條之規定，裁定如下：

二審裁判結果

一、撤銷四川省高級人民法院（2013）川民管字第9-1號民事裁定；

二、四川省高級人民法院受理的信託公司訴工商銀行餘姚支行基於《監管協議》產生的糾紛案件移送浙江省高級人民法院審理。

本裁定為終審裁定。

審判長　高珂

代理審判員　周其濛

代理審判員　李振華

二〇一四年十一月二十五日

書記員　郭凱

【案例3】 租金監管協議分析及銀行實際損失的認定

光大銀行訴王某某三方租金監管協議糾紛案評析

案號：江蘇省揚州市中級人民法院（2015）揚商終字第00079號

【摘要】

租金監管協議中的損失賠償責任在法律性質上屬於違約責任，若合同中未明確約定違約金，銀行應就違約方造成的實際損失承擔舉證責任；若合同明確約定違約金，則發生違約情形後，守約方即有權要求違約方按照約定支付違約金，所以明確約定違約金責任條款將更為有利。

【基本案情】

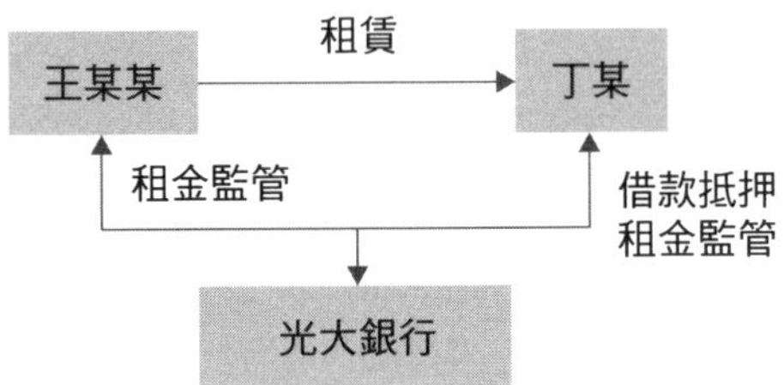

王某某與案外人丁某簽訂《房屋租賃合同》，承租丁某所有的某房產，期限為2012年2月28日至2020年3月1日。2013年4月10日，光大銀行揚州分行（以下簡稱「光大銀行」）、丁某及王某某簽訂《三方租金監管協議》，約定王某某交納房屋租金的唯一方式是按期將租金款存入丁某在光大銀行開立的帳戶，如未事先取得光大銀行的書面同意而更改該方式，則王某某和丁某對光大銀行的全部損失承擔連帶賠償責任。2013年4月12日，光大銀行與丁某簽訂《個人借款合同》，約定光大銀行向丁某提供貸款2,300萬元，期限為2013年4月12日至2025年4月12日，丁某以其擁有的某房產（王某某承租的房產為該房產的一部分）為該筆貸款設定抵押。合同簽訂後，光大銀行依約向丁某發放了貸款2,300萬元，並辦理了房地產他項權利登記。

2013年12月1日前，王某某未按約定將房屋租金2,855,600元支付到指定帳戶，導致丁某貸款逾期，光大銀行因此遭受損失。光大銀行多次索款未果，遂訴至法院，請求王某某向光大銀行賠償損失2,855,600元。

【法院判決】

江蘇省揚州市經濟技術開發區人民法院經審理查明，光大銀行曾因丁某未能按約歸還貸款訴至該院，該院依法做出（2014）揚商初字第0043號生效判決，判令丁某償還光大銀行借款本金及相應利息和罰息。《三方租金監管協議》雖然約定了王某某未按期將房屋租金交至指定帳戶時，由王某某和丁某對光大銀行的全部損失承擔連帶賠償責任，但光大銀行的損失已根據人民法院的生效判決進入強制執行程序並正在執行中，且有丁某的相關抵押房產做擔保，該損失並未實際發生。待光大銀行實際損失確定後，可另行主張權利，故判決駁回光大銀行的訴訟請求。

宣判後，光大銀行不服一審判決，提起上訴，認為王某某未按約定將2,855,600元租金存入指定帳戶，導致債務人丁某逾期未償還相應貸款，實際損失已經產生；王某某應與丁某對其損失承擔連帶清償責任，一審法院認為只有對丁某財產無法執行時王某某才承擔賠償責任，混淆了連帶責任與補償責任的關係。因此，光大銀行請求撤銷原判，支持其上訴請求。

江蘇省揚州市中級人民法院經審理認為，《三方租金監管協議》約定王某某對光大銀行承擔損失賠償責任，並非對丁某未按時償還光大銀行貸款的連帶清償責任，王某某對光大銀行承擔責任必須以光大銀行產生實際損失為前提。丁某對光大銀行未按時償還的款項依據（2014）揚商初字第0043號生效判決正在執行過程中且有抵押擔保，光大銀行主張2,855,600元的實際損失沒有事實依據，故判決駁回上訴、維持原判。

【法律評析】

本案的法律焦點問題是《三方租金監管協議》中損失賠償責任的法律性質、違約賠償的舉證責任及銀行如何約定違約金和違約損失賠償。

一、《三方租金監管協議》中損失賠償責任的法律性質

《三方租金監管協議》約定王某某未按期將房屋租金交至指定帳戶時，由王某某和丁某對光大銀行的全部損失承擔連帶賠償責任。王某某對光大銀行全部損失承擔的連帶賠償責任，在法律性質上既不屬於民事責任承擔方式中的連帶責任，也不屬於補充責任，而是基於合同約定而應承擔的違約責任。

連帶責任和補充責任都是指對同一權利人負責的多個責任主體的民事責任承擔方式，即部分責任主體承擔有條件的給付責任，因部分主體的給付行為而使全部主體責任歸於消滅。連帶責任，是指在同一債務中，責任主體之間承擔責任沒有先後順序，債權人有權向多個責任主體中的任何一人或數人請求賠償全部損失，多個責任主體中的一人或數人清償全部債務後，則使主體責任歸於消滅。各責任主體在承擔了超出自己應負的責任份額後，可向其他責任主體追償。補充責任是指在同一債務中，責任主體之間承擔責任有先後順序，在應承擔清償責任的主責任人不承擔或者不足以承擔的情況下，由補充責任人基於與主責任人的某種特定法律關係或因為自身存在某種過錯，而承

擔補充清償的民事責任。

綜上所述，連帶責任和補充責任均是基於同一債權債務關係而產生的民事責任承擔方式。本案中，《三方租金監管協議》約定王某某對光大銀行全部損失承擔的連帶賠償責任，是基於王某某違反《三方租金監管協議》約定，未按期將房屋租金交至指定帳戶並且造成光大銀行損失而產生的。丁某對光大銀行全部損失承擔的連帶賠償責任，是基於丁某違反《個人借款合同》約定，未能按時償還貸款並造成光大銀行損失而產生的。王某某和丁某各自對光大銀行承擔的連帶賠償責任，並非基於同一債權債務關係，二者承擔民事責任並不涉及先後順序問題。因此，王某某對光大銀行承擔的損失賠償責任，並非是對丁某未按時償還光大銀行貸款的連帶清償責任或補充清償責任，而是基於《三方租金監管協議》而應承擔的違約責任。

二、違約賠償的舉證責任分析

《中華人民共和國民事訴訟法》第六十四條規定：「當事人對自己提出的主張，有責任提供證據。」《最高人民法院關於民事訴訟證據的若干規定》第二條規定：「當事人對自己提出的訴訟請求所依據的事實或者反駁對方訴訟請求所依據的事實有責任提供證據加以證明。沒有證據或者證據不足以證明當事人的事實主張的，由負有舉證責任的當事人承擔不利後果。」根據上述法律規定，對銀行主張賠償的舉證責任進行分析。在合同沒有約定違約金或者其他具體違約賠償數額等條款時，銀行應當對因義務人違約導致其實際損失的主張提供證據加以證明，如果不能證明其實際損失客觀存在，法院將會做出駁回銀行要求義務人承擔違約損失賠償責任的不利裁判。

本案中，丁某未按約定歸還光大銀行借款本息，使光大銀行遭受不能收回貸款的損失。一審法院做出了（2014）揚商初字第0043號生效判決，判令丁某償還光大銀行借款本息等，光大銀行有權以丁某抵押的房產折價或者拍賣、變賣所得價款優先受償。根據人民法院的生效判決，光大銀行的全部損失正處於法院強制執行過程中，即使無法通過法院執行程序得到完全有效的補償，光大銀行也享有對相關抵押房產的優先受償權。因此，光大銀行沒有充分的證據證明因王某違約導致其實際損失2,855,600元已經客觀存在，即應當承擔因舉證不能產生的不利法律後果。故，本案一審和二審法院均駁回了光大銀行要求王某某賠償因其違約造成其實際損失2,855,600元的訴訟請求。

三、銀行應如何約定違約金和違約損失賠償？

《中華人民共和國合同法》第一百一十四條第一款規定：「當事人可以約定一方違約時應當根據違約情況向對方支付一定數額的違約金，也可以約定因違約產生的損失賠償額的計算方法。」因此，銀行在簽訂合同時可以明確約定違約金條款而不僅僅是違約損失賠償，如發生義務人違反合同約定的情形，銀行有權追究違約方的違約金責任。

從舉證責任角度來看，根據約定賠償損失規則，在合同一方當事人違約後，守約方請求違約方承擔損失賠償責任時，必須舉證證明損害事實的存在、違約行為與損害事實之間存在因果關係以及實際損失的具體數額。然而，根據約定違約金規則，發生違約情形後，守約方即有權要求違約方按照約定支付違約金，而無需舉證證明因違約導致其損失的實際存在和具體數額，無論違約行為是否造成守約方實際損失，亦無論違約造成的實際損失有多少。因此，銀行應當在合同中明確約定違約金條款，一旦發生違約情形，只要舉證證明義務人違約即可要求其承擔違約金責任，而無需證明因違約造成的實際損失客觀存在及具體的損失數額，能夠使銀行的合法利益得到及時維護。

附：法律文書

中國光大銀行股份有限公司揚州分行與王學俊金融借款合同糾紛上訴案

江蘇省揚州市中級人民法院（2015）揚商終字第00079號

上訴人（原審原告）中國光大銀行股份有限公司揚州分行。
被上訴人（原審被告）王學俊。

上訴人中國光大銀行股份有限公司揚州分行（以下簡稱光大銀行揚州分行）因與被上訴人王學俊金融借款合同糾紛一案，不服揚州經濟技術開發區人民法院（2014）揚開商初字第00135號民事判決，向本院提起上訴。本院於2015年3月12日受理後，依法組成合議庭，於2015年4月16日公開開庭進行了審理。上訴人光大銀行揚州分行委託代理人齊旺、被上訴人王學俊，到庭參加訴訟。本案現已審理終結。

光大銀行揚州分行一審訴稱：2013年4月12日，光大銀行揚州分行與案外人丁某簽訂了個人借款合同，約定光大銀行揚州分行向丁某提供2,300萬元的貸款，丁某將其擁有所有權的揚州市廣陵區汶河路27號一層北等4戶以及5-6層房產抵押給光大銀行揚州分行。王學俊承租了前述抵押房產的一部分，租賃期限為3年，自2012年2月28日至2015年2月27日；第一年租金為236萬元，第二年起每年遞增10%，每年12月1日前支付下一年度的租金；2013年4月11日，王學俊與丁某將房屋租賃期限延長5年，至2020年3月1日。光大銀行揚州分行在向丁某提供貸款時，與丁某、王學俊簽訂了三方租金監管協議，共同約定：王學俊交納房屋租金的唯一方式是按期將租金款存入丁某在光大銀行揚州分行開立的帳戶，如未事先取得光大銀行揚州分行的書面同意而更改該方式，則王學俊對光大銀行揚州分行的全部損失承擔連帶賠償責任。但在2013年12月1日前，王學俊未按約將租金2,855,600元支付到指定帳戶，導致丁某貸款逾期，光大銀行揚州分行因此遭受損失。光大銀行揚州分行屢次索款未果，故訴至法院，請求判令：1. 王學俊向光大銀行揚州分行賠償損失2,855,600元；2. 王學俊承擔本案的全部訴訟費用。

王學俊一審辯稱：在丁某向光大銀行揚州分行貸款以及光大銀行揚州分

行、丁某、王學俊簽訂三方租金監管協議之前，王學俊已向丁某支付了前三年的租金，並且光大銀行揚州分行知曉該情況，故請求法院駁回光大銀行揚州分行的訴訟請求。

原審法院經審理查明：2013年4月10日，光大銀行揚州分行（甲方）、丁某（乙方）及被告王學俊（丙方）簽訂《三方租金監管協議》一份，約定：乙、丙雙方一致同意，丙方交納房屋租金的唯一方式是按期將租金存入乙方在甲方開立的上述指定帳戶，如未事先經得甲方的書面同意而更改該方式，則由乙、丙雙方對甲方的全部損失承擔連帶賠償責任。本協議經各方簽署之日起生效，有效期至2025年4月10日。

2013年4月12日，光大銀行揚州分行與丁某簽訂個人貸款合同一份，約定光大銀行揚州分行向丁某發放貸款2,300萬元，期限自2013年4月12日至2025年4月12日，丁某向光大銀行揚州分行提供了相關房地產抵押擔保。

因丁某就上述貸款未能按約還款，光大銀行揚州分行曾訴至本院，本院於2014年8月21日做出（2014）揚商初字第0043號生效判決：一、丁某於本判決生效之日起10日內償還光大銀行揚州分行借款本金21,402,777.8元，並支付利息及罰息（截止2014年4月20日利息及罰息合計為308,845元；自2014年4月21日起至本判決確定的還款之日止，以21,402,777.8元為基數，利息按銀行同期貸款利率上浮30%的標準計算，罰息按利息計算標準上浮30%計算）；二、丁某於本判決生效之日起10日內給付光大銀行揚州分行律師費52,880元；三、如丁某不履行本判決第一、二項確定的給付義務，光大銀行揚州分行有權以其抵押的房地產（以抵押登記為準）折價或者拍賣、變賣該財產的價款優先受償；四、駁回光大銀行揚州分行的其他訴訟請求。如果未按本判決指定的期間履行給付金錢義務，應當依照《中華人民共和國民事訴訟法》第二百五十三條之規定，加倍支付遲延履行期間的債務利息。案件受理費152,230元、保全費5,000元，合計157,230元，由丁某負擔。

原審法院認為：光大銀行揚州分行、丁某及王學俊簽訂的三方租金監管協議雖然約定了王學俊未按期將房屋租金交至指定帳戶時，由王學俊、丁某對光大銀行揚州分行的全部損失承擔連帶賠償責任，但光大銀行揚州分行的全部損失已經人民法院判決並進入強制執行程序，目前正處執行過程中，且有主債務人丁某的相關房地產抵押擔保，因此，光大銀行揚州分行主張的實際損失2,855,600元，無事實依據，故本院對光大銀行揚州分行要求王學俊賠償損失2,855,600元的訴訟請求，依法不予支持。待實際損失確定後，光大銀行揚州分行可另行主張權利。據此，依據最高人民法院《關於民事訴訟證據的若干規定》第二條、《中華人民共和國民事訴訟法》第一百四十二條的規定，判決：駁回原告中國光大銀行股份有限公司揚州分行的訴訟請求。案件受理費減半收取14,822元，由原告中國光大銀行股份有限公司揚州分行負擔。

上訴人光大銀行揚州分行不服原審判決，向本院提起上訴稱：一、被上訴人未按照約定將2,855,600元租金存入指定的還款帳戶，導致上訴人不能扣劃相應款項，借款人丁某逾期未償還相應款項，實際損失已經產生。二、被上訴人應當與丁某承擔連帶清償責任，原審法院認為只有對丁某的財產無法執行時才承擔責任，混淆了連帶責任與補償責任的關係。請求撤銷原判，改判支持上訴請求。

被上訴人王學俊辯稱：《三方租金監管協議》實際簽訂於2014年4月12日，協議第六條和證人丁某的《情況説明》證明，租金監管協議針對的是《房屋續租協議》。2012年11月26日，王學俊與丁某達成《補充協議》，變更了《租賃協議》的內容，並已實際履行，支付了2015年2月前的房租。請求駁回上訴，維持原判。

本院經審理查明：原審法院查明的事實屬實，本院予以確認。

本案二審期間的爭議焦點為：合同約定的王學俊向光大銀行揚州分行承擔賠償責任的條件是否成就。

本院認為：光大銀行揚州分行要求王學俊承擔責任的依據是《三方租金監管協議》第四條，該條約定，乙（丁某）、丙（王學俊）雙方一致同意，丙方交納房屋租金的唯一方式是按期將租金存款入乙方在甲方開立的指定帳戶，如未事先經得甲方的書面同意而更改該方式，則由乙、丙雙方對甲方的全部損失承擔連帶賠償責任。從約定可以看出，王學俊承擔的是對損失的賠償責任，並非對丁某未按時償還光大銀行揚州分行貸款的連帶清償責任，因此，王學俊對光大銀行揚州分行承擔責任以光大銀行產生實際損失為前提。原審法院認為，丁某對光大銀行揚州分行未償還的款項有抵押擔保，尚在執行過程中，光大銀行揚州分行主張存在2,855,600元的實際損失沒有事實依據，可以在實際損失確定後另行主張權利。該理由符合合同約定和法律規定，應當予以支持。綜上所述，原審判決認定事實清楚，適用法律正確，應予維持。上訴人的上訴理由缺乏充分的事實和法律依據，本院不予採納。依照《中華人民共和國民事訴訟法》第一百七十條第一款第（一）項之規定，判決如下：

駁回上訴，維持原判。

二審案件受理費29,645元，由上訴人光大銀行揚州分行負擔。

本判決為終審判決。

審判長　姚江

審判員　王晗

審判員　秦集成

二〇一五年六月三日

書記員　席典玉

【案例4】「加速到期條款」的法律效力與解除合同的區別

上水公司等訴民生銀行金融借款合同糾紛案評析

案號：江蘇省高級人民法院（2014）蘇商終字第00479號

【摘要】

貸款加速到期條款，是基於發生借款人違約情形下，當事人對合同履行期限提前屆滿的約定。從舉證責任和利益最大化角度分析，與解除合同相比，銀行約定貸款加速到期條款更為有利。

【基本案情】

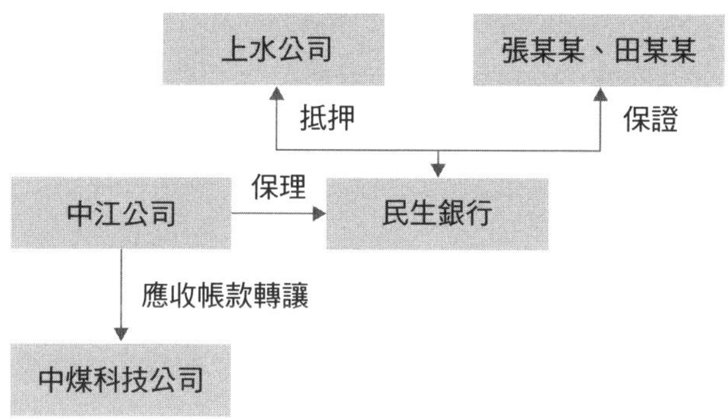

2012年10月8日，江蘇上水創業園開發公司（以下簡稱「上水公司」）與民生銀行鎮江支行（以下簡稱「民生銀行」）簽訂《最高額抵押合同》，約定上水公司以其所有的國有土地使用權為江蘇中江能源公司（以下簡稱「中江公司」）與民生銀行之間自2012年10月8日至2015年10月8日期間簽訂的《綜合授信合同》所發生的主債權本

金人民幣4,300萬元提供抵押擔保，並辦理了抵押登記。2013年4月28日，民生銀行與中江公司簽訂《綜合授信合同》，約定中江公司可向民生銀行申請使用的最高授信額度為3.3億元人民幣。同日，張某某、田某某與民生銀行簽訂《最高額擔保合同》，約定張某某、田某某為民生銀行對中江公司最高額3.3億元債權提供連帶保證責任。2013年9月24日，民生銀行與中江公司簽訂《銀行承兌協議》，並於同日承兌了共計人民幣4,000萬元的銀行匯票。

2013年5月3日，民生銀行與中江公司簽訂《保理服務合同》等，約定將中江公司對中煤科技集團公司（以下簡稱「中煤科技公司」）的應收帳款共計88,244,760元轉讓給民生銀行，民生銀行保留追索權。中江公司向中煤科技公司發出「介紹信」、「應收帳款通知書」，並得到其蓋章確認。2013年11月4日和5日，民生銀行與中江公司簽訂《流動資金貸款借款合同》等具體保理業務合同，民生銀行為中江公司提供3筆借款共計人民幣5,000萬元，約定如中江公司違約，民生銀行有權宣布全部或部分貸款立即到期，提前收回已發放的貸款。在上述融資合同中，均註明由張某某和田某某提供保證擔保。

至2013年11月下旬，中江公司未依約按月給付利息。民生銀行遂訴至法院，請求中江公司提前清償5,000萬元貸款債務以及利息、罰息等相應損失；上水公司對上述債務承擔擔保責任；中煤科技公司在中江公司轉讓的應收帳款債權金額內，對上述債務承擔連帶清償責任。

【法院判決】

江蘇省鎮江市中級人民法院經審理認為，中江公司未依約按月給付利息即構成違約，民生銀行有權宣告貸款提前到期，要求中江公司立即清償借款及相應的利息、罰息，上水公司應當承擔抵押擔保責任。中江公司將其對中煤科技公司的應收帳款轉讓給民生銀行，並且債權轉讓的通知已到達債務人，故中煤科技公司應在被轉讓應付款範圍內對中江公司的債務承擔連帶清償責任。民生銀行保留有對中江公司未清償保理融資款的追索權利，故在案涉債務未清償完畢前，民生銀行仍有權要求中江公司或者中煤科技公司承擔還款責任。綜上，判決中江公司向民生銀行償還貸款5,000萬元以及利息、罰息損失；上水公司對抵押物折價或拍賣、變賣所得價款在4,300萬元債權額範圍內承擔擔保責任；中煤科技公司在應收帳款88,244,760元範圍內對中江公司上述債務不能履行部分承擔清償責任。

宣判後，上水公司與中煤科技公司均不服一審判決，提起上訴。江蘇省高級人民法院經審理認為，中江公司、上水公司對未按期支付借款利息的事實並無異議，故予以認定。中江公司構成違約，民生銀行依約有權宣布貸款提前到期。民生銀行是否扣收中江公司在民生銀行所有營業機構開立帳戶中的款項，屬於在中江公司違約後有權採取的救濟方式，但民生銀行是否行使該權利並不影響中江公司構成違約的認定。中江公司欠款發生在上水公司與民生銀行簽訂的《最高額抵押合同》擔保期限內，上水公司已辦理國有土地使用權抵押登記，即應對中江公司欠款承擔抵押擔保責任。根據《綜合授信合同》，如其與具體業務合同約定不一致時，以具體業務合同約定為準，該約定的效力主要及於授信額度的使用，並不及於有關擔保的約定。因此，《流動資金貸款借款合同》等之中雖未約定抵押擔保方式，均註明由張某某和田某某提供保證，但該情形並不能排除《最高額抵押合同》第十五條民生銀行在有其他擔保情形下有權選擇優先行使本合同項下擔保權利的效力，上水公司應向民生銀行承擔抵押擔保責任。綜上，一審判決中煤科技公司承擔補充清償責任，雖然與中江公司和民生銀行約定該種情形下兩公司應承擔共同還款責任不符，但該判決內容未超出民生銀行的合同權利範圍，民生銀行對此亦未提起上訴，故判決駁回上訴、維持原判。

【法律評析】

銀行的借款合同中對借款人的違約責任，通常會約定為銀行有權視借款人的違約情況採取「提前收回融資額度內已發放的貸款本息」、「停止剩餘融資額度的使用」等相關措施。關於銀行提前收回貸款本息的做法，在貸款業務中通常稱為「加速到期條款」。

一、銀行宣布貸款提前到期的依據

銀行宣布貸款提前到期的依據，是貸款合同中已經明確約定了貸款加速到期的條款，即如果發生某些情形，即使債務尚未到期，債權人有權宣布貸款提前到期。

本案中，民生銀行為中江公司辦理流動資金貸款業務時，約定了專門的借款資金回籠帳戶為借款合同項下的還款帳戶，因中江公司未能按約定時間給付借款利息至該帳戶，即出現了未能按月給付借款利息的違約行為，依據《綜合授信合同》（第二十三條、二十三．十一條款）及具體業務合同《流動資金貸款借款協議》（第十五．二條款、第十六條）的約定，民生銀行有權宣布其5,000萬元人民幣借款提前到期。

本案的爭議在於，上水公司抗辯指稱，民生銀行沒有直接在中江公司其他帳戶中扣收償付到期應付利息，最終導致中江公司不能按期支付借款利息，這項事由是否成立，即民生銀行怠於行使權利的行為是否影響中江公司違約情形的認定。第一，民生銀行直接在中江公司其他帳戶中扣收償付到期應付利息，在法律性質上屬於民生銀行的權利而非義務，是一種在中江公司違約後為保證銀行合法權益而約定的救濟方式。民生銀行可以自由選擇是否行使該權利，法律和相關義務人並無權強制要求其行使；第二，中江公司做為債務人應當切實履行合同義務，在民生銀行沒有直接在中江公司其他帳戶中扣收償付到期應付利息後，理應及時用自己其他銀行帳戶款項償付到期利息，最終未能按期支付借款利息不能歸責於民生銀行。因此，民生銀行未行使扣款權利的行為並不影響中江公司構成違約的認定。民生銀行宣布貸款提前到期，具有合同依據。

二、貸款加速到期條款的法律性質及效力

貸款加速到期條款，在法律性質上屬於附生效條件的合同條款，必須以一定事實，即所附條件的發生，為生效的前提。在金融借款合同糾紛中，銀行一般將借款人發生違約情形做為宣布提前收回貸款的條件，如借款人逾期或未按約定歸還貸款本息、改變貸款用途等違約情形。當貸款加速到期條件成就時，銀行有權單方面宣布貸款合同原約定的還款期限提前，發生相當於貸款實際到期的法律效果，借款人即負有及時清償貸款本息的義務。因此，為了有效控制貸款風險、順利收回貸款資金，銀行應當在簽訂貸款合同時明確約定貸款加速到期條款。

貸款加速到期條款是否有效，直接影響到銀行是否能依據該條款宣布貸款提前到期並要求債務人償還貸款本息。因此，銀行在簽訂貸款合同時應當特別注意。由於貸款加速到期條款是由銀行提供的定型化（格式）貸款合同中的條款，是基於發生借款人違約情形下當事人對合同履行期限的約定，在不存在免除銀行責任、加重借款人責任或排除借款人主要權利的情形，亦未違反法律和行政法規的強制性規定時，貸款加速到期條款即為有效。另外，為了避免有關貸款加速到期條款產生糾紛，銀行在與借款人簽訂貸款合同時可以採取合理方式提醒對方注意該條款並予以解釋說明，以達到使借款人清楚瞭解貸款合同約定的雙方具體權利義務的目的，有利於維護銀行的合法權益。

三、貸款加速到期與解除合同的區別

《中華人民共和國合同法》第二百零三條規定：「借款人未按

照約定的借款用途使用借款的，貸款人可以停止發放借款、提前收回借款或者解除合同。」上述法律條款明確把貸款加速到期和解除合同做為貸款人維護其合法權益的兩種不同救濟方式。同樣的，貸款加速到期與解除合同產生的法律效果不同，二者有明顯的區別。

貸款加速到期條款是貸款銀行和借款人基於發生借款人違約或者其他情形，對合同履行期限所做的約定。如果發生約定情形，該貸款合同履行期提前屆滿，發生貸款實際到期的法律效果，當事人之間約定的其他權利義務關係仍有效並且應當繼續履行直至完畢，銀行可依據合同約定要求借款人履行償還貸款本息的義務，包括按照借款合同約定的罰息利率承擔返還責任。而解除合同一般包括約定解除和法定解除，這兩種情形都會導致合同關係歸於消滅的法律效果，即合同約定的當事人之間權利義務關係消滅，銀行在合同解除後即不能依據合同約定要求借款人履行義務，而應當按照誠實信用原則要求借款人對其實際損失承擔賠償責任。此外，解除合同的法律後果是恢復原狀，在恢復原狀的前提下，本金固然可以收回，但逾期利息則不能按照合同約定的罰息利率收回。

顯然，在與借款人簽訂合同時，銀行應當充分考慮約定貸款加速到期條款或者解除合同條款所能夠產生的權利救濟利益，以便做出最優化的選擇。從舉證責任承擔和權益最大化救濟角度來看，銀行明確約定貸款加速到期條款更為妥當和有利。

附：法律文書

江蘇上水創業園開發有限公司等與中國民生銀行股份有限公司鎮江支行等金融借款合同糾紛上訴案

江蘇省高級人民法院（2014）蘇商終字第00479號

上訴人（原審被告）：江蘇上水創業園開發有限公司。

法定代表人：張榮祥，該公司總經理。

委託代理人：李永紅，北京市國睿律師事務所律師。

上訴人（原審被告）：中煤科技集團有限公司。

法定代表人：高成春，該公司總經理。

委託代理人：王新軍，北京金誠同達律師事務所律師。

委託代理人：方燕，北京金誠同達律師事務所西安分所律師。

被上訴人（原審原告）：中國民生銀行股份有限公司鎮江支行。

負責人常震，該支行行長。

委託代理人：辛學慧，江蘇金榮恒順律師事務所律師。

原審被告：江蘇中江能源有限公司。

法定代表人：王佳，該公司董事長。

委託代理人：范白雲，江蘇金華通律師事務所律師。

原審被告：張迎梅。

原審被告：田金華。

上訴人江蘇上水創業園開發有限公司（以下簡稱上水公司）、中煤科技集團有限公司（以下簡稱中煤科技公司）因與被上訴人中國民生銀行股份有限公司鎮江支行（以下簡稱民生銀行鎮江支行），原審被告江蘇中江能源有限公司（以下簡稱中江公司）、張迎梅、田金華金融借款合同糾紛一案，不服江蘇省鎮江市中級人民法院（2013）鎮商初字第95號民事判決，向本院提起上訴。本院受理後，依法組成合議庭，於2015年3月31日公開開庭審理了本案，上訴人上水公司委託代理人李永紅、中煤科技公司委託代理人王新軍，被上訴人民生銀行鎮江支行委託代理人辛學慧，原審被告中江公司委託代理人范白雲到庭參加訴訟，原審被告張迎梅、田金華經本院合法傳喚，無正當理由未到庭，本院依法缺席審理。本案現已審理終結。

民生銀行鎮江支行原審訴稱：2012年10月8日，上水公司與民生銀行鎮江支行簽訂《最高額抵押合同》一份，約定由上水公司為中江公司與民生銀行鎮江支行之間自2012年10月8日至2015年10月8日期間簽訂的《綜合授信合同》所發生的主債權本金人民幣4,300萬元等提供抵押擔保，抵押物為上水公司所有的位於淮安市漣水縣工業經濟開發區的面積為54,201平方米的國有土地使用權。2013年4月28日，民生銀行鎮江支行與中江公司簽訂《綜合授信合同》，約定於2013年4月28日至2014年4月28日有效期間，中江公司可向民生銀行鎮江支行請求使用的最高授信額度為3.3億元人民幣。同日，張迎梅、田金華與民生銀行鎮江支行簽訂《最高額擔保合同》一份，約定張迎梅、田金華為中江公司與民生銀行鎮江支行簽訂《綜合授信合同》項下產生的最高額3.3億元債權提供連帶保證責任。根據前述《綜合授信合同》，2013年9月24日，民生銀行鎮江支行與中江公司簽訂《銀行承兑協議》，並於簽約當日承兑了四張以中江公司為出票人的銀行承兑匯票，金額共計人民幣4,000萬元，匯票到期日為2014年3月24日，中江公司在民生銀行鎮江支行開立的保證金帳戶內存入保證金2,000萬元。2013年11月5日，民生銀行鎮江支行為中江公司提供3筆借款計人民幣5,000萬元，根據當日簽訂的流動資金借款合同約定，貸款年利率為7%，貸款計、結息週期為按日計息、按月結息。另外，根據民生銀行鎮江支行與中江公司簽訂的保理服務合同等文件，中江公司同意以其對中煤科技公司享有的應收帳款做為前述銀行匯票項下債務以及5,000萬元借款債務的還款保障，並且辦理了相應的應收帳款轉讓手續。至2013年11月下旬，中江公司未依照有關借款合同約定按月給付利息，鑒於中江公司出現的此種違約情況，民生銀行鎮江支行根據相關合同約定以及法律規定，請求判令：中江公司提前清償前述5,000萬元貸款債務以及承擔利息等相應損失（自2013年11月5日始直至給付之日的利息，按照年利率7%和上浮50%罰息標準計算）；此外，由於前述4,000萬元銀行承兑匯票到期後，民生銀行鎮江支行對外支付了匯票金額，中江公司保證金中資金不足以支付到期匯票，以致民生銀行鎮江支行墊付票款19,691,786.11元，依照《銀行承兑協議》約定，民生銀行鎮江支行將墊付票款轉為中江公司的逾期貸款按每日萬分之五的利率收取罰息，故民生銀行鎮江支行要求中江公司清償此19,691,786.11元債務並承擔相應罰息（自2014年3月24日始直至給付之日，按每日萬分之五利率計）；民生銀行鎮江支行的律師費等合理維權費用應由中江公司承擔；對於民生銀行鎮江支行受讓的應收帳款債權，中煤科技公司至今亦未能向民生銀行鎮江支行履行債務，民生銀行鎮江支行有權要求中煤科技公司在中江公司轉讓給民生銀行鎮江支行的應收帳款債權金額內對中江公司所欠民生銀行鎮江支行的前述借款本息和銀行匯票業務項下債務承擔連帶清償責任；上水公司、張迎梅、田金華應對中江公司發生的基於《綜合授信合同》項下發生的前述債務各自承擔相應的擔保責任；訴訟費由中江公司、上水公司、張迎梅、田金華、中煤科技公司承擔。

中江公司、張迎梅、田金華原審辯稱：1.中江公司貸款未到期，該公司在民生銀行鎮江支行的保證金帳戶共產生利息100多萬元，足夠支付民生銀行鎮江支行在訴狀中主張的應付利息。民生銀行鎮江支行以未支付到期利息為由提前終止合同，要求中江公司提前償還本息以及以違約為由加收違約金與事實不符，於法無據，請求駁回其訴求。2.民生銀行鎮江支行違反其負責人對中江公司的承諾，致使中江公司無時間空間迴旋餘地，未能通過現金方式支付案涉利息，主要責任在民生銀行鎮江支行。3.案涉債務均為保理融資款，中江公司在申請融資時已經將中煤科技公司的應收款轉讓給民生銀行鎮江支行，民生銀行鎮江支行應當單獨向中煤科技公司追索債務，因民生銀行鎮江支行怠於行使追索權所產生的風險應當由民生銀行鎮江支行自行承擔。張迎梅、田金華擔保的主債務未到期，擔保人不應承擔擔保責任。

上水公司原審辯稱：1.上水公司抵押擔保的主債務已清償完畢，其抵押責任應當清除。只是由於民生銀行鎮江支行拒不配合，致抵押登記至今未註銷。2.上水公司未對案涉債務進行抵押擔保，案涉合同對應的合同也明確排除了抵押擔保方式。民生銀行鎮江支行將案涉債務與上水公司抵押擔保責任相關聯，沒有合同依據，《綜合授信合同》第十二條約定，「中江公司與民生銀行第一項具體授信業務所簽訂的具體業務合同與本合同不一致的，以該具體合同為準」。3.根據《最高額抵押合同》約定，上水公司抵押擔保的債權僅以人民幣4,300萬元為限，因此，即使民生銀行鎮江支行主張的抵押責任成立（上水公司並不認可），民生銀行鎮江支行亦無權要求上水公司對民生銀行鎮江支行主張的超過人民幣4,300萬元的債務承擔抵押擔保責任。4.民生銀行鎮江支行所謂中江公司欠付利息的理由不成立。案涉借款利息到期之時，中江公司在民生銀行鎮江支行處存有足額款項，民生銀行鎮江支行有權直接抵扣，民生銀行鎮江支行無權以中江公司逾期支付利息為由加速案涉借款到期，進而要求上水公司承擔擔保責任。5.案涉5,000萬元借款為民生銀行鎮江支行承諾清償中江公司另一筆8,000萬元融資款的借款，民生銀行鎮江支行違反承諾，導致中江公司不得不承擔3,000萬元的還款金額，客觀上造成中江公司難以以現金方式支付案涉貸款利息。故上水公司在民生銀行鎮江支行違反該承諾情形下，保證人有權以此抗辯，不承擔保證責任。6.案涉債務均屬於民生銀行鎮江支行向中江公司申請的保理融資款，中江公司已將應收帳款轉讓給民生銀行鎮江支行，民生銀行鎮江支行在未確定無法從中煤科技公司收回債務的情況下，無權要求中江公司予以償還，更無權要求上水公司承擔抵押擔保責任。

中煤科技公司原審未答辯。

原審法院經審理查明：2012年10月8日，上水公司與民生銀行鎮江支行簽訂《最高額抵押合同》一份，約定由上水公司為中江公司與民生銀行鎮江支行之間自2012年10月8日至2015年10月8日期間簽訂的《綜合授信合同》所發生的主債權提供抵押擔保；擔保最高債權額本金為4,300萬元及相應利息、罰息、複利、違約金、損害賠償金、實現債權和擔保權的費用等應付款項及其他合理費用；抵押物為上水公司所有的位於淮安市漣水縣工業經濟開發區的面積為54,201平方米的國有土地使用權，權證號為漣國用（2011）第11345號。《最高額抵押合同》第十五條還約定若主合同項下還存在其他擔保的，則上水公司對民生銀行鎮江支行承擔的擔保責任不受任何影響，也不因之而免除或減少。民生銀行鎮江支行有權選擇優先行使本合同項下的擔保權利，上水公司放棄任何其他擔保的優先抗辯權。

2013年4月28日，民生銀行鎮江支行與中江公司簽訂《綜合授信合同》一份，合同號：公授信字第ZH13xxx89964號，約定於2013年4月28日至2014年4月28日有效期間，中江公司可向民生銀行鎮江支行請求使用的最高授信額度為3.3億元，授信種類為包含保理在內的多項業務品種。同日，張迎梅、田金華與民生銀行鎮江支行簽訂《最高額擔保合同》一份，約定張迎梅、田金華為中江公司與民生銀行鎮江支行簽訂的前述《綜合授信合同》項下產生的最高額3.3億元債權提供連帶保證責任擔保。

2013年5月3日，民生銀行鎮江支行與中江公司簽訂《保理服務合同（一般保理）》（第250ZJNY01EF1305號）及《保理合同附屬合同一（一般保理一一般融資）》，約定以中江公司對中煤科技公司的應收帳款轉讓給民生銀行鎮江支行為先決條件而由民生銀行鎮江支行為中江公司提供保理融資服務，該保理業務係有追索權的國內明保理業務。

依據上述保理業務合同，2013年9月24日，民生銀行鎮江支行與中江公司簽署了相關的《貿易融資主協議》、《保理服務合同—融資附件》、《銀行承兑協議》（編號：公承兑字第ZH13xxx91941號）等文件，約定由民生銀行鎮江支行為中江公司辦理銀行承兑匯票的具體業務形式向中江公司提供保理融資，並且民生銀行鎮江支行於簽約當日承兑了四張以中江公司為出票人的銀行承兑匯票，金額共計人民幣4,000萬元，匯票到期日為2014年3月24日，中江公司在民生銀行鎮江支行開立的保證金帳戶內存入保證金2,000萬元。2013年11月4日、11月5日，民生銀行鎮江支行與中江公司簽署相關的《貿易融資主協議》、《保理服務合同—融資附件》、《流動資金貸款借款合同》等具體保理業務合同文件，約定由民生銀行鎮江支行為中江公司辦理流動資金貸款的具體業務形式而向中江公司提供共計5,000萬元保理融資。11月5日，民生銀行鎮江支行為中江公司提供3筆借款計人民幣5,000萬元，根據當日簽訂的三份《流動資金貸款借款合同》約定，貸款年利率為7%，貸款計、結息週期為按日計息、按月結息；其中二筆各為2,000萬元的貸款的借款期限為4個月（自2013年11月5日至2014年3月5日），1,000萬元貸款的借款期限為6個月（自2013年11月5日至2014年5月5日），如發生中江公司不按照合同約定的還款期限償還應付款項，即視為違約，民生銀行鎮江支行除有權按照本合同約定行使相應的權利外，有權宣布本合同項下全部或部分貸款立即到期，提前收回已發放的貸款，並停止繼續發放貸款。在上述融資合同中，均註明由張迎梅、田金華提供保證擔保。並在《保理服務合同—融資附件》第二條中約定中江公司以應收帳款以及回籠款項做為本具體業務項下債務的還款保障，主合同項下丁方（中煤科技公司）所有回款均須付至民生銀行鎮江支行指定帳戶，中江公司在主合同及附屬合同項下的債務未全部清償完畢之前，中江公司放棄因上述應收帳款轉讓而產生的對民生銀行鎮江支行的一切權利，民生銀行鎮江支行有權在任何時點扣收上述應收帳款項下款項用於償還中江公司在本合同項下的債務。

根據民生銀行鎮江支行與中江公司簽訂的保理服務合同文件要求，在辦理前述具體保理融資業務時，中江公司將其對中煤科技公司享有的應收帳款債權（應收帳款到期日為2014年3月1日、3月4日、3月10日，5月4日）共計88,244,760元轉讓給民生銀行鎮江支行。2013年9月24日、11月4日、11月5

日，中江公司向中煤科技公司發出「介紹信」、「應收帳款通知書」，中煤科技公司在「介紹信」及「應收帳款轉讓通知書」上蓋章確認並承諾將應收帳款的付款均付至中江公司在民生銀行鎮江支行處設立的保理帳號。且根據保理文件約定，中江公司同意以其對中煤科技公司享有的應收帳款做為前述銀行匯票項下債務以及5,000萬元借款債務的還款保障，民生銀行鎮江支行有權在任何時點扣收上述應收帳款項下款項用於償還中江公司所欠民生銀行鎮江支行的債務。

至2013年11月下旬，中江公司未依照有關借款合同約定按月給付利息，民生銀行鎮江支行起訴要求中江公司提前清償前述5,000萬元貸款債務以及承擔利息、罰息等相應損失；前述4,000萬元銀行承兌匯票到期後，民生銀行鎮江支行對外支付了匯票金額，中江公司保證金中資金不足以支付到期匯票，以致民生銀行鎮江支行墊付票款19,691,786.11元；對於民生銀行鎮江支行受讓之88,244,760元應收帳款債權，中煤科技公司至今亦未能向民生銀行鎮江支行清償給付。

2013年4月28日，中江公司在《綜合授信合同》額度項下，以國內信用證的方式向民生銀行鎮江支行融資3,000萬元，付款到期日為2013年10月28日。同年10月25日中江公司向民生銀行鎮江支行歸還上述欠款及利息。2013年10月28日，民生銀行鎮江支行向江蘇省漣水縣國土資源局出具了《還款證明》及《土地使用權抵押註銷申請》，申請註銷案涉土地的抵押登記，但民生銀行鎮江支行其後並未向上水公司遞交案涉土地的他項權證，致土地抵押登記沒有註銷。據民生銀行鎮江支行庭審中陳述，因中江公司的債務未全部結清，且其後中江公司繼續辦理了《綜合授信合同》額度項下的授信業務，故未與上水公司辦理案涉土地抵押登記的註銷。

原審法院另查明：民生銀行鎮江支行向原審法院提交委託合同和發票，證明為實現債權，支付律師代理費346,800元。

本案原審爭議焦點：1.中江公司未按約支付借款利息是否構成違約；2.上水公司是否應當依照《最高額抵押合同》對中江公司的欠款以其抵押物承擔4,321.1萬元的抵押擔保責任；3.基於本案債務涉及的保理合同關係，中煤科技公司應否在中江公司轉讓給民生銀行鎮江支行的應收帳款債權金額內對中江公司所欠民生銀行鎮江支行的債務與中江公司承擔連帶清償責任。

原審法院認為，民生銀行鎮江支行所提交的其與中江公司及各保證人、抵押人簽訂的《綜合授信合同》及其項下保理業務合同文件、《最高額抵押合同》、《最高額擔保合同（連帶保證責任）》等所有合同的約定，意思表示真實，不違反法律，合法有效，各當事人應遵照履行。

本案所涉銀行承兑匯票業務及流動資金貸款借款業務實為《綜合授信合同》項下保理業務，民生銀行鎮江支行與中江公司在簽訂了一系列的保理業務合同文件（《保理服務合同（一般保理）》（第250ZJNY01EF1305號）、《保理合同附屬合同一（一般保理——一般融資）》、《貿易融資主協議》、《保理服務合同—融資附件》），並由中江公司將其對中煤科技公司的應收帳款88,244,760元（到期日分別為2014年3月4日、2014年5月4日），轉讓給民生銀行鎮江支行（且中煤科技公司向民生銀行鎮江支行承諾保證將帳款付至中江公司在民生銀行鎮江支行的保理特戶）做為融資前提的情況下，簽訂了最終的具體業務協議（《銀行承兑協議》、《流動資金貸款借款協議》），以辦理4,000萬元銀行承兑匯票及提供5,000萬元貸款的具體業務形式提供了保理融資，目前形成69,691,787.11元保理融資債款。

民生銀行鎮江支行為中江公司辦理流動資金貸款業務時約定了專門的借款資金回籠帳戶為借款合同項下的還款帳戶，因中江公司未能按約定時間給付借款利息至該帳戶，即出現了未能按月給付借款利息的違約行為，依據《綜合授信合同》（第二十三條，二十三·十一條款）及相關具體業務協議如《流動資金貸款借款協議》（十五·二條款，第十六條）的約定，民生銀行鎮江支行有權宣告其5,000萬元人民幣借款提前到期，有權要求中江公司立即清償本案所訴三筆共計5,000萬元借款並承擔相應的利息、罰息（自2013年11月5日始直至給付之日的利息，按照年利率7%和上浮50%罰息標準計算）。中江公司辯稱認為，中江公司因其銀行承兑匯票業務在民生銀行鎮江支行開設的其他保證金帳戶中形成較多利息金額，當中江公司還款帳戶資金不足以清償借款本息時，民生銀行鎮江支行有權扣收此類保證金的利息償還案涉借款利息。對此，原審法院認為，中江公司就其他銀行承兑匯票業務所匯入保證金帳戶之款項以及在匯票到期日前所產生的利息應屬於中江公司之財產利益，不可能自動變成民生銀行鎮江支行的利益。故「當中江公司還款帳戶資金不足以清償借款本息」，即為中江公司「不按本合同約定的還款期限償還到期應付款項」而構成違約，且在原審審理期間，發生涉及中江公司欠款的多起訴訟，故民生銀行鎮江支行據此主張權利並無不當。

此外，民生銀行鎮江支行所訴之4,000萬元銀行承兑匯票到期後，民生銀行鎮江支行對外支付了匯票金額，中江公司保證金中資金不足以支付到期匯票，以致民生銀行鎮江支行墊付票款19,691,786.11元，依照《銀行承兑協議》約定，民生銀行鎮江支行有權將墊付票款轉為中江公司的逾期貸款、收取罰息（自2014年3月24日始直至給付之日，按每日萬分之五利率計）。

據《最高額抵押合同》第一、三條約定，上水公司應以案涉土地為2012年10月8日至2015年期間《綜合授信合同》之主債權提供最高額4,300萬元的抵押擔保。對於《綜合授信合同》項下的具體業務合同，上水公司不是當事人，這些具體業務合同中權利義務內容的約定，不能排除上水公司在《綜合授信合同》項下抵押擔保責任的承擔。

本案所涉借款在上水公司與民生銀行鎮江支行簽訂的《最高額抵押合同》擔保期限內，上水公司依約應當承擔抵押擔保責任。民生銀行鎮江支行雖然在2013年10月28日出具了「還款證明」、「土地使用權抵押註銷申請」，是基於當時民生銀行鎮江支行與中江公司結清3,000萬元信用證融資業務的情況下，曾有過註銷意向而出具。但由於抵押擔保範圍的主合同債權尚未得到全部清償，並且債權人與主債務人又將發生新的授信業務（即本案所訴之5,000萬元貸款）的情況下，民生銀行鎮江支行有理由不協助抵押人辦理註銷抵押登記，不予退還他項權證。上水公司認為其與民生銀行鎮江支行《最高額抵押合同》已經解除，不應對本案中江公司的債務承擔抵押擔保責任的辯稱理由不能成立，不予支持。

張迎梅、田金華與民生銀行鎮江支行簽訂《最高額擔保合同》，約定張迎梅、田金華為中江公司與民生銀行鎮江支行簽訂《綜合授信合同》項下產生的3.3億元最高額債權提供連帶保證責任擔保。本案所訴之中江公司的債務均係《綜合授信合同》項下之債務，故張迎梅、田金華應對中江公司所欠民生銀行鎮江支行的前述借款本息和銀行匯票項下債務以及應給付的律師費等實現債權的合理費用承擔連帶保證責任。

本案所涉銀行承兑匯票業務及流動資金貸款借款業務實為《綜合授信合同》項下保理業務，民生銀行鎮江支行與中江公司在簽訂了一系列的保理業務合同文件（《保理服務合同（一般保理）》（第250ZJNY01EF1305號）、《保理合同附屬合同一（一般保理——一般融資）》、《貿易融資主協議》、《保理服務合同—融資附件》）、並由中江公司將其對中煤科技公司的應收帳款88,244,760元轉讓給民生銀行鎮江支行，中煤科技公司亦承諾保證將帳款付至中江公司在民生銀行鎮江支行的保理特戶。在本案審理期間，中煤科技公司承諾的付款期限已經期滿，但中煤科技公司並未履行付款義務。在《保理服務合同》相關文件中民生銀行鎮江支行保留有對中江公司未清償保理融資款的追索權利，中江公司將對中煤科技公司應收帳款轉讓予民生銀行鎮江支行，做為中江公司對民生銀行鎮江支行債務的還款保障的情形下，民生銀行鎮江支行均可向中江公司或中煤科技公司主張權利，其目的是以實現民生銀行鎮江支行對其債權的保障。故原審法院認為，中煤科技公司應在被轉讓應付款範圍內對中江公司的債務承擔清償責任，由於中煤科技公司經原審法院合法傳喚，無正當理由拒不到庭參加訴訟，不影響原審法院在查明事實的基礎上逕行判決。據此，依照《中華人民共和國民法通則》第一百零八條、第一百一十一條，《中華人民共和國合同法》第六十條、第一百零七條、第二百零五條，《中華人民共和國物權法》第一百七十六條，《中華人民共和國擔保法》第十八條、第二十一條，《中華人民共和國民事訴訟法》第一百四十四條之規定，該院判決：一、中江公司於判決生效後10日內償還民生銀行鎮江支行貸款5,000萬元以及利息、罰息損失（自2013年11月5日始直至給付之日的利息，按照年利率7%、罰息以年利率7%上浮50%計算）；償還民生銀行鎮江支行墊付票款19,691,786.11元以及罰息（自2014年3月24日始直至給付之日，按每日萬分之五利率計）。二、中江公司於判決生效後10日內給付民生銀行鎮江支行的律師費損失346,800元。三、如中江公司未履行上述債務，則民生銀行鎮江支行可在上水公司提供的抵押物（位於江蘇省淮安市漣水縣工業經濟開發區，證號為漣國用〔2011〕第11345號，面積為54,201平方米的國有建設用地土地使用權）折價或拍賣、變賣的價款中的4,300萬元債權額範圍內享有優先受償的權利。四、張迎梅、田金華對中江公司的上述債務承擔連帶保證責任。五、中煤科技公司在88,244,760元範圍內對中江公司的上述債務不能履行部分向民生銀行鎮江支行承擔清償責任。如果未按判決指定的期間履行給付金錢義務，應當按照《中華人民共和國民事訴訟法》第二百五十三條之規定，加倍支付遲延履行期間的債務利息。案件受理費393,854元、訴訟保全費5,000元，合計398,854元，由中江公司、上水公司、張迎梅、田金華、中煤科技公司負擔。

上水公司不服原審判決，向本院提起上訴稱：一、原審判決認定事實錯誤。1. 中江公司與民生銀行鎮江支行簽訂的《綜合授信合同》第十二條約定：中江公司與民生銀行鎮江支行就每一項具體授信業務所簽訂的具體業務合同與本合同不一致的，以該具體業務合同為準。而中江公司與民生銀行鎮江支行簽訂的具體業務合同《貿易融資主協議》、《流動資金貸款借款合同》及《銀行承兑協議》均明確排除了抵押擔保的擔保形式，僅約定了由張迎梅、田金華提供保證擔保。因此，上水公司不可能為上述合同提供提押擔保。原審判決認定上水公司承擔抵押責任錯誤。2. 2013年10月28日，民生銀行鎮江支行向江蘇省漣水縣國土資源局出具了「還款證明」和「土地使用權抵押註銷申請」，該兩份資料結合前述第1點，各具體業務合同中明確排除抵押擔保方式的事實，足以證明上水公司抵押擔保範圍的借款已全部還清。3. 中江公司將其對中煤科技公司的債權轉讓給民生銀行鎮江支行後，民生銀行鎮江支行就享有該債權，民生銀行鎮江支行應向中煤科技公司主張權利，而不應向中江公司主張權利，更無權要求上水公司承擔抵押責任。4. 案涉《流動資金貸款借款合同》約定，中江公司還款帳戶資金不足以清償借款本息時，民生銀行鎮江支行有權直接從中江公司在民生銀行所有營業機構開立的帳戶中扣收償付本金、利息。而本案中，民生銀行鎮江支行怠於行使該權利，蓄意讓不能清償本息的情形發生，以達到加速到期的目的。此外，原審時，中江公司雖存在一些其他訴訟，但均未審結，中江公司是否承擔責任不確定。原審判決依據前述事實認定案涉借款加速到期錯誤。二、原審判決存在多處錯字，影響判決公正性。綜上，請求撤銷原判，發回重審或依法改判駁回民生銀行鎮江支行對上水公司的訴訟請求。

民生銀行鎮江支行針對上水公司的上訴答辯稱：一、民生銀行鎮江支行與上水公司於2012年10月8日簽訂的《最高額抵押合同》合法有效。案涉主債務發生在抵押擔保期間，上水公司應按最高限額4,300萬元承擔抵押責任。上水公司所稱《綜合授信合同》第十二條中江公司與民生銀行鎮江支行就每一項具體授信業務所簽訂的具體業務合同與本合同不一致的，以該具體業務合同為準的約定，係《綜合授信合同》第四章授信額度的使用項下的規定，並不涉及擔保，該條款不能排除上水公司的抵押擔保責任。二、2013年10月28日，因民生銀行鎮江支行與中江公司結清了3,000萬元的信用證融資業務，民生銀行鎮江支行曾向上水公司出具了《還款證明》、《土地使用權抵押註銷申請》，但兩份文件並未實際送達給漣水縣國土資源局，後民生銀行鎮江支行發現中江公司與民生銀行鎮江支行之間主合同債權並未全部清償，故要求上水公司退還兩份文件，並向江蘇省漣水縣國土資源局寄發了《關於撤回「土地使用權抵押註銷申請」的通知函》。民生銀行鎮江支行的做法符合《貿易融資主協議》第十五條的約定。三、本案所涉債務係中江公司保理融資款債務。根據雙方簽訂的《保理服務合同－附屬合同一（一般保理－－一般融資）第五條的約定，中江公司有義務按時向民生銀行鎮江支行歸還保理融資款，中江公司轉讓的中煤科技公司的債權係其案涉債務的還款保障，在中江公司未清償債務前，中江公司不得以債權已轉讓為由拒絕償還。四、中江公司未能按時給付借款利息，民生銀行鎮江支行有權宣告案涉債務提前到期。請求駁回上水公司的上訴請求。

中煤科技公司對上水公司的上訴拒絕發表意見。

中江公司同意上水公司上訴理由中關於中江公司是否承擔責任所涉相關問題的意見，對其他理由拒絕發表意見。

中煤科技公司亦不服原審判決，向本院提起上訴稱：一、原審中，中煤科技公司在答辯期間提出管轄權異議，原審未做出裁定。中煤科技公司於2014年2月12日收到起訴狀，於2014年2月13日向原審法院寄送了管轄異議申請書及送達回證。但原審法院至今未做出針對管轄異議的裁定。二、原審法院在未確定對民生銀行鎮江支行起訴中煤科技公司是否有管轄權前，無權要求中煤科技公司對本案答辯，無權對中煤科技公司進行實體審理並判決。三、2014年5月14日，原審法院第一次開庭時沒有通知中煤科技公司到庭參加訴訟。綜上，請求撤銷原判，發回重審。

民生銀行鎮江支行針對中煤科技公司的上訴理由答辯稱：原審法院對本案具有管轄權，請求駁回中煤科技公司的上訴請求。

上水公司、中江公司對中煤科技公司的上訴拒絕發表意見。

張迎梅、田金華未到庭，對上水公司、中煤科技公司的上訴亦未提交書面意見。

二審中，中煤科技公司向本院提交以下證據：

1. EMS國內特快專遞郵件詳情單寄件人留存聯影本，擬證明中煤科技公司於2014年2月12日收到民生銀行鎮江支行起訴狀，並於2014年2月13日提出管轄權異議。

2. 最高人民法院（2014）民一終字第187號民事裁定書影本，擬證明民生銀行鎮江支行與中煤科技公司之間係債權轉讓糾紛，不應與借款合同糾紛在同一案件中處理。

民生銀行鎮江支行對上述證據的質證意見為：證據1係影本，對其真實性不能確認。且其上記載的位址為北京市青年溝東路5號，原審法院也是向該地址郵寄起訴狀及應訴通知，中煤科技公司未在答辯期內提出管轄異議。對證據2真實性無異議，但該裁定與本案無關。

上水公司、中江公司對中煤科技公司提交的證據拒絕發表質證意見。

本院認為，中煤科技公司提供的證據1雖係影本，但根據原審卷宗記載，原審法院於2014年2月14日收到中煤科技公司管轄權異議申請書，故該證據和原審卷宗在卷資料相互印證，本院予以採信，據此，可以認定中煤科技公司於2014年2月13日向原審法院提出管轄權異議的事實。證據2係最高人民法院生效裁判文書，民生銀行鎮江支行對其真實性亦無異議，本院對其真實性予以確認，對該證據與本案的關聯性在裁判理由中予以論述。

二審庭審中，除中煤科技公司認為原審判決查明事實是在2014年5月14日開庭舉證、質證基礎上進行的，其未到庭，故對該事實不予認可外，其餘各方當事人對原審判決查明的事實均無異議。

本院另查明：原審中，原審法院於2014年1月26日以EMS特快專遞向中煤科技公司郵寄民生銀行鎮江支行的起訴狀及應訴資料，郵寄地址為中煤科技公司工商登記住所地，該郵件於2014年1月27日被簽收，後中煤科技公司於2014年2月13日向原審法院提出管轄權異議，原審法院書面回覆中煤科技公司告知其所提管轄權異議已經超出法定期間。原審法院於2014年5月14日以中煤科技公司經合法傳喚無正當理由未到庭為由進行了公開開庭缺席審理，並於當日閉庭，經查2014年5月14日的開庭傳票未向中煤科技公司送達。後原審法院於2014年6月20日再次進行了公開開庭審理，經查該次開庭原審法院依法向各方當事人送達了開庭傳票，中煤科技公司簽收傳票後無正當理由未到庭，原審法院依法缺席審理後於2014年7月21日做出了判決。2014年8月25日，原審法院做出（2013）鎮商初字第95—2號民事裁定，對判決中存在的十餘處筆誤進行了補正。

本案二審爭議焦點：一、原審判決是否存在未對中煤科技公司管轄權異議予以審理及違法缺席判決而應發回重審的情形。二、中江公司案涉債務是否屬於上水公司案涉土地使用權抵押擔保的範圍。三、民生銀行鎮江支行是否有權宣布案涉借款提前到期。四、案涉債務是否應由中煤科技公司而非中江公司清償。

本院認為：

一、關於原審判決是否存在未對中煤科技公司管轄權異議予以審理及違法缺席判決而應發回重審情形的問題

1. 原審判決不存在未對中煤科技公司管轄權異議進行審理的情形。原審法院於2014年1月26日向中煤科技公司工商登記住所地郵寄起訴狀副本和應訴通知等資料，該郵件於2014年1月27日被簽收，中煤科技公司於2014年2月13日向原審法院提出管轄權異議，已超過法律規定的15日提交答辯狀期間內提出管轄權異議的期間，因此，應認定中煤科技公司未在法定期間內向原審法院提出管轄權異議，原審法院對此未做出裁定符合法律規定，中煤科技公司所稱的其與民生銀行鎮江支行之間屬於債權轉讓關係，不應與借款關係共同審理的理由亦無法律依據，本院對其該點上訴理由及就此提交的證據均不予採信。

2. 原審法院不存在違法缺席判決的情形。原審法院於2014年5月14日開庭審理時未向中煤科技公司送達傳票雖然不當，但該次庭審閉庭後，原審法院又合法傳喚了各方當事人，於2014年6月20日重新開庭審理，中煤科技公司在接到傳票後，無正當理由未到庭參加訴訟，原審法院依法缺席審理並做出判決符合法律規定，故原審判決不屬於違法缺席判決的情形，中煤科技公司就此提出的上訴理由，以及以其未到庭為由而對原審判決通過庭審查明事實所提出的異議均不成立。

二、關於中江公司案涉債務是否屬於上水公司案涉土地使用權抵押擔保範圍的問題

本院認為，首先，根據上水公司與民生銀行鎮江支行簽訂的《最高額抵押合同》，上水公司係為中江公司與民生銀行鎮江支行簽訂的多個《綜合授信合同》的履行提供最高額抵押擔保，被擔保的主債權發生期間為2012年10月8日至2015年10月8日。本案中，根據案涉《綜合授信合同》，中江公司的授信期為2013年4月28日至2014年4月28日，《綜合授信合同》第五條亦載明，上水公司與民生銀行鎮江支行簽訂的《最高額抵押合同》為該授信合同的擔保合同。本案中，民生銀行鎮江支行主張的債權係該《綜合授信合同》項下具體業務所產生的債權。因此，該債權屬於上水公司抵押擔保範圍。其次，案涉《最高額抵押合同》第十五條約定，如除本合同約定的擔保方式外，主合同項下還存在其他擔保的，則上水公司對民生銀行鎮江支行承擔的擔保責任不受任何其他擔保的影響，也不因之而免除或減少。民生銀行鎮江支行有權選擇優先行使本合同項下的擔保權利。而上水公司上訴所稱《綜合授信合同》第十二條的約定係《綜合授信合同》第四章授信額度的使用中的條款，故該條款應理解為授信額度使用時，如《綜合授信合同》與具體業務合同約定不一致時，以具體業務合同約定為準。該約定效力並不及於第三章擔保的約定。因此，《貿易融資主協議》、《流動資金貸款借款合同》、《銀行承兑協議》中雖未約定抵押擔保方式，但該情形並不能排除《最高額抵押合同》第十五條約定的效力，民生銀行鎮江支行有權按《最高額抵押合同》約定行使抵押權。最後，對於上水公司所稱民生銀行鎮江支行已同意上水公司註銷抵押登記的問題。從查明的事實看，民生銀行鎮江支行雖然在2013年10月28日出具了「還款證明」、「土地使用權抵押註銷申請」，但之後即發現其與中江公司仍存在債權債務關係，而該債務屬於上水公司《最高額抵押合同》擔保範圍內，故民生銀行鎮江支行停止辦理抵押登記的註銷手續不違反法律規定，在抵押登記未註銷情形下，上水公司對中江公司案涉債務依法應承擔抵押擔保責任。

三、關於民生銀行鎮江支行是否有權宣布案涉借款提前到期的問題

本院認為，案涉《流動資金貸款借款合同》第九章違約責任部分第十五條約定：中江公司不按合同約定的還款期限償還到期應付款項，視為中江公司違約。第十六條約定：中江公司發生上述違約事件時，民生銀行鎮江支行除有權按照合同約定行使相應的權利外，有權宣布本合同項下全部或部分貸

款立即到期，提前收回已發放的貸款，並停止繼續發放貸款。第五章借款的償還部分第十一．五條約定中江公司還款帳戶中資金不足清償借款本息時，民生銀行鎮江支行有權直接從中江公司在民生銀行所有營業機構開立的帳戶中扣收依本合同約定中江公司應償付的借款本金、利息、罰息、複利、違約金及其他應付費用。本案中，中江公司、上水公司對於中江公司未按期支付借款利息的事實並無異議，因此，根據上述條款約定，中江公司構成違約，民生銀行鎮江支行有權宣布貸款提前到期，民生銀行鎮江支行是否扣收中江公司在民生銀行所有營業機構開立的帳戶中款項，屬於民生銀行鎮江支行在中江公司違約後，為保證出借款項能夠及時收回，而約定的有權採取的救濟方式。但民生銀行鎮江支行是否行使該權利並不影響中江公司是否構成違約的認定。故上水公司所稱民生銀行鎮江支行無權宣布案涉借款提前到期的上訴理由無事實依據，本院不予採信。

四、關於案涉債務是否應由中煤科技公司而非中江公司清償的問題

本院認為，根據案涉《保理服務合同—融資附件》第二條約定，中江公司以應收帳款以及回籠款項做為本具體業務項下債務的還款保障，主合同項下丁方（中煤科技公司）所有回款均須付至民生銀行鎮江支行指定帳戶，中江公司在主合同及附屬合同項下的債務未全部清償完畢之前，中江公司放棄因上述應收帳款轉讓而產生的對民生銀行鎮江支行的一切權利，民生銀行鎮江支行有權在任何時點扣收上述應收帳款項下款項用於償還中江公司在本合同項下的債務。因此，本案中，中煤科技公司應按債權轉讓通知，將其對中江公司的應付帳款88,244,760元付至民生銀行鎮江支行指定的帳戶。但案涉債務未清償完畢前，民生銀行鎮江支行仍有權依據《流動資金貸款借款合同》、《銀行承兑協議》的約定，要求中江公司承擔還款責任。

綜上，中煤科技公司及中江公司的上訴請求及理由無事實和法律依據，本院不予採納。原審判決查明本案基本事實正確，判決中煤科技公司承擔補充清償責任雖然與中江公司和民生銀行鎮江支行約定的該種情形下兩公司應承擔共同還款責任不符，但該判決內容未超出民生銀行鎮江支行的合同權利範圍，民生銀行鎮江支行對此亦未提起上訴，故判決結果可以維持。依照《中華人民共和國民事訴訟法》第一百七十條第一款第（一）項、《最高人民法院關於適用〈中華人民共和國民事訴訟法〉的解釋》第三百二十三之規

定，判決如下：

駁回上訴，維持原判決。

二審案件受理費393,854元，公告費1,080元，由上水公司負擔257,340元，中煤科技公司負擔137,594元。中煤科技公司預繳二審案件受理費剩餘部分256,800元，由本院退還。

本判決為終審判決。

審判長　段曉娟

代理審判員　史留芳

代理審判員　林佳

二〇一五年五月六日

書記員　李斯琦

【案例5】 銀行對借款合同糾紛的「先刑後民」抗辯

朗銳公司與興業銀行金融借款合同糾紛案評析

案號：江蘇省高級人民法院（2015）蘇商終字第00130號

【摘要】

銀行對於不屬於駁回起訴、移送處理及中止審理等情形的案件，有權針對應當「先刑後民」的審理順序進行抗辯；同時在認定應收帳款轉讓真實性時，銀行應重點審核交易合同、發票及交貨憑證等證明合同已實際履行的資料。

【基本案情】

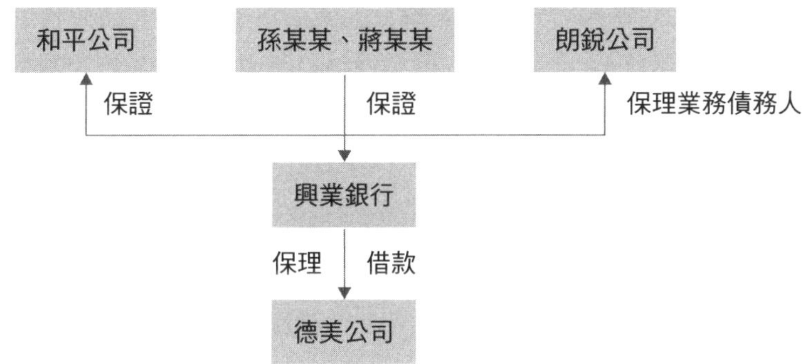

2013年6月25日，常州朗銳鑄造有限公司（以下簡稱「朗銳公司」）向興業銀行常州支行（以下簡稱「興業銀行」）出具購貨方收貨證明，證明該公司2013年5月以來收到常州市德美機械有限公司（以下簡稱「德美公司」）三張發票項下貨物且均通過品質合格驗收。2013年7月2日，興業銀行與德美公司簽訂基本額度授信合同，

約定興業銀行給予德美公司最高本金額度2,000萬元的有追索權明保理授信。2013年7月3日，興業銀行、德美公司共同向朗銳公司發出應收帳款轉讓通知，載明德美公司將與朗銳公司簽訂的20130401號商務合同項下應收帳款25,063,273.71元的債權轉讓給興業銀行，通知朗銳公司直接向興業銀行履行付款義務並付款至指定帳戶。當日，朗銳公司在簽收回執中確認德美公司對上述發票已全部履行交貨義務，應付款項為25,063,273.71元，承諾對興業銀行履行付款責任至其指定帳戶。

2013年7月5日，興業銀行通過江蘇國稅網站查詢前述購貨方收貨證明所載發票，均顯示符合國稅局發票銷售記錄資料。同日，德美公司將轉讓的25,063,273.71元應收帳款在中國人民銀行徵信中心進行動產權屬統一登記。

2013年7月8日，興業銀行與德美公司簽訂國內有追索權明保理業務合同，約定德美公司將與朗銳公司簽訂的20130401號商務合同項下應收帳款25,063,273.71元的債權轉讓給興業銀行，以申請興業銀行提供最高不超過1,000萬元的保理融資。同日，興業銀行向德美公司發放融資款1,000萬元。

上述款項到期後，朗銳公司尚拖欠23,063,273.71元，德美公司亦未履行回購義務。興業銀行多次催討無果，遂訴至法院，請求朗銳公司償還應收帳款本金23,063,273.71元及相應利息。

【法院判決】

江蘇省常州市中級人民法院經審理認為，該案的爭議焦點為：1. 該案是否涉嫌刑事犯罪應移送公安機關或中止審理；2. 興業銀行在保理合同項下享有的真實債權金額；3. 興業銀行是否有權要求朗銳公司對融資款未受清償部分承擔賠償責任及具體賠償數額。該案中，興業銀行依據債權轉讓法律關係要求朗銳公司清償債務，與德美公司及其法定代表人在與興業銀行簽訂保理合同時涉嫌合同詐騙，屬於不同的法律關係，無需移送公安機關處理，應繼續審理。德美公司將對朗銳公司的應收帳款25,063,273.71元轉讓給興業銀行並通知了朗銳公司，興業銀行有權要求朗銳公司清償債務。由於存在收貨證明與貨物發票造假等情況，興業銀行受讓的債權數額應當基於德美公司對朗銳公司享有真實合法的應收帳款來確定。根據稅務部門證明，案涉貨物發票中僅有8,228,708.18元正常使用，故德美公司對朗銳公司真實享有的應收帳款僅為8,228,708.18元。扣除朗銳公司已支付的200萬元，興業銀行有權要求朗銳公司償還應收帳款為6,228,708.18元。因德美公司、朗銳公司以開具虛假發票、提供虛假收貨證明等方式虛構應收帳款，導致興業銀行融資款未受清償。興業銀行已盡到了審慎的審查義務，而朗銳公司對興業銀行的損失存在過錯，故朗銳公司應對興業銀行融資款未受清償部分在受讓的應收帳款金額範圍內承擔賠償責任。德美公司現仍結欠融資款本金7,972,701.9元及相應利息。綜上，判決朗銳公司向興業銀行清償債務6,228,708.18元及相應利息；朗銳公司對融資款本金7,972,701.09元及相應利息中超過6,228,708.18元的部分向興業銀行承擔賠償責任。

宣判後，朗銳公司不服一審判決，提起上訴。江蘇省高級人民法院經審理認為，德美公司轉讓應收帳款金額確定的依據是購貨方收貨證明、應收帳款轉讓通知及回執，相應金額均為25,063,273.71元且列明對應發票。現查明發票中有金額16,834,565.53元的發票已作廢，金額8,228,709.18元的發票為在用發票，故德美公司轉讓給興業銀行的債權真實金額僅為8,228,709.18元，導致興業銀行融資款無法全額清償。而興業銀行已盡謹慎審查義務，朗銳公司出具相關證明和發票存在虛假情況，應在真實應收帳款金額範圍內與德美公司承擔連帶賠償責任而非按份責任或補充責任。因此，在興業銀行撤回對德美公司起訴的情況下，一審判決要求朗銳公司對興業銀行融資款不能全額清償的部分在確認的應收帳款金額範圍內承擔賠償責任，並無不當。故，判決駁回上訴、維持原判。

【法律評析】

本案中主要的爭議焦點，為銀行對刑、民事案件審理順序「先刑後民」的抗辯，及對應收帳款轉讓真實性的審核重點。

一、銀行對「先刑後民」的抗辯

在民事糾紛審判過程中，當案件涉及到刑事問題時，在實體和程序上如何處理一直都是一個容易產生爭議的問題。

1998年《最高人民法院關於在審理經濟糾紛案件中涉及經濟犯罪嫌疑若干問題的規定》第一條規定：「同一公民、法人或其他經濟組織因不同的法律事實，分別涉及經濟糾紛和經濟犯罪嫌疑的，經濟糾紛案件和經濟犯罪嫌疑案件應當分開審理。」第十條規定：「人民法院在審理經濟糾紛案件中，發現與本案有牽連但與本案不是同一法律關係的經濟犯罪嫌疑線索、資料，應將犯罪嫌疑線索、資料移送有關公安機關或檢察機關查處，經濟糾紛案件繼續審理。」第十一條規定：「人民法院做為經濟糾紛受理的案件，經審理認為不屬經濟糾紛案件而有經濟犯罪嫌疑的，應當裁定駁回起訴，將有關資料移送公安機關或檢察機關。」本案中，興業銀行依據債權轉讓合同約定要求朗銳公司清償債務，與德美公司及其法定代表人孫某在與興業銀行簽訂保理業務合同時涉嫌合同詐騙，是基於不同的法律關係，且法院受理的興業銀行與朗銳公司的債權轉讓糾紛屬於經濟糾紛案件，不存在駁回起訴或者移送公安機關或檢察機關處理的情形。

《中華人民共和國合同法》第五十四條第二款規定：「一方以欺詐、脅迫的手段或者乘人之危，使對方在違背真實意思的情況下訂立的合同，受損害方有權請求人民法院或者仲裁機構變更或者撤銷。」本案中，德美公司及其法定代表人孫某以欺詐方式與興業銀行簽訂了保理業務合同，興業銀行即有權請求法院或者仲裁機構變更或撤銷合同，如不請求變更或撤銷，保理業務合同仍為有效合同。德美公司及孫某是否應承擔刑事責任並不影響德美公司在有效保理業務合同中應承擔的民事責任，更不能免除朗銳公司在債權轉讓合同約定中的清償義務。

此外，《中華人民共和國民事訴訟法》第一百五十條第五款規定：「本案必須以另一案的審理結果為依據，而另一案尚未審結的，法院應當中止訴訟。」在本案中，法院已經查清了真實和過期發票的準確數額，刑事案件的判決結果對該數額並無影響，民事案件的事實認定不以刑事案件審理結果為依據。故本經濟糾紛案件不存在中止審理的情形，無需等待刑事案件審查完畢且做出具體判決再予以審理。

綜上，興業銀行有權對其與朗銳公司的債權轉讓糾紛應先等待刑事案件審查完畢再予以審理的請求，即對「先刑後民」的案件審理順序進行抗辯。

二、銀行對應收帳款轉讓真實性的審核重點

（一）審查應收帳款轉讓真實性的方法

中國銀行業監督管理委員會《商業銀行保理業務管理暫行辦法》第十四條規定：「商業銀行受理保理融資業務時，應當嚴格審查買賣合同等資料的真實性與合法性。」第十五條規定：「商業銀行應當對客戶和交易等相關情況進行有效的盡職調查，並通過審核單據原件或銀行認可的電子貿易信息等方式，確認相關交易行為真實合理存在，避免客戶通過虛開發票或偽造貿易合同、物流、回款等手段惡意騙取融資。」

銀行在對基礎交易項下的應收帳款真實性進行審查時，一般會要求債權人提供買賣合同、增值稅專用發票等證明資料。然而，買賣

合同可以由當事人虛構，增值稅專用發票也是債權人單方面開具的，即使買賣合同真實，以上資料也無法完全證明債權人對債務人享有真實的應收帳款債權。因此，銀行還應當要求債權人提供與應收帳款相關的貨物交付憑證、貨物物流運輸憑證、貨款交付對帳明細等能夠證明合同已經實際履行的資料。另外，銀行還應當在中國人民銀行徵信中心應收帳款質押登記公示系統中，查詢該應收帳款是否已經存在質押或者限制轉讓等情況，以確保銀行切實取得應收帳款受讓方的收款權利。

（二）查證發票真實性的方法

在保理業務中，銀行審查應收帳款真實性時，一般會要求債權人提供買賣合同、增值稅專用發票等。然而，增值稅專用發票是債權人單方開具的，其真實性有待證明。實務中，銀行在收到債權人提供的增值稅專用發票後，可以採取向稅務部門核實的方法，登入稅務部門官網發票驗證查詢系統，可驗證發票領購信息、發票開具金額、電子發票等。但是，網上發票查詢只能說明該代碼、號碼的發票是否為稅務機關發售過，如需鑒別發票的真偽、是否虛開等，還需要攜帶發票到主管稅務局（分局）現場查證。

附：法律文書

常州朗銳鑄造有限公司與興業銀行常州支行金融借款合同糾紛上訴案

江蘇省高級人民法院（2015）蘇商終字第00130號

上訴人（原審被告）：常州朗銳鑄造有限公司。

法定代表人：姜炳生，該公司執行董事兼總經理。

委託代理人：錢技平，江蘇常仁律師事務所律師。

委託代理人：朱益旦，該公司工作人員。

被上訴人（原審原告）：興業銀行股份有限公司常州支行。

負責人：張榮國，該支行行長。

委託代理人：蔣哲，江蘇律邦律師事務所律師。

委託代理人王紹慷，該支行工作人員。

上訴人常州朗鋭鑄造有限公司（以下簡稱朗鋭公司）因與被上訴人興業銀行股份有限公司常州支行（以下簡稱興業銀行常州支行）金融借款合同糾紛一案，不服江蘇省常州市中級人民法院（2014）常商初字第41號民事判決，向本院提起上訴。本院受理後依法組成合議庭，於2015年4月13日公開開庭審理了本案。上訴人朗鋭公司的委託代理人錢技平、朱益旦，被上訴人興業銀行常州支行的委託代理人蔣哲、王紹慷到庭參加訴訟。本案現已審理終結。

興業銀行常州支行原審訴稱：2013年7月2日，興業銀行常州支行與常州市德美機械有限公司（以下簡稱德美公司）簽訂基本額度授信合同，約定基本額度授信最高本金額度為2,000萬元，期限為2013年7月2日至2014年7月1日，並由常州市武進和平橡塑模具製造有限公司（以下簡稱和平公司）、孫勇、蔣素吁對全部債務承擔連帶責任保證。2013年7月3日，興業銀行常州支行、德美公司向朗鋭公司送達了應收帳款轉讓通知。同日，朗鋭公司簽收並書面確認回覆。在上述基本額度授信合同及應收帳款轉讓的授信項下，2013年7月8日，興業銀行常州支行與德美公司簽訂國內有追索權明保理業務合同，約定所轉讓的商務合同應收帳款淨額為25,063,273.71元，興業銀行常州支行可依據德美公司的資信情況向其發放最高不超過1,000萬元的融資款，融資屆滿日至2014年1月7日。當日，興業銀行常州支行將1,000萬元劃至德美公司帳戶。但是上述應收帳款期限以及融資期限到期後，經興業銀行常州支行催要，朗鋭公司僅支付200萬元帳款，剩餘23,063,273.71元帳款拖欠至今，德美公司亦未盡回購義務，和平公司等也沒有履行連帶保證責任。請求判令：一、朗鋭公司償還應收帳款債權本金23,063,273.71元及自2014年1月7日起至實際給付日止按中國人民銀行同類貸款利率計算的利息；二、朗鋭公司承擔興業銀行常州支行律師代理費398,533元並承擔本案全部訴訟費用，德美公司、和平公司、孫勇、蔣素吁承擔連帶清償責任；三、德美公司對上述給付事項在本金7,972,701.9元及自2014年1月7日起至實際給付日止按約定利率計算利息的範圍內承擔回購責任，和平公司、孫勇、蔣素吁對德美公司的上述債務承擔連帶保證責任。之後，興業銀行常州支行撤回對德美公司、和平公司、孫勇、蔣素吁的起訴，變更訴訟請求為：一、朗鋭公司償還應收帳款本金23,063,273.71元，並承擔自2014年1月18日起至實際給付之日止按中國人民銀行同期貸款利率上浮30%計算的利息；二、朗鋭公司承擔興業銀行常州支行律師代理費398,533元；三、本案全部訴訟費用由朗鋭公司承擔。經原審法院釋明，興業銀行常州支行明確，若其受讓的部分應收帳款確為虛假，影響部分債權轉讓的效力，則要求朗鋭公司在結欠興業銀行常州支行受讓的23,063,273.71元債權及利息範圍內承擔賠償責任。

朗鋭公司原審辯稱：一、興業銀行常州支行舉證涉及朗鋭公司的相關資料未經朗鋭公司決策層討論，這些資料的形成過程可能涉及重大刑事犯罪並已由公安機關立案，請求法院依法將案件移送公安機關處理。上述資料真實有效與否，需待刑事案件得出結論後才可以確定，涉嫌的刑事案件可能對本案有重大影響，希望法院充分考慮刑民交叉審理的複雜性，等待相關事實明確後，再審理本案。二、興業銀行常州支行訴訟請求中的利息上浮及律師費的承擔，由法院依法審查。

原審法院經審理查明：2013年6月25日，朗鋭公司向興業銀行常州支行出具購貨方收貨證明，載明該公司2013年5月以來收到的德美公司號碼為03528038-03528040、03593065-03593069、03593089-03593103的發票項下的貨物，現均通過該公司驗收，貨物品質全部合格。

2013年7月2日，興業銀行常州支行與德美公司簽訂編號為11012013CWJ564的基本額度授信合同，約定興業銀行常州支行給予德美公司基本額度授信最高本金額度2,000萬元的有追索權明保理授信，有效期為2013年7月2日至2014年7月1日止；如融資人因履行本合同項下義務而與申請人或與申請人有關的任何第三方當事人之間發生訴訟或仲裁或其他糾紛，導致融資人被迫捲入申請人與任何第三方之間的糾紛之中，融資人因此支付的訴訟或者仲裁費用、律師費等其他費用，均由申請人承擔。

2013年7月3日，興業銀行常州支行、德美公司共同向朗鋭公司發出應收帳款轉讓通知，載明根據朗鋭公司與德美公司簽訂的20130401號商務合同，德美公司已完成購貨方收貨證明所載發票號項下的發貨，金額合計25,063,273.71元，且德美公司將應收帳款的債權轉讓給興業銀行常州支行，通知朗銳公司直接向興業銀行履行付款義務，直接付款至德美公司在興業銀行常州支行的40×××27帳戶。當日，朗銳公司在簽收回執中確認應付款項為25,063,273.71元，承諾將按通知要求對興業銀行常州支行履行付款責任，並確認德美公司對上述發票號已全部履行了交貨義務，同意在上述應付款項到期時直接付款至通知中的帳戶。

2013年7月5日，興業銀行常州支行通過江蘇國稅常州網站查詢前述購貨方收貨證明所載發票的發售流向，均顯示在國家稅務局發票銷售紀錄中存在相符資料。

同日，中國人民銀行徵信中心做出動產權屬統一登記表，載明德美公司將25,063,273.71元應收帳款轉讓給興業銀行常州支行。

2013年7月8日，興業銀行常州支行與德美公司簽訂編號為11152013CWJ564的國內有追索權明保理業務合同，約定根據德美公司與朗銳公司簽訂的商務合同，德美公司向興業銀行常州支行申請敘作該合同項下保理業務，該合同所轉讓的商務合同應收帳款淨額為25,063,273.71元，興業銀行常州支行可根據德美公司的資信情況向其發放最高不超過1,000萬元的融資款，融資起始日期以興業銀行常州支行實際融資發放日為準，融資屆滿日至2014年1月7日止，融資利率為6.16%，逾期利率為融資利率上浮50%。該合同附件商務合同清單中載明合同簽訂日期為2013年4月25日，商務合同付款人為朗銳公司，發票號碼為前述購貨方收貨證明所載發票，並註明發票金額、發票日期、應收帳款淨額等事項。同日，興業銀行常州支行向德美公司發放融資款1,000萬元。融資到期後，朗銳公司僅於2014年1月8日支付貨款200萬元，興業銀行常州支行從德美公司帳戶扣收計算至2014年1月8日的利息計314,844.4元，扣收融資款本金2,027,298.1元。德美公司尚結欠興業銀行常州支行融資款本金7,972,701.9元及自2014年1月9日起按年利率9.24%計算的利息。

原審法院另查明：常州市公安局直屬分局於2014年5月9日對德美公司孫勇合同詐騙案做出立案決定。孫勇在公安部門對其的詢問中陳述：1. 2008年底到2013年9月30日，德美公司以朗銳公司的應付款共在工行、建行、招行、中信、光大、興業銀行貸款6,000萬元，後來還了一部分，一部分轉成德美公司的流動貸款，至今有3,300萬保理貸款逾期，分別是中信銀行1,000

萬元、光大銀行1,500萬元、興業銀行1,000萬元（2014年1月9日朗銳公司以貨款歸還了200萬）。2. 因為德美公司與朗銳公司的加工業務金額沒有達到貸款金額的要求，德美公司預先多開具一些貨物發票給朗銳公司，開出後再作廢，所以德美公司提供給中信銀行、光大銀行、興業銀行的保理貸款資料中，開給朗銳公司的貨物發票大部分是作廢的，收貨證明也是德美公司提供的虛假證明。3. 德美公司和朗銳公司實際加工款2011年為9,000多萬，2012年6,000萬，2013年9,000多萬。目前朗銳公司欠德美公司應付款500多萬，另外德美公司欠汽車零部件公司500多萬，兩者差不多抵銷。

原審法院還查明：朗銳公司出具購貨方收貨證明中載明的收到德美公司的發票中，在用發票號碼為03528038-03528040、03593065-03593069,總金額8,228,709.18元；作廢發票號碼為03593089-03593103,總金額16,834,565.53元。

原審法院又查明：朗銳公司分類明細帳顯示，2013年7月3日，朗銳公司對德美公司的實際應付帳款為1,357,8701.9元。朗銳公司同時主張，德美公司當日已經存在保理業務借款金額25,00萬元，分別為建設銀行500萬元、工商銀行2,000萬元。

興業銀行常州支行提供的調取自德美公司的收款收據、銀行承兑匯票、增值稅專用發票顯示，2013年4月25日至2013年12月27日期間，朗銳公司向德美公司支付貨款30,007,241.31元，但所對應的發票均非前述購貨方收貨證明所載發票。

興業銀行常州支行為本案訴訟支付律師代理費398,533元。

本案一審爭議焦點：一、本案是否涉嫌刑事犯罪應移送公安機關處理或中止審理；二、興業銀行常州支行在保理合同項下享有的真實債權金額為多少；三、就融資款未受清償部分興業銀行常州支行是否有權要求朗銳公司承擔賠償責任，賠償責任範圍應如何確定。

原審法院認為：

一、《最高人民法院關於在審理經濟糾紛案件中涉及經濟犯罪嫌疑若干問題的規定》第十條規定，人民法院在審理經濟糾紛案件中，發現與本案有牽連，但與本案不是同一法律關係的經濟犯罪嫌疑線索、資料，應將犯罪嫌疑線索、資料移送有關公安機關或檢察機關查處，經濟糾紛案件繼續審理。

就本案而言，一方面，興業銀行常州支行依據債權轉讓法律關係要求朗銳公司清償債務，與德美公司及其法定代表人孫勇在與興業銀行常州支行簽訂保理業務合同時涉嫌合同詐騙，屬不同的法律關係，本案無需移送公安機關處理。另一方面，即使如朗銳公司所認為，德美公司、孫勇確為刑事犯罪，做為保理業務合同主體的德美公司也是以欺詐方式與興業銀行常州支行簽訂了保理業務合同，依照《中華人民共和國合同法》第五十四條第二款的規定，興業銀行常州支行有權請求變更或撤銷合同，如不請求變更或撤銷，保理業務合同仍應按有效處理，孫勇、德美公司應承擔的刑事責任並不能免除德美公司做為保理業務合同的主體應承擔的民事責任，更不能免除朗銳公司在債權轉讓法律關係中的債務清償責任，即刑事案件正在調查以及可能查明的事實不會影響朗銳公司責任的承擔，故本案無需中止審理。綜上，本案為興業銀行常州支行與朗銳公司的債權轉讓合同糾紛，應由原審法院繼續審理。

二、保理是一項以債權人轉讓其應收帳款為前提，集融資、應收帳款催收、管理及壞帳擔保於一體的綜合性金融服務，由於應收帳款的法律屬性是基於商務合同而產生的未到期債權，因此保理的實質是賣方對保理商的債權轉讓。本案中，興業銀行常州支行受讓德美公司對朗銳公司享有的金額為25,063,273.71元的應收帳款並通知朗銳公司後，向德美公司發放融資款1,000萬元，故其即有權根據《中華人民共和國合同法》第七十九條、第八十條的規定依據債權轉讓關係要求朗銳公司清償債務。

至於興業銀行常州支行受讓的債權金額，應以德美公司對朗銳公司享有的真實合法有效的合同債權為考察之前提。雖然國內有追索權明保理業務合同約定的應收帳款為德美公司對朗銳公司所享有的25,063,273.71元，但根據稅務部門的證明，做為國內有追索權明保理業務合同附件的商務合同清單載明的發票中僅8,228,708.18元正常使用，16,834,565.53元已經作廢，德美公司法定代表人孫勇也在公安機關的詢問中陳述，德美公司提供給興業銀行常州支行的開給朗銳公司的貨物發票大部分是作廢的，收貨證明也是德美公司提供的虛假證明，因此德美公司對朗銳公司實際享有的應收帳款僅8,228,708.18元，興業銀行常州支行受讓的真實債權金額為8,228,708.18元。因朗銳公司已於2014年1月8日支付貨款200萬元，興業銀行常州支行有權要求朗銳公司償還應收帳款本金金額為6,228,708.18元。至於欠款利息，興業銀行常州支行可自起訴之日即2014年1月16日起主張，興業銀行常州支行現主張自2014年1月18日起按照中國人民銀行同期貸款基準利率上浮30%計算，並不違反《中國人民銀行關於人民幣貸款利率有關問題的通知》（銀發〔2003〕251號）第三條關於逾期貸款罰息利率在借款合同載明的貸款利率水準上加收30%-50%的規定，原審法院予以支持。

三、興業銀行常州支行基於受讓德美公司對朗鋭公司享有的金額為25,063,273.71元應收帳款，向德美公司發放融資款1,000萬元。該融資款現已到期，僅由朗鋭公司於2014年1月8日支付貨款200萬元，由興業銀行常州支行從德美公司帳戶扣收融資款本金2,027,298.1元及計算至2014年1月8日的利息計314,844.4元，現仍結欠融資款本金797,2701.9元及自2014年1月9日起至實際付清之日止按保理合同約定的按年利率9.24%計算的利息。因德美公司、朗鋭公司以開具虛假的增值稅發票、提供虛假的購貨方收貨證明等方式虛構應收帳款，導致興業銀行常州支行融資款未受清償，朗鋭公司對興業銀行常州支行的損失存在過錯，而興業銀行常州支行已經採取了當面簽署文件、查詢發票真實性的方式盡到了審慎審查義務，故朗鋭公司應對興業銀行常州支行融資款未受清償部分在受讓的應收帳款金額範圍內承擔賠償責任。

綜上，興業銀行常州支行受讓德美公司對朗鋭公司的應收帳款25,063,273.71元後向德美公司發放融資款1,000萬元，因德美公司、朗鋭公司虛構債權債務，導致興業銀行常州支行實際享有的真實債權僅為8,228,708.18元。朗鋭公司僅歸還200萬元，對餘款6,228,708.18元及利息應予清償，並應對興業銀行常州支行融資款未受清償部分承擔賠償責任。至於律師代理費，朗鋭公司與興業銀行常州支行並未約定由朗鋭公司負擔，興業銀行常州支行無權主張。興業銀行常州支行的部分訴訟請求合法有據，予以支持。根據《中華人民共和國合同法》第五十四條第二款、第五十六條、第五十八條、第七十九條、第八十條第一款的規定，該院判決：一、朗鋭公司於判決生效之日起10日內向興業銀行常州支行清償債務6,228,708.18元，並承擔該款自2014年1月18日起至實際給付之日止按中國人民銀行同期同類貸款基準利率上浮30%計算的利息；二、朗鋭公司對融資款本金797,2701.09元及自2014年1月9日起至實際給付之日止按年利率9.24%計算的利息中超過6,228,708.18元的部分向興業銀行常州支行承擔賠償責任；三、駁回興業銀行常州支行的其他訴訟請求。如果未按判決指定的期間履行給付金錢義務，應當依照《中華人民共和國民事訴訟法》第二百五十三條之規定，加倍支付遲延履行期間的債務利息。案件受理費159,150元、財產保全費5,000元，合計164,150元，由興業銀行常州支行承擔91,541元，朗銳公司承擔72,609元，該款興業銀行常州支行已預交，朗銳公司應於判決生效之日起10日內將應負擔的訴訟費72,609元逕付興業銀行常州支行。

朗銳公司不服原審判決，向本院提起上訴稱：一、本案涉及刑事犯罪，且罪名就是合同詐騙罪，也可能今後改變為貸款詐騙罪，與本案為完全相同的法律關係，應按照先刑後民的原則處理，故本案應駁回起訴、移送公安機關或中止審理。二、原審判決認定事實錯誤。1. 原審判決以德美公司開具的發票金額扣除之後作廢的發票金額，得出所謂的真實債權金額，方法錯誤。因為發票真實不一定代表債權也真實。德美公司在辦理本案保理業務時，其對朗銳公司的債權餘額僅為1,300餘萬元，包括了真實發票所對應的8,228,708.18元未付款餘額，但當時德美公司已向其他銀行轉讓了2,500萬元債權，故其當時對朗銳公司已無任何債權。2. 德美公司對本案負有主要責任，且係第一順序債務人。興業銀行常州支行應先向德美公司主張權利，確存不足才能提起賠償之訴，否則無法確定損失。而原審法院同意興業銀行常州支行撤回對德美公司的起訴，導致德美公司應承擔的責任比例未查清。3. 興業銀行常州支行根據其與德美公司的合同向朗銳公司主張利息且有上浮標準，明顯依據錯誤。綜上，請求依法改判或發回重審。

興業銀行常州支行二審答辯稱：一、朗銳公司所報案的孫勇涉嫌犯罪的事實和本案法律關係不同，不屬於相關司法解釋中規定的同一法律關係，而且朗銳公司所稱的先刑後民原則也沒有明確的法律依據。二、原審判決查明的事實有充分證據，表明在辦理保理業務過程中，興業銀行常州支行對相關重大事項已經盡到審慎的注意義務，不存在任何過錯。綜上，請求駁回上訴，維持原判決。

本院經審理查明：原審判決查明事實正確，本院予以確認。

本院另查明：

1. 2014年4月28日，朗銳公司向常州市公安局經濟犯罪偵查支隊報案稱，德美公司孫勇通過使用作廢發票的方式虛列對朗銳公司的應收帳款，在未經朗銳公司審批的情況下以非正常方式使用朗銳公司印章，並使用相關資料向銀行貸款，現不能還款，致使朗銳公司承擔高額連帶擔保責任，該行為構成合同詐騙。

2. 案涉應收帳款轉讓通知的全稱為「應收帳款轉讓通知（適用於明保理）」。

本案二審爭議焦點：一、本案是否因德美公司孫勇涉嫌刑事犯罪而應當中止審理或者移送公安機關處理。二、原審判決認定案涉真實債權金額是否正確。三、原審判決認定朗銳公司應當承擔賠償責任的金額是否正確。四、原審判決認定朗銳公司應當承擔責任中的利息計算是否正確。

本院認為：

一、朗銳公司關於因德美公司孫勇涉嫌刑事犯罪，本案應當中止審理或者移送公安機關處理的上訴理由，不能成立。本案中，興業銀行常州支行向朗銳公司主張權利的依據是，興業銀行常州支行、德美公司於2013年7月3日共同向朗銳公司發出應收帳款轉讓通知，要求朗銳公司直接向興業銀行常州支行履行付款義務，朗銳公司對此予以確認，即德美公司原享有的對朗銳公司的債權已合法轉讓給興業銀行常州支行，朗銳公司負有按其承諾直接向興業銀行常州支行付款的義務。常州市公安局直屬分局於2014年5月9日對德美公司孫勇合同詐騙案決定立案的原因之一是，朗銳公司報案稱德美公司孫勇通過使用作廢發票虛列應收帳款、以非正常方式使用朗銳公司印章並向銀行貸款，致使朗銳公司承擔高額連帶擔保責任。公安機關辦理前述案件中可能會涉及本案所涉真實債權數額的認定，但是本案已查明案涉國內有追索權明保理業務合同、購貨方收貨證明所涉發票中，在用發票與作廢發票各自的金額，故公安機關對德美公司孫勇立案偵查並不影響前述事實的認定。此外，德美公司孫勇所涉刑事案件，並不影響債務人朗銳公司在民事案件中所應承擔責任的認定。因此，本案無需因德美公司孫勇涉嫌刑事犯罪而中止審理或者移送公安機關。

二、原審判決認定案涉真實的債權債務金額正確。本案中，興業銀行常州支行、德美公司、朗銳公司在債權轉讓之時確定債權債務金額的依據是，購貨方收貨證明、應收帳款轉讓通知及回執，相應的金額均為25,063,273.71元，且列明對應發票。現查明上述發票中有金額16,834,565.53元的發票已作廢，金額8,228,709.18元的發票為在用發票，故原審判決在三方確認的債權轉讓金額中扣除了已作廢發票金額，以在用發票金額計算真實的債權轉讓金額，並無不當。

三、原審判決認定朗銳公司應承擔賠償責任的金額正確。根據應收帳款轉讓通知及回執、國內有追索權明保理業務合同可見，興業銀行常州支行向德美公司發放1,000萬元融資款的條件是，德美公司將其向朗銳公司享有的25,063,273.71元債權轉讓給興業銀行常州支行。現轉讓債權真實金額僅為8,228,709.18元，導致興業銀行常州支行向德美公司發放的融資款無法全額清償。而在案涉業務的辦理過程中，在興業銀行常州支行已盡審慎義務的情況下，朗銳公司出具的購貨方收貨證明、確認的應收帳款轉讓通知，所載應收帳款不真實，確認的發票已部分作廢，認可的驗收並品質合格的交易並不完全真實，故朗銳公司對興業銀行常州支行發放融資款不能全額清償的損失負有責任，應在確認的應收帳款金額範圍內承擔賠償責任。如德美公司對興業銀行常州支行的損失亦有責任，應與朗銳公司承擔連帶責任。朗銳公司認為德美公司對損失負有主要責任，其與德美公司對損失應按比例分擔的主張，缺乏依據。因此，在興業銀行常州支行撤回對德美公司起訴的情況下，原審判決要求朗銳公司對興業銀行常州支行發放融資款不能全額清償的部分在確認的應收帳款金額範圍內承擔賠償責任，並無不當。

四、原審判決認定朗銳公司應承擔責任中的利息計算方法正確。朗銳公司在本案中的付款義務由兩部分組成。第一部分係基於債權轉讓應向興業銀行常州支行支付6,228,708.18元以及未按時付款而應承擔的資金占用利息。對該部分利息，原審判決按中國人民銀行同期同類貸款基準利率上浮30%計算，符合中國人民銀行關於逾期貸款罰息利率的規定。第二部分係對興業銀行常州支行融資款不能清償的損失所承擔的賠償責任。該損失是興業銀行常州支行與德美公司簽訂的國內有追索權明保理業務合同項下融資款及利息不能及時收回所產生的損失，其中利息的計算方法已在該合同中有明確約定。故原審判決按國內有追索權明保理業務合同的約定計算包括利息在內的損失金額，並由此確定朗銳公司承擔賠償責任的金額，有相應依據。

綜上，上訴人朗銳公司的上訴理由無事實與法律依據，本院不予支持。原審判決認定事實清楚，適用法律正確，應予維持。依照《中華人民共和國民事訴訟法》第一百七十條第一款第（一）項之規定，判決如下：

駁回上訴，維持原判決。

二審案件受理費159,150元，由上訴人朗鋭公司負擔。

本判決為終審判決。

審判長　段曉娟

代理審判員　史留芳

代理審判員　王強

二〇一五年四月二十八日

書記員　李斯琦

【案例6】銀行向非金融機構轉讓貸款債權的效力分析

綠興源公司訴城建投公司借款合同糾紛案評析

案號：最高人民法院（2015）民申字第2040號

【摘要】

商業銀行向非金融機構轉讓貸款債權，屬於合規有效的法律行為。中國大陸《物權法》規定，債權轉讓時，擔保該債權的抵押權一併轉讓。為避免抵押權糾紛，貸款債權受讓人辦理抵押權變更登記更為妥當。

【基本案情】

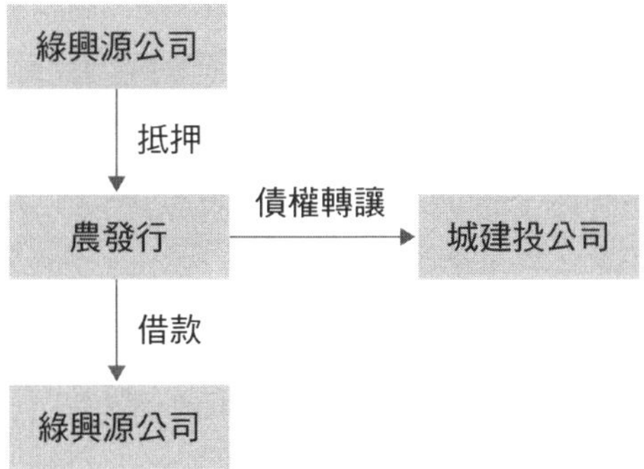

2012年9月20日，湖南綠興源糖業有限公司（以下簡稱「綠興源公司」）與農業發展銀行懷化分行（以下簡稱「農發行」）簽訂《流動資金借款合同》，並簽訂《最高額抵押合同》，以自己所有的廠房和土地使用權為借款提供抵押擔保並辦理了抵押登記，農發行依約發

放了貸款。之後，農發行與懷化市鶴城區城市建設投資有限公司（以下簡稱「城建投公司」）簽訂《債權轉讓協議》，將其對綠興源公司的債權轉讓給城建投公司。債權到期後，綠興源公司未履行還款義務。城建投公司遂訴至法院，請求綠興源公司清償借款本息，如不能履行上述債務，即對綠興源公司提供的抵押物變價、折價或拍賣所得價款在借款金額範圍內享有優先受償權。

【法院判決】

一審法院經審理，判決綠興源公司承擔清償義務；如不能履行上述債務，即城建投公司對綠興源公司提供的抵押物變價、折價或拍賣所得價款在借款金額範圍內享有優先受償權。宣判後，綠興源公司不服一審判決，提起上訴。湖南省高級人民法院經審理，判決駁回上訴、維持原判。綠興源公司不服二審判決，遂向最高人民法院申請再審，請求確認農發行與城建投公司簽訂的《債權轉讓協議》無效，債權轉讓對綠興源公司不發生法律效力；撤銷綠興源公司向城建投公司承擔債務清償責任的判決；確認城建投公司對綠興源公司不享有抵押物權。

最高人民法院經審理認為，雖然《貸款通則》等對從事貸款業務的主體做出規定，但並未明確禁止從事信貸業務的銀行將相關金融債權轉讓給第三人。該案中，城建投公司並非直接從事貸款業務，而是受讓農發行對綠興源公司依法享有的債權，符合銀行業關於貸款債權合法轉讓的規定。而且，《銀監辦24號批覆》對商業銀行向社會投資者轉讓貸款債權沒有禁止性規定，故農發行貸款債權屬於可轉讓債權。此外，案涉債權雖未採取拍賣形式公開競價，但轉讓價格公正合理，並未損害轉讓方及第三人利益，應屬合法有效，故案涉《債權轉讓協議》符合法律規定。綠興源公司法定代表人丁某某在一審庭審質證中認為，城建投公司代替綠興源公司償還債務給農發行，該筆還款是做為入股資金投資綠興源公司，並非債權轉讓，據此可認定丁某某知曉農發行將債權轉讓給城建投公司的事實，即視為債權轉讓通知已到達債務人。無論債務人對債權轉讓是否發生主觀認識錯誤以及其是否同意債權轉讓，均不影響債權轉讓的通知效力，故案涉《債權轉讓協議》對債務人綠興源公司發生法律效力。債權轉讓之時，擔保該債權的抵押權做為從權利一併轉讓，並自人民法院裁判文書生效後即發生抵押權變更的效力，並不因受讓人未辦理抵押權變更登記手續而消滅。該案中，城建投公司受讓農發行對綠興源公司享有的債權，依據法律規定有權受讓擔保案涉債權的抵押權，故在一審判決生效後，城建投公司無須辦理抵押權變更登記即享有對綠興源公司的抵押權。綜上，裁定駁回再審申請。

【法律評析】

本案的主要爭議焦點，為商業銀行向非金融機構轉讓貸款債權的效力、擔保貸款債權的抵押權轉讓的效力，及受讓人是否應當辦理抵押權變更登記手續。

一、商業銀行向非金融機構轉讓貸款債權的效力分析

本案中，受讓商業銀行貸款債權的當事人係非金融機構，其是否具有受讓銀行貸款債權的資格？貸款債權轉讓合同的效力如何？

中國人民銀行《貸款通則》第二十一條規定：「貸款人必須經中國人民銀行批准經營貸款業務，持有中國人民銀行頒發的《金融機構法人許可證》或《金融機構營業許可證》，並經工商行政管理部門核准登記。」中國銀行業監督管理協會《關於商業銀行向社會投資者轉讓貸款債權法律效力有關問題的批覆》（以下簡稱《銀監辦24號批覆》）第一條和第二條規定：「一、對商業銀行向社會投資者轉讓貸款債權沒有禁止性規定，轉讓合同具有合同法上的效力。社會投資者

是指金融機構以外的自然人、法人或者其他組織。」「二、轉讓具體的貸款債權，屬於債權人將合同的權利轉讓給第三人，並非向社會不特定對象發放貸款的經營性活動，不涉及從事貸款業務的資格問題，受讓主體無須具備從事貸款業務的資格。」

本案中，城建投公司係非金融機構，受讓商業銀行農發行對綠興源公司依法享有的貸款債權，未直接從事向綠興源公司發放貸款的放貸業務，並非《貸款通則》中禁止從事貸款業務的主體。《銀監辦24號批覆》亦規定對商業銀行向社會投資者轉讓貸款債權沒有禁止性規定，社會投資者可以是金融機構以外的自然人、法人或者其他組織，且貸款債權受讓主體無須具備從事貸款業務的資格。《貸款通則》也並未明確禁止非金融機構的第三人依法受讓商業銀行貸款債權。因此，非金融機構城建投公司具有受讓商業銀行農發行貸款債權的主體資格。

《銀監辦24號批覆》第四條規定：「商業銀行向社會投資者轉讓貸款債權，應當採取拍賣等公開形式，以形成公允價格，接受社會監督。」

本案中，貸款債權轉讓雖未採取拍賣形式公開競價，但城建投公司實際全額支付了貸款本息而受讓債權，轉讓價格公正合理，並未損害轉讓方及第三人合法權益，應屬合法有效。《銀監辦24號批覆》第一條亦規定了商業銀行向社會投資者轉讓貸款債權的轉讓合同具有合同法上的效力。當事人未對貸款債權轉讓合同內容提出異議，應當認為是雙方的真實意思表示，故銀行貸款債權轉讓合同有效。

二、擔保貸款債權的抵押權轉讓的效力分析

（一）擔保債權的一般抵押權轉讓的效力

《中華人民共和國物權法》第一百九十二條規定：「抵押權不得與債權分離而單獨轉讓或者做為其他債權的擔保。債權轉讓的，擔

保該債權的抵押權一併轉讓，但法律另有規定或者當事人另有約定的除外。」除當事人另有約定外，債權轉讓之時，擔保該債權的一般抵押權做為從權利隨該債權一併轉讓。本案中，綠興源公司為擔保貸款債權而以廠房和土地使用權設定的抵押權，在該債權轉讓給城建投公司時即一體轉讓。

（二）擔保債權的最高額抵押權轉讓的效力

《中華人民共和國物權法》第二百零四條規定：「最高額抵押擔保的債權確定前，部分債權轉讓的，最高額抵押權不得轉讓，但當事人另有約定的除外。」關於最高額抵押權是否隨其所擔保的債權而一併轉讓的問題，應當根據不同的情況區別對待：

1. 最高額抵押所擔保的主債權確定後，主債權在約定的最高限額內就抵押財產拍賣、折價或變賣等所得價款優先受償，此時最高額抵押與一般抵押沒有什麼區別。因此，根據擔保債權的一般抵押權隨主債權一併轉讓原則，若主債權轉讓，最高額抵押權一併轉讓。

2. 除當事人另有約定外，最高額抵押擔保的主債權確定前，若部分債權轉讓，最高額抵押權不隨之轉讓。法律之所以做出這樣的規定，既尊重了當事人的意思自治，又因為最高額抵押是對一定期間內連續發生的全部債權做擔保，而不是僅僅擔保其中的某一個債權。最高額抵押權並不從屬於特定債權，而是從屬於主合同關係，若部分債權轉讓，該部分債權即不屬於最高額抵押權的擔保範圍，對最高額抵押權不發生影響，最高額抵押權還要繼續在最高債權限額內對已經發生的債權和將來可能發生的債權的全部做擔保。因此，除非當事人另有約定，最高額抵押擔保的主債權確定前，若部分債權轉讓，最高額抵押權並不隨之轉讓。

3. 根據《中華人民共和國物權法》第二百零四條的但書規定，當事人可以約定在最高額抵押擔保的債權確定前，最高額抵押權隨部分債權的轉讓而轉讓。當事人可以做以下兩種情形的約定：（1）若部分債權轉讓，抵押權也部分轉讓，最高額抵押所擔保的最高債權限額相應減少。同時，轉讓的部分抵押權需要重新辦理抵押權登記，原最高額抵押權需要辦理抵押權變更登記。（2）若部分債權轉讓，全部抵押權隨之轉讓並應當辦理抵押權登記，未轉讓的部分債權即成為沒有抵押擔保的債權。

三、抵押權一併轉讓的受讓人是否應當辦理抵押權變更登記

《中華人民共和國物權法》第九條規定：「不動產物權設立、變更、轉讓和消滅，經依法登記發生效力；未經登記，不發生效力，但法律另有規定除外。」第十四條規定：「不動產物權的設立、變更、轉讓和消滅，依照法律規定應當登記的，自記載於不動產登記簿時發生效力。」

因此，依法律行為發生的不動產物權變動採取登記生效主義，不經登記不發生物權變動的效力，此種物權變動必須遵循物權公示的一般原則；處分非依法律行為享有的不動產物權，亦採取登記生效主義。結合2001年建設部《城市房地產抵押管理辦法》第三十七條規定：「抵押權可以隨債權轉讓，抵押權轉讓時，應當簽訂抵押權轉讓合同，並辦理抵押權變更登記。」綜上可知，擔保債權的房產抵押權一併轉讓雖然屬於法定轉讓，受讓人亦應當辦理抵押權變更登記手續。

但本案的特殊性在於，法院認為「債權受讓人取得的抵押權係基於法律的明確規定，並非基於新的抵押合同重新設定抵押權，故不因受讓人未及時辦理抵押權變更登記手續而消滅。」根據《中華人民共和國物權法》第二十八條規定：「因人民法院、仲裁委員會的法律文書或者人民政府的徵收決定等，導致物權設立、變更、轉讓或者消滅的，自法律文書或者人民政府的徵收決定等生效時發生效力。」據此，自人民法院法律文書生效後即發生物權變更的效力，並不因當事

人未辦理物權變更登記手續而消滅。本案中，城建投公司受讓農發行對綠興源公司享有的債權，依據法律規定有權受讓擔保債權的房產抵押權，故在一審判決生效後，城建投公司無須辦理抵押權變更登記即享有對綠興源公司的房產抵押權。但是，為了避免發生抵押權糾紛，隨所擔保債權一併轉讓的抵押權雖然屬於法定轉讓，貸款債權受讓人及時辦理抵押權變更登記手續更為妥當。

附：法律文書

湖南綠興源糖業有限公司、丁興耀等與湖南綠興源糖業有限公司、丁興耀等借款合同糾紛申請再審民事裁定書

最高人民法院（2015）民申字第2040號

再審申請人（一審被告、二審上訴人）：湖南綠興源糖業有限公司。住所地：湖南省懷化市鶴城區鴨嘴岩工業園。

法定代表人：丁興耀，該公司執行董事。

委託代理人：宋征，湖南湘聲律師事務所律師。

再審申請人（一審被告、二審上訴人）：丁興耀。

委託代理人：宋征，湖南湘聲律師事務所律師。

被申請人（一審原告、二審被上訴人）：懷化市鶴城區城市建設投資有限公司。住所地：湖南省懷化市鶴城區金海路152號。

法定代表人：姜自順，該公司董事長。

委託代理人：劉蘭燕，湖南鶴洲律師事務所律師。

一審第三人：莊彪。

再審申請人湖南綠興源糖業有限公司（以下簡稱綠興源公司）、丁興耀因與被申請人懷化市鶴城區城市建設投資有限公司（以下簡稱城建投公司）、一審第三人莊彪借款合同糾紛一案，不服湖南省高級人民法院（2014）湘高法民二終字第143號民事判決，向本院申請再審。本院依法組成合議庭對本案進行了審查，現已審查終結。

綠興源公司、丁興耀申請再審稱：二審判決既錯誤地認定中國農業發展銀行懷化市分行（以下簡稱農發行懷化分行）與城建投公司簽訂的《債權轉讓協議》已經發生法律效力，又把國有商業銀行的貸款債權轉讓混同於普通債權轉讓，錯誤地適用《中華人民共和國合同法》（以下簡稱合同法）第七十九條關於「債權人可以將合同的權利全部或者部分轉讓第三人」的法律規定，從而錯誤地認定農發行懷化分行與城建投公司簽訂的《債權轉讓協議》有效，並據此判決綠興源公司和丁興耀承擔還本付息及其相關連帶責任。理由如下：

（一）農發行懷化分行未履行通知義務，債權轉讓對綠興源公司不具有法律效力。二審判決依據農發行懷化分行製作的「債權轉讓告知書」、證人朱某出具的書面「證明」、綠興源公司的法定代表人丁興耀的法庭陳述確認農發行懷化分行將債權轉讓給城建投公司後已經通知綠興源公司，認定債權轉讓已發生效力。二審判決的此項認定是錯誤的。第一，丁興耀在庭審陳述中從未承認收到過農發行懷化分行的「債權轉讓告知書」。庭審中丁興耀明確陳述，其僅僅參加過農發行懷化分行關於城建投公司參股綠興源公司而將債權轉讓給城建投公司的討論，既沒有參與農發行懷化分行轉讓債權的過程，也沒有收到過「債權轉讓告知書」。第二，證人朱某是農發行懷化分行的員工，其為本單位出具的「債權轉讓告知書」不具有真實性，且未到庭做證。因此，朱某的證明應不予採信。第三，城建投公司未提交綠興源公司收到「債權轉讓告知書」的任何書面證據。

（二）合同法明確規定，「根據合同性質不得轉讓」的合同不得轉讓。本案轉讓的標的是2012年9月20日綠興源公司與農發行懷化分行簽訂的《流動資金借款合同》，貸款人農發行懷化分行是具有經營貸款業務資格的經營單位，案涉合同係國有商業銀行貸款合同。此類貸款合同屬於不得轉讓的合同。

（三）城建投公司屬於非金融機構，不具有受讓銀行貸款債權的主體資格。依據《貸款通則》第二十一條規定，貸款人必須持有中國人民銀行頒發的「金融機構法人許可證」或「金融機構營業許可證」，並經工商行政管理部門核准登記。依據最高人民法院《關於對企業借貸合同借款方逾期不歸還借款的應如何處理的批覆》，企業借貸合同違反有關金融法規，屬無效合同。本案轉讓的銀行貸款，並非是不良資產，城建投公司也並非資產管理公司，不具有受讓國有商業銀行貸款的資格。

（四）轉讓貸款債權並未公開競價，不具有合法性。中國銀行業監督管理委員會《關於商業銀行向社會投資者轉讓貸款債權法律效力有關問題的批覆（銀監辦發〔2009〕24號）》（以下簡稱銀監辦24號批覆）第三條規定：「商業銀行向社會投資者轉讓貸款債權，應當採取拍賣等公開形式，以形成公允價格，接受社會監督。」本案中，懷化農發行並未通過拍賣形式形成公允價格後轉讓給城建投公司。

（五）未辦理抵押權變更登記，城建投公司依法不享有抵押物權。《城市房地產抵押管理辦法》第三十七條規定：「抵押權可以隨債權轉讓，抵押權轉讓時，應當簽訂抵押權轉讓合同，並辦理抵押權變更登記。」雖然綠興源公司與農發行懷化分行在貸款時簽訂了《最高額抵押合同》並辦理了抵押登記，城建投公司受讓債權時並未依法辦理涉及廠房、土地使用權在內的抵押權變更登記手續。因此，城建投公司對綠興源公司不享有抵押物權。

城建投公司提交意見稱：（一）一審判決認定事實清楚，債權轉讓事宜已經告知綠興源公司及丁興耀，債權轉讓已經生效。（1）根據一審庭審筆錄，綠興源公司及丁興耀針對城建投公司的起訴提交的答辯意見為：「我公司借城建投還銀行貸款是銀行與城建投商量好以後，我和公司股東商量予以同意的，我個人對這個事情沒有異議。」綠興源公司及丁興耀針對一審第三人莊彪的請求提交的答辯意見為：「我代表綠興源公司及我個人一併進行答辯。我認為借款的事實存在，不過我還是希望原告的代理人能夠回去做做工作，希望原告還是可以把借款做為投資入股綠興源公司。」綠興源公司及丁興耀的答辯意見表明，農發行懷化分行將債權轉讓事宜告知了綠興源公司及丁興耀。（2）綠興源公司法定代表人丁興耀對城建投公司一審提交的證據十「債權轉讓告知書」答辯和質證意見為：「對證據十債權轉讓的問題，當時銀行客戶科和主管信貸的領導要求我們一起參加，當時告訴我說城建投暫時幫我把債還掉，再由股東商量如何處理，因為當時商量的是城建投能夠把我公司應還的錢做為股金投資我公司，所以我肯定同意，但如果是城建投替我公司還錢後就馬上起訴的話，我就不會同意債權轉讓了。」該質證意見只是丁興耀對當時（即債權轉讓通知書發出之時）告知其轉讓債權細節的說明，其不同意債權轉讓，但證明其已經知道債權轉讓的事實。此外，綠興源公司、丁興耀對於「清償到期債務通知書」、朱某所發表的質證均進一步證明農發行懷化分行已將債權轉讓的事項告知綠興源公司。一審法院綜合上述證據認定農發行懷化分行履行債權轉讓通知義務，具有充分的事實依據。

（二）原審判決適用法律正確。（1）依據相關法律、法規，受讓主體無須具備從事貸款業務資格。銀監辦24號批覆第一條規定：「對商業銀行向社會投資者轉讓貸款債權沒有禁止性規定，轉讓合同具有合同法上的效力。社會投資者是指金融機構以外的自然人、法人或者其他組織。」據此城建投公司有權受讓貸款債權，其與農發行懷化分行簽訂的《債權轉讓協議》沒有違反法律、行政法規的效力性強制性規定。（2）依據銀監辦24號批覆第四條規定，轉讓貸款債權可以採取拍賣等多種方式，而不管採取何種方式，目的是保證價格公允。本案中農發行懷化分行將貸款債權本息19,127,616.66元等額轉讓給城建投公司，價格公允，充分保障了轉讓方的利益，應認定為合法有效的行為。（3）債權轉讓的，擔保該債權的抵押權一併轉讓，該擔保物權的法定轉讓自判決生效後生效。根據《中華人民共和國物權法》（以下簡稱物權法）第一百九十二條規定，債權轉讓時抵押權的轉讓，是在抵押權已經有效成立的前提下發生的轉移，並非重新設立一個新的抵押權，轉讓的抵押權所擔保的債權仍然是原先設立抵押時的債權。本案中農發行懷化分行將債權轉讓給城建投公司時，擔保該債權的抵押權一併轉讓，一審法院據此判定債權轉讓、抵押權繼續有效適用法律正確。此外，物權法第二十八條規定，「因人民法院、仲裁委員會的法律文書或者人民政府的徵收決定等，導致物權設立、變更、轉讓或者消滅的，自法律文書或者人民政府的徵收決定等生效時發生效力」。據此，一審判決生效後，城建投公司享有的抵押權無須變更登記即發生效力。

一審第三人莊彪提交意見稱：（一）案涉《流動資金貸款合同》及《最高額抵押合同》無效。依據農發行懷化分行貸款規則，簽訂借款及抵押合同應由綠興源公司所有股東「面簽」關於同意貸款及提供抵押擔保的股東會決議。莊彪做為綠興源公司股東拒絕接受貸款，農發行懷化分行依據未履行「面簽」手續、缺少莊彪真實簽名的股東會決議違法發放貸款，使得莊彪的公司權益受損。農發行懷化分行與他人惡意串通損害莊彪的利益，該合同應認定無效。城建投公司因此取得的債權亦無效，其無權要求綠興源公司承擔還款責任。

（二）城建投公司與農發行懷化分行惡意串通簽訂《債權轉讓協議》。莊彪請求農發行懷化分行承擔違法發放貸款的賠償責任，農發行懷化分行隨即將《流動資金貸款合同》及《最高額抵押合同》的權利義務轉讓給城建投公司，雙方惡意串通意在使農發行懷化分行逃避責任，《債權轉讓協議》應認定無效。

（三）農發行懷化分行屬於政策性銀行，其債權不得向城建投公司轉讓。同時，案涉貸款債權未依據《最高人民法院印發〈關於審理涉及金融不良債權轉讓案件工作座談會紀要〉的通知》（法發〔2009〕19號）相關規定採取公開招標、拍賣等方式處置，應認定轉讓合同無效。

（四）城建投公司受讓涉案債權，構成企業間借貸。城建投公司依據工商登記應從事產業投資、項目建設管理、項目開發及水利設施等經營活動，其受讓涉案貸款債權，從事放貸業務，導致本案債權變為企業間借貸，擾亂金融秩序，損害社會公共利益。

（五）莊彪提起公司解散之訴，並非為逃避債務。農發行懷化分行及城建投公司稱莊彪另案提起公司解散之訴是為逃避債務，沒有依據。綠興源公司提供的用於抵押擔保的財產合計5,248.19萬元，雖然涉案債權自始無效，但農發行懷化分行實際付至綠興源公司的款項仍有權利救濟途徑。

本院經審查認為，本案係借款合同糾紛。根據綠興源公司、丁興耀的再審申請以及城建投公司、一審第三人莊彪的陳述意見，本案爭議焦點為：涉案《債權轉讓協議》是否符合法律規定，對綠興源公司發生法律效力；城建投公司對案涉抵押物是否享有抵押權。

（一）關於涉案《債權轉讓協議》是否符合法律規定，對綠興源公司發生法律效力的問題。

綠興源公司、丁興耀申請再審認為，綠興源公司與農發行懷化分行簽訂的《流動資金借款合同》係商業銀行貸款合同，而城建投公司並非金融機構，不具有受讓銀行債權的資格，故依據合同法第七十九條關於根據合同性質不得轉讓之規定，農發行懷化分行與城建投公司簽訂的《債權轉讓協議》不具有效力。本院認為，雖然《貸款通則》等對從事貸款業務的主體做出規定，但並未明確禁止從事信貸業務的銀行將相關金融債權轉讓給第三人。銀監辦24號批覆第二條明確規定，「轉讓具體的貸款債權，屬於債權人將合同的權利轉讓給第三人，並非向社會不特定對象發放貸款的經營性活動，不涉及從事貸款業務的資格問題，受讓主體無須具備從事貸款業務的資格。」本案中城建投公司並未直接與綠興源公司簽訂貸款合同，發放貸款，而係受讓農發行懷化分行對綠興源公司依法享有的債權，符合銀行業關於貸款債權合法轉讓的規定。此外，銀監辦24號批覆第一條規定，「對商業銀行向社會投資者轉讓貸款債權沒有禁止性規定，轉讓合同具有合同法上的效力。社會投資者是指金融機構以外的自然人、法人或者其他組織。」據此，貸款債權屬於可轉讓債權，案涉《債權轉讓協議》在合同性質上並非不得轉讓的合同，綠興源公司、丁興耀此項申請理由不能成立。另外，案涉債權雖未採取拍賣形式轉讓，但城建投公司係實際全額支付了《流動資金借款合同》項下本金及利息而受讓債權，充分保證轉讓方的權益，亦未損害第三人利益，故綠興源公司、丁興耀關於債權轉讓未公開競價，不具有合法性的主張亦不能成立。

關於綠興源公司、丁興耀提出案涉債權轉讓未進行有效通知，故對其不發生效力的問題。根據一審庭審筆錄，綠興源公司的法定代表人丁興耀對城建投公司提供的證據十的質證意見為，城建投公司先代為還錢，再將城建投公司支付的這筆錢做為入股金投資綠興源公司，假如城建投公司代為還錢後馬上起訴的話，肯定不會同意債權轉讓。據此可以認定，綠興源公司法定代表人丁興耀知曉農發行懷化分行將債權轉讓給城建投公司，但依其所述，其對於城建投公司如何處置受讓債權發生錯誤認識，以為城建投公司擬債權轉股權，投資於綠興源公司。依據合同法關於債權轉讓僅需通知債務人的規定，無論丁興耀是否發生主觀認識錯誤以及其是否同意債權轉讓均不影響債權轉讓的通知效力。一審判決綜合證人證言及其他相關證據認定農發行懷化支行已依據法律規定將債權轉讓的事實通知綠興源公司並無不當，涉案《債權轉讓協議》對綠興源公司發生法律效力。

（二）城建投公司對案涉抵押物是否享有抵押權。

物權法第一百九十二條規定：「抵押權不得與債權分離而單獨轉讓或者做為其他債權的擔保。債權轉讓的，擔保該債權的抵押權一併轉讓，但法律另有規定或者當事人另有約定的除外」。本條係關於抵押權處分從屬性的規定，抵押權做為從權利應隨債權轉讓而轉讓。債權受讓人取得的抵押權係基於法律的明確規定，並非基於新的抵押合同重新設定抵押權，故不因受讓人未及時辦理抵押權變更登記手續而消滅。本案中城建投公司受讓農發行懷化分行對綠興源公司享有的債權，依據法律規定有權受讓與案涉債權相關的抵押權，一、二審法院據此判定抵押權繼續有效，並無不當。

綜上，綠興源公司、丁興耀的再審申請不符合《中華人民共和國民事訴訟法》第二百條規定的情形。依照《中華人民共和國民事訴訟法》第二百零四條第一款之規定，裁定如下：

駁回湖南綠興源糖業有限公司、丁興耀的再審申請。

審判長　王淑梅
審判員　傅曉強
代理審判員　黃西武
二〇一五年九月二十八日
書記員　趙迪

【案例 7】銀行債務清償沖抵順序的法律規定

二重集團與滙豐銀行借款合同糾紛案評析

案號：中華人民共和國最高人民法院（2015）民二終字第263號

【摘要】

法律對借款合同中涉及「實現債權的有關費用、利息、主債務」的清償順序有明確規定。但根據「有約定從約定、無約定從法定」原則，銀行有權在合同中對「本金、利息、罰息、複利、違約金等」的清償沖抵順序與借款人協商約定。

【基本案情】

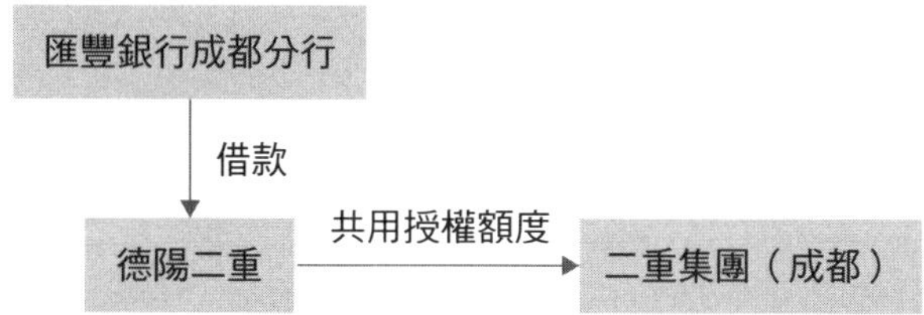

2012年5月3日，貸款人滙豐銀行（中國）有限公司成都分行（以下簡稱「滙豐銀行成都分行」）與借款人二重集團（德陽）重型裝備股份有限公司（以下簡稱「德陽二重」）簽訂了編號為111130的「授信函一」。合同約定：滙豐銀行向德陽二重提供兩種授信／金額，額度一為最高不超過3,500萬美元或等值的非承諾性組合循環授信，額度二為最高不超過300萬美元的財資產品授信，兩種授信額度均由德陽二重和二重集團 （成都）國際貿易有限責任公司共同使用。若借款人未歸還借款，貸款人可根據該合同向借款人要求償還借款。2014年4月10日，貸款人與借款人又簽訂編號為CN11012002317-131202-1的「授信函二」。「授信函二」對於違約責任及滙豐銀行成都分行的權利等相關內容的約定與「授信函一」一致。

在上述兩份合同簽訂後，借款人根據「授信函一」向貸款人要求提取人民幣（以下為同種貨幣）1.25億元，根據「授信函二」借款人向貸款人要求提取6,000萬元。貸款人發放了相應貸款。

2014年8月7日貸款人向借款人寄送「銀行授信催收函」，要求其於2014年8月22日營業結束前償還上述兩份授信函項下的全部貸款本息，但借款人未予清償。2014年9月28日，貸款人從借款人帳戶扣劃635,160.82元，用於歸還借款人所欠罰息。截止2015年4月13日，借款人尚有未清償貸款本金1.85億元、利息735.5萬元、罰息10,617,606.68元。故貸款人滙豐銀行成都分行訴至法院要求借款人德陽二重償還上述借款。

【法院判決】

四川省高級人民法院經審理認為，貸款人滙豐銀行成都分行與借款人德陽二重分別於2012年5月3日、2014年4月10日簽訂編號為111130的「授信函一」及編號為CN11012002317-131202-1的「授信函二」，其簽約主體適格，係雙方當事人的真實意思表示，約定內容不違反國家法律、行政法規的強制性規定，應確認為合法有效。

根據《中華人民共和國合同法》規定，借款人應當依據「授信函一」、「授信函二」的約定歸還本金並支付相應利息。其未依約償還欠款，應承擔違約責任。 案涉「授信函一」、「授信函二」約定，如借款人未能如期全額清償，滙豐銀行成都分行將按照授信函及提款通知約定的人民幣循環貸款適用利率的1.5倍（即9%），對未結清的貸款本息餘額計收罰息，直至借款人全額清償貸款本息。同時還約定，無需借款人出具進一步指示，銀行可以從借款人在銀行開立之同名帳戶中自行扣除借款人應向銀行支付的授信函項下或與授信函有關的到期費用，包括但不限於本金、利息和其他相關費用。據此，本案合同雙方對違約責任已有明確約定。貸款人在借款人逾期還款時，根據上述約定有權從借款人開立的同名帳戶中扣劃款項，並有權決定該筆款項的具體償還指向，即該分行將該款做為扣收的逾期罰息，並無不當。

後借款人德陽二重不服一審判決提起上訴。最高人民法院經審理認為，對於貸款人滙豐銀行成都分行是否可自行決定提前還貸及所扣款項的順序問題，根據授信函中無需借款人出具進一步指示，銀行可以從借款人在銀行開立之同名帳戶中自行扣除借款人應向銀行支付的授信函項下或與授信函有關的到期費用，包括但不限於本金、利息和其他相關費用；銀行有權隨時要求立即償還相關貸款的約定，借款人授予了貸款人自行決定是否提前還貸和決定扣劃款項之先後順序的權利。因此二審法院判決駁回上訴，維持原判。

【法律評析】

本案的爭議焦點：貸款人滙豐銀行成都分行是否有權自行決定提前還貸及所扣款項的順序問題。

對於「借款人發生逾期未還款時，貸款人能否有權自行決定提前還貸？」，《中華人民共和國合同法》第六十條規定：「當事人應當按照約定全面履行自己的義務。」該法條說明當事人的約定只要是出於當事人的真實意思表示，約定內容不違反國家法律、行政法規的強制性規定，就應當按照預定的內容來履行。且該法條突出了「全面」二字，雙方當事人在簽訂合同後，對於合同所預定的內容、所賦予雙方的權利及義務，都應當在最大的範圍內做到及承擔。

借款人德陽二重已逾期還款，貸款人滙豐銀行成都分行根據雙方在違約責任上的約定，從借款人在其開立之同名帳戶中扣劃金額

635,160.82元，用以償還授信函項下的貸款，該行為符合合同約定。基於合同的訂立是當事人的真實意思表示，約定內容不違反國家法律、行政法規的強制性規定，因此，根據當事人意思自治原則，在借款人逾期未還時，貸款人有權依據合同約定宣布貸款提前還款。這也是貸款人維護自己權利的保護方式。

對於借款人歸還銀行債務時，相應本金、正常利息、罰息、複利、違約金等的清償順序，法律如何規定及當事人是否可以自行約定問題分析如下：

一、銀行債務清償沖抵順序的法律規定

《最高人民法院關於適用〈中華人民共和國合同法〉若干問題的解釋（二）》第二十一條規定：「債務人除主債務之外還應當支付利息和費用，當其給付不足以清償全部債務時，並且當事人沒有約定的，人民法院應當按照下列順序抵充：實現債權的有關費用；利息；主債務。」該條款是針對雙方當事人在沒有約定沖抵順序時的規定，其主要原則為先還利息再還本金。

二、在合同中明確債務清償順序會對銀行更為有利

根據「有約定從約定、無約定從法定」原則，我們建議銀行和借款人簽訂合同時對本金、利息、罰息、複利、違約金等明確約定清償沖抵順序，具體表現為：「在借款人同時拖欠貸款本金及利息的情況下，銀行有權決定償還本金或償還利息（包括罰息和複利）的順序；在分期還款情形下，若借款合同項下存在多筆到期貸款、逾期貸款的，銀行有權決定某筆還款的清償順序。」上述約定對銀行有利之處在於，當存在多個到期債權時，部分債權沒有擔保或者擔保金額不高時，銀行可以根據合同約定的清償順序，選擇優先沖抵缺乏擔保的債務，在最大程度上維護自己的利益。

三、結合本案分析

在本案當中，借款人要求確定其所扣除的款項為利息而非罰金，該項要求沒有法律依據。雙方簽訂的合同在違約責任的約定上，雖沒有明確約定罰息和利息的順序問題，但根據合同無需借款人出具進一步指示，貸款人可以從借款人在銀行開立之同名帳戶中自行扣除借款人應向貸款人支付的授信函項下或與授信函有關的到期費用，包括但不限於本金、利息和其他相關費用；貸款人有權隨時要求立即償還相關貸款的約定，借款人德陽二重授予了貸款人滙豐銀行成都分行自行決定是否提前還貸和決定扣劃款項之先後順序的權利。借款人同時拖欠本金及利息（包括罰息），貸款人滙豐銀行成都分行因此同時享有本金和利息債權，故貸款人有權決定此筆款項的具體償還指向，即該分行將該款做為扣收的逾期罰息為正當的行為。

雖然《中華人民共和國合同法》並沒有明確規定貸款人罰息和利息的清償順序，但是在借款人已經處於逾期未還的情況下，根據《中華人民共和國合同法》第二百零七條：「借款人未按照約定的期限返還借款的，應當按照約定或者國家有關規定支付逾期利息。」根據該法條，說明借款人的首要義務就是還款付息，若未按期返還借款，是嚴重的違約行為，會給債權人的合法利益造成嚴重損害。

且本案中的貸款人為銀行，銀行做為金融機構，其借出資金的主要來源為存款，銀行通過收回借款的本息來保障資金的正常周轉，如果借款人不能按期返還借款，就會引發金融機構存貸收支不平衡的局面，容易影響金融市場的良性循環，因此借款人拖欠債務的行為對金融機構的傷害更為嚴重。故本案貸款人決定將所扣款順序定為先還罰息後還利息，以此最大程度維護自己的合法權益，合理合法。

附：法律文書

滙豐銀行（中國）有限公司成都分行與二重集團（德陽）重型裝備股份有限公司金融借款合同糾紛二審民事判決書

最高人民法院（2015）民二終字第263號

上訴人（原審被告）：二重集團（德陽）重型裝備股份有限公司。住所地：四川省德陽市珠江西路460號。

法定代表人：王平，該公司總經理。

委託代理人：粱平，該公司員工。

委託代理人：袁明紅，該公司員工。

被上訴人（原審原告）：滙豐銀行（中國）有限公司成都分行。住所地：四川省成都市高新區交子大道177號1棟1層1號以及1棟1單元201號。

負責人：謝淩，該行行長。

委託代理人：馬銘蔚，上海虹橋正瀚律師事務所律師。

委託代理人：劉洪俊，上海虹橋正瀚律師事務所律師。

上訴人二重集團（德陽）重型裝備股份有限公司（以下簡稱德陽二重）因與被上訴人滙豐銀行（中國）有限公司成都分行（以下簡稱滙豐銀行成都分行）借款合同糾紛一案，不服四川省高級人民法院（2014）川民初字第116號民事判決，向本院提起上訴。本院依法組成由審判員星月擔任審判長、審判員李京平、代理審判員梅芳參加的合議庭對本案進行了審理，書記員陳明擔任記錄。本案現已審理終結。

原審法院查明：2012年5月3日，滙豐銀行成都分行與德陽二重簽訂了編號為111130的「授信函一」。雙方約定：滙豐銀行成都分行向德陽二重提供兩種授信／金額，額度一為最高不超過3,500萬美元或等值的非承諾性組合循環授信，其中包括：最高不超過3,500萬美元或等值的人民幣循環貸款；額度二為最高不超過300萬美元的財資產品授信；前述兩種授信額度均由德陽二重和二重集團（成都）國際貿易有限責任公司共同使用；逾期未還的（包括經滙豐銀行成都分行要求支付而未支付的）或超過授信額度的或挪用的款項，將被徵收罰息並在滙豐銀行成都分行要求支付時立即支付；逾期未還的或超過授信額度的款項，違約利率為約定的人民幣循環貸款適用利率上浮50%；因德陽二重違反本授信函任何規定而執行滙豐銀行成都分行的權利所發生的所有費用（包括但不限於律師費），均應由德陽二重全額補償；無需德陽二重出具進一步指示，滙豐銀行成都分行可以從德陽二重在銀行開立之同名帳戶中自行扣除德陽二重應向滙豐銀行成都分行支付的授信函項下之或與授信函有關的到期費用，包括但不限於本金、利息和其他相關費用；滙豐銀行成都分行有權隨時單方面中止、撤銷任何未使用的授信或決定是否允許任何授信的使用；滙豐銀行成都分行有權隨時要求立即償還相關貸款，包括有權要求立即就預期負債和或有負債提供現金擔保。「授信函一」簽訂後，德陽二重多次向滙豐銀行成都分行申請提款，分別為：1. 2013年9月27日，向滙豐銀行成都分行提交「人民幣貸款提款通知」，申請擬於2013年9月29日提款人民幣（幣種下同）3,500萬元，利率適用在提款日有效的人民銀行公布的相應文件次人民幣貸款的法定利率，即年利率6%；2. 2013年9月27日，向滙豐銀行成都分行提交「人民幣貸款提款通知」，申請擬於2013年9月30日提款3,500萬元，利率適用在提款日有效的人民銀行公布的相應文件次人民幣貸款的法定利率，即年利率6%；3. 2013年10月16日，向滙豐銀行成都分行提交「人民幣貸款提款通知」，申請擬於2013年10月16日提款2,500萬元，利率適用在提款日有效的人民銀行公布的相應文件次人民幣貸款的法定利率，即年利率6%；4. 2013年11月，向滙豐銀行成都分行提交「人民幣貸款提款通知」，申請擬於2013年11月21日提款3,000萬元，利率適用在提款日有效的人民銀行公布的相應文件次人民幣貸款的法定利率，即年利率6%。針對德陽二重的上述提款通知，滙豐銀行成都分行分別於2013年9月29日、2013年10月10日、2013年10月18日、2013年11月22日向德陽二重發放了相應貸款，合計人民幣1.25億元。

2014年4月10日，滙豐銀行成都分行與德陽二重簽訂編號為CN11012002317-131202-1的「授信函二」。雙方約定：依據滙豐銀行成都分行出具給德陽二重的「授信函一」，滙豐銀行成都分行同意繼續按照「授信函一」所述的條款和條件維持對德陽二重的該等授信，其中授信／金額額度一為最高不超過3,500萬美元或等值的非承諾性組合循環授信，其中包括最高不超過3,500萬美元或等值的人民幣循環貸款；額度二為最高不超過300萬美元的財資產品授信。上述兩種授信額度均約定由德陽二重和二重集團（成都）國際貿易有限責任公司共同使用。「授信函二」對於違約責任及滙豐銀行成都分行的權利等相關內容的約定，與「授信函一」一致。「授信函二」簽訂後，德陽二重多次向滙豐銀行成都分行申請提款，分別為：1.2014年5月13日，向滙豐銀行成都分行提交「人民幣貸款提款通知」，申請擬於2014年5月15日提款5,000萬元，利率適用在提款日有效的人民銀行公布的相應文件次人民幣貸款的法定利率，即年利率6%；2.2014年6月19日，向滙豐銀行成都分行提交「人民幣貸款提款通知」，申請擬於2014年6月23日提款1,000萬元，利率適用在提款日有效的人民銀行公布的相應文件次人民幣貸款的法定利率，即年利率6%。針對德陽二重的上述提款通知，滙豐銀行成都分行分別於2014年5月14日、2014年6月23日向德陽二重發放了相應貸款，合計人民幣6,000萬元。

另查明：上述兩份授信函還約定，如德陽二重未能如期全額清償的，滙豐銀行成都分行將按照授信函及提款通知約定的人民幣循環貸款適用利率的1.5倍（即9%），對未結清的貸款本息餘額計收罰息，直至德陽二重全額清償貸款本息。

還查明：滙豐銀行成都分行於2014年8月7日向德陽二重寄送「銀行授信催收函」，要求德陽二重於2014年8月22日營業結束前償還上述兩份授信函項下的全部貸款本息，但德陽二重未予清償。2014年9月28日，滙豐銀行成都分行從德陽二重帳戶扣劃人民幣635,160.82元，用於歸還德陽二重所欠罰息。截止2015年4月13日，德陽二重未清償貸款本金人民幣1.85億元，利息735.5萬元，罰息10,617,606.68元。

上述事實，有本案雙方當事人的陳述、滙豐銀行成都分行與德陽二重簽訂的「授信函一」、「授信函二」、德陽二重向滙豐銀行成都分行發出的提款申請、通知書及對應帳戶結單、滙豐銀行成都分行於2014年8月7日向德陽二重寄送的「銀行授信催收函」等證據為證，足以認定。

原審法院認為：滙豐銀行成都分行與德陽二重分別於2012年5月3日、2014年4月10日簽訂的編號為111130的「授信函一」及編號為

CN11012002317-131202-1的「授信函二」，其簽約主體適格，係雙方當事人的真實意思表示，約定內容不違反國家法律、行政法規的強制性規定，應確認為合法有效。本案所涉「授信函一」、「授信函二」簽訂後，滙豐銀行成都分行按照合同約定發放了貸款本金總額人民幣1.85億元，而德陽二重僅歸還了人民幣635,160.82元，現尚欠滙豐銀行成都分行借款本金1.85億元，截止2015年4月13日累計欠息金額735.5萬元。根據《中華人民共和國合同法》第六十條關於當事人應當按照約定全面履行自己的義務、第二百零五條關於借款人應當按照約定的期限支付利息以及第二百零六條關於借款人應當按照約定的期限返還借款的規定，德陽二重應當依據「授信函一」、「授信函二」的約定歸還本金並支付相應利息。其未依約償還欠款，應承擔違約責任。案涉「授信函一」、「授信函二」約定，如德陽二重未能如期全額清償的，滙豐銀行成都分行將按照授信函及提款通知約定的人民幣循環貸款適用利率的1.5倍（即9%），對未結清的貸款本息餘額計收罰息，直至德陽二重全額清償貸款本息。同時還約定，無需借款人出具進一步指示，銀行可以從借款人在銀行開立之同名帳戶中自行扣除借款人應向銀行支付的授信函項下之或與授信函有關的到期費用，包括但不限於本金、利息和其他相關費用。據此，本案合同雙方對違約責任已有明確約定。滙豐銀行成都分行於2014年9月28日從德陽二重在其開立之同名帳戶中扣劃金額人民幣635,160.82元，用以償還上述授信函項下的貸款之違約利息的權利，來源於合同的明確約定，其對於扣劃款項有權進行直接支配。滙豐銀行成都分行從德陽二重開立之同名帳戶中扣劃該款的時間為2014年9月28日，此時德陽二重已屬於逾期還款。在德陽二重同時拖欠本金及利息（包括罰息），滙豐銀行成都分行同時享有本金和利息債權，而雙方又未商定該款是用於償還欠款本金還是利息（包括罰息）的情況下，其有權決定此筆款項的具體償還指向，即該分行將該款做為扣收的逾期罰息，並無不當。德陽二重雖抗辯稱其內部做帳將已償還的款項抵充了所欠正常利息，但並無證據證明，且其內部做帳的記錄方式本身，不得對抗債權人。據此，德陽二重關於扣收的款項應抵扣正常利息的主張，該院不予支持。

綜上，滙豐銀行成都分行的訴訟請求成立，該院依法予以支持。依照《中華人民共和國民法通則》第九十條、《中華人民共和國合同法》第四十四條、第六十條第一款、第二百零五條、第二百零六條、第二百零七條，《中華人民共和國民事訴訟法》第一百四十八條第一款、第二款、第三款的規定，該院判決：

一、德陽二重於該判決生效之日起15日內，向滙豐銀行成都分行償還借款本金人民幣1.85億元；二、德陽二重於該判決生效之日起15日內，向滙豐銀行成都分行償還借款利息人民幣735.5萬元；若未按本判決確定的給付之日給付本金，利息按約定標準計算至本金付清之日止；三、德陽二重於判決生效之日起15日內，向滙豐銀行成都分行償還自借款逾期之日起的逾期罰息人民幣10,617,606.68元（計至2015年4月13日，2015年4月14日起至實際清償之日止的罰息，以人民幣19,235.5萬元為基數，按日利率9%／360計算）。如未按本判決指定的期間履行義務的，應當按照《中華人民共和國民事訴訟法》第二百五十二條的規定，加倍支付遲延履行期間的債務利息。本案一審案件受理費1,013,383.16元、財產保全費5,000元，共計1,018,383.16元，由德陽二重承擔。

德陽二重不服原審法院上述民事判決，向本院提起上訴稱：原審判決認定事實不清，適用法律錯誤，請求依法撤銷原審判決，發回重審，滙豐銀行成都分行承擔全部上訴費用。理由是：案涉合同中有關銀行可以從借款人在銀行開立之同名帳戶中自行扣除借款人應向銀行支付的授信函項下之或與授信函有關的到期費用，包括但不限於本金、利息和其他費用的約定，指明了德陽二重帳戶中的款項是可以用來支付利息和本金的，因此，2014年9月28目滙豐銀行成都分行扣劃的635,160.82元應當是對利息的支付。原審判決將該筆款項認定為對罰息的計付不符合上述合同約定，加重了德陽二重的損失。雙方當事人對上述合同約定的理解完全不同，而案涉合同是由滙豐銀行成都分行提供的格式合同，根據《中華人民共和國合同法》第四十一條對格式條款的理解發生爭議的，應當按照通常理解予以解釋。對格式條款有兩種以上解釋的，應當做出不利於提供格式條款一方的解釋的規定，人民法院應當做出不利於提供格式條款一方即滙豐銀行成都分行的解釋而支持德陽二重的主張。

滙豐銀行成都分行答辯稱：原審判決認定事實清楚，適用法律正確，應予維持。首先，根據雙方的合同約定，對於德陽二重應向滙豐銀行成都分行支付的到期費用，德陽二重已經明確授權滙豐銀行成都分行有權劃款並決定劃款後的抵充順序，無需德陽二重出具進一步指示。到期費用中包含利息與罰息等，滙豐銀行成都分行當然有權決定扣劃款項用以償還罰息抑或利息。其次，德陽二重關於扣劃款項應優先償還利息而非罰息的主張，無任何依據，並與合同約定的無需借款人出具進一步指示相悖。本案中，上述合同爭議條款係雙方當事人真實意思表示，雙方並非對該條約定本身的理解發生爭議，更不存在對該條約定有兩種以上解釋的情形。德陽二重在有合同明確約定的情況下，不願遵守合同約定，企圖逃避其應承擔的違約責任，人民法院理應予以否定。

本院經審理認為：德陽二重與滙豐銀行成都分行簽訂的案涉「授信函一」與「授信函二」係當事人真實意思表示，內容不違反法律、行政法規的禁止性規定，合法有效。當事人應當依約履行合同義務。對於滙豐銀行成都分行是否可自行決定提前還貸及所扣款項的順序問題，根據授信函中無需借款人出具進一步指示，銀行可以從借款人在銀行開立之同名帳戶中自行扣除借款人應向銀行支付的授信函項下之或與授信函有關的到期費用，包括但不限於本金、利息和其他相關費用；銀行有權隨時要求立即償還相關貸款的約定，借款人德陽二重授予了滙豐銀行成都分行自行決定是否提前還貸和決定扣劃款項之先後順序的權利。2014年8月7日，滙豐銀行成都分行根據德陽二重公布的債務數額巨大的狀況，向德陽二重寄送「銀行授信催收函」，要求德陽二重償還貸款，具有合理的事實依據。德陽二重不能依提前終止的日期還貸構成違約。滙豐銀行成都分行從德陽二重帳戶上扣劃635,160.82元款項，用於歸還德陽二重所欠的罰息，符合授信函的約定，並無不當。原審判決對滙豐銀行成都分行的訴請予以支持，具有合同與法律依據，並無不當。德陽二重主張的所扣劃款項應做為利息而不應做為罰息的上訴請求缺乏事實與法律依據，不能成立，本院不予支持。

綜上，原審判決認定事實清楚，適用法律正確。本院依照《中華人民共和國民事訴訟法》第一百七十條第一款第一項、第一百七十五條之規定，判決如下：二審裁判結果駁回上訴，維持原判。二審案件受理費10,151.61元，由二重集團（德陽）重型裝備股份有限公司承擔。

本判決為終審判決。

審判長　星月

審判員　李京平

代理審判員　梅芳

二〇一五年九月一日

書記員　陳明

【案例8】 銀行受託支付的法律重點

中寶公司、黃某某訴工商銀行金融借款合同糾紛案評析

案號：最高人民法院（2015）民申字第2076號

【摘要】

與台灣不同，中國大陸銀監會對銀行貸款資金的發放，明確要求在特定情形下必須採用「受託支付」方式，即銀行應將貸款資金支付給符合借款合同約定用途之借款人的交易對象。建立「受託支付」制度的目的，是確保信貸資金能真正服務於實體經濟，防止貸款資金被挪用。

【基本案情】

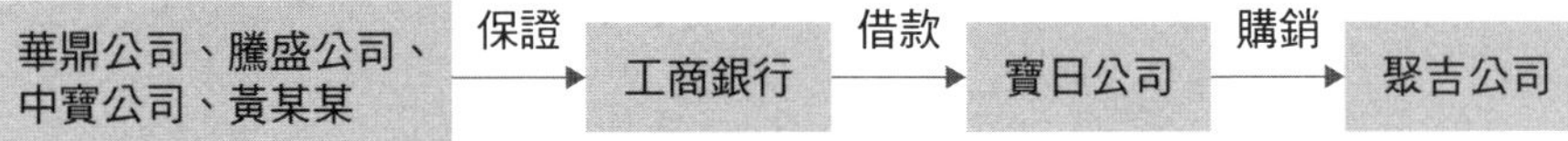

2012年8月29日，沭陽寶日貿易有限公司（以下簡稱「寶日公司」）與沭陽聚吉貿易有限公司（以下簡稱「聚吉公司」）簽訂《鋼材購銷合同》，約定寶日公司向聚吉公司購買鋼材，價款為414萬元。2012年9月27日，工商銀行沭陽支行（以下簡稱「工商銀行」）與沭陽騰盛鋼材現貨交易市場有限公司（以下簡稱「騰盛公司」）、黃某某、宿遷市中寶投資集團有限公司（以下簡稱「中寶公司」）分別簽訂《最高額保證合同》，約定騰盛公司、黃某某和中寶公司為寶日公司自2012年9月27日至2015年9月27日期間在400萬元最高餘額範圍內提供連帶責任保證。同日，工商銀行與宿遷市華鼎信用擔保有限公司（以下簡稱「華鼎公司」）簽訂《保證合同》，約定華鼎公司為

寶日公司與工商銀行簽訂的《小企業借款合同》所產生的債權提供連帶責任保證。同日，工商銀行還與寶日公司簽訂《委託支付協議》，約定工商銀行基於雙方簽訂的《小企業借款合同》向寶日公司提供融資，寶日公司合同項下單筆提款金額達到或超過100萬元的應採用受託支付方式，支付對象為聚吉公司，付款金額為400萬元。

2012年10月12日，工商銀行與寶日公司簽訂《小企業借款合同》，約定寶日公司因購買材料所需向工商銀行借款400萬元，到期日為2013年3月28日。同日，工商銀行按約定發放借款400萬元至寶日公司帳戶內。同日，工商銀行又依據《委託支付協議》將400萬元轉帳至聚吉公司帳戶。

寶日公司自2013年3月21日起拖欠利息，工商銀行依約宣佈貸款提前到期，且經多次主張債權未果，遂訴至法院，請求寶日公司償還貸款本金400萬元及其利息、罰息；華鼎公司、騰盛公司、中寶公司和黃某某對上述債務承擔連帶清償責任。

【法院判決】

江蘇省宿遷市中級人民法院經審理認為，該案一審爭議焦點為：1. 工商銀行是否依約向寶日公司支付借款400萬元；2. 工商銀行是否與寶日公司協商變更了借款用途。工商銀行依約將借款400萬元交付至寶日公司帳戶內且由其實際控制，故認定工商銀行履行了交付義務。借款到期後，寶日公司未歸還借款本息，應當承擔違約責任。華鼎公司、中寶公司和黃某某主張工商銀行與寶日公司協商變更了借款用途，但並未能舉證證明，故對其據此要求免除擔保責任的主張不予支持。綜上，判決寶日公司償還工商銀行借款400萬元及其利息、罰息；騰盛公司、華鼎公司、中寶公司和黃某某對上述債務承擔連帶清償責任。

宣判後，中寶公司、黃某某不服一審判決，提起上訴。江蘇省高級人民法院經審理認為，該案二審爭議焦點為：案涉借款是否屬於以新貸償還舊貸且保證人中寶公司和黃某某不知情。工商銀行提供的《小企業借款合同》、《委託支付協議》、《鋼材購銷合同》、寶日公司帳戶明細及特種轉帳憑證，所形成的證據鏈已經能夠證明寶日公司因向聚吉公司購買鋼材需要資金向工商銀行借款400萬元、並委託該行將借款支付給聚吉公司的事實，而非償還舊貸。而且，案涉主債務人寶日公司法定代表人黃某偉與黃某某係父子關係，黃某某係中寶公司法定代表人，即使案涉借款確是用於歸還舊貸，中寶公司和黃某某在提供擔保時亦應當知道其實際用途，故應承擔保證責任。綜上，判決駁回上訴、維持原判。

宣判後，中寶公司、黃某某不服二審判決，申請再審。最高人民法院經審理認為，再審爭議焦點為：1. 工商銀行是否依約向寶日公司履行了交付400萬元借款義務；2. 該案是否存在虛構交易、以新貸還舊貸情形。一審判決認定工商銀行直接將400萬元貸款劃至寶日公司帳戶，二審判決認定工商銀行按照《委託支付協議》將款項轉至聚吉公司帳戶。一、二審判決對該事實表述雖不盡一致，但從現有證據綜合分析，可認定工商銀行先將400萬元貸款劃至寶日公司帳戶，又於同日依照《委託支付協議》將該款轉至聚吉公司帳戶的事實符合客觀實際，故一、二審判決均認定工商銀行履行了借款交付義務並無不當。二審判決基於工商銀行提供的證據鏈否定了該案存在虛構交易、以新貸還舊貸情形，中寶公司及黃某某有關案涉借款係借新還舊的主張沒有事實依據。綜上，裁定駁回再審申請。

【法律評析】

本案的爭議焦點為銀行是否依約受託支付將借款轉入借款人交易對象帳戶，是否存在以新貸還舊貸情形、實際改變借款用途導致主合同重大變更從而免除保證人的保證責任。

一、銀行是否依約受託支付將借款轉入借款人交易對象帳戶

銀行建立「受託支付」制度的目的是確保信貸資金能真正服務於實體經濟，防止貸款資金被挪用。對此，中國銀行業監督管理委員會在《流動資金貸款管理暫行辦法》和《固定資產貸款管理暫行辦法》，均對「受託支付」做出了明確規定。比如《流動資金貸款管理暫行辦法》第二十四條第一款規定：「貸款人在發放貸款前應確認借款人滿足合同約定的提款條件，並按照合同約定通過貸款人受託支付或借款人自主支付的方式對貸款資金的支付進行管理與控制，監督貸款資金按約定用途使用。」第二十六條規定：「具有以下情形之一的流動資金貸款，原則上應採用貸款人受託支付方式：（一）與借款人新建立信貸業務關係且借款人信用狀況一般；（二）支付對象明確且單筆支付金額較大；（三）貸款人認定的其他情形。」第二十七條規定：「採用貸款人受託支付的，貸款人應根據約定的貸款用途，審核借款人提供的支付申請所列支付對象、支付金額等信息是否與相應的商務合同等證明資料相符。審核同意後，貸款人應將貸款資金通過借款人帳戶支付給借款人交易對象。」

本案中，工商銀行與寶日公司簽訂了《委託支付協議》，約定工商銀行基於雙方簽訂的《小企業借款合同》向寶日公司提供融資，合同項下單筆提款金額達到或超過100萬元的應採用受託支付方式，支付對象為聚吉公司、付款金額為400萬元。該合同約定符合《流動資金貸款管理暫行辦法》第二十六條規定的應採取貸款人受託支付方式的第二種情形「支付對象明確且單筆支付金額較大」。而且，工商銀行按照約定對因購買鋼材向聚吉公司支付貨款的貸款用途，對寶日公司提供的支付對象、支付金額及相應的《鋼材購銷合同》等證明資料進行了謹慎審查，在核准相符後，將已發放至寶日公司帳戶的400萬元貸款轉至其交易對象聚吉公司帳戶。因此，工商銀行已依約受託

支付的方式將借款轉入借款人交易對象帳戶。

實務中，建議銀行加強對於「受託支付」所涉基礎交易真實性的審核，特別是對關聯企業之間的交易行為，不僅要審核交易合同和發票，應進一步審核物流憑證、出貨和入庫憑證等其他證明交易關係真實發生的證明資料。貸款銀行審慎處理，方能避免風險。信貸資金如果被挪做投資、投機之用，形成不良貸款的風險則會加大。

二、銀行是否存在以新貸還舊貸從而免除保證人的保證責任

《中華人民共和國擔保法》（以下簡稱《擔保法》）第二十四條規定：「債權人與債務人協議變更主合同的，應當取得保證人書面同意。未經保證人同意的，保證人不承擔責任。保證合同另有約定的，按照約定。」

綜合分析工商銀行提供的證據：《小企業借款合同》、《委託支付協議》、《鋼材購銷合同》、寶日公司帳戶明細及特種轉帳憑證，已經足以證明寶日公司因向聚吉公司購買鋼材需要資金向工商銀行借款400萬元、工商銀行先依約將400萬元貸款劃至寶日公司帳戶，又於同日依《委託支付協議》約定的貸款用途將該筆貸款轉至寶日公司交易對象聚吉公司帳戶的事實，不存在以新貸償還舊貸的情形，也未實際改變貸款用途從而導致主合同變更，不屬於《擔保法》第二十四條有關免除保證人保證責任的情形。

《最高人民法院關於適用〈中華人民共和國擔保法〉若干問題的解釋》（以下簡稱《擔保法解釋》）第三十九條規定：「主合同當事人雙方協議以新貸償還舊貸，除保證人知道或者應當知道的外，保證人不承擔民事責任。新貸與舊貸係同一保證人的，不適用前款的規定。」

本案中，借款人寶日公司法定代表人黃某偉與黃某某係父子關係，黃某某係中寶公司法定代表人，即使案涉借款不是用於購買鋼材

而是歸還舊貸，推定保證人中寶公司和黃某某在提供擔保時應當知道案涉借款的實際用途，不屬於《擔保法解釋》第三十九條有關免除保證人保證責任的情形，故中寶公司和黃某某應當對寶日公司的債務承擔連帶保證責任。

綜上，銀行已依約按照受託支付的方式將借款轉入借款人交易對象帳戶，且不存在以新貸還舊貸情形，並未實際改變借款用途導致主合同重大變更從而免除保證人的保證責任，保證人應當對借款人的債務承擔連帶保證責任。

附：再審法律文書

中國工商銀行股份有限公司沭陽支行與沭陽寶日貿易有限公司、宿遷市華鼎信用擔保有限公司、沭陽騰盛鋼材現貨交易市場有限公司與宿遷市中寶投資集團有限公司、黃培騰金融借款合同糾紛申請再審民事裁定書

最高人民法院（2015）民申字第2076號

再審申請人（一審被告、二審上訴人）：宿遷市中寶投資集團有限公司。住所地：江蘇省宿遷市宿豫區江山大道東側。

法定代表人：黃培騰，該公司董事長。

再審申請人（一審被告、二審上訴人）：黃培騰。

被申請人（一審原告、二審被上訴人）：中國工商銀行股份有限公司沭陽支行。住所地：江蘇省沭陽縣沭城鎮人民東路東首北側。

負責人：劉宏，該支行行長。

委託代理人：郇洪斌，該支行員工。

委託代理人：劉銘澤，中國工商銀行股份有限公司宿遷分行員工。

一審被告：沭陽寶日貿易有限公司。住所地：江蘇省宿遷市沭陽縣開發區台州路12號。

法定代表人：黃曉偉，該公司總經理。

一審被告：宿遷市華鼎信用擔保有限公司。住所地：江蘇省沭陽工商銀

行人民路支行二樓一號。

法定代表人：黃曉穎，該公司總經理。

一審被告：沭陽騰盛鋼材現貨交易市場有限公司。住所地：江蘇省宿遷市沭陽縣沭城鎮迎賓大道北側。

法定代表人：黃曉偉，該公司總經理。

再審申請人宿遷市中寶投資集團有限公司（以下簡稱中寶公司）、黃培騰因與被申請人中國工商銀行股份有限公司沭陽支行（以下簡稱沭陽工行）、一審被告沭陽寶日貿易有限公司（以下簡稱寶日公司）、宿遷市華鼎信用擔保有限公司（以下簡稱華鼎公司）、沭陽騰盛鋼材現貨交易市場有限公司（以下簡稱騰盛公司）金融借款合同糾紛一案，不服江蘇省高級人民法院（2014）蘇商終字第00412號民事判決，向本院申請再審。本院依法組成合議庭進行了審查，現已審查終結。

再審申請人中寶公司、黃培騰申請再審稱：（一）一、二審判決認定的基本事實缺乏證據證明。寶日公司沒有實際收到400萬元貸款；對該事實的認定，二審判決與一審判決相互矛盾。沭陽工行補充的「特種轉帳憑證」以及寶日公司「帳戶往來明細對帳單」等證據，均是沭陽工行惡意偽造，因為寶日公司實際帳號與帳戶往來明細對帳單帳號相差二位元元數，且交易對方沭陽聚吉貿易有限公司（以下簡稱聚吉公司）沒有帳戶號。二審法院採信沭陽工行補充證據，認定被申請人直接將400萬元貸款劃入聚吉公司帳上，但一審判決認定沭陽工行將貸款發放至寶日公司帳上，並且由寶日公司實際控制，相互矛盾。（二）沭陽工行虛構交易，虛假放貸，借新還舊。沭陽工行先將寶日公司帳上400萬元轉至聚吉公司帳戶，再將聚吉公司帳上400萬元轉至沭陽旺宏貿易有限公司以及沭陽元洪貿易有限公司帳戶，將寶日公司用於購買鋼材的貸款用於還旺宏公司、元洪公司的舊貸，400萬元只在寶日公司轉一下就被轉至聚吉公司，寶日公司並未收到400萬元貸款。其請求對上述事實調查取證不予採信，一、二審法院不予回應。（三）一、二審法院非法採信沭陽工行主張，枉法判決其承擔償還400萬元的擔保責任，屬適用法律不當，程序違法。根據《中華人民共和國民事訴訟法》第二百條第二項、第六項之規定，請求對本案依法再審並予改判。

沭陽工行及寶日公司、華鼎公司、騰盛公司均未提交書面答辯意見。

本院認為，本案爭議的焦點是：沭陽工行是否按照其與寶日公司簽訂的《小企業借款合同》履行了交付400萬元借款義務；本案是否存在虛構交易，虛假放貸，以新貸還舊貸問題。

（一）關於沭陽工行是否履行了交付借款義務。一審判決認定，2012年10月12日，沭陽工行與寶日公司簽訂的《小企業借款合同》，同日，沭陽工行將約定借款400萬元交付至寶日公司在沭陽工行開設的11160600090002×××35帳戶內，寶日公司在沭陽工行出具的借據上簽章。二審判決認定，2012年8月29日，聚吉公司與寶日公司簽訂的《鋼材購銷合同》，約定寶日公司向聚吉公司購買鋼材，價款為414萬元。2012年9月27日，寶日公司與沭陽工行簽訂《委託支付協議》。2012年10月12日，沭陽工行依據《委託支付協議》將400萬元轉帳至聚吉公司帳戶。一審判決認定沭陽工行直接將400萬元貸款劃至寶日公司帳戶，二審判決認定沭陽工行按照《委託支付協議》將款項轉至聚吉公司帳戶，一、二審判決對該事實的表述不盡一致，但從沭陽工行提交的提款通知書、貸款電子許可證以及《委託支付協議》等證據綜合分析，認定沭陽工行按照其與寶日公司簽訂的《小企業借款合同》，先將400萬元貸款劃至寶日公司帳戶，又於同日依照《委託支付協議》將該款轉至聚吉公司帳戶的事實符合客觀實際，中寶公司、黃培騰申請再審中亦認可400萬元貸款由寶日公司轉至聚吉公司的事實。故二審判決在一審判決認定事實的基礎上，進一步認定款項的轉帳過程及款項用途，與一審判決並不矛盾。中寶公司、黃培騰還提出沭陽工行二審中提交的補充證據中帳戶位數不對及沒有聚吉公司的帳戶等理由，不足以證明該證據係偽造，稱寶日公司沒有實際收到400萬元貸款沒有相應證據予以證實。因此，一、二審判決認定沭陽工行履行了交付借款義務並無不當。

（二）本案是否存在虛構交易，虛假放貸，以新貸還舊貸情形。二審判決基於沭陽工行提供的《委託支付協議》、寶日公司與聚吉公司簽訂的《鋼材購銷合同》、《小企業借款合同》、寶日公司帳戶明細及特種轉帳憑證等證據，否定了本案存在虛構交易，虛假放貸，以新貸還舊貸問題，在證據使用上亦對中寶公司、黃培騰的此項訴求予以回應和論證。中寶公司、黃培騰申訴主張案涉借款係借新還舊，沭陽工行又將聚吉公司帳上400萬元轉至其他公司帳上，用於償還舊貸的事實，未提供相應證據予以證實，沒有事實依據。

（三）一、二審判決中寶公司、黃培騰承擔償還400萬元的擔保責任是否適用法律不當。一、二審判決認定沭陽工行與寶日公司之間簽訂的《小企業借款合同》、與騰盛公司、中寶公司及黃培騰之間簽訂的《最高額保證合同》及其與華鼎公司之間簽訂的《保證合同》，均係各方當事人的真實意思表示，合法有效，對各方當事人均有約束力，並基於沭陽工行已經履行了交付借款義務的事實，依照《中華人民共和國合同法》、《中華人民共和國擔保法》、《中華人民共和國民事訴訟法》的相關規定，判決由寶日公司償還沭陽工行借款400萬元及其利息、罰息，騰盛公司、華鼎公司、中寶公司和黃培騰就此承擔連帶清償責任並無不當。

綜上，中寶公司、黃培騰的再審申請不符合《中華人民共和國民事訴訟法》第二百條第二項、第六項規定的情形。根據《中華人民共和國民事訴訟法》第二百零四條第一款之規定，裁定如下：

駁回宿遷市中寶投資集團有限公司、黃培騰的再審申請。

審判長　閆燕

代理審判員　劉慧卓

代理審判員　喬宇

二〇一五年十月二十三日

書記員　劉偉

附：二審法律文書

中國工商銀行股份有限公司沭陽支行與宿遷市中寶投資集團有限公司、黃培騰等金融借款合同糾紛二審民事判決書

江蘇省高級人民法院（2014）蘇商終字第00412號

上訴人（原審被告）：宿遷市中寶投資集團有限公司，住所地在江蘇省宿遷市宿豫區宿沭公路綠化地南側。

法定代表人：黃培騰，該公司董事長。

上訴人（原審被告）：黃培騰。

兩上訴人共同委託代理人：吳曉林，江蘇君泊律師事務所律師。

被上訴人（原審原告）：中國工商銀行股份有限公司沭陽支行，住所地在江蘇省沭陽縣沭城鎮人民東路東首北側。

負責人：劉宏，該支行行長。

委託代理人：郁洪斌，該支行員工。

委託代理人：劉銘澤，中國工商銀行股份有限公司宿遷分行員工。

原審被告：沭陽寶日貿易有限公司，住所地在江蘇省宿遷市沭陽縣開發區台州路。

法定代表人：黃曉偉，該公司總經理。

原審被告：宿遷市華鼎信用擔保有限公司，住所地在江蘇省沭陽工商銀行人民路支行二樓一號（萬德福樓下）。

法定代表人：黃曉穎，該公司總經理。

原審被告：沭陽騰盛鋼材現貨交易市場有限公司，住所地在江蘇省宿遷市沭陽縣沭城鎮迎賓大道北側（神舟物流院內）。

法定代表人：黃曉偉，該公司總經理。

上訴人宿遷市中寶投資集團有限公司（以下簡稱中寶公司）、黃培騰因與被上訴人中國工商銀行股份有限公司沭陽支行（以下簡稱沭陽工行）、原審被告沭陽寶日貿易有限公司（以下簡稱寶日公司）、宿遷市華鼎信用擔保有限公司（以下簡稱華鼎公司）、沭陽騰盛鋼材現貨交易市場有限公司（以下簡稱騰盛公司）金融借款合同糾紛一案，不服江蘇省宿遷市中級人民法院（2013）宿中商初字第0119號民事判決，向本院提起上訴。本院於2014年10月8日受理後，依法組成合議庭，於2014年12月24日公開開庭進行了審理。上訴人黃培騰即中寶公司法定代表人及其委託代理人吳曉林到庭參加訴訟。被上訴人沭陽工行、原審被告寶日公司、華鼎公司、騰盛公司經本院合法傳喚，無正當理由均未到庭，本院依法缺席審理。本案現已審理終結。

沭陽工行原審訴稱：2012年9月，寶日公司向我行申請貸款400萬元，我行於同年10月12日向其發放了貸款400萬元，貸款合同編號為2011年（沭陽）字193號，貸款到期日為2013年3月28日，年利率5.6%，逾期利率為年利率8.4%。該筆貸款由華鼎公司、騰盛公司、中寶公司和黃培騰提供連帶責任保證。由於寶日公司經營狀況惡化，並停止營業，自2013年3月21日開始欠息，構成借款合同第九條約定的違約情形，我行依約提前宣布貸款到期，並多次向五被告主張權利，均未果。故訴至法院，請求判決：1. 寶日公司立即償還沭陽工行貸款400萬元及其利息、罰息；2. 華鼎公司、騰盛公司、中寶公司、黃培騰對前述第一條所列債務承擔連帶清償責任；3. 本案案件受理費等訴訟費用由寶日公司、華鼎公司、騰盛公司、中寶公司、黃培騰共同負擔。

寶日公司原審未做答辯。

華鼎公司原審辯稱：一、沭陽工行沒有按照約定將借款打入借款人提供的購銷合同的供貨方帳戶，應認定案涉貸款沒有實際發放，且沭陽工行違反商業銀行法的規定，沒有對借款人進行嚴格的資格審查，違規向寶日公司發放貸款，就此保證人不承擔保證責任。二、2009年12月16日，沭陽工行曾與華鼎公司簽訂了《合作協議》一份，約定華鼎公司為他人向沭陽工行借款提供保證擔保，擔保總額不超過華鼎公司存入沭陽工行的擔保基金餘額的三倍，為任一借款人提供的保證，不超過華鼎公司在沭陽工行擔保金餘額的50%且單筆不超過擔保基金餘額的10%。在2012年9月至10月間，華鼎公司擔保金帳戶已沒有保證金，但沭陽工行卻違規操作，因此，華鼎公司與沭陽工行之間的《保證合同》無效；三、在沭陽工行與寶日公司的貸款合同簽訂後，沭陽工行並沒有將貸款打入購銷合同約定的供貨方帳戶，而是將貸款轉入了第三方帳戶，擅自改變了借款用途，對主合同進行了重大變更，在此情況下並未取得保證人的同意，保證人也不應承擔保證責任。綜上，華鼎公司與沭陽工行之間的《保證合同》無效，即使有效，華鼎公司也不應承擔擔保責任。

騰盛公司原審未做答辯。

中寶公司、黃培騰原審辯稱：一、中寶公司、黃培騰與沭陽工行之間的保證合同無效，即使有效，中寶公司和黃培騰也不應承擔保證責任，具體理由同華鼎公司的意見。二、中寶公司，黃培騰做出的連帶保證的意思表示不真實，雙方之間的保證合同均是沭陽工行利用其優勢地位違規操作形成的，當時沭陽工行私自使用中寶公司的印章，並強迫黃培騰在空白的合同上簽名，形成了涉案的保證合同，嚴重損害了中寶公司和黃培騰的利益。綜上，請求駁回沭陽工行對中寶公司和黃培騰的訴訟請求。

原審法院經審理查明：2012年9月27日，沭陽工行與騰盛公司、黃培騰、中寶公司分別簽訂《最高額保證合同》各一份，編號分別為2012年沭陽（保）字0043-1號、2012年沭陽（保）字第0043-2號、2012年沭陽（保）字第0043-3號，約定騰盛公司、黃培騰、中寶公司為寶日公司自2012年9月27日至2015年9月27日期間在400萬元的最高餘額範圍內與沭陽工行所簽訂本外幣借款合同、銀行承兑協議等提供連帶責任保證，最高額擔保的範圍包括主債權本金、利息、複利、罰息、違約金……以及實現債權的費用（包括但不限於訴訟費、律師費等）。同日，沭陽工行與華鼎公司簽訂《保證合同》一份，編號為2012沭陽（保）字043-4號，約定華鼎公司為寶日公司與沭陽工行簽訂的《小企業借款合同》（編號為2012年〔沭陽〕字第193號）所產生的債權提供連帶責任保證，保證擔保的範圍包括主債權本金、利息、複利、罰息、違約金……以及實現債權的費用（包括但不限於訴訟費、律師費等），保證期間自主合同項下的借款期限屆滿之次日起兩年，如沭陽工行根據主合同約定宣布借款提前到期，則保證期間為借款提前到期之次日起兩年。

2012年10月12日，沭陽工行與寶日公司簽訂《小企業借款合同》一份，編號為2012年（沭陽）字193號，約定：寶日公司因購買資料所需，向沭陽工行借款400萬元，借款期限為6個月（自實際提款之日起算，實際提款日以借據為準），貸款利率按照提款當日的基準利率加浮動利率確定，按月結息，本合同項下的逾期罰息利率在原借款利率的基礎上加收50%。另外，雙方還約定本合同項下的借款由騰盛公司提供最高額保證，《最高額保證合同》的編號為2012年沭陽（保）字第0043-1號。同日，沭陽工行將約定借款400萬元交付至寶日公司在沭陽工行開設帳戶（帳號為1135）內，寶日公司在沭陽工行出具的借款借據上簽章，該借款借據載明借款年利率為5.6%，借款到期日為2013年3月28日。後寶日公司未能按照約定支付借款利息，借款期限屆滿後亦未能還款，沭陽工行主張權利未果，遂訴至法院。

本案原審爭議焦點為：一、沭陽工行與華鼎公司之間的《保證合同》是否有效；二、沭陽工行與中寶公司、黃培騰之間的《最高額保證合同》是否有效；三、沭陽工行是否依約向寶日公司交付了約定借款400萬元；四、沭陽工行是否與寶日公司協商變更了借款用途。

原審法院認為：依法成立的合同，自成立時生效，當事人應當按照約定全面履行自己的義務。當事人一方不履行合同義務或者履行義務不符合約定的，應當承擔相應的違約責任。本案中，沭陽工行與寶日公司之間簽訂的《小企業借款合同》、與騰盛公司、中寶公司及黃培騰之間簽訂的《最高額保證合同》及其與華鼎公司之間簽訂的《保證合同》，均係各方當事人的真實意思表示，合法有效，對各方當事人均有約束力。華鼎公司、中寶公司和黃培騰雖然就前述《最高額保證合同》和《保證合同》提出異議，但並無證據證明前述合同存在合同法第五十二條規定的情形，因此，對其抗辯主張不予採信。根據前述合同的約定，寶日公司向沭陽工行借款400萬元，由騰盛公司、中寶公司、黃培騰和華鼎公司提供連帶責任保證，沭陽工行依約將借款交付至寶日公司開設的帳戶內，該帳戶的開戶行雖然為沭陽工行，但由寶日公司實際控制，因此，應當認定沭陽工行履行了交付借款的義務。在案涉《小企業借款合同》履行過程中，寶日公司自2013年3月21日起未按照合同約定履行支付借款利息，且在借款到期後未能履行歸還借款的義務，構成根本違約，其應當承擔相應的違約責任。華鼎公司、中寶公司和黃培騰主張沭陽工行與寶日公司協商變更了借款用途，但並未提供證據證明寶日公司變更了借款用途，也沒有證據證明寶日公司與沭陽工行就變更用途達成合意，因此，華鼎公司、中寶公司和黃培騰據此要求免除擔保責任的主張依法不能成立。

綜上所述，寶日公司應當立即償還沭陽工行借款400萬元及其利息、罰息，騰盛公司、華鼎公司、中寶公司和黃培騰就此承擔連帶清償責任。依照《中華人民共和國合同法》第四十四條、第五十二條、第六十條、第一百零七條、第二百零五條、第二百零六條，《中華人民共和國擔保法》第十八條、第二十一條、第三十一條，以及《中華人民共和國民事訴訟法》第一百四十二條、第一百四十四條之規定，判決：一、寶日公司於判決生效後10日內償還沭陽工行借款400萬元及其利息、罰息（自2013年3月21日至2013年3月28日止，按照年利率5.6%計算利息；自2013年3月29日起至實際還款之日止，按照年利率8.4%計算罰息）；二、華鼎公司、騰盛公司、中寶公司、黃培騰對於上述第一項判決主文所確定的寶日公司的債務向沭陽工行承擔連帶清償責任，華鼎公司、騰盛公司、中寶公司、黃培騰在承擔保證責任後，有權向寶日公司追償。如果未按判決指定的期間履行給付金錢義務，應當依照《中華人民共和國民事訴訟法》第二百五十三條之規定，加倍支付遲延履行期間的債務利息。案件受理費38,800元和公告費1,170元，合計39,970元，由寶日公司、華鼎公司、騰盛公司、中寶公司、黃培騰共同負擔。

中寶公司、黃培騰不服原審判決，向本院提起上訴稱：一、原審法院認定事實不清且存在明顯錯誤。1. 原審判決未查明全案事實真相，割裂案情，孤立下判，屬於斷章取義。本案實際涉及24家借款公司、1家擔保公司承兑匯票、流動資金借款、金融費用收取、保證金留存與扣劃、還款、定期與活期利息、單位結算帳戶資金金額等多重法律事實和法律關係，原審法院沒有全面查明案件事實導致錯誤裁判。2. 原審判決對沭陽工行明顯存在操作以新貸還舊貸的嚴重違法違規行為視而不見，明顯偏袒銀行。3. 原審判決僅對沭陽工行向借款人發放貸款環節做出認定，而對沭陽工行改變貸款用途非法操作以新貸還舊貸的環節不予認定。沭陽工行利用其銀行優勢，改變本應用於寶日公司實際經營的用途，在開立的企業帳戶和個人帳戶之間通過閉合循環的轉帳流程，暗箱操作，將借款迅速回到本行，實屬騙保行為。4. 原審法院對華鼎公司的保證金帳戶和沭陽工行扣劃該保證金抵扣借款的事實不予查明和認定，違背常理。即使要認定欠款和相應的擔保責任數額，也應查明並減去相應比例的保證金數額，保證金範圍不屬於擔保責任範圍。二、本案證據不足，認定證據存在錯誤，舉證責任分配明顯不公，拒絕上訴人調查取證申請的理由不能成立，應在調查取證的基礎上做出裁判。1. 原審法院對上訴人調查取證申請避而不談，剝奪了上訴人的程序權利。事實上，各借款公司歇業多時，帳戶內幾乎無資金往來，稍做調查即可就巨額貸款款項的流水過程做出認定。2. 原審法院認定上訴人並未提供證據證明寶日公司變更了借款用途屬於舉證責任分配明顯不公，應責令沭陽工行承擔舉證不能的責任。3. 原審法院對於上訴人多處主張的沭陽工行舉證的真實性和舉證不足問題不予回應，只是簡單認定上訴人對相關證據無異議，簡單下判。三、原審判決缺乏法律依據，適用法律錯誤。1. 原審法院應當適用銀監會《流動資金貸款管理暫行辦法》的相關規定認定沭陽工行構成放新貸還舊貸，認定上訴人不承擔擔保責任。2. 主合同明確約定借款用途為購鋼材，但沭陽工行私自用貸款償還舊貸，屬於對主合同的重大變更，根據擔保法第二十四條，上訴人不應承擔保證責任。3. 案涉《最高額保證合同》係沭陽工行的騙保行為，根據合同法第五十二條、擔保法第三十條，上訴人不承擔保證責任。綜上，請求：1. 撤銷原審判決第二項中要求中寶公司、黃培騰承擔連帶清償責任和負擔案件受理費、公告費的判決內容，依法查明事實，改判駁回沭陽工行該部分訴訟請求或者發回原審法院重審；2. 一、二審的訴訟費用由沭陽工行和其他訴訟參與人承擔。

本院經審理查明，原審法院查明的事實屬實，依法予以確認。

二審中，中寶公司、黃培騰提交：合同編號為20110911的《鋼材購銷合同》影本，證明案涉400萬元貸款基於購買材料產生，沭陽工行應將400萬元貸款依據寶日公司的委託匯入連雲港強冠貿易有限公司（以下簡稱強冠公司）才視為履行了放款義務，否則應認定沭陽工行未履行放款義務，中寶公司、黃培騰不應當承擔連帶保證責任。

沭陽工行質證認為，上述《鋼材購銷合同》與案涉貸款沒有關聯性。

沭陽工行提交以下證據：1. 編號為2012委字193號《委託支付協議》及附件「受託支付物件和帳戶清單」，證明寶日公司向沭陽工行申請貸款時指明受託支付對象和帳戶為沭陽聚吉貿易有限公司（以下簡稱聚吉公司）。2. 合同編號為20120829的《鋼材購銷合同》影本，證明寶日公司向沭陽工行申請案涉貸款時提供其與聚吉公司的《鋼材購銷合同》做為委託支付的依據。3. 寶日公司在案涉貸款發放前後的帳戶明細及2012年10月12日特種轉帳憑證，證明沭陽工行發放貸款後即按照委託支付協議的約定將貸款劃轉至寶日公司的交易對象聚吉公司帳戶內。

中寶公司、黃培騰質證認為：對證據1的真實性無法確認，要求對《委託支付協議》及附件中涉及的所有手寫內容筆跡形成時間進行司法鑒定。對證據2的真實性不予認可，沭陽工行僅提供購銷合同的影本，該合同中黃曉偉印章明顯與證據1中印章不一致，且聚吉公司印章模糊，聚吉公司和寶日公司在沭陽工行均有舊貸款到期，在未還清貸款之前，聚吉公司不可能做為寶日公司的購銷合同供方，沭陽工行向聚吉公司放款不符合常理。證據2與上訴人提交的寶日公司與強冠公司的《鋼材購銷合同》矛盾。對證據3的真實性不予認可，該證據上寶日公司帳號錯誤，沭陽工行沒有發放貸款，中寶公司不承擔保證責任。

本院對於二審中各方當事人提交的證據認證如下：中寶公司、黃培騰提交的《鋼材購銷合同》影本的主體係強冠公司與寶日公司，與本案沒有關聯性，不能做為證據使用。沭陽工行提交的證據1、證據3為原件，雖然中寶公司、黃培騰對其真實性不予認可，但未能提供相反證據反駁，故對上述證據予以採信。證據2雖為影本，但與證據1、3能夠相互印證，對其真實性亦予以確認，可以做為證據使用。關於中寶公司對《委託支付協議》及附件上手寫筆跡形成時間進行司法鑒定的申請，因沭陽工行提交的證據已經形成證據鏈，而中寶公司、黃培騰主張案涉借款基礎買賣合同的供方應為強冠公司與其上訴理由中關於借新還舊的主張自相矛盾，故對其鑒定申請不予准許。

本院另查明，2012年8月29日，聚吉公司與寶日公司簽訂《鋼材購銷合同》一份，約定寶日公司向聚吉公司購買鋼材，價款為414萬元。2012年9月27日，寶日公司與沭陽工行簽訂編號為2012委字193號《委託支付協議》，約定：鑒於雙方簽訂編號為2012年（沭陽）字193號《小企業借款合同》，沭陽工行依據融資合同的約定向寶日公司提供融資。寶日公司合同項下單筆提款金額達到或超過100萬元的，應採用受託支付方式。該《委託支付協議》的附件「受託支付物件和帳戶清單」載明支付對象為聚吉公司、付款金額為400萬元。落款借款人處由寶日公司蓋章。2012年10月12日，沭陽工行向寶日公司帳戶發放貸款400萬元。同日，沭陽工行依據《委託支付協議》將400萬元轉帳至聚吉公司帳戶。

本案二審爭議焦點是：案涉借款是否存在以新貸償還舊貸，且中寶公司、黃培騰不知情的情形？

中寶公司、黃培騰主張案涉借款係借新還舊，沒有證據證明。沭陽工行提供《委託支付協議》、寶日公司與聚吉公司簽訂的《鋼材購銷合同》、《小企業借款合同》、寶日公司帳戶明細及特種轉帳憑證，已經形成證據鏈，能夠證明寶日公司因向聚吉公司購買鋼材需要資金向沭陽工行借款400萬元、並委託該行將貸款支付給交易對象聚吉公司的事實，而非中寶公司、黃培騰主張的案涉借款係為了償還舊貸。中寶公司、黃培騰申請本院調查沭陽工行違法違規操作承兑匯票和流動貸款等帳戶證據、貸款資金最終流向對帳單、華鼎公司被扣劃保證金流水及數額，並申請對沭陽工行與寶日公司等6家企業的借款帳戶進行審計，因沭陽工行提交的證據已經足以證明案涉400萬元貸款發放過程，故對中寶公司、黃培騰上述調取證據和審計的申請不予准許。而且案涉主債務人寶日公司的法定代表人黃曉偉與黃培騰係父子關係，黃培騰係中寶公司的法定代表人，即使如中寶公司、黃培騰所稱案涉貸款不是用於購買鋼材，而是與其他數家公司的貸款共同用於交叉歸還舊貸，中寶公司、黃培騰在提供擔保時亦應當知道案涉貸款的實際用途，故中寶公司、黃培騰應承擔保證責任。中寶公司、黃培騰還主張《最高額保證合同》係沭陽工行騙保行為，但未提交任何證據證明，本院對該主張不予採信。關於中寶公司、黃培騰對華鼎公司的保證合同效力的質疑，因為兩上訴人對寶日公司案涉借款提供的是連帶責任保證，其並無證據證明該上訴主張，且華鼎公司做為保證合同當事人並未提出上訴，故中寶公司、黃培騰的該上訴理由亦不能成立。

綜上，中寶公司、黃培騰的上訴請求不能成立，本院不予支持。原審判決認定事實清楚，適用法律正確，依法應予維持。依照《中華人民共和國民事訴訟法》第一百七十條第一款第（一）項之規定，判決如下：

駁回上訴，維持原判決。

二審案件受理費38,800元由上訴人中寶公司、黃培騰共同負擔。

本判決為終審判決。

審判長　鄒宇

代理審判員　魏瑋

代理審判員　孔萍

二〇一五年二月十一日

書記員　安曉輝

【案例9】 借款主體認定的重要性

中通公司、周某某訴江蘇銀行等金融借款合同糾紛案評析

案號：江蘇省高級人民法院（2015）蘇商終字第00498號

【摘要】

根據合同相對性原理，依法成立生效的合同借款人應依約履行還款義務；為避免因貸款是否已經歸還引發爭議，銀行宜明確約定借款人歸還貸款本息的專用銀行帳戶條款。

【基本案情】

2013年5月29日，江蘇銀行連雲港支行（以下簡稱「江蘇銀行」）與連雲港中通遠洋物流有限公司（以下簡稱「中通公司」）簽訂《最高額綜合授信合同》，約定江蘇銀行向中通公司提供最高綜合授信額度人民幣4,500萬元，授信期限為2013年5月29日至2014年5月23日。同日，中通遠洋物流集團有限公司（以下簡稱「中通集團公司」）與江蘇銀行簽訂《最高額保證合同》，約定中通集團公司為中通公司最高額不超過人民幣4,500萬元的債務承擔連帶保證責任。同日，周某某與江蘇銀行簽訂《最高額個人連帶責任保證書》，約定周某某為中通公司債務承擔連帶保證責任，保證最高額為人民幣4,500萬元。

2013年6月6日，江蘇銀行與中通公司簽訂《流動資金借款合

同》，約定借款金額4,500萬元，期限為2013年6月6日至2014年5月23日。同日，江蘇銀行向中通公司發放貸款4,500萬元。2014年5月23日，江蘇銀行與中通公司、中通集團公司、周某某簽訂《借款展期協議》，約定主要內容為：鑒於借款人不能足額償還《流動資金借款合同》項下借款並申請展期，貸款人同意展期，展期到期日為2014年11月20日，金額為4,500萬元，擔保人中通集團公司、周某某自願按《最高額保證合同》和《最高額個人連帶責任保證書》約定繼續承擔擔保責任。

展期屆滿後中通公司仍未完全履行還款義務，江蘇銀行遂訴至法院，請求中通公司歸還本金及利息45,626,920.13元（本金4,500萬元，利息626,920.13元）。訴訟中，中通公司提出其簽署相關借款文件係代中通集團公司借款，且6月8日中通公司已將49,226,216.99元按江蘇銀行的指示付至其實際控制的連雲港超鼎貿易有限公司。周某某聲稱每次辦理手續均是江蘇銀行通知中通公司和周某某在大量空白文件上簽字，主張不應承擔保證責任。

【法院判決】

江蘇省連雲港市中級人民法院經審理認為，關於中通公司辯稱該案實際借款人為中通集團公司的主張，其未能舉證證明，且江蘇銀行亦依約將貸款發放至中通公司帳戶，故對該項主張不予採信。關於中通公司、周某某辯稱貸款已按江蘇銀行指示將還款打入超鼎公司帳戶即已歸還案涉貸款的主張，根據借款合同相對性原則，中通公司應還款給江蘇銀行，且本案貸款數額巨大，如中通公司受江蘇銀行指示還款，卻未要求其出具相應的書面手續，不符合常理且證據不足，故對該項主張不予採信。關於周某某稱《借款展期協議》並非其本人簽字、不應承擔保證責任的主張，中通公司及中通集團公司對《借款展期協議》真實性均予以確認，周某某對其在《借款展期協議》上的印鑒亦無異議，即使個人簽名虛假也應依約承擔連帶保證責任，故對該項主張不予採納。綜上，判決中通公司償還江蘇銀行借款本金4,500萬元、利息、罰息及複利；中通集團公司和周某某對上述債務承擔連帶清償責任。

宣判後，中通公司、周某某不服一審判決，提起上訴。江蘇省高級人民法院經審理認為，該案爭議焦點為：案涉借款人是否為中通集團公司；中通公司是否已歸還案涉借款。案涉借款合同均係江蘇銀行與中通公司簽訂，中通公司做為獨立法人理應知曉在相關合同上簽字蓋章的法律後果。合同簽訂後，江蘇銀行依約向中通公司貸款帳戶發放貸款，中通公司也通過其在江蘇銀行帳戶歸還案涉貸款利息。根據合同相對性原則，即可以認定《流動資金借款合同》借款人為中通公司。至於所借款項如何實際使用，屬於中通公司自行處分的權利，不影響江蘇銀行與中通公司之間成立的借款法律關係，故一審判決認定中通公司為案涉借款人正確。另外，中通公司主張其通過在江蘇銀行22488帳號向超鼎公司匯款49,226,216.99元，因江蘇銀行實際控制超鼎公司帳戶，故其中的4,500萬元應視為其已歸還了案涉4,500萬元借款。對此，該院認為，中通公司申請出庭作證的證人雖陳述其向超鼎公司匯款係按照江蘇銀行負責人薑某指示，但相關證人均係與江蘇銀行存在貸款關係的借款人員工且並無其他證據佐證，上述證言並不能證明江蘇銀行實際控制超鼎公司。根據22488帳號流水明細單，中通公司在案涉貸款發放前剛通過該帳號歸還了此前向江蘇銀行的貸款，表明中通公司對於歸還案涉貸款應通過其開立在江蘇銀行帳號的流程是明知的，且在貸款發放後也一直通過該22488帳號向江蘇銀行歸還借款利息，故中通公司稱案涉貸款已歸還與其長期通過固定銀行帳號歸還利息存在矛盾。綜上，判決駁回上訴、維持原判。

【法律評析】

本案的法律問題焦點，為借款主體的認定及約定還款專用帳戶的重要性。

一、借款主體的認定

本案中，借款人中通公司稱江蘇銀行通過中通公司的介紹多次與中通集團公司談金融合作事宜。因地域問題，江蘇銀行無法直接貸款給中通集團公司，因此江蘇銀行與中通公司及中通集團公司三方約定以中通公司的名義進行貸款，即借名借款。

從法律規定來看，《中華人民共和國合同法》第八條規定：「依法成立的合同，對當事人具有法律約束力。當事人應當按照約定履行自己的義務，不得擅自變更或者解除合同。」

從實務證據來看，案涉《最高額綜合授信合同》、《流動資金借款合同》和《借款展期協議》均是中通公司和江蘇銀行簽訂，中通公司做為具有民事行為能力、獨立承擔民事責任的法人主體，應當清楚在借款合同上簽字蓋章的法律後果，對其具有法律拘束力。上述合同均係雙方當事人的真實意思表示，且不違反法律、行政法規的強制性規定，應屬合法有效，中通公司和江蘇銀行應當基於依法成立生效的合同約定履行自己的義務。本案中，江蘇銀行依約履行了發放貸款4,500萬元至中通公司貸款帳戶的義務，中通公司亦應依約按期履行償還貸款本息至江蘇銀行帳戶的義務。

根據合同相對性原理，即可以認定《流動資金借款合同》的借款人為中通公司。至於中通公司為何目的簽訂該借款合同以及如何實際處分所借款項，不影響中通公司為借款人的認定。而且，中通公司並未舉證對其提出實際借款人為中通集團公司的主張予以證明。因此，中通公司為案涉《流動資金借款合同》的借款人。

二、還款專用帳戶的重要性

本案中另一個主要的爭議焦點是案涉貸款是否已經歸還問題。中通公司、周某某主張其已按江蘇銀行的指示，通過22488帳號向超鼎公司帳戶匯款49,226,216.99元，而超鼎公司帳戶受江蘇銀行控制，因此主張其已歸還了案涉貸款。

首先，根據合同相對性原理，中通公司應按照《流動資金借款合同》約定向債權人江蘇銀行償還貸款本息。且案涉貸款數額巨大，如果中通公司確實受江蘇銀行指示向超鼎公司還款，理應請求江蘇銀行出具相應的書面資料，以證明中通公司確已向第三人履行了還款義務從而導致江蘇銀行的債權消滅。中通公司未能提供江蘇銀行出具的相應書面證明，也沒有其他證據能夠證明其已經償還案涉貸款本息的主張。

其次，根據22488帳號資金往來明細分析可知，中通公司在案涉貸款發放前剛通過其在江蘇銀行22488帳號歸還了之前向江蘇銀行的貸款，表明中通公司在與江蘇銀行長期的貸款往來過程中，明知向江蘇銀行歸還貸款應通過其在江蘇銀行開立的固定銀行帳號。中通公司在案涉貸款4,500萬元發放後第二天即通過22488帳號向超鼎公司匯款49,226,216.99元，如確係因江蘇銀行指示向借款合同外第三人超鼎公司履行還款義務則不符合常理，而且中通公司在案涉貸款發放後也一直按照《流動資金借款合同》的約定，通過該22488帳號向江蘇銀行歸還貸款4,500萬元的利息。因此，中通公司並未向江蘇銀行償還全部貸款本息。綜上，案涉貸款並未歸還。

鑒於本案中有關貸款是否已經歸還而引發的爭議，突顯了還款專用帳戶的重要性。為了避免因合同對還款專用帳戶沒有約定或約定不明等問題而與借款人產生貸款是否歸還等糾紛，考慮到為此類糾紛可能進入司法程序、承擔相應的舉證責任並且可能承擔舉證不能的不利法律後果等問題，做為貸款提供方的銀行等金融機構，應當在與債務人簽訂相關貸款合同時，明確約定債務人歸還貸款本息的專用銀行帳戶，使債權人發放貸款和債務人歸還貸款的資金帳目往來更為清晰明瞭，以便釐清與其他非相關資金流轉的界限，從而促進金融活動的快速、高效、便捷和安全。

附：法律文書

江蘇銀行股份有限公司連雲港連雲支行與連雲港中通遠洋物流有限公司、周海峰等金融借款合同糾紛二審民事判決書

江蘇省高級人民法院（2015）蘇商終字第00498號

上訴人（原審被告）：連雲港中通遠洋物流有限公司，住所地在江蘇省連雲港市連雲區墟溝鎮海濱大道2號陽光國際中心A座1101室。

法定代表人：周海峰，該公司董事長。

委託代理人：高永榮，江蘇田灣（連雲）律師事務所律師。

委託代理人：沙鷺，江蘇公善民律師事務所律師。

上訴人（原審被告）：周海峰。

委託代理人：高永榮，江蘇田灣（連雲）律師事務所律師。

委託代理人：沙鷺，江蘇公善民律師事務所律師。

被上訴人（原審原告）：江蘇銀行股份有限公司連雲港連雲支行，住所地在江蘇省連雲港市連雲區海棠中路39-1號。

負責人：薑輝，該支行行長。

委託代理人：朱曉冬，江蘇雲港律師事務所律師。

委託代理人：曹躍華，該分公司員工。

原審被告：中通遠洋物流集團有限公司，住所地在天津開發區洞庭路122號1段J307室。

法定代表人：KITTYRUIQIXU，該公司董事長。

委託代理人：尚靜，該公司員工。

委託代理人：劉巧曼，該公司員工。

上訴人連雲港中通遠洋物流有限公司（以下簡稱連雲港中通公司）、周海峰因與被上訴人江蘇銀行股份有限公司連雲港連雲支行（以下簡稱江蘇銀行連雲支行），原審被告中通遠洋物流集團有限公司（以下簡稱中通集團公司）金融借款合同糾紛一案，不服江蘇省連雲港市中級人民法院（2014）連商初字第00285號民事判決，向本院提起上訴。本院受理後，依法組成合議庭，於2015年9月18日公開開庭審理了本案，上訴人連雲港中通公司、周海峰的委託代理人高永榮、沙鷺，被上訴人江蘇銀行連雲支行的委託代理人朱曉冬、曹躍華，原審被告中通集團公司的委託代理人尚靜、劉巧曼到庭參加訴訟。本案現已審理終結。

江蘇銀行連雲支行原審訴稱：連雲港中通公司於2013年5月29日與江蘇銀行連雲支行簽訂《最高額綜合授信合同》，約定期限自2013年5月29日起至2014年5月23日止，江蘇銀行連雲支行向連雲港中通公司提供最高為4,500萬元的授信額度。2013年6月6日，連雲港中通公司與江蘇銀行連雲支行簽訂了貸款金額為4,500萬的《流動資金借款合同》，到期日為2014年5月23日，並簽訂了借款借據，中通集團公司、周海峰提供個人連帶擔保。貸款到期後，借款人、保證人未履行還款義務。後於2014年5月23日辦理了貸款展期6個月，並簽訂了《借款展期協議》，展期後的貸款到期日為2014年11月20日，截至2014年11月21日，借款人尚餘借款本金4,500萬元、利息626,920.13元，總計45,626,920.13元未還。請求判令：1. 連雲港中通公司歸還借款本金4,500萬元、利息626,920.13元（截至2014年11月21日），總計45,626,920.13元及至貸款還清之日的利息，中通集團公司、周海峰就前述貸款本息承擔連帶還款責任；2. 由連雲港中通公司、中通集團公司、周海峰承擔本案訴訟費用及其他費用。庭審中，江蘇銀行連雲支行明確截至2014年11月21日利息626,920.13元不包含罰息和複利，但向連雲港中通公司、中通集團公司、周海峰主張截至貸款還清之日的罰息和複利。

連雲港中通公司原審辯稱：一、本案名為連雲港中通公司向江蘇銀行連雲支行借款，實為中通集團公司借款。2010年下半年，江蘇銀行連雲支行得知中通集團公司和天津市人民政府聯合設立船舶基金的消息後，通過連雲港中通公司介紹多次與中通集團公司談金融合作事宜。因中通集團公司是外地公司，江蘇銀行連雲支行在天津又無分支機構，江蘇銀行連雲支行直接向中通集團公司貸款存在障礙，而連雲港中通公司係連雲港本地公司，於是三方約定以連雲港中通公司名義貸款，連雲港中通公司的義務是與江蘇銀行連雲支行簽訂合同，將江蘇銀行連雲支行付至連雲港中通公司的借款轉付中通集團公司、將中通集團公司付給連雲港中通公司的還款本息轉付江蘇銀行連雲支行。2011年3月至2012年12月的貸款、2012年12月至2013年6月的貸款均是如此操作。二、本案4,500萬元貸款已經歸還。2013年6月6日，江蘇銀行連雲支行、中通集團公司又安排連雲港中通公司簽訂了4,500萬元的借款合同，同日江蘇銀行連雲支行將該款付至連雲港中通公司帳戶，6月7日連雲港中通公司立即將該款項轉付至中通集團公司指定的收款人，同日，中通集團公司又通知連雲港中通公司貸款不要了，將該款項又退回了連雲港中通公司，6月8日，江蘇銀行連雲支行指示連雲港中通公司將49,226,216.99元付至其實際操控的連雲港超鼎貿易有限公司（以下簡稱超鼎公司）帳戶（其中4,500萬元係本案還款），故本案貸款已經歸還。綜上，請求駁回江蘇銀行連雲支行的訴訟請求。

中通集團公司原審辯稱：中通集團公司對當時借款的有關資料都沒有，對本案的貸款的具體情況不清楚。

周海峰原審辯稱：一、周海峰未為連雲港中通公司向江蘇銀行連雲支行借款提供過擔保。2010年下半年，江蘇銀行連雲支行得知中通集團公司和天津市政府聯合設立船舶基金的消息後，通過連雲港中通公司介紹多次與中通集團公司談金融合作事宜。因中通集團公司是外地公司，江蘇銀行連雲支行在天津又無分支機構，江蘇銀行連雲支行直接向其貸款存在障礙，而連雲港中通公司係本地公司，於是三方約定以連雲港中通公司名義貸款，中通集團公司提供擔保，並未要求周海峰提供擔保，每次辦理手續均是江蘇銀行連雲支行通知連雲港中通公司和周海峰在大量空白文件上簽字，直至收到本案應訴資料後才知道擔保合同有周海峰個人簽字，並且江蘇銀行連雲支行還冒充周海峰簽字，因此，周海峰並未為借款提供擔保。二、本案貸款已經歸還。2013年6月8日，江蘇銀行連雲支行指示連雲港中通公司將49,226,216.99元付至其實際操控的超鼎公司帳戶（其中4,500萬元係本案還款），本案貸款已經歸還。因此，周海峰即使有保證責任亦已解除。綜上，請求駁回江蘇銀行連雲支行的訴求。

原審法院經審理查明：2013年5月29日，連雲港中通公司（受信人）與江蘇銀行連雲支行（授信人）簽訂編號為SX121813000880的《最高額綜合授信合同》，約定的主要內容為：授信人向受信人提供最高綜合授信額度人民幣4,500萬元，（1）短期流動資金貸款，可發放美元貸款，利率隨行就市，在我行支付相關海運費用，（2）若我行外匯資金不足的情況下，可串用人民幣貸款額度，在我行購匯支付相關海運費用，人民幣貸款執行人行基準利率上浮30%；授信期限：自2013年5月29日起至2014年5月23日止；本合同項下的全部債務，由中通集團公司、周海峰與江蘇銀行連雲支行另行簽訂編號為BZ121813000218、BZ121813000219最高額保證合同或最高額抵押合同做為本合同的附件，為全部債務提供全額的擔保。

同日，中通集團公司與江蘇銀行連雲支行簽署編號為BZ121813000218的《最高額保證合同》，約定的主要內容為：本合同之主合同為債權人與債務人連雲港中通公司之間簽署的編號為SX121813000880的《最高額綜合授信合同》及依據該合同已經和將要簽署的單項授信業務合同，及其修訂或補充。主債權發生期間自本合同第一條所指《最高額綜合授信合同》生效之日至該合同及其修訂或補充所規定的授信額度使用期限屆滿之日。保證人在本合同項下擔保的範圍為債務人在主合同項下發生的全部債務，包括但不限於本金、利息、複利、罰息、手續費、違約金、損害賠償金、律師費、公證費、稅金、訴訟費、差旅費、評估費、拍賣費、財產保全費、強制執行費、公告費、送達費、鑒定費及債權人為實現債權所支付的其他相關費用等款項。保證人在本合同項下承擔的保證最高額為最高不超過人民幣4,500萬元整。本合同的保證期間為自本合同生效之日起至主合同項下債務到期（包括展期到期）後滿兩年之日止；如主合同項下除本保證外又有物的擔保，保證人願意就所擔保的全部債務先於物的擔保履行連帶保證責任。

同日，周海峰向江蘇銀行連雲支行簽署編號為BZ121813000219的《最高額個人連帶責任保證書》，承諾對江蘇銀行連雲支行與連雲港中通公司簽訂主合同所形成的全部債權提供無條件的、不可撤銷的連帶保證責任擔保，保證範圍為2013年5月29日至2014年5月23日期間主合同項下的全部貸款（授信）本金及利息、違約金、賠償金和債權人為實現債權所發生的一切費用；保證方式為連帶責任保證，當債務人未按主合同約定履行債務時，無論貴行對主合同項下的債權是否擁有其他擔保（包括但不限於保證、抵押、質押等擔保方式），貴行均有權直接要求本保證人在保證範圍內承擔保證責任；保證的最高額為人民幣4,500萬元（僅指貸款本金餘額）；保證期間從本保證書生效之日起至主合同項下債務到期後滿兩年；保證期間，出現主合同項下的違約情形或者債權人認為足以影響債權實現的其他情形時，宣布債務提前到期的，債權人有權要求保證人從該提前到期日起承擔保證責任，保證人同意按債權人要求承擔保證責任；保證人知悉主合同項下除本保證外又有物的擔保，保證人願意就所擔保的全部債務先於物的擔保履行連帶責任。

2013年6月6日，江蘇銀行連雲支行（貸款人）與連雲港中通公司（借款人）簽訂編號為JK121813000238《流動資金借款合同》，約定的主要內容為：借款金額4,500萬元；借款期限從2013年6月6日起至2014年5月23日止；借款利率為固定利率，按同期人民銀行人民幣貸款基準利率6.0%上浮30%，執行年利率為7.8%，合同有效期內利率不變；借款用途為支付海運費；借款借據是本合同項下借款憑證，與本合同具有同等法律效力，借款合同與借款借據不一致的，以借款借據為準；按月結息，結息日為每月的二十日；採用固定利率的借款到期（含提前到期），借款人不能按時還清借款，貸款人有權自逾期之日起按本合同借款利率加收50%計收罰息；對借款人逾期支付的利息按本合同利率計收複利，借款逾期後按罰息利率計收複利；本合同項下的全部債務由中通集團公司、周海峰與貸款人另行簽訂《最高額保證合同》做為本合同的附件，為全部債務提供全額的擔保；借款人未能履行本合同第九條、第十條規定的聲明和保證以及義務，包括在到期日不付借款合同項下到期的借款本息及其他應付款項即構成違約，一經違約，貸款人將根據違約性質、程度，採取包括宣布借款本息提前到期，立即收回全部貸款等處置措施。

同日，江蘇銀行連雲支行向連雲港中通公司發放貸款4,500萬元，連雲港中通公司於同日簽署的《借款借據》所載借款金額、利率與上述《流動資金借款合同》內容一致。期限自2013年6月7日至2014年5月23日止。

2014年5月23日，江蘇銀行連雲支行與連雲港中通公司、中通集團公司、周海峰簽訂《借款展期協議》，約定的主要內容為：鑒於借款人不能足額償還與貸款人簽訂的《流動資金借款合同》項下借款，借款人申請展期，貸款人同意對借款合同項下的借款展期，擔保人同意為其繼續提供擔保。展期後到期日為2014年11月20日，金額為4,500萬元。借款採用固定利率，利率為同期人民銀行人民幣貸款基準利率6.15%上浮30%，執行年利率7.995%，協議有效期內利率不變。擔保人自願按編號為BZ121813000218、BZ121813000219《最高額保證合同》的約定繼續承擔擔保責任。本協議是對編號為JK121813000238借款合同中借款期限、利率等部分條款的調整和補充。除涉及上述內容的條款外，原借款合同及擔保合同規定的其他各項條款繼續有效。

截至2015年4月29日止，連雲港中通公司共欠江蘇銀行連雲支行借款本金4,500萬元，利息、罰息及複利共計2,952,694.23元。

原審法院認為：江蘇銀行連雲支行與連雲港中通公司簽訂的《最高額綜合授信合同》、《流動資金借款合同》、中通集團公司與江蘇銀行連雲支行簽訂的《最高額保證合同》及周海峰向江蘇銀行連雲支行出具的《最高額個人連帶責任保證書》均係當事人真實意思表示，合法有效。江蘇銀行連雲支行按約履行了發放貸款義務，連雲港中通公司拖欠利息，經催告不還，根據約定江蘇銀行連雲支行有權要求連雲港中通公司清償全部貸款本金及利息、罰息及複利，保證人中通集團公司、周海峰應分別對連雲港中通公司的上述《最高額綜合授信合同》和《流動資金借款合同》項下的債務在約定的保證範圍內承擔連帶保證責任。

關於連雲港中通公司辯稱本案實際借款人為中通集團公司的主張，中通集團公司認可合同反映的事實，江蘇銀行連雲支行亦將涉案貸款發放到連雲港中通公司帳戶，故連雲港中通公司的該項抗辯理由證據不足，原審法院不予支持。

關於連雲港中通公司、周海峰辯稱本案貸款已按照江蘇銀行連雲支行指示將還款打入超鼎公司帳戶的主張，因連雲港中通公司並非第一次向江蘇銀行連雲支行貸款，對於貸款及還款流程的基本常識係明知，根據借款合同相對性原則，連雲港中通公司也應還款給江蘇銀行連雲支行，且本案貸款數額巨大，連雲港中通公司的會計受江蘇銀行連雲支行指示還款後未要求江蘇銀行連雲支行出具書面手續不符合常理，所謂的還款金額亦與本案貸款金額不符，故連雲港中通公司、周海峰該項抗辯理由證據不足，亦不予採信。

關於周海峰稱《借款展期協議》並非其本人簽字，其不應承擔保證責任的主張，連雲港中通公司及中通集團公司對《借款展期協議》的真實性均無異議，周海峰對於其在《借款展期協議》上的印鑒亦無異議，即使周海峰的個人簽名是虛假的，依據《最高額個人連帶責任保證書》約定的保證期間，周海峰仍應對本案貸款承擔連帶保證責任，故周海峰稱其不應對本案貸款承擔連帶責任的主張無事實及法律依據，不予採納。原審法院對江蘇銀行連雲支行主張中通集團公司和周海峰承擔連帶清償責任的訴訟請求予以支持。因中通集團公司與周海峰之間沒有約定保證份額，故保證人之間也應當承擔連帶清償責任，中通集團公司、周海峰承擔保證責任後，有權向債務人連雲港中通公司追償。

綜上所述，江蘇銀行連雲支行的訴訟請求依法成立，予以支持。依照《中華人民共和國合同法》第六十條第一款、第一百零七條、第二百零五條、第二百零六條、第二百零七條，《中華人民共和國擔保法》第十二條、第十四條、第十八條、第二十一條，《中華人民共和國民事訴訟法》第一百三十四條第一款、第一百四十二條、第一百五十二條之規定，原審法院判決：一、連雲港中通公司於判決生效之日起10日內給付江蘇銀行連雲支行借款本金4,500萬元及利息、罰息及複利（截止至2014年11月21日利息為599,601.03元，2014年11月22日至款項實際履行之日止的罰息以4,500萬元本金為基數，按年利率7.995％計算，複利按合同約定計算）；二、中通集團公司、周海峰對上述債務承擔連帶清償責任；三、中通集團公司、周海峰承擔保證責任後，有權向連雲港中通公司追償。如未按判決指定的期間履行給付義務，應按照《中華人民共和國民事訴訟法》第二百五十三條之規定，加倍支付遲延履行期間的債務利息。案件受理費269,935元、保全費5,000元，合計274,935元，由連雲港中通公司、中通集團公司、周海峰連帶負擔。

連雲港中通公司、周海峰不服原審判決，向本院提起上訴稱：一、原審判決未正確認定中通集團公司係實際借款人，而連雲港中通公司係名義借款人。2010年下半年，江蘇銀行連雲支行得知中通集團公司和天津市政府聯合設立船舶基金的消息後，通過連雲港中通公司介紹多次與中通集團公司談金融合作事宜。因中通集團公司是外地公司，江蘇銀行連雲支行直接向其貸款存在障礙，而連雲港中通公司係連雲港本地公司，於是三方約定以連雲港中通公司名義貸款，連雲港中通公司的義務是與江蘇銀行連雲支行簽訂合同，將江蘇銀行連雲支行付至連雲港中通公司的借款轉付中通集團公司、將中通集團公司付給連雲港中通公司的還款本息轉付江蘇銀行連雲支行。2011年3月至2012年12月的貸款、2012年12月至2013年6月的貸款均是如此操作。二、原審判決未認定案涉4,500萬元借款已歸還的事實錯誤。1. 2013年6月6日，江蘇銀行連雲支行、中通集團公司又安排連雲港中通公司簽訂了4,500萬元的借款合同，同日江蘇銀行連雲支行將該款付至連雲港中通公司帳戶，6月7日連雲港中通公司立即將該款項轉付至中通集團公司指定的收款人，同日，中通集團公司又通知連雲港中通公司貸款不要了，將該款項又退回了連雲港中通公司，6月8日，江蘇銀行連雲支行指示連雲港中通公司將49,226,216.99元付至其實際操控的超鼎公司帳戶（其中4,500萬元係本案還款），故本案貸款已經歸還。2. 因江蘇銀行連雲支行不認可連雲港中通公司將款項付至超鼎公司係受其指示，故超鼎公司是否係江蘇銀行連雲支行操控就成為本案爭議焦點，如超鼎公司受江蘇銀行連雲支行控制，則連雲港中通公司將款項付至超鼎公司帳戶，就應視為向江蘇銀行連雲支行還款。因江蘇銀行連雲支行與超鼎公司存在利害關係，連雲港中通公司向其取證困難，故原審中連雲港中通公司申請原審法院向超鼎公司法定代表人張海強調查該公司帳戶是否受江蘇銀行連雲支行操控、連雲港中通公司將49,226,216.99元付至超鼎公司的原因及超鼎公司帳戶資金變動情況。但原審法院在2015年3月25日開庭時未予准許，2015年5月5日開庭時，僅出示了超鼎公司2013年財務帳戶明細。對於其他申請仍不予調查。3. 根據原審法院調取的超鼎公司2013年財務帳戶明細，經連雲港中通公司分析，與超鼎公司存在資金往來的七家公司，均與超鼎公司無買賣、借款等真實交易關係，七家公司付款至超鼎公司均係受江蘇銀行連雲支行指示，且七家公司的財務人員均願意出庭做證，但原審法院在未聽取證人證言的情況下，就以該事實與本案無關聯為由，未予准許。連雲港中通公司認為原審法院的做法屬於程序違法。綜上，請求撤銷原判，發回重審，或依法改駁回江蘇銀行連雲支行訴訟請求。

江蘇銀行連雲支行二審辯稱：原審判決認定清楚，適用法律正確。一、案涉借款實際使用人是誰，不屬於銀行審查範圍，係連雲港中通公司與中通集團公司之間的內部關係，與江蘇銀行連雲支行無關。二、案涉4,500萬元貸款未歸還至江蘇銀行連雲支行帳戶。連雲港中通公司與超鼎公司之間的款項往來與江蘇銀行連雲支行無關。三、原審程序是否違法，由二審法院審核認定。綜上，請求駁回上訴，維持原判決。

中通集團公司二審述稱：對連雲港中通公司上訴請求及理由無意見發表，中通集團公司已將4,500萬元歸還連雲港中通公司，請求二審依法判決。

二審中，連雲港中通公司申請連雲港華寶礦產品有限公司及江蘇通盛國際貨運代理有限公司的會計董彥，江蘇錦之捷國際貨運代理有限公司的會計范洪貞，江蘇坤盛礦產資源有限公司、連雲港源泰礦產品有限公司及江蘇瑞格國際貿易有限公司會計王其萍到庭出具證言，三名證人一致陳述稱：2013年間，上述六家公司與超鼎公司之間均存在多筆、大額款項往來，但六家公司與超鼎公司之間並無真實業務關係，也與超鼎公司財務人員、經理、法定代表人無任何聯繫，款項的調度均是依據江蘇銀行連雲支行行長董輝電話指令進行，但並無任何書面資料。

連雲港中通公司對上述證人證言真實性予以確認，認為上述證人所述情況和連雲港中通公司與超鼎公司款項往來情況一致。能夠證明江蘇銀行連雲支行實際控制超鼎公司。

江蘇銀行連雲支行對上述證人證言的質證意見為，對證人證言的真實性不予認可，相關證人均係與江蘇銀行連雲支行存在借款關係企業的員工，且相關證人均為會計，均是聽從各自公司老闆的指令匯出資金，上述公司與超鼎公司的款項往來係企業內部之間的往來，不等於向江蘇銀行連雲支行借款、還款。

中通集團公司對證人證言未發表意見。

二審中，江蘇銀行連雲支行提交連雲港中通公司在江蘇銀行連雲支行放款專戶與結算帳戶的資金明細表。擬證明連雲港中通公司欠江蘇銀行連雲支行4,500萬元未歸還，其支付給超鼎公司的4,900餘萬元與還貸無關。連雲港中通公司從2013年6月7日借款後，直至2014年9月21日，一直在正常歸還利息。

連雲港中通公司對資金明細表的質證意見為，對真實性無異議，但對於江蘇銀行連雲支行的證明目的有異議，認為從2011年7月13日至2014年9月19日止，連雲港中通公司與超鼎公司相互匯款45次，總計金額117,005,440.45

元，累計差額為超鼎公司欠連雲港中通公司77,002,209.79元，但雙方之間沒有買賣、借貸等交易關係，均是由江蘇銀行連雲支行行長董輝直接指示調配，連雲港中通公司一直認為超鼎公司就是江蘇銀行連雲支行實際控制的公司，向其匯款就是向江蘇銀行連雲支行匯款。超鼎公司在江蘇銀行連雲支行還有其他帳號，原審法院調取證據不全，致本案事實不清。現連雲港公安部門已對董輝立案偵查，只有通過刑事偵查程序才能查明本案事實。

二審中，連雲港中通公司稱其以江蘇銀行連雲支行行長董輝涉嫌挪用資金罪為由，向連雲港市公安局連雲分局經偵大隊報案，且該大隊已立案偵查，故申請本院向連雲港市公安局連雲分局經偵大隊調查相關案件情況。

本院認為，因連雲港中通公司對江蘇銀行連雲支行提交證據的真實性無異議，故本院對連雲港中通公司資金明細表的真實性予以確認。對於相關證人證言證明內容的真實性、相關資金明細表與本案的關聯性及連雲港中通公司請求調查的申請，均涉及本案爭議焦點的認定，故對上述證據是否採信、申請是否准許在裁判理由中予以闡述。

二審庭審中，江蘇銀行連雲支行、中通集團公司對原審判決查明事實無異議。連雲港中通公司對原審判決查明事實提出的異議是認為其簽署相關借款文件係代中通集團公司借款，但對於案涉借款合同、文件由其簽署的事實無異議。因連雲港中通公司對案涉相關借款文件由其簽署的事實無異議，本院對原審判決查明事實予以確認。關於連雲港中通公司認為案涉借款係借名借款的問題，因涉及本案爭議焦點的認定，本院在裁判理由中予以論述。

本院另查明：2013年6月5日，超鼎公司向連雲港中通公司在江蘇銀行連雲支行帳號為11×××88的帳戶（以下簡稱22488帳號）匯款1,500萬元，2013年6月6日，中通遠洋集團向22488帳號匯款49,226,216.99元。同日，連雲港中通公司通過22488帳號歸還其之前向江蘇銀行連雲支行的貸款（借據號為11291204000092001）。2013年6月7日，江蘇銀行連雲支行向連雲港中通公司在江蘇銀行連雲支行帳號為11×××72的帳戶（以下簡稱48772帳號）發放貸款4,500萬元（即案涉貸款），同日，連雲港中通公司通過48772帳號將該款匯至天津中海航運國際貨運代理有限公司。2013年6月8日，江蘇達寶礦產貿易有限公司向22488帳號匯款4,500萬元，同日，連雲港中通公司通過22488帳號向超鼎公司匯款49,226,216.99元。2013年7月21日起至2014年

9月21日，連雲港中通公司每月21日均通過22488帳號歸還案涉貸款利息。

本院又查明：2013年6月7日，中通集團公司向連雲港中通公司在中國銀行連雲港核電站支行營業部帳號為53×××58的帳戶匯款4,500萬元。

本院再查明：2015年5月25日，原審法院召集各方當事人質證，連雲港中通公司、周海峰申請相關證人出庭做證。原審法院未予准許。

本案二審爭議焦點：1.連雲港中通公司認為案涉借款的借款人為中通集團公司有無依據。2.連雲港中通公司是否已歸還案涉借款。3.原審審理程序是否合法。

本院認為：

一、案涉借款的借款人為連雲港中通公司。案涉《最高額綜合授信合同》、《流動資金借款合同》均係江蘇銀行連雲支行與連雲港中通公司簽訂，連雲港中通公司做為獨立承擔民事責任的法人，應清楚在相關合同上簽字蓋章的法律後果。合同簽訂後，江蘇銀行連雲支行向連雲港中通公司的貸款帳戶發放了4,500萬元貸款，連雲港中通公司在取得貸款後的一年多時間內，也是通過其在江蘇銀行連雲支行的帳戶歸還案涉貸款利息。連雲港中通公司認為案涉借款的實際使用人是中通集團公司，但在連雲港中通公司簽訂案涉合同的情況下，款項實際如何使用屬於連雲港中通公司自行處分範圍，不影響借款關係成立於江蘇銀行連雲支行與連雲港中通公司之間。因此，原審判決認定連雲港中通公司為案涉《流動資金借款合同》的借款人正確。

二、連雲港中通公司主張其已歸還案涉4,500萬元借款無相應依據。本案中，連雲港中通公司認為其於2013年6月8日通過22488帳號向超鼎公司匯款49,226,216.99元，因江蘇銀行連雲支行實際控制的超鼎公司帳戶，故其中的4,500萬元應視為其已歸還了案涉4,500萬元借款。對此，本院認為，第一，連雲港中通公司並無證據證明江蘇銀行連雲支行實際控制超鼎公司。連雲港中通公司申請出庭做證的證人雖陳述其向超鼎公司匯款係按照江蘇銀行連雲支行負責人薑輝的指示，但相關證人均係與江蘇銀行連雲支行存在貸款關係的借款人的員工，且相關陳述並無其他證據相印證。退一步說，即使上述款項係按薑輝的指示劃轉，薑輝的行為亦明顯超出江蘇銀行連雲支行行長的職務範圍，連雲港中通公司、相關證人及其工作的公司並無證據證明其有理由相信薑輝指示行為代表江蘇銀行連雲支行，因此，上述證人證言並不能證明超鼎公司受江蘇銀行連雲支行控制，與本案無關聯性，本院不予採信，對證人證言的真實性不予理涉。鑒於上述分析，對於董輝個人是否構成犯罪的問題，一方面，連雲港中通公司並未提交相應報案資料，另一方面，本案係江蘇銀行連雲支行與連雲港中通公司之間的借款糾紛，董輝個人是否涉嫌犯罪，並不屬於本案審查範圍，故連雲港中通公司要求向連雲港市公安局連雲分局經偵大隊調查的申請，本院亦不予准許。第二，根據22488帳號流水明細單，連雲港中通公司在案涉借款發放前，剛通過該帳號歸還了此前向江蘇銀行連雲支行的貸款，表明連雲港中通公司對於歸還案涉貸款應通過其開立在江蘇銀行連雲支行帳號的流程是明知的。第三，案涉借款發放後，自2013年7月至2014年9月的一年多時間裡，連雲港中通公司也一直通過該22488帳號向江蘇銀行連雲支行歸還借款利息，連雲港中通公司所稱案涉貸款於2013年6月8日已歸還的陳述與其長期歸還案涉貸款利息的行為亦存在矛盾。

三、原審審理程序合法。原審法院於2015年1月14日向連雲港中通公司、周海峰發出舉證通知書，要求連雲港中通公司、周海峰30日內向原審法院提交證據，而連雲港中通公司於2015年5月25日才向原審法院申請證人出庭做證，在連雲港中通公司未申請延長舉證期限的情況下，其申請證人出庭做證的請求明顯超出舉證期限，原審法院未同意其請求符合《中華人民共和國民事訴訟法》第六十五條的規定。二審中，本院已准許連雲港中通公司申請證人出庭做證，相關證人證言本院亦未予採信。

綜上，連雲港中通公司、周海峰的上訴請求及理由無事實和法律依據，本院不予採納。原審判決查明事實清楚，適用法律正確，應予維持。依照《中華人民共和國民事訴訟法》第一百七十條第一款第（一）項之規定，判決如下：

駁回上訴，維持原判決。

二審案件受理費269,935元，由連雲港中通公司、周海峰承擔。

本判決為終審判決。

審判長　史留芳

代理審判員　王強

代理審判員　林佳

二〇一五年十月十三日

書記員　李斯琦

【案例10】銀行徵信應履行告知義務

太極公司訴東亞銀行合同糾紛案評析

案號：江蘇省高級人民法院（2015）蘇審三商申字第00224號

【摘要】

借款合同中應明確約定借款人同意銀行向徵信部門提供信貸信息的條款；但徵信業相關法律未明確規定銀行調整企業貸款風險類別的告知義務。除法定公開的不良信息外，銀行在提供個人不良信息時負有提前告知本人的義務。

【基本案情】

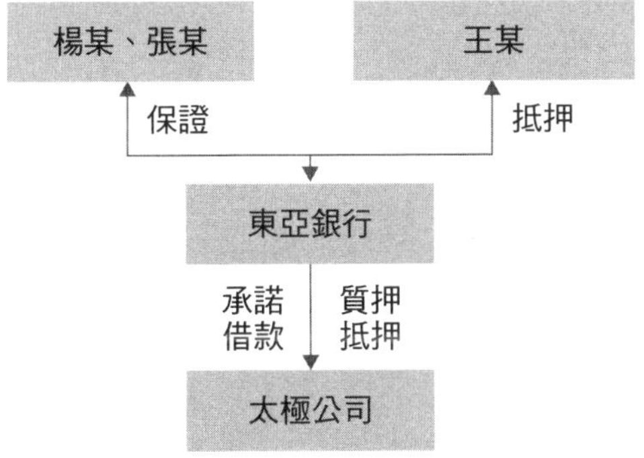

2011年6月13日，南京太極網絡通信有限公司（以下簡稱「太極公司」）與東亞銀行（中國）有限公司南京分行（以下簡稱「東亞銀行」）簽訂《銀行承兌授信協議》，約定東亞銀行為太極公司承兌總額不超過1,000萬元的商業匯票，在承兌額度期限內，太極公司未按約支付或繳足任何應付款項，拖延3個銀行工作日即構成違約，東亞

銀行有權單方解除授信協議以及其他相關合同、宣布全部債務立即到期。合同簽訂後，東亞銀行依約向太極公司提供總金額為1,000萬元的銀行承兌匯票。2012年10月，東亞銀行不同意繼續開具銀行承兌匯票。雙方經協商確定，太極公司向東亞銀行申請一筆貸款以歸還上述銀行承兌匯票項下欠款4,415,231.68元。2012年10月18日，因太極公司未按時支付匯票欠款，東亞銀行向中國人民銀行徵信中心報送了相關信息（關注），後又將匯票墊款貸款風險調整為次級，並報送中國人民銀行徵信中心。

2012年12月13日，太極公司與東亞銀行簽訂《人民幣貸款合同》，約定太極公司向東亞銀行借款445萬元，用途為償還銀行墊款。同日，東亞銀行與太極公司簽訂《抵押合同》和《應收帳款質押合同》，約定太極公司將其擁有的網絡設備抵押給東亞銀行，並辦理了動產抵押登記，所享有的應收帳款質押於東亞銀行，並在中國人民銀行徵信中心辦理了應收帳款質押登記。合同簽訂後，東亞銀行向太極公司發放貸款4,415,231.68元，太極公司尚餘貸款本金3,915,231.68元未歸還。太極公司以東亞銀行突然單方終止授信協議、以欺詐手段騙取太極公司簽署《人民幣貸款合同》並辦理相關抵押、質押手續為由，訴至法院，請求撤銷太極公司與東亞銀行簽訂的《人民幣貸款合同》；繼續履行《銀行承兌授信協議》；東亞銀行恢復太極公司的信用等級。

【法院判決】

江蘇省南京市秦淮區人民法院經審理認為，該案的爭議焦點為東亞銀行未告知太極公司信用降級而與之簽訂以新貸還舊貸的借款合同，是否違背誠實信用原則，構成欺詐。《徵信業管理條例》僅規定了提供個人不良信息時，信息提供者對個人負有告知義務，對提供法人不良信息是否負有告知義務未做規定，但根據權利平等原則，對法人也應當參照執行，故東亞銀行負有向太極公司的告知義務。太極公司簽訂《人民幣貸款合同》的目的，是獲得貸款償還銀行承兌匯票欠款，以避免欠款逾期及逾期可能造成的不利影響，東亞銀行在應當知曉該目的的情況下，明知企業信用評價降低的不利後果，為了維護自身利益，刻意隱瞞太極公司信用等級被降低的事實，有違誠實信用原則，使得太極公司在不知情的情況下做出違背其真實意思的錯誤意思表示，故簽訂的《人民幣貸款合同》屬於可撤銷合同。雙方訂立的《人民幣貸款合同》是否撤銷，與《銀行承兌授信協議》是否繼續履行並無直接關聯，和太極公司在中國人民銀行徵信中心的信用等級亦無直接關聯，太極公司可另行起訴。綜上，判決撤銷《人民幣貸款合同》、駁回其他訴訟請求。

宣判後，東亞銀行不服一審判決，提起上訴。江蘇省南京市中級人民法院經審理認為，現行法律法規並未規定銀行在調整企業信用等級時須履行告知義務，故東亞銀行不負有告知太極公司信用等級調整的法定義務。案涉合同均未約定東亞銀行在調整報送信用等級時須告知太極公司，故東亞銀行不負有告知信用等級調整的約定義務。因此，在不負有法定告知義務亦無合同約定告知義務的情況下，東亞銀行未告知太極公司其信用等級調整，無法認定東亞銀行違反誠實信用原則、存在欺詐。《人民幣貸款合同》是雙方當事人的真實意思表示，且不具有可撤銷的情形，故太極公司要求撤銷《人民幣貸款合同》的訴請缺乏依據，應予駁回。綜上，判決撤銷一審判決、駁回原告全部訴訟請求。

宣判後，太極公司不服二審判決，申請再審。江蘇省高級人民法院經審理認為，太極公司未能按時歸還承兌匯票項下欠款，東亞銀行為其墊款4,415,231.68元。按照授信協議約定，東亞銀行有權停止或登出太極公司全部承兌額度。因此，東亞銀行有權解除授信協議，宣布全部債務立即到期。該案貸款合同簽訂日期為2012年12月13日

（《徵信業管理條例》此時尚未施行），太極公司據此主張東亞銀行負有告知信用等級調整的義務且隱瞞太極公司信用等級降為次級的事實不能成立。貸款逾期未還是太極公司自身原因導致，太極公司關於東亞銀行違反誠實信用原則，騙取其簽訂《人民幣貸款合同》才造成其不能還款、對其構成欺詐的主張不能成立。綜合上述，裁定駁回再審申請。

【法律評析】

一、企業貸款風險類別調整時，銀行有無告知義務？

中國銀行業監督管理委員會《貸款風險分類指引》將貸款劃分為正常、關注、次級、可疑和損失五類。根據中國大陸國務院《徵信業管理條例》第二十九條規定：「從事信貸業務的機構應當按照規定向金融信用信息基礎資料庫提供信貸信息。」因此，商業銀行有義務向徵信機構提供上述貸款風險分類情況。

但同時需要注意的是，《徵信業管理條例》第二十九條同時還規定：「從事信貸業務的機構向金融信用信息基礎資料庫或者其他主體提供信貸信息，應當事先取得信息主體的書面同意，並適用本條例關於信息提供者的規定。」該條款表明，商業銀行在向中國人民銀行徵信中心提供信貸信息時，應當事先取得信息主體的書面同意，該信息主體應當包括個人、法人和其他組織。為避免出現前述沒有事先取得信息主體書面同意的風險，實務中銀行通常會在借款合同中約定「借款人同意銀行向中國人民銀行及信貸徵信主管部門批准建立的信用資料庫或有關單位、部門查詢借款人的信用狀況，並同意銀行將借款人信息提供給中國人民銀行及信貸徵信主管部門批准建立的信用資料庫。」

但是對於貸款風險類別的調整，銀行有無告知義務，對此，

《徵信業管理條例》並未做出明確規定。

二、銀行向徵信機構提供個人不良信息時的義務

《徵信業管理條例》第十五條規定：「信息提供者向徵信機構提供個人不良信息，應當事先告知信息主體本人。但是，依照法律、行政法規規定公開的不良信息除外。」第四十四條第三款規定：「不良信息，是指對信息主體信用狀況構成負面影響的下列信息：信息主體在借貸、賒購、擔保、租賃、保險、使用信用卡等活動中未按照合同履行義務的信息，對信息主體的行政處罰信息，人民法院判決或者裁定信息主體履行義務以及強制執行的信息，以及國務院徵信業監督管理部門規定的其他不良信息。」以上條款明確規定了銀行在提供個人不良信息時（依法公開的不良信息除外），負有提前告知信息主體本人的義務。

三、企業怠於注意信用等級下調時的法律後果

江蘇省高院認為，太極公司信用等級調整是由於其未能按照授信協議約定履行自己義務，逾期還款而造成，太極公司做為一個曾辦理過金融借款的理性商事主體，應對逾期還款將會導致其信用等級下調有所預判，而太極公司在簽訂《人民幣貸款合同》時怠於履行注意義務，應由其自行負擔相應的商業風險。綜上，在東亞銀行既不負有法定告知義務亦無合同約定告知義務的前提下，太極公司亦能夠通過自主查詢的方式獲知自身徵信信息，東亞銀行未告知太極公司信用等級調整，並不足以致使太極公司對是否訂立新的借貸合同陷入錯誤認知，故太極公司主張東亞銀行違反誠實信用原則存在欺詐行為，缺乏事實根據及法律依據。

對企業而言，信貸不良信息將對其向銀行融資產生一定限制。比如中國銀監會要求銀行對於併購貸款，必須審核併購方是否存在信

貸違約、逃避銀行債務等不良紀錄。相對銀行而言，如果銀行審查不力，銀監部門也會對銀行給予行政處罰。

四、有關適用《徵信業管理條例》的思考

《徵信業管理條例》第十七條規定：「信息主體可以向徵信機構查詢自身信息。個人信息主體有權每年兩次免費獲取本人的信用報告。」第二十五條規定：「信息主體認為徵信機構採集、保存、提供的信息存在錯誤、遺漏的，有權向徵信機構或者信息提供者提出異議，要求更正。」以上條款明確賦予了信息主體（包括個人、法人和其他組織）查詢自身信用信息的權利，以及對徵信機構提供的錯誤、遺漏信息提出異議並要求更正的救濟方式。

本案中，太極公司可以通過自行查詢的方式獲得自身信用等級信息，如果認為東亞銀行向中國人民銀行徵信中心提供的太極公司信貸等級降低信息存在錯誤、遺漏，有權向中國人民銀行徵信中心或者東亞銀行提出異議更正的請求。並且，太極公司做為一個理性的商事主體，理應對其逾期未還貸款本息的行為可能會導致被降低信用等級的結果有所預見，並非只能依賴於東亞銀行的事先通知或者事先徵得其同意。

附：再審法律文書

南京太極網絡通信有限公司與東亞銀行（中國）有限公司南京分行合同糾紛再審複查與審判監督民事裁定書

江蘇省高級人民法院（2015）蘇審三商申字第00224號

再審申請人（一審原告、二審被上訴人）：南京太極網絡通信有限公司。住所地：江蘇省南京市秦淮區中山東路218號長安國際中心1102室。

法定代表人：楊祥勇，該公司董事長。

委託代理人：蔣泉良，江蘇華成律師事務所律師。

被申請人（一審被告、二審上訴人）：東亞銀行（中國）有限公司南京分行。住所地：江蘇省南京市洪武路23號101、201室。

負責人：李穎新，該分行行長。

委託代理人：孫懷甯，江蘇高的律師事務所律師。

委託代理人：肖雲鶴，江蘇高的律師事務所律師。

再審申請人南京太極網絡通信有限公司（以下簡稱太極公司）因與被申請人東亞銀行（中國）有限公司南京分行（以下簡稱東亞銀行）合同糾紛一案，不服江蘇省南京市中級人民法院（2015）甯商終字第59號民事判決，向本院申請再審。本院依法組成合議庭對本案進行了審查，現已審查終結。

太極公司申請再審稱：（一）二審法院認定事實錯誤。1. 東亞銀行與太極公司之間於2011年6月簽訂的《銀行承兑授信協議》（以下簡稱授信協議），授信額度不超過1,000萬元，期限為5年，可連續循環使用。但東亞銀行在開出1,000萬元承兑匯票後，擅自單方終止授信協議，不再續開，導致太極公司無法提前4年還貸。東亞銀行在2012年12月騙取太極公司與其簽訂以新貸還舊貸的《人民幣貸款合同》（以下簡稱貸款合同）後，未能及時放款用以償還承兑匯票墊款，造成太極公司信用等級被降低為次級，無法在其他銀行貸款用以歸還本案欠款。2. 東亞銀行在授信協議和貸款合同中多處造假，包括終止授信協議、第二次貸款原因、簽署時間、部分簽字時間均造假。（二）二審法院適用法律不當。1. 東亞銀行違反誠實信用原則，故意隱瞞太極公司信用等級被降為次級的關鍵信息，使用欺詐手段並在貸款合同中謊稱太極公司信用良好，使得太極公司在違背真實意思情況下與之簽訂貸款合同，依照《中華人民共和國合同法》第五十四條第二款規定，該貸款合同應當被撤銷。2. 如果沒有前述貸款合同，太極公司最壞結果也就是信用等級被降為次級，而楊祥勇等其他擔保人沒有任何責任，更何況人民法院也不會支持東亞銀行單方違約行為。綜上，請求撤銷二審判決，對本案再審。

東亞銀行提交意見稱：（一）二審法院認定事實正確。按照授信協議約定，東亞銀行在開出1,000萬元承兑匯票後，只有在太極公司及時歸還承兑匯票項下墊款500萬元情況下，才可以繼續開具承兑匯票，太極公司未能及時歸還，雙方才重新簽訂了貸款合同，東亞銀行亦按照貸款合同約定對太極公司進行了放款。太極公司信用等級被調整為次級的根本原因是該公司存在逾期歸還承兑匯票項下款項的事實，並非東亞銀行原因造成。（二）二審法院適用法律正確。東亞銀行沒有義務告知太極公司其信用等級被調整為次級，太極公司信用是否良好不影響東亞銀行向其貸款。貸款合同目的是以新貸還舊貸，可以給太極公司提供轉期，雙方實際已經履行貸款合同至2013年5月，但太極公司無法支付該月195萬元還款，轉而向人民法院起訴要求撤銷貸款合同，其主張欺詐事實不能成立。綜上，請求駁回太極公司的再審申請。

本院認為：《中華人民共和國合同法》第八條規定，依法成立的合同，對當事人具有法律約束力。當事人應當按照約定履行自己的義務，不得擅自變更或解除合同。本案中，就太極公司的申請再審事由本院分析如下：第一，太極公司與東亞銀行之間簽訂1,000萬元額度的授信協議，是雙方當事人的真實意思表示，不違反法律、行政法規的強制性規定，雙方均應當按照授信協議約定履行自己的義務。在東亞銀行按照約定向其開具1,000萬元銀行承兑匯票後，太極公司應當按照約定在匯票到期日前7個工作日向東亞銀行繳足匯票金額。太極公司未能繳足匯票金額，東亞銀行為其墊款4,415,231.68元。按照授信協議約定，東亞銀行有權停止或登出太極公司全部承兑額度，並要求太極公司立即償還全部債務及費用。因此，東亞銀行終止授信協議，符合雙方約定。太極公司雖主張東亞銀行在終止授信理由、貸款合同中的貸款原因、簽署時間部分簽字造假，但其未能提供相關證據予以證明。第二，太極公司信用等級調整是由於其未能按照授信協議約定履行自己義務，逾期還款造成，太極公司做為一個曾經辦理過金融貸款的理性商主體，應當對其逾期還款將會造成信用等級下調有所預見。《徵信業管理條例》於2013年3月15日施行，而本案貸款合同的簽訂日期為2012年12月13日，太極公司據此主張東亞銀行負有告知信用等級調整義務，隱瞞太極公司信用等級降為次級的事實，不能成立。第三，依據太極公司與東亞銀行簽訂的貸款合同約定，該合同項下貸款用途為償還銀行墊款。東亞銀行按約向其發放貸款並償還了授信協議項下墊款，太極公司亦按照合同約定，對貸款合同項下貸款還款50

萬元，雙方已經按照貸款合同約定履行各自的義務，後由於太極公司自身原因，導致貸款合同項下款項未能歸還。太極公司關於如果知道其信用等級下降就不會簽訂貸款合同，是東亞銀行違反誠實信用原則，隱瞞其信用等級下降才造成其不能還款，對其構成欺詐的主張，與上述事實不符。第四，貸款合同於2012年12月20日在南京市白下公證處辦理了公證，依據（2012）甯白證經內字第4146號公證書記載，雙方當事人訂立貸款合同意思表示真實，合同內容具體、明確。太極公司關於貸款合同違背其真實意思表示，與上述公證書記載內容不符。

綜上，太極公司的再審申請不符合《中華人民共和國民事訴訟法》第二百條規定的情形。依照《中華人民共和國民事訴訟法》第二百零四條第一款之規定，裁定如下：

駁回南京太極網絡通信有限公司的再審申請。

審判長　劉悅梅

審判員　羅有才

代理審判員　張霞

二〇一五年十一月二十七日

書記員　孟真

附：二審法律文書

東亞銀行（中國）有限公司南京分行與南京太極網絡通信有限公司合同糾紛上訴案民事判決書

江蘇省南京市中級人民法院（2015）甯商終字第59號

上訴人（原審被告）：東亞銀行（中國）有限公司南京分行。

代表人：李穎新。

委託代理人：孫懷甯、肖雲鶴，江蘇高的律師事務所律師。

被上訴人（原審原告）：南京太極網絡通信有限公司。

法定代表人：楊祥勇，該公司董事長。

委託代理人：蔣泉良，江蘇華成律師事務所律師。

上訴人東亞銀行（中國）有限公司南京分行（以下簡稱東亞銀行南京分行）因與被上訴人南京太極網絡通信有限公司（以下簡稱太極公司）合同糾紛一案，不服南京市秦淮區人民法院（2013）秦商初字第1329號民事判決，向本院提起上訴。本院於2015年1月5日立案受理，依法組成合議庭，於2015年1月30日公開開庭進行了審理。上訴人東亞銀行南京分行的委託代理人孫懷甯、肖雲鶴，被上訴人太極公司的委託代理人蔣泉良到庭參加訴訟。本案現已審理終結。

太極公司一審訴稱：2011年6月13日，太極公司與東亞銀行南京分行簽訂《銀行承兌授信協議》，約定授信額度為不超過1,000萬元，有效期為5年，該授信額度在有效期內可連續、循環使用等。協議簽訂後，太極公司和東亞銀行南京分行均按約履行。2012年10月，東亞銀行南京分行以其上級行不同意繼續授信為由，突然單方終止該授信協議，要求太極公司立即還清貸款。因太極公司無法歸還，東亞銀行南京分行利用太極公司不懂銀行內部操作規程，隱瞞貸款重組會給企業帶來嚴重損害的後果，於2012年12月13日騙取太極公司簽署《人民幣貸款合同》，並辦理了相關抵押、質押手續。因東亞銀行南京分行表示須等到最後一期匯票到期（2012年12月19日）後方能發放貸款，太極公司未按時歸還承兌匯票項下欠款，而東亞銀行南京分行亦未催收。上述合同簽訂後，太極公司已歸還東亞銀行南京分行105萬元本金和數10萬元利息。2013年3月，太極公司從其他銀行處得知該公司的信用等級已被調成次級，無法獲得貸款，原因是東亞銀行南京分行所進行的貸款重組。太極公司向東亞銀行南京分行提出異議，東亞銀行南京分行謊稱可為太極公司恢復信用等級，但最終無果。此後，東亞銀行南京分行又提出可以為太極公司進行二次貸款重組，但其後卻起訴要求太極公司立即歸還貸款本息。東亞銀行南京分行在簽訂合同過程中違反誠信原則，故意隱瞞將太極公司的信用等級調整為次級並報送中國人民銀行徵信中心的關鍵信息，使得太極公司在不知情的情況下違背真實意思與之簽訂貸款合同，構成欺詐，該合同不是太極公司的真實意思表示，依法應予撤銷。故訴請判令：1. 撤銷太極公司與東亞銀行南京分行簽訂的編號為43tl1100061n《人民幣貸款合同》；2. 繼續履行太極公司與東亞銀行南京分行簽訂的編號為43ba1100061n《銀行承兑授信協議》；3. 東亞銀行南京分行恢復太極公司的信用等級；4. 東亞銀行南京分行賠償太極公司經濟損失20萬元；5. 東亞銀行南京分行承擔本案訴訟費用。

東亞銀行南京分行一審辯稱：1.《銀行承兑授信協議》簽訂後，東亞銀行南京分行已經按約向太極公司提供了金額為1,000萬元的銀行承兑匯票，並非東亞銀行南京分行單方解除。2. 雙方簽訂的《人民幣貸款合同》是在太極公司無力償還銀行承兑匯票項下欠款500萬元情況下，經雙方協商一致達成的關於債務履行的協議，是設置新的法律關係，東亞銀行南京分行並無欺詐行為；3. 銀行信用等級是根據銀監會的相關法律規定調整，太極公司信用等級被調整為次級的根本原因是該公司存在逾期還款的事實，責任不在東亞銀行南京分行。綜上，請求依法駁回太極公司的訴訟請求。

原審法院經審理查明：2011年6月13日，太極公司與東亞銀行南京分行簽訂編號為43ba1100061n《銀行承兑授信協議》，約定東亞銀行南京分行（承兑銀行）同意為太極公司（承兑申請人）承兑由其簽發的總額不超過1,000萬元的商業匯票，其中單張匯票的票面金額最低不得低於100萬元，最高不超過1,000萬元。該承兑額度在合同有效期內可連續、循環使用，每次開立承兑匯票張數不限，惟銀行承兑匯票餘額不得超過上述總額。承兑額度的有效期為自授信協議生效日起5年，即從2011年6月13日起至2016年6月13日止，期滿後經東亞銀行南京分行審核同意，承兑額度的有效期可予順延。承兑額度下承兑匯票的付款期限自承兑之日起至匯票到期日最長不得超過6個月。承兑額度下單筆銀行承兑匯票的到期日不得超過承兑額度的到期日。在承兑額度期限內，東亞銀行南京分行有權基於太極公司的信用情況按年度對該承兑匯票授信額度進行審核（年審），並根據年審結果決定是否繼續履行、修改或終止該承兑匯票授信額度；若東亞銀行南京分行經年審後決定終止向太極公司提供承兑匯票授信額度的，合同項下的承兑匯票授信額度即時終止（以貸款人書面通知為準，該書面通知一經發出立即生效），太極公司在此確認東亞銀行南京分行有權依據年審結果享有對協議的單方解除權。太極公司向東亞銀行南京分行申請承兑的，須將相當於商業匯票票面金額50%

的款項提前存入太極公司開立於東亞銀行南京分行的承兑保證金帳戶。交存的保證金轉移為東亞銀行南京分行占有，保證金本息做為太極公司向東亞銀行南京分行申請承兑的擔保，東亞銀行南京分行享有優先受償權。太極公司未能按授信協議的約定或其他與授信協議相關的文件的約定支付或繳足應付的任何款項，拖延達3個銀行工作日，即構成違約，東亞銀行南京分行有權立即停止或註銷太極公司尚未使用的全部承兑額度，解除授信協議以及其他與授信協議有關的合同，宣布全部債務（包括利息）立即到期，同時要求太極公司或保證人償還全部債務及有關費某在發生違約事件後，除了太極公司根據授信協議的規定承擔所有還款義務外，太極公司還應根據本項規定賠償東亞銀行南京分行由於發生違約事件而發生的費用和損失以及一切因索償而產生的律師費等一切有關的費用。雙方之間的通知，應以書面方式進行。

上述合同簽訂後，東亞銀行南京分行依約向太極公司提供了總金額為1,000萬元的銀行承兑匯票，太極公司依約向東亞銀行南京分行交納保證金500萬元，擔保合同項下債務的履行。至2012年7月，東亞銀行南京分行為太極公司提供的銀行承兑匯票具體明細見下表：

出票日期	匯票金額（萬元） 票面金額×張數	保證金數額 （萬元）	到期日
2012年4月18日	10×11=110	55	2012年10月18日
2012年7月10日	100×2=200	100	2012年11月10日
2012年7月13日	50×5=250	125	2012年12月13日
2012年7月17日	50×4＋ 26×1=226	113	2012年12月17日
2012年7月19日	50×4＋ 14×1=214	107	2012年12月19日

2012年7月以後，東亞銀行南京分行不同意繼續為太極公司開具銀行承兌匯票，太極公司則表示在不續開銀行承兌匯票的情況下無法按時歸還已開出的銀行承兌匯票項下的欠款，雙方經過協商商定太極公司向東亞銀行南京分行申請一筆貸款歸還上述銀行承兌匯票項下的欠款。

2012年11月2日，太極公司付款30萬元。2012年11月16日，太極公司付款246,129.44元。2012年12月20日，太極公司付款26萬元。因太極公司未及時付清承兑款項，東亞銀行南京分行為太極公司墊付4,415,231.68元。

2012年12月13日，太極公司（借款人）與東亞銀行南京分行（貸款人）簽訂合同編號：43tl1100061n《人民幣貸款合同》，約定借款人因債務重組需要，向貸款人申請貸款；貸款額度為445萬元；貸款合同項下的貸款用途為償還銀行墊款；貸款額度期限自2012年12月20日起至2013年11月25日止。借款人於貸款額度下的所有單筆借款的貸款期限分別以每次經貸款人批准的提款文件所記載為準；貸款利率為10%；若借款人未按貸款合同約定日期償還借款，則罰息利率為貸款利率水準上加收50%，自借款人逾期支付之日起計至貸款本息被清償之日止；對不能按期支付的利息，按罰息利率（同上）計收複利，直至清償為止。借款人應按以下約定方式還本付息：（1）還款日：2013年1月25日，還本金額30萬元；（2）還款日：2013年2月25日，還本金額30萬元；（3）還款日：2013年3月25日，還本金額39萬元；（4）還款日：2013年4月25日，還本金額5萬元；（5）還款日：2013年5月25日，還本金額195萬元；（6）還款日：2013年6月25日，還本金額5萬元；（7）還款日：2013年7月25日，還本金額5萬元；（8）還款日：2013年8月25日，還本金額8萬元；（9）還款日：2013年9月25日，還本金額8萬元；（10）還款日：2013年10月25日，還本金額8萬元；（11）還款日：2013年11月25日，還本金額1,625,231.68元；若借款人所償還的款項不足借款人的欠款，即構成違約，貸款人即有權按貸款合同約定的補救措施維護自己的合同權益，借款人所償還的款項按如下順序進行償還：（1）與貸款有關的費用，包括但不限於應由借款人支付的費用、補償金、違約金、賠償金（如有）；（2）罰息（如有）、複利（如有）；（3）貸款利息；（4）貸款本金；保證人楊某、張某借款人的要求，並經貸款人同意，另行簽訂保證合同，為借款人在貸款合同項下的欠款向貸款人承擔全部的不可撤銷的連帶保證責任。保證人之擔保不影響貸款人對有關財產或財產權益的擔保物權，亦不受該擔保物權之影響。保證人為履行其擔保責任，自願放棄有關該項擔保的一切先訴抗辯權，包括要求貸款人先向借款人行使擔保物權的權利。貸款合同項下的各項擔保措施為貸款人同時平行享有的權利，貸款人行使各項擔保權利沒有先後順序的限制，貸款人於貸款合同項下約定情形發生時有權選擇行使一項或一項以上的擔保權利，其他暫未行使的擔保權利並不因此而受影響。借款人應在貸款人處或貸款人指定的金融機構開立放款帳戶，用於貸款的發放及支付。

2012年12月13日，東亞銀行南京分行與楊某、張煜簽訂編號為43tl1100061ng《保證合同》，約定楊某、張煜願在保證範圍內為太極公司（債務人）依據主合同下的還款責任向東亞銀行南京分行提供不可撤銷的連帶責任保證擔保；保證擔保的範圍包括主債權、主債權所產生的利息、逾期利息、罰息、複利、違約金、損害賠償金，以及主合同約定的各項費用、債權人實現債權和要求保證人承擔保證責任的一切合理費用（包括但不限於實際發生的訴訟費、財產保全費、強制執行費、律師代理費等）；保證期間自主合同下債務履行期限屆滿之日起3年；保證合同因主合同無效而無效的，債權人無過錯的，保證人與債務人應對債權人基於主合同的信賴利益損失，承擔連帶賠償責任。

2012年12月13日，東亞銀行南京分行與太極公司簽訂編號為43tl1100061nm《抵押合同》，約定太極公司同意將其擁有的網絡設備抵押給東亞銀行南京分行，做為太極公司履行主合同項下債務的擔保；抵押擔保的範圍包括主債權、主債權所產生的利息、逾期利息、罰息、複利、違約金、損害賠償金，以及主合同約定的各項費用、債權人實現債權和要求保證人承擔保證責任的一切合理費用（包括但不限於實際發生的訴訟費、財產保全費、強制執行費、律師代理費等）；抵押合同因主合同無效而無效的，抵押人有過錯的，抵押人與債務人應對債權人基於主合同的信賴利益損失，以抵押物價值為限承擔連帶賠償責任。2012年12月17日，雙方辦理了動產抵押登記。

2012年12月13日，東亞銀行南京分行與太極公司簽訂編號為43tl1100061nr《應收帳款質押合同》，約定做為主合同項下的還款擔保，太極公司將所享有的應收帳款質押於東亞銀行南京分行，優先用於償還主合同項下的債務，並同意無條件接受東亞銀行南京分行的指示對應收帳款進行處理；質押擔保的範圍包括主合同項下的債權本金及利息、罰息、違約金、損害賠償金和質權人為實現債權而發生的費用（包括但不限於訴訟費、律師費、差旅費等）。2012年12月20日，雙方在中國人民銀行徵信中心辦理了應收帳款質押登記。

2012年12月17日，東亞銀行南京分行與王泳簽訂編號為43tl1100061nm-1《抵押合同》，約定王泳願意在擔保範圍內為債務人依據主合同對債權人的所有還款責任向債權人提供抵押擔保；抵押物為王泳所有的位於南京市太平南路181號308室的房屋；抵押擔保的範圍包括主債權、主債權所產生的利息、逾期利息、罰息、複利、違約金、損害賠償金，以及主合同約定的各項費用、債權人實現債權和要求保證人承擔保證責任的一切合理費用（包括但不限於實際發生的訴訟費、財產保全費、強制執行費、律師代理費等）；抵押合同因主合同無效而無效的，抵押人有過錯的，抵押人與債務人應對債權人基於主合同的信賴利益損失，以抵押物價值為限承擔連帶賠償責任。東亞銀行南京分行與王泳於2012年12月17日向南京市房屋產權監理處申請辦理抵押登記，並已領取房屋他項權證，他項權證載明的債權數額為784,100元。

貸款合同簽訂後，東亞銀行南京分行於2012年12月20日向太極公司發放貸款4,415,231.68元用於歸還《銀行承兑授信協議》項下銀行承兑匯款墊款。合同履行過程中，太極公司還款50萬元，尚餘本金3,915,231.68元未還。

原審法院另查明：2012年10月18日，太極公司未按時支付銀行承兑匯票項下欠款，後東亞銀行南京分行向中國人民銀行徵信中心報送了相關信息（關注）。2012年11月2日，東亞銀行南京分行將銀行承兑匯票項下的墊款的貸款風險調整為次級並報送中國人民銀行徵信中心。

原審法院認為：當事人行使權利、履行義務應當遵循誠實信用原則，在市場活動中講信用，恪守諾言，誠實不欺，在追求自己利益的同時不損害他人和社會利益，要求民事主體在民事活動中維持雙方的利益以及當事人利益與社會利益的平衡，以防止民事主體濫用意思自治。一方以欺詐、脅迫的手段或者乘人之危，使對方在違背真實意思的情況下訂立的合同，受損害方有權請求人民法院或者仲裁機構變更或者撤銷。以欺詐手段訂立的合同，是一方當事人故意告知對方虛假情況或者故意隱瞞真實情況，使其陷於錯誤認識並因此做出錯誤意思表示而訂立的合同。合同欺詐的主要表現是虛構事實和隱瞞真相，前者稱為積極的欺詐，後者稱為消極的欺詐。根據最高人民法院《關於貫徹執行〈中華人民共和國民法通則〉若干問題的意見》第六十八條的規定，故意隱瞞真實情況，誘使對方做出錯誤意思表示的，可以認定為欺詐行為。原則上講，當事人並沒有普遍的揭示義務（或告知義務），但是根據特別的法律規定、誠實信用原則或交易習慣的要求，可以認為有這種告知義務（做為一種先合同義務）時，單純的沉默也可以構成欺詐。合同欺詐制度的重心在於消除外界對於表意人的合同自由和意思自治的干擾，使得被欺詐人能夠在自由的意思下決定自己的利益取捨。合同欺詐並不要求以牟利為目的，也不以被欺詐人遭受損失為限，欺詐人沒有得利，但是事實上卻使對方的意思表示不自由的，也構成欺詐。

本案的爭議焦點是東亞銀行南京分行未告知太極公司信用降級而與之簽訂貸新還舊的借款合同是否違背了誠實信用原則，構成欺詐。一、從訂立《人民幣貸款合同》的雙方當事人主觀意思分析。太極公司在主觀上認為還清舊貸後，能使公司爭取到一定的時間，以謀求繼續發展。東亞銀行南京分行在主觀上是清理不良貸款。由於經濟主體在從事經營活動中，都持審慎態度，對對方的信用等級極為關注，太極公司在徵信系統中被降級後，其獲得貸款或取得業務的機會微乎其微。太極公司與東亞銀行南京分行簽訂《人民幣貸款合同》的目的在於獲取貸款以清償《銀行承兌授信協議》項下銀行承兑匯票的敞口部分欠款，從而避免出現銀行承兌匯票墊款逾期的後果，東亞銀行南京分行對此亦是明知的，因此，東亞銀行南京分行對太極公司在銀行承兑匯票項下債務的履行情況和逾期後造成的不利影響有義務在簽訂《人民幣貸款合同》前告知太極公司。二、從徵信系統制度相關要求分析。在《徵信業管理條例》公布施行前，我國有關企業和個人信息系統的規定散見於《中國銀行業監督管理委員會貸款風險分類指引》以及《中國人民銀行關於企業信用信息基礎資料庫試運行有關問題的通知》等內部規定，並不具備公示效力，信息主體對在何種情況下造成自身徵信狀況的變動並不知曉。太極公司借新還舊後，仍將造成其信用等級的降低是其無法預見的。2013年3月15日施行的《徵信業管理條例》第十五條規定：「信息提供者向徵信機構提供個人不良信息，應當事先告知信息主體本人。但是，依照法律、行政法規規定公開的不良信息除外。」在條例中，對法人的不良信息，信息提供者是否負有告知義務未做規定，但根據權利平等原則，法人與公民在法律上的地位、權利、義務都是平等的，因此對法人也應當參照執行。《徵信業管理條例》第二十五條規定：「信息主體認為徵信機構採集、保存、提供的信息存在錯誤、遺漏的，有權向徵信機構或者信息提供者提出異議，要求更正。」而信息主體提出異議，要求更正的前提是信息主體對徵信信息的知情權，因此，信息提供者在將不良信用信息報送徵信機構後應及時通知信息主體。徵信體系是社會信用體系的重要組成部分。建設徵信體系的基本目標是為每一個從事經濟活動的企業和個人建立一套信用文件案，把通過金融和非金融部門採集的企業和個人的信用信息進行資料存儲和加工，生產和提供信息產品，使信用交易的授信方能夠綜合瞭解信用申請人的資信狀況，在法律、法規規定的範圍內為社會提供服務，從而說明信用交易機構防範信用風險，以保持金融穩定，推動經濟社會健康發展，並促進企業和個人樹立信用意識，積累良好的信用紀錄，促進社會文明、和諧和進步。徵信系統的建立就是為促進當事人誠信交易。東亞銀行南京分行做為從事信貸業務的專業金融機構，對案涉銀行承兑匯票業務進行貸款風險分類並將相關資料報送至中國人民銀行徵信中心的行為本身並不違反法律規定（至於東亞銀行南京分行對相關信貸業務所進行的貸款分類是否符合相關實體規定，不屬本案審理範圍，不做評述）。太極公司簽訂貸款合同的目的就是避免貸款逾期以及貸款逾期可能造成的不利影響，東亞銀行南京分行應當能夠判斷出對方與之簽訂該合同的主觀目的，而其為了消除不良貸款，明知企業信用信息對企業的重要性和企業信用評價降低的不利後果，其為了自身的利益，刻意隱瞞，有違誠實信用原則，使得太極公司在不知情的情況下做出違背其真實意思的錯誤意思表示，因此訂立的合同屬於可撤銷合同。現太極公司在法定期限內主張撤銷該合同，於法有據，應予支持。

關於太極公司主張繼續履行太極公司與東亞銀行南京分行簽訂的編號為43ba1100061n《銀行承兑授信協議》的訴訟請求。雙方訂立的編號為

43tl1100061n《人民幣貸款合同》是否撤銷與編號為43ba1100061n《銀行承兌授信協議》是否繼續履行並無直接關聯，故編號為43ba1100061n的《銀行承兌授信協議》是否繼續履行不屬本案審理範圍，太極公司可另行起訴。雙方訂立的《人民幣貸款合同》是否撤銷和太極公司在中國人民銀行徵信中心的信用等級並無直接關聯，故太極公司的該項主張不屬本案審理範圍，太極公司可另行起訴。太極公司主張東亞銀行南京分行賠償經濟損失20萬元的訴訟請求，太極公司未能舉證證明損失的實際發生，應承擔舉證不能的法律後果，不應予以支持。

綜上，依照《中華人民共和國合同法》第六條、第五十四條第二款、第五十八條，《中華人民共和國民事訴訟法》第六十四條第一款、第一百四十二條之規定，原審法院判決：一、撤銷南京太極網絡通信有限公司與東亞銀行（中國）有限公司南京分行簽訂的編號為43tl1100061n的《人民幣貸款合同》。二、駁回南京太極網絡通信有限公司的其他訴訟請求。一審案件受理費44,080元，由東亞銀行（中國）有限公司南京分行負擔44,000元，由南京太極網絡通信有限公司負擔80元。

東亞銀行南京分行不服原審判決，向本院提起上訴稱：1.《徵信業管理條例》所稱徵信機構並非中國人民銀行徵信中心，而是指第三方社會仲介機構，該條例並未規定商業銀行有向企業披露其信用狀況變化的義務。另雙方簽訂《人民幣貸款合同》時，《徵信業管理條例》並未施行；2. 太極公司做為長期與金融機構存在業務往來的企業，應對匯票逾期將導致其信用等級下調明知；3.《人民幣貸款合同》係雙方真實意思表示，東亞銀行南京分行不存在故意隱瞞真實情況的行為；4. 原審法院依據誠實信用原則，是對該原則的濫用，屬於適用法律錯誤。綜上，請求撤銷原審判決，依法改判或發回重審。

被上訴人太極公司答辯稱：1.《銀行承兌授信協議》的有效期為5年，東亞銀行南京分行於2012年8月擅自單方終止協議，屬違約行為。2. 雙方協商重組貸款過程中，東亞銀行南京分行惡意隱瞞重組貸款將對太極公司造成嚴重不利影響，而太極公司信用等級被調整為次級的原因是東亞銀行南京分行延遲放款所致。3. 若太極公司在簽訂《人民幣貸款合同》前知曉信用等級已被調整為次級，是不可能簽署該合同的。4. 太極公司因信用等級調低產生重大損失，應由東亞銀行南京分行承擔。綜上，原審判決認定事實清楚，適用法律正確，請求駁回上訴，維持原判。

二審中，雙方當事人均未提交新證據。

上訴人東亞銀行南京分行對原審查明事實中「2012年11月2日，太極公司付款30萬元……2012年12月20日，太極公司付款26萬元」有異議，認為太極公司僅分別支付3萬元、2.6萬元，而非30萬元、26萬元。經審查，原審判決對此認定有誤，應變更為「2012年11月2日，太極公司付款3萬元……2012年12月20日，太極公司付款2.6萬元」。對於原審查明的其他事實，雙方當事人均無異議，本院依法予以確認。

二審另查明：雙方簽訂的《銀行承兑授信協議》第十條第一款第（9）項約定，太極公司不可撤銷的授權東亞銀行南京分行有權查詢其「企業信用信息基礎資料庫貸款卡」的內容。

2013年11月4日，太極公司向中國人民銀行徵信中心自行查詢了該公司《企業信用報告》（自主查詢版），並向原審法院做為證據提交。

上述事實有《銀行承兑授信協議》、《企業信用報告》在卷為證。

二審歸納爭議焦點為：東亞銀行南京分行未告知太極公司信用降級而與之簽訂貸新還舊的《人民幣貸款合同》，是否違背了誠實信用原則，構成欺詐。

本院認為：太極公司與東亞銀行南京分行簽訂1,000萬元額度的《銀行承兑授信協議》係雙方真實意思表示，且不違反法律、行政法規的強制性規定，合法有效。雙方均應按照約定履行各自義務。合同簽訂後，東亞銀行南京分行按約向太極公司開具了1,000萬元銀行承兑匯票，太極公司應按約於銀行承兑匯票到期日前7個工作日向東亞銀行南京分行繳足匯票金額。案涉銀行承兑匯票分別於2012年10月18日至2012年12月19日到期，太極公司未能按時支付銀行承兑匯票項下金額，致使東亞銀行南京分行發生墊付款4,415,231.68元，東亞銀行南京分行有權停止或登出太極公司全部承兑額度，並要求太極公司立即償還全部債務及有關費用。因太極公司逾期還款，東亞銀行南京分行分別於2012年10月18日、11月2日將太極公司貸款風險調整為關注、次級，並報送中國人民銀行徵信中心，並不違反相關法律、行政法規的規定。而雙方為重組貸款而達成的《人民幣貸款合同》，簽訂日期為

2012年12月13日，明顯遲於東亞銀行南京分行調整信用等級的日期，故太極公司主張其信用等級調整係因東亞銀行南京分行惡意重組貸款所致，缺乏事實根據及法律依據，本院不予支持。

所謂欺詐，是指故意隱瞞真實情況或者故意告知對方虛假的情況，欺騙對方，誘使對方做出錯誤的意思表示而與之訂立合同。欺詐行為在實踐中可分為故意陳述虛假事實的欺詐和故意隱瞞真實情況使他人陷入錯誤認識的欺詐。而故意隱瞞真實情況是指行為人負有義務向他方如實告知某種真實情況而故意不告知的，該告知義務應基於法律、法規的規定或合同的約定。關於東亞銀行南京分行未告知太極公司信用降級而與之簽訂貸新還舊的《人民幣貸款合同》，是否構成欺詐的問題。本院認為，一、現行法律、法規並未規定銀行在調整企業信用等級時須履行告知義務。2013年3月15日施行的《徵信業管理條例》中僅規定信息主體為個人的，包括銀行在內的信息提供者向徵信機構提供不良信息，應事先告知信息主體本人，但對於信息主體為企業的，並未規定銀行應履行告知義務。故東亞銀行南京分行不負有告知信用等級調整的法定義務。二、案涉《銀行承兑授信協議》及《人民幣貸款合同》中均未約定，東亞銀行南京分行在調整、報送信用等級時須告知太極公司，故東亞銀行南京分行不負有告知信用等級調整的約定義務。三、太極公司主張其簽訂《人民幣貸款合同》目的是避免該公司信用等級下調，但未舉證證明，且無證據證明東亞銀行南京分行曾承諾該行於2012年12月20日放款不會影響太極公司信用等級。四、《銀行承兑授信協議》中約定，東亞銀行南京分行係基於太極公司授權才能夠查詢該公司企業信用信息，而太極公司提交的《企業信用報告》亦是其自行查詢獲取，故東亞銀行南京分行並非太極公司獲取自身徵信狀況的唯一管道，太極公司可通過自行查詢的方式知曉上述信息的變動情況。五、太極公司做為一個曾辦理過金融借款的理性商主體，應對逾期還款將會導致其信用等級下調有所預判，而太極公司在簽訂《人民幣貸款合同》時怠於履行注意義務，應由其自行負擔相應的商業風險。綜上，在東亞銀行南京分行既不負有法定告知義務亦無合同約定義務的前提下，太極公司亦能夠通過自主查詢的方式獲知自身徵信信息，東亞銀行南京分行未告知太極公司信用等級調整，並不足以致使太極公司對是否訂立新的借貸合同陷入錯誤認知，故太極公司主張東亞銀行南京分行違反誠實信用原則存在欺詐行為，缺乏事實根據及法律依據，本院不予支持。太極公司與東亞銀行南京分行均在《人民幣貸款合同》中簽章確認，該合同係雙方當事人真實意思表示，且不具有可撤銷情形，故太極公司要求撤銷《人民幣貸款合同》的訴請，於法無據，應予駁回。

綜上，原審判決適用法律有誤，應予改判。依照《中華人民共和國合同法》第六條、第八條、第五十四條，《中華人民共和國民事訴訟法》第一百七十條第一款第（二）項之規定，判決如下：

一、撤銷南京市秦淮區人民法院（2013）秦商初字第1329號民事判決。

二、駁回南京太極網絡通信有限公司的全部訴訟請求。

三、二審案件受理費各44,080元，均由南京太極網絡通信有限公司負擔。

本判決為終審判決。

審判長　夏雷
審判員　周毓敏
代理審判員　王瑞煊
二〇一五年四月二十八日
書記員　唐恒鑫

第二篇

擔保合同

【案例11】動產「動態質押」風險防範

儲運公司訴工商銀行合同糾紛案評析

案號：最高人民法院（2015）民申字第1968號

【摘要】

銀行應從明確約定動產動態質押的客體範圍、加強對動產權屬的審查、交付動產質押物及加強貸後檢查等方面，加強對動產動態質押的監管風險防範。

【基本案情】

遼寧浩然糧食有限公司（以下簡稱「浩然公司」）與工商銀行鐵嶺分行（以下簡稱「工商銀行」）簽訂《質押合同》，約定浩然公司以2萬噸玉米向工商銀行提供質押。工商銀行與中國外運遼寧儲運公司（以下簡稱「儲運公司」）簽訂《委託監管合同》，約定由儲運公司接受工商銀行委託，代理工商銀行對浩然公司提供的質物2萬噸玉米進行占有和監管。隨後，工商銀行得知儲運公司監管的質物2萬噸玉米數量已經嚴重短少，致使其不能實現質權，遂訴至法院，請求儲運公司向工商銀行承擔損失賠償責任。

【法院判決】

一審法院判決儲運公司因違反監管合同約定，就工商銀行所受實際損失向工商銀行承擔賠償責任。宣判後，儲運公司不服一審判決，提起上訴。遼寧省高級人民法院依法做出（2015）遼民二終字第00017號民事判決，判決駁回上訴、維持原判。宣判後，儲運公司不服二審判決，申請再審，主要理由為：1. 儲運公司有新證據（2014）鲅民二初字第00342號民事判決，能夠證明浩然公司出質的2萬噸貨物中所有權絕大部分屬於他人所有，新證據「遼寧浩然2013年12月出入庫匯總表」能夠證明只有646.88噸屬於浩然公司所有。2. 浩然公司以自己不具有所有權的玉米出質，質押合同無效或對無權出質部分的質押合同無效，原判決認定浩然公司已經提供質物且質權已依法設立，沒有證據證明且適用法律錯誤。

最高人民法院經審理認為，工商銀行與儲運公司簽訂的《委託監管合同》是雙方當事人的真實意思表示，且不違反法律和行政法規的強制性規定，應屬合法有效。合同簽訂後，儲運公司即應依約履行義務，確保接收、占有和保管質物沒有損失。儲運公司向工商銀行出具「質物清單」，聲明其已收到浩然公司提供的質物且已在儲運公司占有監管之下。工商銀行基於對儲運公司的合理信賴，有理由相信浩然公司已經實際出質且質物已在儲運公司占有、監管下。在一審訴訟時，儲運公司監管的質物已經嚴重短少，違反了合同約定，工商銀行無法就該質物實現質權，因此造成了工商銀行的實際損失。在儲運公司不能舉證證明質物短少是不可抗力造成的情況下，原判決判令其在質物損失的範圍內向工商銀行承擔賠償責任，符合合同約定。至於儲運公司所稱浩然公司對質物是否具有所有權，並不影響儲運公司依據合同約定向工商銀行承擔損失賠償責任，故對該項申請再審事由不予審查。綜上，裁定駁回再審申請。

【法律評析】

本案的法律焦點問題，是銀行對動產動態質押業務的監管風險防範。

一、動產動態質押存在的法律風險

（一）客體範圍及優先權風險

《中華人民共和國物權法》（以下簡稱《物權法》）和《中華人民共和國擔保法》規定的質押物應為特定物，而動產動態質押物通常是不特定物（中國大陸稱為「種類物」），且處於不斷更換、替補中，容易發生質押物範圍不明確或多重抵押、質押的優先權等問題，出現質權不能及時實現的風險。

（二）所有權權屬風險

目前，銀行通常以出質人提供的購貨發票或入庫單據，做為出質人對提供的動產質物的權屬證明，而沒有審查質物是否有其他法律權利上的瑕疵。實際上，出質人可能以自己不具有所有權的動產向銀行提供質押擔保。雖然只要簽訂書面動產質押合同並將質物交付給質權人，動產質權即告成立，動產質物的權屬問題並不影響質權成立，但會影響質權能否實際實現及實現程度。

（三）形式交付風險

《物權法》第二百一十二條規定：「質權自出質人交付質押財產時設立。」該條款明確規定了動產質權自交付給質權人時設立，沒有將質押動產轉移給質權人占有，等於沒有交付，動產質權不成立。目前，銀行接受的大量動態動產質押物是存儲在出質人倉庫內的原材料或成品、半成品，即使銀行委託監管公司對動產質物進行監管並開具相應的質物倉儲單據，也並不能證明質物已移交銀行占有。因此，動產質物如果存儲在出質人控制的倉庫內，僅僅是形式上的交付，並不能證明質物已完成實際交付並使動產質權依法成立，銀行可能無法主張對該動產質物行使質權。

二、銀行對動產動態質押的監管風險防範分析

（一）明確約定動產動態質押的客體範圍和優先權

首先，銀行應與出質人在「質押清單」中明確約定質物的名稱、品質、數量、價格、保管條件等，質物名稱應當具體明確，使其能夠確定為法律意義上可以設定質押的特定物。其次，銀行與出質人、監管質物的第三方簽訂《動產質押監管合作協議》時應明確約定，在涉及質物數量、規格等發生變化時，出質人與第三方監管人必須共同製作更新後的「質物清單」，該「質物清單」當然成為《借款合同》和《動產質押合同》的附件，具有法律效力，並且應將相關資料傳送給銀行做為合同的補充內容。最後，為避免出現擔保人在動產上設定多重質押或者抵押，導致動產質權不能實現的情形，銀行在動產動態質押設立前應對該動產進行核實，查詢該動產上是否存在已經登記的抵押權、質押權等情況，也可以將該動態質押的動產在相關部門辦理質押登記，使其產生一定的對抗效力。銀行也可與出質人在《動產質押合同》中特別約定，禁止出質人對出質的動產另行設定抵押、質押，否則即應當承擔相應責任，以切實保障銀行質權的實現。

（二）加強對動產權屬的審查

在辦理動產動態質押時，銀行應當通過專業的法律人員，加強審查質押動產權屬的合法性和完整性。在實際操作中，銀行應要求出質人提供產品購銷合同、相關購貨稅務發票或銷售發票、增值稅發票原件、增值稅完稅憑證及質押動產的相關資料等等。銀行應當審查合同貨款是否付清、發票是否開立、發票金額是否符合合同約定價款，購銷合同約定條款是否會限制質押物權行使，以此來確定質押動產是否存在權屬瑕疵。

（三）現實交付動產質押物

根據《物權法》規定，動產質押行為自交付給質權人時發生效

力，沒有交付動產則質權不成立。中國大陸法律規定，交付方式有現實交付、簡易交付、占有改定和指示交付四種。現實交付指實物交付，後三種屬於形式交付，即交付與物相關的權利。交付的本質在於轉移占有或轉移所有權，即質押的動產必須處於質權人或質權人委託監管質物的第三方的實際占有和控制下。在實際操作中，銀行以出質人自有或者控制的倉庫做為質物的儲存地點，或者無償租用出質人的倉庫，或者將出質人倉庫內的質物貼上質押標識以期與其他儲存物相區別等形式，都不能達到現實交付的法律效果，人民法院可能會據此做出質物未完成交付而銀行不享有動產質權的不利法律認定。為了避免影響銀行享有的動產質權，銀行應當將質押動產放置在《動產質押合同》當事人以外的第三人倉庫，使質押動產處於銀行或者其委託監管的第三方現實占有和控制下，即使需要以出質人倉庫做為存放地點，也必須與出質人的生產場所或其他倉庫進行隔斷，確保質押動產儲存倉庫的獨立化和區別化。

（四）加強貸後檢查

雖然銀行可以委託第三方監管機構對質物進行管理，但銀行仍應指派特定人員密切關注質押物庫存數量的變化、市場價格的變化。銀行應定期或不定期進行現場檢查，切實加強對質物的管理，防止監管方不履職、不盡責等監管不力的情況出現。

附：法律文書

中國外運遼寧儲運公司、中國工商銀行股份有限公司鐵嶺分行等金融借款合同糾紛申請再審民事裁定書

最高人民法院（2015）民申字第1968號

再審申請人（一審被告、二審上訴人）：中國外運遼寧儲運公司。住所地：遼寧省大連市甘井子區後革街437號。

法定代表人：王英傑，該公司總經理。

委託代理人：劉剛，遼寧壹品律師事務所律師。

委託代理人：薛超，遼寧壹品律師事務所律師。

被申請人（一審原告、二審被上訴人）：中國工商銀行股份有限公司鐵嶺分行。住所地：遼寧省鐵嶺市銀州路27號。

負責人：孫琦，該分行行長。

被申請人（一審被告）：遼寧浩然糧食有限公司。住所地：遼寧省鮁魚圈區疏港路北。

法定代表人：侯素英，該公司經理。

委託代理人：遲淑芬，遼寧同格律師事務所律師。

委託代理人：陳寶龍，遼寧同格律師事務所律師。

被申請人（一審被告）：侯素英。

委託代理人：遲淑芬，遼寧同格律師事務所律師。

委託代理人：陳寶龍，遼寧同格律師事務所律師。

被申請人（一審被告）：張慶。

委託代理人：遲淑芬，遼寧同格律師事務所律師。

委託代理人：陳寶龍，遼寧同格律師事務所律師。

再審申請人中國外運遼寧儲運公司（以下簡稱儲運公司）因與被申請人中國工商銀行股份有限公司鐵嶺分行（以下簡稱鐵嶺工行）、遼寧浩然糧食有限公司（以下簡稱浩然公司）、侯素英、張慶金融借款合同糾紛一案，不服遼寧省高級人民法院（2015）遼民二終字第00017號民事判決，向本院申請再審。本院依法組成合議庭對本案進行了審查，現已審查終結。

儲運公司向本院申請再審稱：依照《中華人民共和國民事訴訟法》（以下簡稱民事訴訟法）第二百條第一項、第二項、第五項、第六項之規定申請再審。其主要理由為：1. 儲運公司有新的證據，即遼寧省營口市鮁魚圈區人民法院（2014）鮁民二初字第00342號民事判決（以下簡稱鮁魚圈法院判決），能夠證明浩然公司出質的2萬噸貨物中，所有權絕大部分屬於他人所有。2. 原判決認定浩然公司已經提供質物，質權已設立，缺乏證據證明。在沒有查清事實的情況下，判令儲運公司承擔質物賠償責任是錯誤的。儲運公司沒有違反監管協議約定，不應當承擔鐵嶺工行不能實現質權的賠償責任。3. 一審休庭後，儲運公司發現了新證據「遼寧浩然2013年12月出入庫匯總表」，該證據能夠證明在浩然公司出質的2萬噸玉米中，只有646.88噸屬於浩然公司所有，儲運公司書面申請法院調查收集，法院未調查收集。4. 原判決適用法律確有錯誤。浩然公司以自己不具有所有權的玉米出質，質押合同無效，或對無權出質部分的質押合同無效，原判決認定質權依法設立是錯誤的。

浩然公司答辯稱：原判決認定事實清楚，適用法律正確，儲運公司的再審申請事由不能成立。其主要理由為：1. 鮁魚圈法院判決不屬於新證據，與本案沒有關聯性，不能證明浩然公司存在虛假出質的事實。2. 儲運公司出具的質物清單，以及其製作的週報表、日報表均能證明浩然公司出質的玉米2萬噸已經交給儲運公司保管。原判決認定浩然公司提供了質物，證據充分。3. 儲運公司申請調查取證的目的是為了求證質物的權屬問題，而本案爭議是質物是否由儲運公司占有和監管，其申請調取的證據與本案沒有關聯性，原審法院對儲運公司調查取證申請未予准許並無不當。4. 浩然公司已經實際提供了質物，並交給了儲運公司監管，原判決認定質權已設立，適用法律並無不當。

本院認為，鐵嶺工行做為金融企業，不具備占有、儲存、監管玉米的硬體設施和專業知識，所以委託儲運公司做為代理人代為清點、接收、占有、監管浩然公司提供的質物。儲運公司接受鐵嶺工行委託後，應當全面誠實地履行自己的義務，並對接收、占有和保管質物的數量向鐵嶺工行負責。儲運公司做為監管人，向鐵嶺工行出具「質物清單」，聲明其已經收到浩然公司提供的質物，且質物已在儲運公司占有、監管之下。鐵嶺工行基於對儲運公司的合理信賴，有理由相信浩然公司已經實際出質，且質物已經在儲運公司占有、監管之下。截止到一審訴訟時，質物已經嚴重短少，在儲運公司不能舉證證明質物短少是由於不可抗力造成的情況下，原判決判令其在質物損失的範圍內向鐵嶺工行承擔賠償責任，符合合同約定，並無不妥。至於儲運公司所稱浩然公司對用以出質的玉米是否具有所有權，因不影響儲運公司依據合同約定向鐵嶺工行承擔損害賠償責任，故其該項申請再審事由，本院不予審查。

綜上，儲運公司提出的再審申請，不符合民事訴訟法第二百條第一項、第二項、第五項、第六項規定的情形。依照《中華人民共和國民事訴訟法》第二百零四條第一款之規定，裁定如下：

駁回中國外運遼寧儲運公司的再審申請。

審判長　蘇戈

審判員　董華

審判員　范向陽

二〇一五年十二月十八日

法官助理　宋汝慶

書記員　紀微微

【案例12】夫妻一方對外保證法律效力分析

齊魯公司訴中信銀行、劉某某等
金融借款合同糾紛案評析

案號：山東省高級人民法院（2015）魯商終字第230號

【摘要】

保證人配偶明確表示自願向債權人提供擔保並在保證合同中簽字的情況下，才能產生其承擔保證責任的法律效果；銀行與自然人簽訂保證合同時，應儘量要求夫妻雙方均到場簽訂保證合同。

【基本案情】

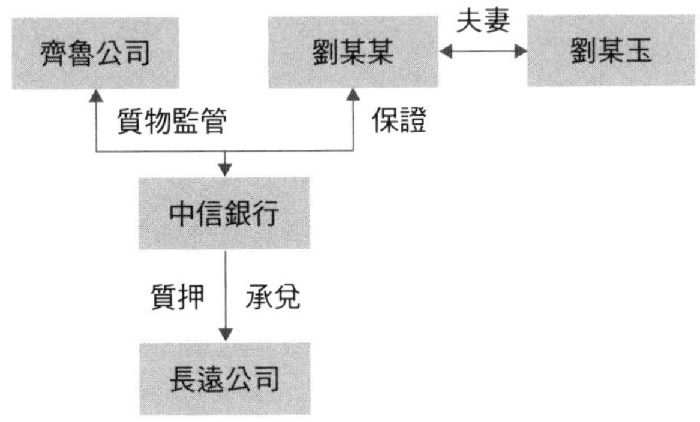

2013年4月25日，中信銀行青島分行（以下簡稱「中信銀行」）與濰坊市長遠貿易有限公司（以下簡稱「長遠公司」）、山東齊魯中小企業投融資有限公司（以下簡稱「齊魯公司」）簽訂《動產質押監管協議》，約定：根據長遠公司與中信銀行簽署的動產質押合同，中信銀行指定由齊魯公司代理其提取、運輸和占有長遠公司提供的質物

並負責監管。在監管期間，除不可抗力外，齊魯公司應當對其未盡到合同責任導致質物變質、短少、損毀滅失的狀況，承擔對中信銀行的損失賠償責任。合同簽訂後，長遠公司與齊魯公司向中信銀行出具質物清單，確認在庫監管質物為563.84噸冷軋卷板。2013年8月15日，中信銀行與劉某某簽訂《最高額保證合同》，約定劉某某為長遠公司的債務履行提供7,000萬元的最高額保證擔保，劉某某配偶劉某玉在該合同中簽字確認：其已知曉上述合同約定，並對劉某某依據本合同承擔保證責任（包括但不限於處分夫妻共同財產）不持有任何異議。

2013年9月4日和9月29日，中信銀行與長遠公司分別簽訂《銀行承兌匯票承兌協議》兩份，約定中信銀行分別承兌票面金額2,000萬元、1,200萬元的匯票兩張。2013年9月4日，中信銀行與長遠公司分別簽訂兩份《動產質押合同》，約定長遠公司為中信銀行3,200萬元債權提供動產質押擔保。

匯票到期後，長遠公司未依約支付票款，致使中信銀行發生墊付。另，實際在庫質物為冷軋卷板0噸，比質物清單確認在庫質物短少563.84噸。中信銀行多次主張債權未果，遂訴至法院，請求長遠公司償還借款本金21,610,564.81元和利息653,866.46元；劉某某及其配偶劉某玉對上述債務承擔連帶清償責任；齊魯公司對因在庫質物短少而造成的損失，在563.84噸質物價值範圍內承擔賠償責任。

【法院判決】

山東省青島市中級人民法院經審理認為，長遠公司未能依約足額支付匯票款，導致匯票到期後中信銀行形成墊款，應承擔逾期付款的違約責任。劉某某自願為長遠公司借款提供最高額連帶責任保證，當長遠公司不能清償債務時，應當依約在最高額7,000萬元範圍承擔連帶清償責任。劉某某的配偶劉某玉雖也在《最高額保證合同》上簽字，但其確認的內容僅為同意劉某某可以夫妻共同財產承擔保證責任，並非該案借款關係的保證人，對中信銀行請求劉某玉承擔連帶責任不予支援。齊魯公司應依約代理中信銀行占有質物並妥善保管監控質物，由於齊魯公司監管不力，致使監管質物短少563.84噸（法院查明軋卷板每噸為3,736元，563.84噸貨值2,106,506.24元），應當承擔中信銀行損失的賠償責任。綜上，判決長遠公司償還中信銀行借款本金21,610,564.81元、利息653,866.46元；劉某某對上述借款本息以個人及夫妻共同財產在最高額7,000萬元範圍內承擔連帶清償責任；齊魯公司對上述借款本息在2,106,506.24元範圍內承擔賠償責任；駁回中信銀行對劉某玉的訴訟請求。

宣判後，齊魯公司不服一審判決，提起上訴。山東省高級人民法院經審理認為，該案的爭議焦點為：一、齊魯公司是否是本案適格被告；二、齊魯公司是否應賠償中信銀行損失的2,106,506.24元。因齊魯公司與中信銀行、長遠公司三方簽訂的《動產質押監管協議》與本案金融借款合同相關聯，齊魯公司監管的冷軋卷板是該案所涉金融借款動產質押的標的物，為了減少訴累，一審法院將齊魯公司與中信銀行的監管法律關係與本案金融借款合同糾紛合併審理，將齊魯銀行列為該案被告並無不當。《動產質押監管協議》約定：在監管期間，除不可抗力外，質物損毀滅失或由於齊魯公司未盡到合同責任導致質物變質、短少、受污染，齊魯公司應承擔對中信銀行實際損失的賠償責任。由於齊魯公司監管不力，未能認真履行合同義務，導致其監管的冷軋卷板被強制出庫，造成質物短少563.84噸，即庫存質物滅失，中信銀行的相應質權消滅，故齊魯公司應當承擔違約責任，賠償中信銀行實際損失。綜上，判決駁回上訴、維持原判。

【法律評析】

一、質物監管人的訴訟當事人地位

本案中，一審法院將案件定性為「金融借款合同糾紛」，齊魯公司認為其並非借款的債務人、擔保人，被法院列為本案被告屬於主體不適格。中信銀行認為，其與齊魯公司之間的監管協議是為了確保銀行質權實現而簽訂的，附屬於《動產質押擔保合同》一部分。法院認為，齊魯公司與中信銀行之間存在的監管法律關係，與案涉金融借款合同糾紛相關聯。齊魯公司監管的冷軋卷板是案涉金融借款動產質押的標的物，為了減少訴累，節約司法資源，且在一審法院受理期間，齊魯公司也並未對將其做為被告表示異議，因此，一審法院將齊魯公司與中信銀行的監管法律關係與案涉金融借款合同糾紛合併審理。

根據《中華人民共和國民事訴訟法》第五十二條第一款規定：「當事人一方或者雙方為二人以上，其訴訟標的是共同的，或者訴訟標的是同一種類、人民法院認為可以合併審理並經當事人同意的，為共同訴訟。」從以上規定可以看出，基於不同法律關係的多個訴訟請求可以一案合併審理，是符合立法本意的。

本案對銀行的啟發在於，對於存在質物監管人的借款案件，可以通過法院合併審理的方式，儘快查明案件事實，正確適用法律，提高審判效率。但由於合併審理必須經過當事人同意，因此為避免質物監管人對被告主體進行抗辯，也可以通過協議的方式事先對「監管人同意合併審理，放棄對主體是否適格問題的抗辯權」進行約定，以減少訴累。

二、保證人配偶簽字的法律效力

本案中，中信銀行與劉某某簽訂《最高額保證合同》，約定劉某某做為保證人自願提供最高額保證。劉某某的配偶劉某玉在該保證合同中簽字確認，其已知曉上述合同約定，並對劉某某依據本合同承擔保證責任（包括但不限於處分夫妻共同財產）不持有任何異議。劉某玉雖然在保證合同中簽字，但其簽字確認的內容僅為對劉某某承擔保證責任的財產範圍，因此法院支援中信銀行關於劉某某可以其個人及夫妻共同財產向中信銀行承擔保證責任的觀點，但由於劉某玉並非案涉《最高額保證合同》中的保證人，因此法院認為其不應當為長遠公司債務向中信銀行承擔連帶清償責任。

因此，保證人配偶簽字的法律效力必須基於其簽字時表明的身分和內容來確定。如果保證人的配偶明確表明自己以其他保證人的身分，做出其自願向主合同債權人提供保證擔保的意思表示並在保證合同中簽字，即可以認定其簽字產生保證人配偶承擔保證責任的法律效果。如果保證人配偶的簽字僅僅表示其同意保證人承擔保證責任，或者確認保證人承擔保證責任的財產範圍，則不能產生保證人配偶承擔保證責任的法律效果。但保證人配偶明確表示認可保證人在保證合同簽字的行為，在執行面上而言，對銀行來說，至少不會發生因執行了夫妻共同財產而遭到保證人配偶的異議。

三、夫妻一方以個人名義簽訂保證合同形成的擔保之債問題

實務中，還有一種情形是夫妻一方以個人名義簽訂保證合同。將來履行保證合同產生的債務是否會被認為夫妻共同債務呢？

最高人民法院曾就福建省高級人民法院關於（2014）閩民申字第1715號民間借貸糾紛案件，做出過《最高人民法院民一庭關於夫妻一方對外擔保之債能否認定為夫妻共同債務的覆函》（〔2015〕民一他字第9號）：「夫妻一方對外擔保之債不應當適用《最高人民法院關於適用〈中華人民共和國婚姻法〉若干問題的解釋（二）》第二十四條的規定認定為夫妻共同債務。」

該覆函對各地法院類似案例有一定指導性，從債權人利益而言，顯然很不利，甚至會出現債務人憑此覆函逃避債務的可能。因此，金融機構對於自然人簽訂保證合同的情形，應儘量做到夫妻雙方均當場簽訂保證文件。

附：法律文書

中信銀行股份有限公司青島分行與山東齊魯中小企業投融資有限公司、濰坊市長遠貿易有限公司等金融借款合同糾紛二審民事判決書

山東省高級人民法院（2015）魯商終字第230號

上訴人（原審被告）：山東齊魯中小企業投融資有限公司。住所地：濟南市馬鞍山路201號山東大廈八層。

法定代表人：田鋒，經理。

委託代理人：付春法，山東安邦順意律師事務所律師。

委託代理人：陳豔群，該公司員工。

被上訴人（原審原告）：中信銀行股份有限公司青島分行。住所地：青島市市南區香港中路22號。

法定代表人：楊威，行長。

委託代理人：葛長峰，山東振魯律師事務所律師。

委託代理人：趙世傑，山東振魯律師事務所實習律師。

原審被告：濰坊市長遠貿易有限公司。住所地：濰坊市濰城經濟開發區勝利西街9888號509室。

法定代表人：劉延芳，經理。

原審被告：劉延芳。

原審被告：劉之玉。

上訴人山東齊魯中小企業投融資有限公司（以下簡稱齊魯公司）因與被上訴人中信銀行股份有限公司青島分行（以下簡稱青島中信銀行）、原審被告濰坊市長遠貿易有限公司（以下簡稱長遠公司）、劉延芳、劉之玉金融借

款合同糾紛一案，不服山東省青島市中級人民法院（2014）青金商初字第72號民事判決，向本院提起上訴。本院受理後，依法組成合議庭，公開開庭審理了本案。上訴人齊魯公司的委託代理人付春法，被上訴人青島中信銀行的委託代理人葛長峰、趙世傑已到庭參加訴訟，原審被告長遠公司、劉延芳、劉之玉經本院依法傳喚，未到庭參加訴訟。本案現已審理終結。

青島中信銀行一審訴稱：2013年9月4日，青島中信銀行與長遠公司簽訂銀行承兌協議，約定由青島中信銀行承兌面額為2,000萬元的銀行承兌匯票一張，長遠公司提供票面金額30%的保證金。同日，青島中信銀行又與長遠公司簽訂《動產質押合同》，由長遠公司以其自有鋼材設定抵押擔保。2013年9月29日，青島中信銀行再與長遠公司簽訂銀行承兌協議，約定由青島中信銀行承兌面額為1,200萬元的銀行承兌匯票一張，長遠公司提供票面金額30%的保證金。青島中信銀行又與長遠公司簽訂《動產質押合同》，由長遠公司以其自有鋼材設定抵押擔保。

就上述質押財產，青島中信銀行、長遠公司、齊魯公司三方簽訂《動產質押監管協議》，約定齊魯公司代理青島中信銀行占有質物，履行保管、監控質物的責任。齊魯公司未履行監管義務應承擔賠償青島中信銀行損失的責任。

2013年8月15日，青島中信銀行與劉延芳簽訂《最高額保證合同》，約定劉延芳對被告長遠公司一定期間內發生的多筆債務提供最高額連帶責任保證，保證的最高額為7,000萬元。劉延芳的配偶劉之玉在合同上簽字確認：其已知曉合同的約定並對劉延芳依據本合同承擔保證責任不持異議。現被告嚴重違約，訴訟請求：1. 長遠公司立即向青島中信銀行追加支付開立的銀行承兌匯票項下的保證金1,723元；若票據到期，則請求被告支付全部墊款本金及利息；2. 判令劉之玉、劉延芳對上述債務承擔連帶清償責任；3. 確認青島中信銀行對質押財享有優先受償權；4. 判令齊魯公司賠償青島中信銀行損失；5. 本案訴訟費用由被告承擔。庭審時，涉訴承兌匯票已到期，青島中信銀行已無條件付款，形成墊款，青島中信銀行變更第1項訴訟請求為：判令長遠公司償還青島中信銀行借款本金21,610,564.81元，利息合計653,866.46元（已計算至2014年5月14日，此後到本判決確定的給付之日利息，按合同約定計算）；變更第4項訴訟請求為：判令齊魯公司對因在庫質物短少而給青島中信銀行造成的損失在563.84噸質物的價值範圍內承擔賠償責任。

齊魯公司一審答辯稱：一、齊魯公司嚴格履行動產質押監管義務，監管過程中不存在過錯，無違約行為。二、從本案監管實質角度分析，長遠公司仍為質物實際控制者，質物保管責任及實際控制在被告長遠公司，齊魯公司代表青島中信銀行只是取得對倉庫內質物的形式上的控制權和留置權，齊魯公司對強行出貨，無力控制，無過錯，能做到的是履行通知義務，且在得知強制出貨後，24小時內通知了青島中信銀行，齊魯公司嚴格履行有關通知義務，不存在過錯，無違約，不應承擔賠償責任。三、根據《動產質押監管協議》第十五・二（五）的約定，青島中信銀行應向長遠公司主張賠償損失責任，而非向齊魯公司索賠。五、青島中信銀行根據十五・一・一條款「除不可抗力事件外，質物毀損滅失」規定，要求齊魯公司承擔賠償損失責任，是對《動產質押監管協議》的刻意曲解。立約的出發點是與《合同法》第四百零六條過錯責任原則精神一致的，故用詞「丙方因以下情形給甲方造成損失」，主語是「丙方」，強調的是「丙方過錯造成損失」而非強調丙方有過錯才承擔責任，該格式條款只加重齊魯公司的責任，不符合立約目的，應做出有利於齊魯公司解釋或排除適用。六、齊魯公司非擔保人，亦非連帶責任人，不應承擔任何責任。綜上所述，齊魯公司在履行義務中，不存在過錯，要齊魯公司承擔賠償責任，證據不足，於法無據。另，齊魯公司亦不應承擔本案案件受理費、保全費、律師費，請求法院駁回青島中信銀行的訴求。

長遠公司一審未做答辯。

劉之玉、劉延芳一審未做答辯。

原審法院經審理查明：2013年4月25日，青島中信銀行與長遠公司、齊魯公司簽訂《動產質押監管協議》，約定：根據長遠公司與青島中信銀行已簽署的或即將簽署的一個或多個動產質押擔保合同，青島中信銀行同意長遠公司向廠商購買的貨物向青島中信銀行出質，以擔保其在青島中信銀行授信業務項下的各項債務。長遠公司同意由青島中信銀行指定被告齊魯公司提取、運輸、保管質物，並負責對質物進行監管。在監管期間，青島中信銀行為質權人、長遠公司為出質人、齊魯公司為青島中信銀行的代理人，代理青島中信銀行提取、監管質物。本協議項下所稱的監管是指齊魯公司代理青島中信銀行占有質物並根據本協議約定履行保管、監控質物的責任。協議違約責任條款（第十五條）約定：齊魯公司因以下情形給青島中信銀行造成損失的，承擔青島中信銀行實際損失的賠償責任：（1）在監管期間，除不可抗力的事件外，質物損毀滅失或由於齊魯公司未盡到本協議項下責任導致質物變質、短少、受污染的；（2）齊魯公司未按本協議的約定辦理人庫的；（5）因齊魯公司違反本協議給青島中信銀行造成損失的其他情況。

2013年8月15日，青島中信銀行與劉延芳簽訂《最高額保證合同》，約定劉延芳願為青島中信銀行與長遠公司在2013年8月22日至2014年8月22日期間發生的多筆債權的履行提供最高額保證擔保。被保證的主債權最高額度為等值人民幣7,000萬元。保證擔保的方式為連帶責任保證。保證期間為兩年。保證擔保的範圍包括主合同項下的債務本金、利息、罰息、複利、違約金、損害賠償金等實現債權的費用。劉延芳的配偶劉之玉在該合同中簽字確認：「已知曉上述合同約定並對劉延芳依據本合同承擔保證責任（包括但不限於處分夫妻共同財產）不持有任何異議。」

2013年9月4日、9月29日，青島中信銀行與長遠公司先後兩次簽訂《銀行承兑匯票承兑協議》，約定青島中信銀行分別承兑長遠公司開具的票面金額人民幣2,000萬元、1,200萬元的承兑匯票兩張。長遠公司應於匯票到期日前向青島中信銀行交存全部票款。到期日青島中信銀行未獲清償的票款，青島中信銀行將根據逾期天數及逾期付款金額，按日利率萬分之五計收罰息。如長遠公司違約，則青島中信銀行因實現債權發生的各項費用（包括但不限於訴訟／仲裁費、差旅費、律師費、財產保全費等）均由被告長遠公司承擔。

2013年9月4日，青島中信銀行又與長遠公司簽訂《動產質押合同》兩份，約定：為確保青島中信銀行與長遠公司簽訂的《銀行承兑匯票承兑協議》的履行，被告長遠公司願意為債務人與青島中信銀行依承兑協議所形成的債務提供質押擔保。所擔保的主債權為主合同項下青島中信銀行為債務人開立銀行承兑匯票所產生的債權，金額分別為人民幣2,000萬元、1,200萬元。質押擔保的範圍包括：銀行承兑匯票項下的匯票金額（如逾期則轉為貸款本金）、利息、罰息、複利、違約金、損害賠償金、質物保管費用和為實現債權和質權的費用。本合同項下的質物一經青島中信銀行指定的運輸監管方依照《動產質押監管協議》的約定接收之日起，即視為質物移交青島中信銀行占有。自2013年11月21至2014年2月23日期間，被告長遠公司與齊魯公司向青島中信銀行出具質物清單，確認在庫質物為冷軋卷板共計792.75噸，倉儲場地均為山東鋼聯物流有限公司倉庫，該批質物經青島中信銀行同意被告長遠公司處分228.91噸外，其餘563.84噸熱軋卷板在庫監管。2014年2月19日11點30分左右，齊魯公司監管人員去吃午飯時，被告長遠公司將在其倉庫的質押物熱軋卷板強行出庫。當日13點36分，齊魯公司將情況電話通知青島中信銀行工作人員。截至2014年3月7日，實際在庫的質物為冷軋卷板0噸，比質物清單確認的在庫質物短少563.84噸。

另查明：軋卷板每噸為3,736元，563.84噸貨值2,106,506.24元。

2014年3月4日承兑匯票到期，長遠公司未按照合同約定支付票款，致青島中信銀行為上述承兑匯票辦理託收解付。截至2014年5月14日，長遠公司尚欠青島中信銀行2,000萬元《銀行承兑匯票承兑協議》項下本金13,217,334.83元、利息469,215.39元；1,200萬元《銀行承兑匯票承兑協議》項下本金8,393,229.98元、利息184,651.07元。兩項合計本金21,610,564.81元，利息653,866.46元。

原審法院認為：青島中信銀行與長遠公司簽訂的《銀行承兑匯票承兑協議》、《動產質押合同》，與劉延芳簽訂的《最高額保證合同》係當事人真實意思表示，不違背法律的強制性規定，合法有效。長遠公司未能按照《銀行承兑匯票承兑協議》的約定於匯票到期日前將票款足額給付青島中信銀行，致匯票到期後青島中信銀行無條件的對外支付票款，形成墊款。青島中信銀行所墊付的票款應按協議的約定轉為長遠公司的借款，長遠公司應承擔逾期付款的違約責任。劉延芳自願為被告長遠公司的本案借款提供最高額連帶責任保證擔保，在借款債務人長遠公司不能清償債務時，應當按照《最高額保證合同》的約定，在最高額7,000萬元的範圍內承擔連帶清償責任。劉延芳承擔保證責任後，有權向長遠公司追償。

劉之玉係被告劉延芳的配偶，雖然其也在《最高額保證合同》簽字，但其簽字確認的內容僅為對劉延芳承擔保證責任的財產範圍，包括但不限處分於夫妻共同財產不持異議。該內容表述應視為劉之玉同意被告劉延芳可以夫妻共同財產承擔保證責任，但不能確認劉之玉為本案借款關係的保證人。因劉之玉並沒有以保證人的身分在《最高額保證合同》上簽字，更沒有向青島中信銀行做出對長遠公司的債務提供保證擔保的意思表示，因此，劉之玉非本案借款擔保關係的當事人，與本案青島中信銀行無直接的法律關係，青島中信銀行要求劉之玉承擔連帶責任無事實依據，其請求該院不予支援。

關於質押權，長遠公司以其自有的冷軋卷板為質物向青島中信銀行提供質押擔保，並與青島中信銀行簽訂了《動產質押合同》。為履行《動產質押合同》移轉質物的占有，青島中信銀行、長遠公司及被告齊魯公司三方又簽訂《動產質押監管協議》，三方均同意長遠公司出質的冷軋卷板由青島中信銀行委託的齊魯公司提取、運輸、保管質物，並負責對質物進行監管，且辦理了質物的移轉手續。依據物權法規定，質權自出質人交付質押財產時設立，故該質權依法成立，青島中信銀行對《動產質押合同》項下的質押冷軋卷板享有優先受償權。由於長遠公司提供的質物經青島中信銀行同意部分進行了處置，故青島中信銀行的質押權的效力範圍只能及於在庫冷軋卷板4,320.97噸。

齊魯公司是青島中信銀行質物的監管人，代理青島中信銀行占有質物並根據協議約定履行保管、監控質物，維護保管物的安全是其責任。在監管過程中，由於齊魯公司監管脱崗，致使監管的財產發生短少563.84噸，造成庫存質物消失，給青島中信銀行造成損失。依據《動產質押監管協議》約定，齊魯公司未盡到本協議項下責任導致質物變質、短少或受污染的，承擔青島中信銀行實際損失的賠償責任。因此，齊魯公司應當對短少的財產承擔賠償責任。由於青島中信銀行質物滅失，故質權消滅，其請求行使質權該院不予支持，但青島中信銀行的其他訴訟請求事實清楚，證據充分，該院予以支持。綜上，依照《中華人民共和國合同法》第二百零六條、第二百零七條，《中華人民共和國擔保法》第六條、第三十一條、第六十三條，《中華人民共和國民事訴訟法》第一百四十四條之規定，判決如下：一、濰坊市長遠貿易有限公司於本判決生效之日起10日內償還中信銀行股份有限公司青島分行借款本金21,610,564.81元、利息653,866.46元（已計算至2014年5月14日，此後至本判決確定的給付之日的利息，按合同約定的逾期利率執行）；二、劉延芳對上述借款本息以個人及夫妻共同財產在最高額70,000元人民幣的範圍內承擔連帶清償責任；三、劉延芳承擔保證責任後，有權向濰坊市長遠貿易有限公司追償；四、山東齊魯中小企業投融資有限公司對上述借款本息在

2,106,506.24元人民幣的範圍內承擔賠償責任；五、駁回中信銀行股份有限公司青島分行對劉之玉的訴訟請求。六、駁回中信銀行股份有限公司青島分行的其他訴訟請求。一審案件受理費153,800元，財產保全費5,000元，由被告濰坊市長遠貿易有限公司、被告劉延芳、被告山東齊魯中小企業投融資有限公司承擔。

上訴人齊魯公司不服原審判決，向本院提起上訴稱：一、一審法院認定事實錯誤、認定事實不清。1. 一審法院誤將齊魯公司與青島中信銀行之間的委託代理法律關係認定為金融借款合同法律關係而合併審判。本案，一審法院將案件糾紛案由定性為「金融借款合同糾紛」，但齊魯公司並非本案借款的主債務人、擔保人，亦非其他還款義務人。青島中信銀行將齊魯公司列為被告是依據《動產質押監管協議》，該協議不是借款合同的從合同，是一個與金融借款無關的獨立協議，根據本協議第一條規定，齊魯公司與青島中信銀行之間的法律關係是委託代理法律關係。齊魯公司實際職責是為滿足質權成立需要形式上占有質物，並提供質物監控與數量報送服務。委託代理法律關係與金融借款法律關係是互相獨立的兩種法律關係，兩者歸責原則不同，適用法律不同，青島中信銀行將齊魯公司列為金融借款合同糾紛被告，違反了「合同的相對性」原則，齊魯公司做為該案件的被告屬主體不適格。2. 一審法院未詳盡查清事實，僅依據格式範本協議《動產質押監管協議》內容規定，認定各方當事人已嚴格執行格式範本協議，認定齊魯公司存在保管事實、具有履行保管質物義務，是錯誤的。《動產質押監管協議》只是青島中信銀行提供的為重複使用，不允許對方修改的格式範本協議，在實際履行中，一些條款因與具體業務不相符無法履行，本案中的協議與齊魯公司起訴的「致遠案件」、「億利達案件」兩個不同監管項目的監管協議係同一格式範本。例如在實際履行中：青島中信銀行均未按協議規定向齊魯公司提供「收貨通知書」及購銷合同、鋼材清單（貨物明細）等資料，以便提貨。而是一審被告一在日照鋼鐵購買鋼材後，由運輸公司直接將貨物運至一審被告一處，由齊魯公司核查貨物數量後，由一審被告一人員控制操作入庫，並非是按格式範本協議規定的由齊魯公司依據青島中信銀行提供的「收貨通知書」等資料去提取、運輸、保管質物。一審判決書第13頁上數第8行（一審法院未編頁碼，自正頁第一面起算第1頁，第二面為第2頁），一審法院認定的「三方均同意被告長遠公司出質的冷軋卷板由原告委託的被告齊魯公司提取、運輸、保管質物，並負責對質物進行監管，且辦理了質物的移轉手續」，只是摘抄組合了《動產質押監管協議》規定的有關內容，並非是查明的協議實際履行事實。根據《動產質押監管協議》第十五·二（五）條的約定，青島中信銀行應向一審被告一主張賠償損失責任，而非向齊魯公司索賠。齊魯公司做到了及時通知和勸阻義務便是盡責了，無過錯，無違約，因青島中信銀行怠於採取積極措施導致損失，應自擔。《動產質押監管協議》是格式範本協議，屬於無名合同，雖然其中包含占有、保管等措辭，但不是保管合同。一審法院未分析業務實質，未調查協議實際履行情況，僅依據《動產質押監管協議》內容規定就做出齊魯公司具有保管事實是錯誤的。3. 一審法院不查清事實，認定齊魯公司失察，未盡到《動產質押監管協議》責任，導致質物短少，是錯誤的。因一審法院存在上述分析的錯誤，以致一審法院將客觀上無法履行的一些義務強加給齊魯公司、不考慮質物短少齊魯公司不可控因素，導致錯誤認定齊魯公司失察、未盡責致使質物短少。在一審被告一組織人員強行出貨事件中，齊魯公司不存在過錯，未失察，不應擔責：第一，本案，無證據證明齊魯公司存在違約與過錯，青島中信銀行的訴求不能得到支持。第二，齊魯公司履行了及時通知義務與勸阻義務。第三，齊魯公司提交了證據，可證明齊魯公司無過錯。第四，根據《動產質押監管協議》違約責任條款，有過錯是齊魯公司承擔責任前提。一審法院未詳盡調查齊魯公司提交證據證明的事實，在青島中信銀行沒提交任何證明齊魯公司存有違約或過錯的證據下，只依據《動產質押監管協議》的規定，便片面的認定齊魯公司在監管過程中失察，是錯誤的。一審法院用「失察」這個非法律概念來概括齊魯公司的違約或過錯，而無法具體列明齊魯公司是違背了法律哪條款、《動產質押監管協議》哪一具體條款，未找到齊魯公司承擔責任的具體依據。「失察」的漢語言意思是疏於督察，但在一審被告一強制出貨中，齊魯公司阻止並及時通知青島中信銀行及時處理，盡到應盡之責，並未失察。因此，一審法院認定齊魯公司「在監管過程中失察」，違反了「以事實為依據，以法律為準繩」原則。4. 一審法院認定的監管質物名稱、存放地及其他事實錯誤。一審法院在判決書第11頁（一審法院未編頁碼，自正頁第一面起算第1頁，第二面為第2頁）正數第5行認定：「確認在庫質物為冷軋卷板共計792.75噸，倉儲場地均為山東鋼聯物流有限公司倉庫」，而事實上，齊魯公司及其他當事人在庭審中陳述以及青島中信銀行提交的「質物清單」均證明，監管物質均為熱軋卷板，都在一審被告一處，並由一審被告一實際占有控制，一審法院調查該事實錯誤。二、一審法院對青島中信銀行訴求的支援，是錯誤的。第一，青島中信銀行一審訴求無證據和依據。第二，青島中信銀行的實際損失是無法確定、不具體的，其訴求不具體明確，一審法院不應對不具體明確的訴求做出具體明確判決。齊魯公司與青島中信銀行只是委託代理法律關係，青島中信銀行既無證據證明齊魯公司存在過錯或違約，又無法確定實際損失，一審法院對此做出具體明確判決，是錯誤的。三、一審法院適用法律錯誤。因為一審法院對齊魯公司與青島中信銀行之間的法律關係、本案監管業務實質、三方實際履行《動產質押監管協議》情況、青島中信銀行的實際損失，均未調查清楚或認定錯誤，導致法院適用法律錯誤，更不應該的是，一審法院判決齊魯公司承擔賠償責任找不到法律依據時，概括的適用格式範本協議《動產質押監管協議》的規定做為判決依據。綜上，一審法院在審判時，認定事實錯誤或認定事實不清，適用法律錯誤，請求二審人民法院依法撤銷（2014）青金商初字第72號判決書中第三項及齊魯公司承擔案件受理費、財產保全費判決，並依法改判，上訴費用由青島中信銀行承擔。

被上訴人青島中信銀行答辯稱：一、一審法院對本案法律關係及案由認定正確。齊魯公司與青島中信銀行之間的《動產質押監管協議》是依據本案涉及的《銀、企、商（企）合作協議書》及《動產質押擔保合同》而簽訂的，其目的也是為了確保青島中信銀行質權的實現，屬於質押合同關係的一部分。齊魯公司與青島中信銀行之間並非委託代理關係，一審法院將齊魯公司與青島中信銀行因《動產質押監管協議》發生的糾紛在本案中審理，是正確的，這有利於減少訴累，一次性解決本案所有糾紛。二、齊魯公司與青島中信銀行簽訂的《動產質押監管協議》係雙方真實意思表示，合法有效，協議各方均應嚴格按照約定履行。在該協議履行過程中，齊魯公司監管不善，存在違約行為，給青島中信銀行造成損失的，應依據監管協議第十五條的約定對青島中信銀行承擔賠償責任。三、一審法院查明，截止2014年3月7日，在庫質物短少563.84噸，該批貨物因齊魯公司監管人員外出，被濰坊長遠公司強行提走。依據監管協議的約定，齊魯公司做為監管人未盡到監管協議項下責任導致質物短少，應賠償青島中信銀行的實際損失。四、關於違約責任的歸責原則。我國合同法規定的違約責任採用嚴格責任原則，齊魯公司與青島中信銀行之間並非委託合同關係，不應適用《合同法》第四百零六條規定，《動產質押監管協議》的違約責任歸責原則應採嚴格責任原則，也就是說，無論齊魯公司是否有過錯，只要齊魯公司違反了監管協議的約定即屬於監管不善，就應該承擔違約責任。五、一審法院以貨值來確定青島中信銀行的損失是正確的。由於齊魯公司的違約行為，青島中信銀行不能就短少的貨物行使優先受償權，該部分貨物的價值就是青島中信銀行因此遭受的損失。

本院查明的事實與原審法院查明的事實一致。

本院認為，本案爭議的焦點問題是：一是齊魯公司是否是本案適格的被告；二是齊魯公司是否應賠償青島中信銀行損失2,106,506.24元。

關於第一個焦點齊魯公司是否是本案適格被告的問題。因齊魯公司與青島中信銀行、長遠公司三方簽訂的《動產質押監管協議》與本案金融借款合同相關聯，齊魯公司監管的冷軋卷板是本案所涉金融借款動產質押的標的物，為了減少訴累，原審法院將齊魯公司與青島中信銀行的監管法律關係與本案的金融借款合同糾紛合併審理，將齊魯銀行列為本案被告並無不當，齊魯公司的該上訴理由不能成立。

關於第二個焦點齊魯公司是否應賠償青島中信銀行損失2,106,506.24元。根據已經查明的事實，齊魯公司與青島中信銀行在《動產質押監管協議》第十五條約定：齊魯公司因以下情形給青島中信銀行造成損失的，承擔青島中信銀行實際損失的賠償責任：（1）在監管期間，除不可抗力的事件外，質物損毀滅失或由於齊魯公司未盡到本協議項下責任導致質物變質、短少、受污染的；（2）齊魯公司未按本協議的約定辦理入庫的；（5）因齊魯公司違反本協議給青島中信銀行造成損失的其他情況。在合同履行過程中，由於齊魯公司監管人員脱崗，未能認真履行合同義務，導致其監管的冷軋卷板被強制出庫，造成其監管的冷軋卷板短少563.84噸，即庫存質物滅失，青島中信銀行相應的質權也消滅，根據上述第十五條的約定，齊魯公司應承擔相應的違約責任，賠償青島中信銀行的損失，齊魯公司的該上訴理由也不能成立。

綜上，原審認定事實清楚，適用法律正確，應予維持，齊魯公司的上訴理由均不能成立，予以駁回。依據《中華人民共和國民事訴訟法》第一百七十條第一款（一）項之規定，判決如下：

駁回上訴，維持原判。

二審案件受理費23,652元，由上訴人山東齊魯中小企業投融資有限公司承擔。

本判決為終審判決。

審判長　左玉勇

審判員　酈斌

代理審判員　鄭元文

二〇一五年八月十日

書記員　路然然

【案例13】混合擔保情形下銀行實現債權方式

伏龍公司、永信大廈訴廣發銀行合同糾紛案評析

案號：江蘇省高級人民法院（2015）蘇商終字第00323號

【摘要】

混合擔保，指被擔保的債權既有物的擔保又有人的擔保。在此情形下，法律允許銀行對實現人的保證或者實現物的擔保的先後順序，做出約定。因此，擔保合同中應明確約定，無論主合同項下的債權是否有其他擔保，銀行均可直接要求本合同項下的擔保人承擔擔保責任。

【基本案情】

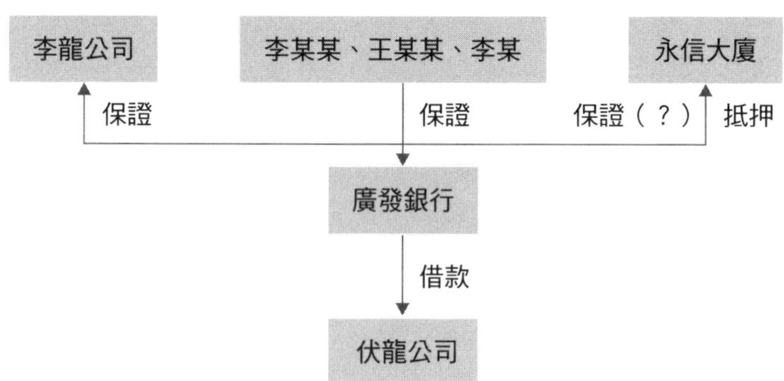

2014年1月21日，廣發銀行淮安分行（以下簡稱「廣發銀行」）與淮安市伏龍食品公司（以下簡稱「伏龍公司」）簽訂《授信額度合同》，約定廣發銀行向伏龍公司授信最高限額為600萬元，廣發銀行有權在伏龍公司違約時宣布借款本息全部或部分立即到期，並行使擔

保物權。合同簽訂後，廣發銀行依約先後向伏龍公司發放了總計600萬元的貸款。

同日，廣發銀行與江蘇李龍食品有限公司（以下簡稱「李龍公司」）和李某某、王某某、李某分別簽訂《最高額保證合同》，約定李龍公司和李某某、王某某、李某分別為《授信額度合同》項下債權提供最高本金餘額為600萬元的連帶責任保證，若被擔保的債權同時存在其他任何形式的擔保，不論其他擔保是否由債務人自己提供，廣發銀行均有權先要求李龍公司或者李某某、王某某、李某承擔擔保責任。同日，廣發銀行與淮安永信供銷大廈有限公司（以下簡稱「永信大廈」）簽訂《房地產抵押合同》和《國有土地使用權抵押合同》，約定永信大廈以其所有的房產及國有土地使用權，分別為《授信額度合同》提供最高債權額為481.36萬元和118.64萬元的抵押擔保，並辦理了抵押登記手續。同日，永信大廈出具的「擔保單位情況表」載明其做為保證人向廣發銀行擔保伏龍公司本金不超過600萬元的貸款，並自願簽署及執行有關貸款合同和保證合同，該表有其法定代表人簽名和擔保單位永信大廈蓋章。

因伏龍公司出現嚴重信用危機，廣發銀行宣布債務提前到期並訴至法院，請求伏龍公司歸還借款本金600萬元及相應利息、罰息和複利；李龍公司、李某某、王某某、李某和永信大廈對上述債務承擔連帶責任；廣發銀行對永信大廈提供的抵押物享有優先受償權。

【法院判決】

江蘇省淮安市中級人民法院經審理認為，廣發銀行依約履行了發放貸款的義務，現貸款期限已過，伏龍公司應當承擔歸還借款的義務，李龍公司、李某某、王某某和李某應當承擔連帶保證責任。永信大廈提供抵押的房屋和土地使用權已辦理抵押登記，抵押權依法設立，廣發銀行就上述抵押財產折價或拍賣、變賣所得價款享有優先受償權。永信大廈出具的「擔保單位情況表」載明其做為保證人向廣發銀行擔保伏龍公司本金不超過600萬元的貸款，並自願簽署及執行有關貸款合同和保證合同。永信大廈做為法人，應當知曉「保證人」和「保證合同」的法律含義。永信大廈具有為伏龍公司案涉貸款做為保證人的意思表示，但未約定保證方式，即應當承擔連帶保證責任。綜上，判決伏龍公司向廣發銀行歸還借款本金600萬元及利息、逾期罰息和複利；李龍公司、李某某、王某某、李某和永信大廈對上述債務承擔連帶保證責任；廣發銀行對永信大廈提供抵押的房屋及土地使用權折價或拍賣、變賣所得價款，分別在481.36萬元和118.64萬元範圍內享有優先受償權。

宣判後，伏龍公司和永信大廈均不服一審判決，提起上訴。江蘇省高級人民法院經審理認為，永信大廈與廣發銀行不存在保證合同關係。案涉「擔保單位情況表」從其名稱和內容看，其用途是債權人據以瞭解擔保人情況以評估控制風險，而非保證合同或提供給擔保人單方填寫的擔保承諾書，其他證據也未能印證廣發銀行與永信大廈存在保證合同關係，故改判永信大廈不應當向廣發銀行承擔連帶保證責任。

【法律評析】

本案的複雜性在於同一債權項下既存在保證人，又有第三人提供的物的擔保，銀行主張權利時是否需要考慮實現人的保證或者實現物的擔保的先後順序。

被擔保的債權既有物的擔保又有人的擔保（無須區分一般保證還是連帶保證）的情形，即為「混合擔保」。根據《中華人民共和國物權法》第一百七十六條規定，被擔保的債權既有物的擔保又有人的擔保時，債務人不履行到期債務或者發生當事人約定的實現擔保物權的情形，債權人應當按照約定實現債權；沒有約定或者約定不明確，債務人自己提供物的擔保時，債權人應當先就該物的擔保實現債權；

第三人提供物的擔保時，債權人可以就物的擔保實現債權，也可以要求保證人承擔保證責任。提供擔保的第三人承擔擔保責任後，有權向債務人追償。

因此，當存在混合擔保情形而雙方並未對實現債權方式進行約定時，則按照法定處理，即：

混合擔保情形	**處理結果** （在無約定或約定不明的情形下）
同一債權既有保證人， 又有債務人提供的物的擔保	債權人只能先行使擔保物權以受償債權，而後在不能完全受償的餘額範圍內再向保證人主張，即保證人僅對物的擔保以外的債權額承擔保證責任。
同一債權既有保證人， 又有第三人提供的物的擔保	債權人可以自行選擇要求實現物的擔保或者人的保證。
同一債權既有保證人， 又有債務人提供的物的擔保 和第三人提供的物的擔保	債權人應當要求債務人先就物的擔保實現債權，對於未受清償部分，債權人可以自行選擇要求保證人承擔保證責任，或者要求第三人就物的擔保實現債權。

由此可見，當債務人已經提供物的擔保且另有第三方保證時，法律規定債權人只能向債務人先行使擔保物權以受償債權，而後在不能完全受償的餘額範圍內，再向保證人主張。鑒於前述風險，銀行通常會在保證合同中約定，無論主合同項下的債權是否有其他擔保，銀行均可直接要求保證人承擔保證責任。在本案中，廣發銀行與保證人簽訂的《最高額保證合同》亦有類似約定，比如：「若被擔保的債權同時存在其他擔保（包括但不限於保證、抵押、質押及其他形式的擔保），不論其他擔保是否由債務人自己提供，保證人承擔的保證責任

不受其他擔保的任何影響，當債務人未按主合同履行債務或實現擔保權利的情形，銀行有權直接要求保證人承擔全部擔保責任，而無須先行使其他擔保權利。」

本案的另一個爭議焦點，在於單方出具的「擔保單位情況表」是否構成保證的法律效力。對此問題，一審法院認定構成保證，而二審法院做出了截然相反的判決。

《最高人民法院關於適用〈中華人民共和國擔保法〉若干問題的解釋》第二十二條第一款規定：「第三人單方以書面形式向債權人出具擔保書，債權人接受且未提出異議的，保證合同成立。」因此，單方出具擔保書，從形式上已被司法解釋認定為符合《中華人民共和國擔保法》關於「保證人與債權人應當以書面形式訂立保證合同」的規定。但具體情況仍應具體分析，結合本案，永信大廈是否應當向廣發銀行承擔保證責任的關鍵，在於其出具的「擔保單位情況表」是否屬於單方以書面形式向債權人出具的擔保書，即「擔保單位情況表」是否具有保證合同的法律效力。綜合分析「擔保單位情況表」的名稱和內容，其用途是債權人瞭解擔保人的基本情況以控制風險，其中雖然有「本單位自願做為保證人，並將自願簽署及執行有關貸款合同和保證合同等」字樣，但從該文件的性質來看，永信大廈出具的這份情況表，其目的在於證實之前簽訂的抵押合同是由永信大廈做出，其意思表示是抵押合同的補充，並不宜理解為是承擔保證責任的擔保書。因此，僅憑「擔保單位情況表」不足以證明永信大廈有向廣發銀行承擔保證責任的意思表示，更不能證明其具有保證合同的法律效力。廣發銀行在本案訴訟之初僅僅要求永信大廈承擔抵押擔保責任，而後才增加訴訟請求，提出永信大廈出具的「擔保單位情況表」係其單方以書面形式向債權人出具擔保書，雙方成立保證合同關係，要求永信大廈承擔保證責任，廣發銀行對此未做出合理的解釋。綜上，「擔保單位情況表」並不能產生保證合同的法律效力，即廣發銀行不得依據

「擔保單位情況表」要求永信大廈承擔保證責任。

附：法律文書

淮安市伏龍食品有限公司等與廣發銀行股份有限公司淮安分行等金融借款合同糾紛上訴案

江蘇省高級人民法院（2015）蘇商終字第00323號

上訴人（原審被告）：淮安市伏龍食品有限公司。
法定代表人：李豔，該公司董事長。
委託代理人：田竹，江蘇天哲（淮安）律師事務所律師。
上訴人（原審被告）：淮安永信供銷大廈有限公司。
法定代表人：馬思林，該公司董事長。
委託代理人：王興元，江蘇博事達律師事務所律師。
委託代理人：吳小雅，江蘇博事達律師事務所律師。
被上訴人（原審原告）：廣發銀行股份有限公司淮安分行。
負責人：陳琦，該分行行長。
委託代理人：尚國先，江蘇六仁律師事務所律師。
委託代理人：滕慶紅，江蘇六仁律師事務所律師。
原審被告：江蘇李龍食品有限公司。
法定代表人：李伏龍，該公司總經理。
委託代理人：田竹，江蘇天哲（淮安）律師事務所律師。
原審被告：李伏龍。
委託代理人：田竹，江蘇天哲（淮安）律師事務所律師。
原審被告：王正蘭。
委託代理人：田竹，江蘇天哲（淮安）律師事務所律師。
原審被告：李豔。
委託代理人：田竹，江蘇天哲（淮安）律師事務所律師。

上訴人淮安市伏龍食品有限公司（以下簡稱伏龍食品公司）、淮安永信供銷大廈有限公司（以下簡稱永信供銷大廈）因與被上訴人廣發銀行股份有限公司淮安分行（以下簡稱廣發銀行淮安分行），原審被告江蘇李龍食品有限公司（以下簡稱李龍食品公司）、李伏龍、王正蘭、李豔金融借款合同糾紛一案，不服江蘇省淮安市中級人民法院（2014）淮中商初字第00017號民事判決，向本院提起上訴。本院受理後，依法組成合議庭，於2015年7月8日公開開庭審理了本案，上訴人伏龍食品公司及原審被告李龍食品公司、李伏龍、王正蘭、李豔共同的委託代理人田竹，上訴人永信供銷大廈的委託代理人王興元、吳小雅，被上訴人廣發銀行淮安分行的委託代理人尚國先到庭參加訴訟。本案現已審理終結。

廣發銀行淮安分行原審訴稱：2014年1月21日，廣發銀行淮安分行做為授信人，伏龍食品公司做為被授信人簽訂《授信額度合同》（編號：1365114綜授001），約定：廣發銀行淮安分行按授信額度最高限額600萬元的方式向伏龍食品公司提供授信額度，具體授信品種為流動資金貸款額度和銀行承兑匯票額度。其中流動資金貸款額度最高限度為600萬元，具體流動資金貸款的借款期限以借款借據或其他債權債務憑證所載明的實際發放日和到期日為準。同日，李龍食品公司、李伏龍、王正蘭、李豔分別與廣發銀行淮安分行簽訂《最高額保證合同》，分別為伏龍食品公司提供連帶責任保證。永信供銷大廈以坐落於淮安市淮安區南門大街2號的房產和土地提供抵押擔保，與廣發銀行淮安分行簽訂了抵押合同並辦理了抵押登記。

2014年1月27日，廣發銀行淮安分行向伏龍食品公司發放貸款300萬元，借款期限自2014年1月27日至2015年1月26日，年利率為8.4%。2014年2月24日，廣發銀行淮安分行又向伏龍食品公司發放貸款300萬元，借款期限自2014年2月24日至2015年2月23日，年利率為8.4%。因伏龍食品公司出現嚴重信用危機，廣發銀行淮安分行根據合同約定宣布上述債務提前到期，借款歸還日確定為2014年12月30日前，各擔保人承擔擔保責任的期限亦相應提前。請求判令：1. 伏龍食品公司返還借款本金600萬元並支付利息、罰息、複利（以300萬元為基數，按年利率8.1%自2014年12月21日計算至2015年1月26日止，自2015年1月27日起按年利率8.1%上浮30%計算罰息至實際本息付清之日止，以合同約定的2014年12月21日至2015年1月20日之間的利息為基數自2015年1月21日起按年利率8.1%上浮30%計算複利至實際付清之日止，以合同約定的2015年1月21日至2015年1月26日之間的利息為基數自2015年2月21日起按年利率8.1%上浮30%計算複利至實際付清之日止；以300萬元為基數，按年利率8.4%自2014年12月21日計算至2015年2月23日止，自2015年2月24日起按年利率8.4%上浮30%計算罰息至實際本息付清之日止，以合同約定的2014年12月21日至2015年1月20日之間的利息為基數自2015年1月21日起按年利率8.4%上浮30%計算複利至實際付清之日止，以合同約定的2015年1月21日至2015年2月20日之間的利息為基數自2015年2月21日起按年利率8.4%上浮30%計算複利至實際付清之日止，以合同約定的2015年2月21日至2015年2月23日之間的利息為基數自2015年3月21日起按年利率8.4%上浮30%計算複利至實際付清之日止）；2. 李龍食品公司、李伏龍、王正蘭、李豔對上述債務承擔連帶責任；3. 廣發銀行淮安分行對永信供銷大廈設定的抵押物拍賣或變賣所得款享有優先受償權；4. 伏龍食品公司、李龍食品公司、李伏龍、王正蘭、李豔、永信供銷大廈承擔訴訟費、保全費。原審中，廣發銀行淮安分行書面申請變更訴訟請求為：因永信供銷大廈除了提供抵押擔保之外，還提供了保證擔保，將原訴訟請求第2項變更為：李龍食品公司、李伏龍、王正蘭、李豔和永信供銷大廈對上述債務承擔連帶責任；庭審中，廣發銀行淮安分行對訴訟請求第3項明確為：廣發銀行淮安分行對永信供銷大廈提供的抵押物享有優先受償權。

伏龍食品公司、李龍食品公司、李伏龍、王正蘭、李豔共同辯稱：1. 對廣發銀行淮安分行陳述的伏龍食品公司借款以及李龍食品公司、李伏龍、王正蘭、李豔提供擔保的基本事實沒有異議；2. 廣發銀行淮安分行訴稱的兩筆300萬元的借款利息自2014年12月21日之後伏龍食品公司就沒有支付，兩筆借款本金也沒有歸還，但是之前的利息伏龍食品公司一直按期支付，由於廣發銀行淮安分行宣布兩筆借款提前到期，並起訴至法院，伏龍食品公司就沒有再支付利息。廣發銀行淮安分行宣布債務提前到期沒有事實依據，伏龍食品公司一直在正常生產，至今沒有停產，廣發銀行淮安分行主張伏龍食品公司信用問題沒有事實依據，廣發銀行淮安分行主張的利息、罰息、複利，伏龍食品公司、李龍食品公司、李伏龍、王正蘭、李豔認為罰息和複利屬於違約責任承擔範疇，根據相關法律規定，廣發銀行淮安分行主張違約損失必須以其實際損失為限，上述利息、罰息、複利屬於重複主張，廣發銀行淮安分行主張的比例總額超過30%，所以對廣發銀行淮安分行主張的罰息和複利不應當保護；3. 永信供銷大廈為伏龍食品公司提供抵押擔保是事實，但沒有提供保證擔保，並且永信供銷大廈提供的抵押資產已經遠遠超過廣發銀行淮安分行主張的數額。

永信供銷大廈辯稱：1. 對於廣發銀行淮安分行起訴伏龍食品公司借款事實沒有異議，對於廣發銀行淮安分行在起訴狀中的訴請及所陳述的事實及變更後訴訟請求第3項永信供銷大廈不表示異議，不認同廣發銀行淮安分行要求永信供銷大廈承擔保證責任的訴訟請求；2. 廣發銀行淮安分行保全凍結永信供銷大廈銀行帳戶中的存款錯誤，永信供銷大廈在本案中沒有提供保證擔保，只提供抵押擔保，本案借款中既存在永信供銷大廈的抵押擔保，又存在李龍食品公司、李伏龍、王正蘭、李豔的保證擔保，永信供銷大廈僅簽訂了抵押擔保合同，廣發銀行淮安分行在起訴狀中也承認永信供銷大廈是抵押擔保，李龍食品公司、李伏龍、王正蘭、李豔是保證擔保，廣發銀行淮安分行變更訴訟請求認為永信供銷大廈提供了保證擔保，該保證擔保不存在，所以就廣發銀行淮安分行凍結永信供銷大廈銀行存款部分，就凍結數額、時間以及影響和損失保留追究廣發銀行淮安分行賠償責任的權利。本案中就借款部分，廣發銀行淮安分行主張的罰息及複利根據法律都不應存在，廣發銀行淮安分行已經宣布兩筆借款提前到期，並在2014年12月31日提起訴訟，並不是伏龍食品公司未按照合同約定付息，已到期就只能按到期和訴訟後的規定實施，而不能因格式合同主張權利；3. 廣發銀行淮安分行於2015年2月5日提出變更訴訟請求，要求永信供銷大廈對伏龍食品公司的借款承擔連帶保證責任，無事實及法律依據，廣發銀行淮安分行變更訴請並沒有改變2014年12月31日所主張的事實和理由部分，根據相關司法解釋，應當以廣發銀行淮安分行2014年12月31日主張的事實和理由來認定永信供銷大廈是否應當承擔連帶保證責任。

原審法院經審理查明：2014年1月21日，廣發銀行淮安分行與伏龍食品公司簽訂編號為13650114綜授001的《授信額度合同》，約定：廣發銀行淮安分行在發放該合同項下授信前有確切證據證明伏龍食品公司有喪失或者可能喪失履行債務能力的其他情形的，可以中止履行；出現前款規定的違約事件時，廣發銀行淮安分行有權視具體情形採取該合同本息和其他應付款項全部或部分立即到期、行使擔保物權；授信額度敞口最高限額為600萬元；該授信額度有效期自該合同生效之日起至2015年1月9日止；固定利率，以實際放款日適用的中國人民銀行公布施行的相應文件次的貸款基準利率上浮30%計息，合同有效期內合同利率不變；利息從起息日起算，按實際貸款額和貸款天數計算；利息計算公式：利息＝本金×實際天數×日利率；日利率計算基數為一年360天，換算公式：日利率＝年利率／360；若伏龍食品公司未按約定期限還款，就逾期部分，廣發銀行淮安分行從逾期之日起按照逾期貸款罰息利率計收利息，直至清償本息為止；逾期貸款罰息利率為約定的貸款利率水準上加收30%；對伏龍食品公司不能按期支付的利息，以該合同約定的結息方式，從逾期之日起按照該合同約定的罰息利率計收複利；按月結息，每月的20日為結息日，21日為付息日；如付息日為法定節假日或公休日，可順延至法定節假日或公休日後第一個銀行工作日歸還該期利息，在法定節假日或公休日後第一個銀行工作日未歸還該期利息的，自付息日起轉為欠息，按該合同約定計算複利；該合同項下債務的擔保有最高額擔保；在該合同最高額債權項下如有擔保的，廣發銀行淮安分行與擔保人另行簽訂最高額擔保合同；該合同項下貸款採用定期付息、到期還本方式還本付息等。

2014年1月21日，廣發銀行淮安分行做為債權人，李龍食品公司做為保證人簽訂編號為13650114綜授001額保01的《最高額保證合同》，約定：該合同擔保的主合同為廣發銀行淮安分行和伏龍食品公司於2014年1月21日簽訂的編號為13650114綜授001的《授信額度合同》及其修訂或補充；該合同所擔保債權之最高本金餘額為600萬元；保證範圍包括主合同項下的債務本金、利息、罰息、複利、為實現債權而發生的費用（包括但不限於訴訟費、保全費、公告費等）和其他所有應付費用；上述最高本金餘額及保證範圍確定的債權金額之和，即為該合同所擔保的最高債權額；保證方式為連帶責任保證；該合同項下的保證期間為自主合同債務人履行債務期限屆滿之日起兩年；如主合同債務人未按主合同約定履行償付債務本息和相應費用的義務，廣發銀行淮安分行可直接向李龍食品公司追償；若被擔保的債權同時存在其他擔保（包括但不限於保證、抵押、質押及其他任何形式的擔保），不論其他擔保是否由債務人自己提供，李龍食品公司承擔的擔保責任不受其他擔保的任何影響，當債務人未按主合同約定履行債務或者發生該《最高額保證合同》當事人約定的實現擔保權利的情形，廣發銀行淮安分行有權直接要求李龍食品公司承擔該《最高額保證合同》項下全部擔保責任，而無須先行使其他擔保權利；對主合同債務履行期限屆滿或按主合同約定主合同債務提前到期，主合同債務人未按主合同約定償還債務本息的，廣發銀行淮安分行均有權直接要求李龍食品公司清償該債務；在該合同有效期內，廣發銀行淮安分行依法或根據主合同約定提前收回債權的，李龍食品公司同意在接到廣發銀行淮安分行的相關書面通知之日起開始履行連帶保證責任等。

2014年1月21日，廣發銀行淮安分行做為債權人、李伏龍、王正蘭、李豔做為保證人簽訂編號為13650114綜授001額保02的《最高額保證合同》，約定：該合同擔保的主合同為廣發銀行淮安分行和伏龍食品公司於2014年1月21日簽訂的編號為13650114綜授001的《授信額度合同》及其修訂或補充；該合同所擔保債權之最高本金餘額為600萬元；保證範圍包括主合同項下的債務本金、利息、罰息、複利、為實現債權而發生的費用（包括但不限於訴訟費、保全費、公告費等）和其他所有應付費用；上述最高本金餘額及保證範圍確定的債權金額之和，即為該合同所擔保的最高債權額；保證方式為連帶責任保證；如有多個保證人，各保證人為連帶共同保證人，承擔連帶共同保證責任；該合同項下的保證期間為自主合同債務人履行債務期限屆滿之日起兩年；如主合同債務人未按主合同約定履行償付債務本息和相應費用的義務，廣發銀行淮安分行可直接向李伏龍、王正蘭、李豔追償；若被擔保的債權同時存在其他擔保（包括但不限於保證、抵押、質押及其他任何形式的擔保），不論其他擔保是否由債務人自己提供，李伏龍、王正蘭、李豔承擔的擔保責任不受其他擔保的任何影響，當債務人未按主合同約定履行債務或者發生該《最高額保證合同》當事人約定的實現擔保權利的情形，廣發銀行淮安分行有權直接要求李伏龍、王正蘭、李豔承擔該《最高額保證合同》項下全部擔保責任，而無須先行使其他擔保權利；對主合同債務履行期限屆滿或按主合同約定主合同債務提前到期，主合同債務人未按主合同約定償還債務本息的，廣發銀行淮安分行均有權直接要求李伏龍、王正蘭、李豔清償該債務；在該合同有效期內，廣發銀行淮安分行依法或根據主合同約定提前收回債權的，李伏龍、王正蘭、李豔同意在接到廣發銀行淮安分行的相關書面通知之日起開始履行連帶保證責任等。

2014年1月21日，永信供銷大廈做為抵押人、廣發銀行淮安分行做為抵押權人簽訂《房地產抵押合同》，約定：為確保債務人伏龍食品公司於2014年1月21日起至2015年1月9日止的期限以內，向廣發銀行淮安分行連續發生的最高債權額在4,813,600元以內（含本數）的主合同的履行，永信供銷大廈以附件一、附件二所列房地產設定最高額抵押擔保；擔保範圍包括主債權本金、利息、違約金、賠償金、實現抵押權的費用之和；抵押房地產經有資質機構評估價為7,321,200元；債務人未依合同清償債務的，廣發銀行淮安分行有權依法申請處分抵押的房地產等。該《房地產抵押合同》後所附房地產抵押清單載明：房屋坐落南門大街2號，房屋所有權證書編號淮房權證城鎮公字第××號，建築面積1,140.7平方米，國有土地使用證編號淮C國用（2013）第1376號，占地面積333.59平方米。2014年1月21日，永信供銷大廈做為抵押人、廣發銀行淮安分行做為抵押權人簽訂《國有土地使用權抵押合同》，約定：永信供銷大廈為伏龍食品公司借款提供保證，將國有土地使用權抵押給廣發銀行淮安分行，做為永信供銷大廈為伏龍食品公司借款的保證；宗地坐落於淮城鎮南門大街2號（第五層），面積333.59平方米，土地用途商業；土地使用證編號淮C國用（2013）第1376號；經評估，並由淮安市國土資源局確認使用權總價值為1,804,400元；許可抵押限額為1,804,400元；擔保價值為1,186,400元；擔保範圍為被擔保債務的本金、利息、罰金、違約金及有關稅費；抵押期限1年，自2014年1月21日起至2015年1月9日止等。淮房他證城鎮公字第C1400405號房屋他項權證書載明：房屋他項權利人廣發銀行淮安分行，房屋所有權人永信供銷大廈，房屋所有權證號73958，文件案號公房614-1；房屋坐落南門大街2號，他項權利種類抵押權，債權數額481.36萬元，登記時間2014年1月22日。淮C他項（2014）第95號土地他項權證載明：土地他項權利人廣發銀行淮安分行，義務人永信供銷大廈，坐落淮城鎮南門大街2號（第五層），設定日期2014年1月21日，權利順序為第一等。

2014年1月21日「擔保單位情況表」載明：「借款申請書」編號：13650114綜授001，擔保人永信供銷大廈，其後以表格形式反映永信供銷大廈基本情況和財務情況，附註註明該公司承擔連帶擔保責任的或有負債餘額共計為4,330萬元。附註下方內容為：「廣發銀行淮安分行（分事處）：經認真研究，本單位自願做為保證人，擔保淮安市伏龍食品有限公司（借款人）從貴行取得本金不超過人民幣陸佰萬元的貸款及授信，並將自願簽署及執行有關貸款合同和保證合同等。本單位保證：本表情況為本單位如實填列，願意無條件地接受貴行就有關情況向任何方面進行諮詢、審查與調查核實並當予必要的協助。特此聲明。」其中劃橫線部分為手寫內容。該表法定代表人處有馬思林簽名，擔保單位處有永信供銷大廈蓋章。

2014年1月27日，伏龍食品公司向廣發銀行淮安分行出具「借款申請書」，其中載明：編號13650114綜授001，擬提供擔保方式：該次貸款擔保方式為房地產抵押，追加李龍食品公司、李伏龍夫婦、李豔連帶責任保證擔保，附：「擔保單位情況表」或「質押物情況表」等。

2014年2月20日，伏龍食品公司向廣發銀行淮安分行出具「借款申請書」，其中載明：編號13650114綜授001，擬提供擔保方式：該次申請貸款擔保方式為房地產抵押，同時追加李龍食品公司、李伏龍夫婦、李豔連帶責任保證擔保，附：「擔保單位情況表」或「質押物情況表」等。

2014年1月27日借款借據載明：借款人伏龍食品公司，借款金額300萬元，借款期限自2014年1月27日起至2015年1月26日，年利率8.1%，借款用途為購原材料。

2014年2月24日借款借據載明：借款人伏龍食品公司，借款金額300萬元，借款期限自2014年2月24日起至2015年2月23日，年利率8.4%，借款用途為購原材料。

2014年12月30日，廣發銀行淮安分行向永信供銷大廈出具「貸款提前到期通知書」，載明：永信供銷大廈做為抵押人與廣發銀行淮安分行於2014年1月21日簽訂《房地產抵押合同》和《國有土地使用權抵押合同》，借款人伏龍食品公司因違反了合同規定，廣發銀行淮安分行依據主合同所賦予的權利，宣布伏龍食品公司在主合同項下的債務於2014年12月30日提前到期，特此通知。

原審法院認為：案涉《授信額度合同》、兩份《最高額保證合同》、《房地產抵押合同》、《國有土地使用權抵押合同》係當事人真實意思表示，其內容不違反法律、行政法規強制性規定，合法有效。廣發銀行淮安分行依約履行了發放貸款的義務，現兩筆貸款期限已過，伏龍食品公司應當承擔歸還借款的義務，李龍食品公司、李伏龍、王正蘭、李豔應當依約承擔連帶保證責任。案涉房屋、土地使用權已經辦理了抵押登記，抵押權已經設立，廣發銀行淮安分行對永信供銷大廈提供抵押的淮房他證城鎮公字第C1400405號房屋他項權證書載明的坐落南門大街2號的房屋及淮C他項（2014）第95號土地他項權證載明的坐落淮城鎮南門大街2號（第五層）的土地使用權折價或以拍賣、變賣該抵押房地產所得的價款分別在481.36萬元和118.64萬元範圍內對伏龍公司的案涉債務享有優先受償權。

由於在本案審理過程中，案涉兩筆貸款均已超過原來約定的到期日，且廣發銀行淮安分行主張的逾期罰息也是從約定的到期日次日起算，因此，廣發銀行淮安分行宣布案涉貸款提前到期是否符合合同約定，並不影響伏龍食品公司、李龍食品公司、李伏龍、王正蘭、李豔、永信供銷大廈的權益，對此，原審法院不再予以審查和認定。根據案涉相關合同約定，李龍食品公司、李伏龍、王正蘭、李豔的保證期間以及永信供銷大廈的抵押期間均未超過。

對於逾期罰息和複利，案涉《授信額度合同》中有明確約定，且不違反有關法律、行政法規的強制性規定，因此，廣發銀行淮安分行有權計收逾期罰息和複利。但是，根據《人民幣利率管理規定》第二十條的規定，對貸款期內不能按期支付的利息按貸款合同利率按季或按月計收複利，貸款逾期後改按罰息利率計收複利。因此，廣發銀行淮安分行主張的複利，在貸款期內應按貸款利率計收。

關於永信供銷大廈是否承擔保證責任問題，原審法院認為，「擔保單位情況表」中下半部分雖有手寫部分，但「本單位自願做為保證人」、「並將自願簽署及執行有關貸款合同和保證合同等」字樣為列印內容，且永信供銷大廈也認可填寫此「擔保單位情況表」係因案涉貸款一事，只是永信供銷大廈稱是因為提供抵押擔保而填寫此表。此表永信供銷大廈法定代表人簽名、公司蓋章部位均在上述「本單位自願做為保證人」、「並將自願簽署及執行有關貸款合同和保證合同等」字樣的下方，永信供銷大廈做為法人，應當注意到上述字樣，並且應當知曉「保證人」的法律含義。永信供銷大廈雖辯稱此表下半部分手寫內容是在其法定代表人簽名、公司蓋章之後填寫，但無證據證明。永信供銷大廈與伏龍食品公司關於沒有就永信供銷大廈提供保證擔保與廣發銀行淮安分行進行過磋商的陳述，係單方陳述，廣發銀行淮安分行對此不予認可，永信供銷大廈與伏龍食品公司也沒有證據證明。案涉兩份「借款申請書」中均提到附「擔保單位情況表」，但其中也均提到李龍食品公司提供連帶責任保證擔保，且並沒有指明「擔保單位情況表」係指永信供銷大廈填寫的「擔保單位情況表」。對於提供抵押的財產，一般只需要瞭解該財產本身的價值以及該財產的權利狀況，即在該財產上能否設立相應價值的抵押權，而對擔保單位的基本情況和財務情況進行全面瞭解更符合擔保單位提供保證擔保情況下的需要。廣發銀行淮安分行與永信供銷大廈沒有簽訂相關最高額保證合同以及案涉「借款申請書」、「貸款提前到期通知書」、廣發銀行淮安分行起訴狀中均未提及永信供銷大廈提供保證擔保，這些均不能排除廣發銀行淮安分行依據「擔保單位情況表」這一書證行使主張永信供銷大廈承擔保證責任的權利。永信供銷大廈在本案中已經提供抵押擔保，也不能排除其再提供保證擔保的可能。《最高人民法院關於適用〈中華人民共和國擔保法〉若干問題的解釋》第二十二條第一款規定：第三人單方以書面形式向債權人出具擔保書，債權人接受且未提出異議的，保證合同成立。案涉「擔保單位情況表」中已經有永信供銷大廈為伏龍食品公司的案涉貸款做為保證人的意思表示，廣發銀行淮安分行現主張永信供銷大廈承擔保證責任，因此，廣發銀行淮安分行與永信供銷大廈之間保證合同成立。《中華人民共和國擔保法》第十九條規定：當事人對保證方式沒有約定或者約定不明確的，按照連帶責任保證承擔保證責任。案涉「擔保單位情況表」中沒有約定保證方式，因此，廣發銀行淮安分行要求永信供銷大廈在本案中承擔連帶保證責任的主張，原審法院予以支持。《中華人民共和國擔保法》第二十六條第一款規定：連帶責任保證的保證人與債權人未約定保證期間的，債權人有權自主債權履行期屆滿之日起6個月內要求保證人承擔保證責任，本案中，這一保證期間沒有超過。

綜上，依據《中華人民共和國合同法》第二百零五條、第二百零六條、第二百零七條，《中華人民共和國擔保法》第十二條、第十四條、第十八條、第十九條、第二十一條、第二十六條，《最高人民法院關於適用〈中華人民共和國擔保法〉若干問題的解釋》第二十二條第一款，《中華人民民共和國物權法》第一百七十六條、第一百八十條、第一百八十七條、第一百九十五條、第二百零三條第一款、第二百零七條，《中華人民共和國民事訴訟法》第一百四十條、第一百四十二條的規定，原審法院判決：一、伏龍食品公司於判決生效之日起10日內向廣發銀行淮安分行歸還借款本金600萬元及利息、逾期罰息和複利（以300萬元為基數，自2014年12月21日按年利率8.1%計算利息至2015年1月26日止，自2015年1月27日起按年利率8.1%上浮30%計算罰息至實際給付之日止，以合同約定的2014年12月21日至2015年1月20日之間的利息為基數自2015年1月21日起按年利率8.1%計算複利至2015年1月26日止、自2015年1月27日起按年利率8.1%上浮30%計算複利至實際給付之日止，以合同約定的2015年1月21日至2015年1月26日之間的利息為基數自2015年2月21日起按年利率8.1%上浮30%計算複利至實際給付之日止；以300萬元為基數，自2014年12月21日起按年利率8.4%計算利息至2015年2月23日止，自2015年2月24日起按年利率8.4%上浮30%計算罰息至實際給付之日止，以合同約定的2014年12月21日至2015年1月20日之間的利息為基數自2015年1月21日起按年利率8.4%計算複利至2015年2月23日止、自2015年2月24日起按年利率8.4%上浮30%計算複利至實際給付之日止，以合同約定的2015年1月21日至2015年2月20日之間的利息為基數自2015年2月21日起按年利率8.4%計算複利至2015年2月23日止、自2015年2月24日起按年利率8.4%上浮30%計算複利至實際給付之日止，以合同約定的2015年2月21日至2015年2月23日之間的利息為基數自2015年3月21日起按年利率8.4%上浮30%計算複利至實際給付之日止）；二、李龍食品公司、李伏龍、王正蘭、李豔、永信供銷大廈對判決第一項確定的伏龍食品公司的債務承擔連帶保證責任；三、廣發銀行淮安分行對永信供銷大廈提供抵押的淮房他證城鎮公字第C1400405號房屋他項權證書載明的坐落南門大街2號的房屋及淮C他項（2014）第95號土地他項權證載明的坐落淮城鎮南門大街2號（第五層）的土地使用權折價或以拍賣、變賣該抵押房地產所得的價款分別在481.36萬元和118.64萬元範圍內對判決第一項確定的伏龍食品公司的債務享有優先受償權。如未按判決指定的期間履行給付金錢義務，應當依照《中華人民共和國民事訴訟法》第二百五十三條之規定，加倍支付遲延履行期間的債務利息。案件受理費53,800元，財產保全費5,000元，合計58,800元，由伏龍食品公司、李龍食品公司、李伏龍、王正蘭、李豔、永信供銷大廈共同負擔。

伏龍食品公司不服原審判決，向本院提起上訴稱：一、廣發銀行淮安分行提前收回案涉貸款不符合合同約定。二、原審判決認為審理時案涉貸款的還款期限已屆滿，並以此支持廣發銀行淮安分行提前收回貸款的主張，沒有法律依據。三、伏龍食品公司沒有違約行為，故不應支付罰息和複利。即使應支付，在廣發銀行淮安分行沒有舉證證明其經濟損失的情況下，不應對逾期罰息和複利給予支持。綜上，請求撤銷原審判決中關於伏龍食品公司支付逾期罰息和複利的判項，由廣發銀行淮安分行承擔二審訴訟費。

廣發銀行淮安分行針對伏龍食品公司的上訴辯稱：廣發銀行淮安分行雖宣布案涉貸款提前到期，但主張的逾期利息和複利均是從合同約定的貸款到期日次日起算，且廣發銀行淮安分行計收利息與複利的標準均不違反法律、行政法規強制性規定。綜上，請求駁回伏龍食品公司的上訴請求。

永信供銷大廈、李龍食品公司、李伏龍、王正蘭、李豔均同意伏龍食品公司的上訴意見。

永信供銷大廈亦不服原審判決，向本院提起上訴稱：一、原審判決未查明案涉「擔保單位情況表」載明的相關內容形成過程及用途等事實，上述事實對於認定該證據的性質、來源的合法性具有實質性影響。1. 廣發銀行淮安分行在原審中對「擔保單位情況表」形成過程的陳述自相矛盾。2015年3月23日庭審中，該行代理人稱，「係經辦人張繼生與六被告法定代表人磋商，『擔保單位情況表』是張繼生提供給永信供銷大廈法定代表人馬思林，目的是要馬思林提供擔保」，而2015年3月24日，廣發銀行淮安分行又向原審法院出具『擔保單位情況表暨擔保承諾函的形成過程描述』稱，「經辦人張繼生將該表填寫好編號、借款人名稱、銀行名稱、幣種後交給伏龍食品公司，由伏龍食品公司與永信供銷大廈磋商擔保事實並填寫相關資料」。廣發銀行淮安分行的兩次陳述明顯存在矛盾，而該事實涉及伏龍食品公司陳述事實的證明力。2. 伏龍食品公司庭審中的陳述與廣發銀行淮安分行出具的「擔保單位情況表暨擔保承諾函的形成過程描述」中的部分內容相印證，但原審判決未予認定。伏龍食品公司原審庭審中陳述，「伏龍食品公司向廣發銀行淮安分行貸款時，該行要求其提供抵押物進行擔保，伏龍食品公司提供永信供銷大廈做為抵押人，廣發銀行淮安分行要求伏龍食品公司提供永信供銷大廈的基本信息情況，『擔保單位情況表』中的基本情況、財務情況係永信供銷大廈填寫，伏龍食品公司將『擔保單位情況表』交給廣發銀行淮安分行時，該表的倒數第四行與第九行中劃橫劃部分為空白。」伏龍食品公司的陳述與廣發銀行淮安分行提供書證內容相印證，能夠證明廣發銀行淮安分行經辦人並未與永信供銷大廈進行磋商，永信供銷大廈填寫的情況表橫線部分為空白的事實。3. 廣發銀行淮安分行在庭審中對於「擔保單位情況表」形成地點、時間、過程的陳述與伏龍食品公司的陳述矛盾。4. 「擔保單位情況表」附註中載明的截止時間為1月27日，而該落款時間為1月21日，證明該表部分內容形成於永信供銷大廈法定代表人簽字、蓋章後。且根據已知事實能夠確定橫線部分為事後添加，故該證據形成不具有合法性。二、原審判決認定「擔保單位情況表」具有擔保書的性質，屬於適用法律錯誤。1. 「擔保單位情況表」雖出現保證人的內容表述，但未明確載明債務人不履行義務時，永信供銷大廈應承擔何種責任，僅從保證人三個字即認定係保證責任，違反立法本意。2. 「擔保單位情況表」與「借款申請書」載明的編號一致且得到其他當事人證實的前提下，原審判決否認該情況表屬於抵押擔保項下的附件，違反了舉證責任分配的基本原則。3. 原審判決認定「擔保單位情況表」係永信供銷大廈單方出具，同時又認定廣發銀行淮安分行與永信供銷大廈進行磋商的陳述存在明顯矛盾，其裁決內容明顯違反法律規則。4. 根據證據形成過程中部分內容為空白的事實，以及「擔保單位情況表」也未明確載明代為清償債務的意思表示，應認定廣發銀行淮安分行故意隱瞞真實情況，誘使永信供銷大廈做出意思表示，屬於欺詐。三、根據廣發銀行淮安分行催收債權及訴訟中的行為，可以確定廣發銀行淮安分行是基於抵押擔保要求永信供銷大廈承擔責任，訴訟時也未明確要求永信供銷大廈承擔保證責任，應推定廣發銀行淮安分行並沒有將該情況做為擔保預期。綜上，請求駁回廣發銀行淮安分行要求永信供銷大廈承擔連帶保證責任的訴訟請求。

廣發銀行淮安分行針對永信供銷大廈的上訴理由辯稱：一、原審判決認定事實清楚。1. 無論永信供銷大廈是直接或是通過伏龍食品公司向廣發銀行淮安分行提交「擔保單位情況表」，均不與廣發銀行淮安分行原審中的陳述及出具說明的內容矛盾。永信供銷大廈是與廣發銀行淮安分行工作人員磋商後，當場填寫「擔保單位情況表」。2. 「擔保單位情況表」中的「1月21日、1月27日」均為永信供銷大廈填寫。3. 「擔保單位情況表」係書證，在無相反證據證明的情況下，應以書面證據做為定案依據。二、永信供銷大廈應承擔保證責任。1. 「擔保單位情況表」由二部分組成，一部分為永信供銷大廈的財務情況，另一部分為永信供銷大廈向廣發銀行淮安分行提供保證擔保的擔保書。2. 「擔保單位情況表」符合保證書的要件要求。有明確的債權人、債務人、被保證的主債權的種類及金額、明確的保證擔保的意思表示、正規的簽名、蓋章及落款時間。3. 根據「中華人民共和國擔保法」及相關司法解釋規定，廣發銀行淮安分行與永信供銷大廈之間的保證合同成立。三、需要說明的問題。1. 廣發銀行淮安分行在日常業務操作中，辦理抵押擔保手續時並不包含「擔保單位情況表」。2. 本案中，永信供銷大廈提供的抵押物價值遠低於600萬元，故廣發銀行淮安分行要求永信供銷大廈再提供保證擔保。3. 案涉貸款屬於小微企業貸款，廣發銀行淮安分行為支援小微企業發展，加快內部審批過程，採用填寫「擔保單位情況表」的方式辦理保證擔保手續。4. 廣發銀行淮安分行起訴前及起訴時未要求永信供銷大廈承擔保證責任，是基於永信供銷大廈曾與廣發銀行淮安分行積極溝通，同意承擔部分還款責任。綜上，請求駁回永信供銷大廈的上訴請求，維持原判決。

伏龍食品公司同意永信供銷大廈的上訴理由並述稱：永信供銷大廈為伏龍食品公司提供擔保時，同意提供房屋抵押擔保，該房屋擔保價值遠超貸款數額，辦理貸款時，均由伏龍食品公司工作人員辦理，「擔保單位情況表」係伏龍食品公司工作人員轉交永信供銷大廈工作人員填寫，永信供銷大廈工作人員填寫後，該表下半部分為空白。廣發銀行淮安分行簽收的「借款申請書」亦載明永信供銷大廈提供了抵押擔保。

李龍食品公司、李伏龍、王正蘭、李豔均同意永信供銷大廈的上訴意見。

二審庭審中，各方當事人對原審判決查明事實均無異議，對各方當事人無異議的事實，本院予以確認。

二審中，永信供銷大廈向本院提交廣發銀行淮安分行2013年2月3日向永信供銷大廈寄送的「催／還款通知書（擔保人）」，擬證明永信供銷大廈為案涉貸款提供的是抵押擔保，廣發銀行淮安分行在催款過程中僅要求永信供銷大廈承擔抵押擔保責任。

廣發銀行淮安分行質證認為：對該通知書真實性無異議，但該證據不屬於新證據，永信供銷大廈應在原審期間提交。該證據雖要求永信供銷大廈承擔抵押擔保責任，但並未否定雙方之間還存在保證擔保關係。

本院認為，廣發銀行淮安分行對「催／還款通知書（擔保人）」真實性無異議，本院對該證據真實性予以確認。該證據證明廣發銀行淮安分行通知永信供銷大廈履行抵押擔保合同義務的事實，與本案具有關聯性，本院予以採納。

廣發銀行淮安分行向本院提交：

1.「情況說明」及廣發銀行淮安分行與案外人簽訂的「借款申請」、「擔保單位情況表」、《房地產抵押合同》、《國有土地使用權抵押合同》各二份，擬證明廣發銀行淮安分行在其他業務辦理中，也存在只簽訂「擔保單位情況表」，不簽訂保證合同的情形。

2. 廣發銀行淮安分行「關於加強抵押登記等事項的通知」影本，擬證明補充簽訂「擔保單位情況表」是廣發銀行淮安分行內部要求的增加風險緩釋的措施。

永信供銷大廈質證認為，對證據1真實性予以認可。但從廣發銀行淮安分行在其他業務辦理中簽訂的「借款申請書」、「擔保單位情況表」看，均是相關借款人先填寫好「借款申請書」，交給廣發銀行淮安分行，後由擔保人出具「擔保單位情況表」，而本案中，是由永信供銷大廈先出具「擔保單位情況表」，後由伏龍食品公司填寫「借款申請書」，因此，廣發銀行淮安分行提供的其他業務辦理情況與本案情況不同，不能據此認定本案中永信供銷大廈補充提供保證擔保。證據2係影本，對其真實性不予認可，且該文件中也要求追加保證人承擔連帶責任，應簽訂保證合同。

本院認為，因永信供銷大廈對證據1真實性予以確認，本院對證據1的真實性予以確認，對於證據1與本案的關聯性，因涉及本案爭議焦點的認定，本院在裁判理由中予以論述。證據2係影本，且永信供銷大廈對其真實性不予認可，故本院對證據2真實性不予確認。

本院另查明：2015年2月3日，廣發銀行淮安分行向永信供銷大廈寄送「催／還款通知書（擔保人）」載明，永信供銷大廈就案涉《授信額度合同》提供抵押擔保，希永信供銷大廈履行擔保責任，督促借款人或親自履行合同義務。

一審庭審中，伏龍食品公司陳述2014年12月期間，李伏龍及家人因他人追討債務，而到外地暫時迴避。二審庭審中，對本院詢問的就李伏龍失去聯繫及被公安機關立案情況有無書面通知廣發銀行淮安分行問題，伏龍食品公司稱沒有通知過，但認為其一直正常還款。

二審庭審中，對本院詢問的廣發銀行淮安分行主張存在保證合同關係卻為何沒有簽訂保證合同，貸款審批時有無該項保證擔保，以及業務系統中記載的案涉貸款有無主張的永信供銷大廈提供保證擔保內容的問題，廣發銀行淮安分行稱，案涉貸款係由廣發銀行股份有限公司南京分行審批，廣發銀行淮安分行具體發放，審批時無永信供銷大廈擔保的內容。因廣發銀行股份有限公司南京分行審批後，廣發銀行淮安分行認為案涉借款存在風險，故要求永信供銷大廈追加提供保證擔保。且因廣發銀行股份有限公司南京分行已審核過該筆貸款，故只要求永信供銷大廈出具「擔保單位情況表」，未簽訂保證合同，電子業務系統中也無相應記載。

對於「借款申請書」為何沒有載明永信供銷大廈提供保證擔保的問題，廣發銀行淮安分行稱，「借款申請書」中的擔保情況與廣發銀行股份有限公司南京分行審批內容一致，永信供銷大廈提供的連帶責任保證係事後追加，故「借款申請書」中沒有記載。

本案二審爭議焦點：1. 伏龍食品公司是否應支付案涉借款的逾期罰息和複利；2. 永信供銷大廈與廣發銀行淮安分行之間是否存在保證合同關係。

本院認為：一、伏龍食品公司應支付案涉借款的逾期罰息和複利。廣發銀行淮安分行在伏龍食品公司法定代表人李伏龍失去聯繫的情況下，有理由相信伏龍食品公司喪失或可能喪失履行債務的能力，在無法聯繫李伏龍的情況下，廣發銀行淮安分行有權根據案涉《授信額度合同》第九條約定，宣布案涉借款提前到期。在廣發銀行淮安分行宣布案涉借款提前到期後，伏龍食品公司亦未歸還案涉借款，造成廣發銀行淮安分行貸款利息損失，故其應按合同約定的標準支付案涉借款的罰息和複利。

二、永信供銷大廈與廣發銀行淮安分行之間不存在保證合同關係。理由如下：（一）案涉「擔保單位情況表」是廣發銀行淮安分行印製的格式文本，從其名稱和內容看，是擔保單位按照債權人廣發銀行淮安分行的要求，將其資信等基本情況如實告知債權人，其用途是債權人據以瞭解擔保人情況以評估控制風險，而非保證合同文本或提供給擔保人單方填寫的擔保承諾書。「擔保單位情況表」中雖然有「本單位自願做為保證人」字樣，但對該字樣的語義不應離開其前後文解釋，該字樣之後的內容包括「並將自願簽署及執行有關貸款合同和保證合同等」，如果「擔保單位情況表」本身就是保證合同文本或是確認保證合同關係的單方出具給債權人的擔保承諾書，則無須再簽署保證合同，故結合前述對「擔保單位情況表」用途的分析，僅憑「擔保單位情況表」這一書面證據不足以證明廣發銀行淮安分行和永信供銷大廈之間存在保證合同關係。（二）在案的其他證據未能印證廣發銀行淮安分行依據「擔保單位情況表」提出的關於其與永信供銷大廈之間存在保證合同關係的主張。第一，廣發銀行淮安分行稱永信供銷大廈的保證擔保是在案涉借款審批後其要求永信供銷大廈追加提供，但「擔保單位情況表」的落款時間與永信供銷大廈簽署的《房地產抵押合同》及案涉《授信額度合同》落款時間相同，廣發銀行淮安分行提出的該觀點與書面證據明顯矛盾，亦缺乏其他證據證明，不能成立。第二，廣發銀行淮安分行就案涉借款辦理內部審批以及形成的電子業務文件案中均未記載存在永信供銷大廈的保證擔保，廣發銀行淮安分行對此未做出合理解釋。第三，《綜合授信合同》項下借款發放時形成的「借款申請書」載明借款的擔保方式為房地產抵押，追加李龍食品公司、李伏龍夫婦、李豔連帶責任保證擔保，其中並無永信供銷大廈提供的保證擔保。同時，案涉借款中涉及保證人李龍食品公司的貸款業務資料既包括其填寫的「擔保單位情況表」，也包括其與廣發銀行淮安分行簽署的《保證合同》，且落款日期均為2014年1月21日，廣發銀行淮安分行對於其主張的同一筆借款的保證人為何採用不同的訂立合同的方式沒有做出合理解釋。第四，本案訴訟前，廣發銀行淮安分行在催收案涉借款、要求擔保人承擔擔保責任時均未提及要求永信供銷大廈承擔保證責任，而僅是要求永信供銷大廈承擔抵押擔保責任。在提起本案訴訟之初，廣發銀行淮安分行仍僅主張其與永信供銷大廈之間存在抵押擔保關係，要求對方承擔抵押擔保責任。直至2015年2月5日，廣發銀行淮安分行才增加訴訟請求，提出其與永信供銷大廈之間還存在保證擔保關係，要求永信供銷大廈承擔保證責任。對此，廣發銀行淮安分行亦未做出合理解釋。綜上，廣發銀行淮安分行關於其和永信供銷大廈之間存在保證合同關係的觀點缺乏充分證據證明，不能成立，其在二審中提供的證據不能佐證「擔保單位情況表」可以證明保證合同關係成立的觀點，本院不予採信。永信供銷大廈關於「擔保單位情況表」是其做為抵押人應廣發銀行淮安分行要求出具，不能證明其和廣發銀行淮安分行之間存在保證合同關係的觀點，具有合理性，本院予以採納。

綜上，伏龍食品公司的上訴請求沒有事實和法律依據，本院不予支持。永信供銷大廈的上訴請求成立，本院予以支持。原審判決關於廣發銀行淮安分行和永信供銷大廈之間存在保證合同關係的事實認定及相應實體處理結果錯誤，本院予以糾正。據此，依照《中華人民共和國合同法》第二百零五條、第二百零六條、第二百零七條，《中華人民共和國擔保法》第十二條、第十八條、第二十一條，《中華人民共和國物權法》第一百七十六條、第一百九十五條、第二百零三條第一款，《中華人民共和國民事訴訟法》第一百七十條第一款第（二）項之規定，判決如下：

一、維持江蘇省淮安市中級人民法院（2014）淮中商初字第00017號民事判決第一項。

二、撤銷江蘇省淮安市中級人民法院（2014）淮中商初字第00017號民事判決第二項、第三項。

三、李龍食品公司、李伏龍、王正蘭、李豔對江蘇省淮安市中級人民法院（2014）淮中商初字第00017號民事判決第一項確定的伏龍食品公司的債務承擔連帶保證責任。李龍食品公司、李伏龍、王正蘭、李豔承擔保證責任後，有權向伏龍食品公司追償。

四、廣發銀行淮安分行對永信供銷大廈提供抵押的淮房他證城鎮公字第C1400405號房屋他項權證書載明的坐落南門大街2號的房屋及淮C他項（2014）第95號土地他項權證載明的坐落淮城鎮南門大街2號（第五層）的土地使用權折價或以拍賣、變賣該抵押房地產所得的價款分別在481.36萬元和118.64萬元範圍內對江蘇省淮安市中級人民法院（2014）淮中商初字第00017號民事判決第一項確定的伏龍食品公司的債務享有優先受償權。永信供銷大廈承擔抵押責任後，有權向伏龍食品公司追償。

五、駁回廣發銀行淮安分行其他訴訟請求。

如未按本判決指定的期間履行給付金錢義務，應當依照《中華人民共和國民事訴訟法》第二百五十三條之規定，加倍支付遲延履行期間的債務利息。

一審案件受理費53,800元，財產保全費5,000元，合計58,800元，由伏龍食品公司、李龍食品公司、李伏龍、王正蘭、李豔、永信供銷大廈共同負擔。廣發銀行淮安分行預繳一審案件受理費、保全費58,800元，由一審法院退還，伏龍食品公司、李龍食品公司、李伏龍、王正蘭、李豔、永信供銷大廈應承擔的一審案件受理費58,800元，於本判決生效之日起10日內向一審法院繳納。二審案件受理費53,800元，由伏龍食品公司負擔1,000元，廣發銀行淮安分行負擔52,800元。永信供銷大廈預交二審案件受理費53,800元，由本院退還，廣發銀行淮安分行應承擔的二審案件受理費52,800元，於本判決生效起10日內向本院繳納。

本判決為終審判決。

審判長　段曉娟
代理審判員　王強
代理審判員　林佳
二〇一五年八月三十一日
書記員　李斯琦

【案例14】主合同變更對保證合同的影響

進出口銀行訴漢龍集團等保證合同糾紛案評析

案號：北京市第四中級人民法院（2015）四中民（商）初字第176號

【摘要】

除另有約定外，主合同變更時，應當取得保證人書面同意，若未經同意，保證人對減輕後的合同承擔保證責任，對加重部分免除保證責任。

【基本案情】

2010年12月2日，中國進出口銀行（以下簡稱「進出口銀行」）與四川漢龍（集團）有限公司（以下簡稱「漢龍集團」）簽訂《借款合同》，約定進出口銀行向漢龍集團發放貸款3,500萬美元，借款期限為120個月，並確定了貸款利率、罰息利率及每筆還款的金額和日期。同日，四川省綿陽市豐穀酒業有限責任公司（以下簡稱「豐穀酒業」）與進出口銀行簽訂《保證合同》，約定豐穀酒業為漢龍集團在《借款合同》項下的全部債務提供連帶責任保證，擔保範圍為貸款本金、利息（包括法定利息、約定利息、逾期利息及罰息）、違約金及實現債權的所有費用，漢龍集團未按期支付任何到期應付債務或發生任何其他違約事件，豐穀酒業應在收到進出口銀行書面通知之日起15天內，無條件以進出口銀行要求的方式支付該筆被擔保債務。同日，進出口銀行向漢龍集團發放了貸款3,500萬美元。

2013年9月20日，漢龍集團、進出口銀行及豐穀酒業共同簽訂《關於調整還款計畫的補充協議》，約定三方協商同意對《借款合同》中約定的還款計畫和還款結構進行調整，豐穀酒業繼續為調整後的借款合同提供連帶責任保證，同意《保證合同》在還款結構調整後繼續有效。

貸款到期後，漢龍集團未按期還款，拖欠本金32,712,500美元，利息、複利和罰息合計1,921,930.67美元（截止2015年6月10日）。進出口銀行多次催討未果，遂訴至法院，請求漢龍集團償還借款本金32,712,500美元，利息、複利和罰息共計1,921,930.67美元（計算至2015年6月10日）；豐穀酒業對上述欠款本息承擔連帶清償責任。

【法院判決】

北京市第四中級人民法院經審理認為，案涉所有合同均係簽約各方當事人的真實意思表示，未違反法律、行政法規的強制性規定，應屬合法有效，合同當事人均應嚴格全面履行合同所約定的義務。進出口銀行依約履行放貸義務，漢龍集團未如期還本付息構成違約，應當承擔違約責任，向進出口銀行償還所欠本金、利息、複利和罰息。在貸款期限屆滿且債務人沒有履行債務時，保證人豐穀酒業應當向進出口銀行承擔保證責任。

有關保證責任範圍問題，豐穀酒業辯稱因進出口銀行未按約定及時通知其履行保證責任，故其僅應對貸款提前到期日後的本金、利息、罰息和複利，而非對漢龍集團未按時還款產生的複利和罰息承擔擔保責任。對此，該院認為，進出口銀行要求豐穀酒業所承擔的保證責任並未超出《保證合同》約定的保證責任範圍和保證責任期間，《保證合同》並未將進出口銀行書面通知設定為貸款人的強制性義務，亦未明確約定保證人可對貸款人通知前的債務免除保證責任，而是要求保證人無條件地以貸款人要求的方式承擔保證責任。另外，豐穀酒業與漢龍集團、進出口銀行共同簽訂了《關於調整還款計畫的補充協議》，約定《保證合同》在還款結構調整後繼續有效，其同意繼續為調整後的借款合同提供連帶責任保證。據此說明，豐穀酒業瞭解債務人漢龍集團的財務狀況變化，並同意繼續按照約定承擔保證責任。豐穀酒業關於因進出口銀行未及時通知致使其未履行代償義務，故不應對漢龍集團未按時還款產生的複利和罰息承擔保證責任的主張，沒有法律依據和合同依據。綜上，判決漢龍集團償還進出口銀行貸款本金32,712,500美元，利息、複利和罰息共計1,921,930.67美元；豐穀酒業對上述貸款全部本息承擔連帶清償責任。

【法律評析】

本案的法律焦點問題，為主合同變更後的保證人責任如何承擔，以及保證責任範圍如何認定。

一、主合同變更後的保證人責任

《中華人民共和國擔保法》第二十四條規定：「債權人與債務人協議變更主合同的，應當取得保證人書面同意，未經保證人書面同意的，保證人不再承擔保證責任。保證合同另有約定的，按照約定。」《最高人民法院關於適用〈中華人民共和國擔保法〉若干問題的解釋》第三十條第一、二款：「保證期間，債權人與債務人對主合同數量、價款、幣種、利率等內容做了變動，未經保證人同意的，如果減輕債務人的債務的，保證人仍應當對變更後的合同承擔保證責任；如果加重債務人的債務的，保證人對加重的部分不承擔保證責任。債權人與債務人對主合同履行期限做了變動，未經保證人書面同意的，保證期間為原合同約定的或者法律規定的期間。」

以上法律條款關於保證人責任的規定有所不同，經過綜合分析，應當理解為：除保證合同另有約定外，主合同變更的，如債權人和債務人對主合同數量、價款、幣種、利率、履行期限等內容做了變動，應當取得保證人的書面同意，取得保證人同意的，保證人繼續承擔原保證責任；未經保證人同意的，如果減輕債務的，保證人對變更後的合同承擔保證責任，如果加重債務的，保證人繼續承擔原保證責任，對加重部分不承擔保證責任。

本案中，鑒於債務人漢龍集團的財務狀況變化，債權人進出口銀行與債務人漢龍集團、保證人豐穀酒業共同簽訂了《關於調整還款計畫的補充協議》，協商變更了主合同的還款期限和還款金額，約定《保證合同》在還款結構調整後繼續有效，豐穀酒業同意繼續為調整後的借款合同提供連帶責任保證。據此，可以認定主合同有關還款期限和還款金額的變更已經取得了保證人豐穀酒業的書面同意。因此，豐穀酒業應當繼續承擔保證責任。

二、保證責任範圍的認定

《中華人民共和國擔保法》第十八條第二款規定：「連帶責任保證的債務人在主合同規定的債務履行期屆滿沒有履行債務的，債權人可以要求債務人履行債務，也可以要求保證人在其保證範圍內承擔保證責任。」該條款明確規定了在債務人未履行到期債務時，債權人享有自主選擇要求保證人依約承擔保證責任的權利，並沒有規定債權人負有通知保證人承擔保證責任的義務。

《中華人民共和國擔保法》第二十一條規定：「保證擔保的範圍包括主債權及利息、違約金、損害賠償金和實現債權的費用。保證合同另有約定的，按照約定。當事人對保證擔保的範圍沒有約定或者約定不明確的，保證人應當對全部債務承擔責任。」該條款明確了認定保證人承擔保證責任範圍的順序，即應優先適用當事人的合同約定，如當事人無合同約定即應適用法律規定。

本案中，《保證合同》約定漢龍集團未按期支付任何到期應付債務或發生任何其他違約事件，豐穀酒業應在收到進出口銀行書面通知之日起15天內，無條件地以進出口銀行要求的方式支付該筆被擔保債務。該約定僅僅明訂了豐穀酒業向進出口銀行承擔保證責任的具體操作方式和操作流程，並未設定進出口銀行應當履行書面通知的強制性義務，亦未明確約定豐穀酒業可對進出口銀行未進行書面通知行為產生的相應債務免除保證責任。進出口銀行既沒有履行通知保證人承擔保證責任的法定義務，也沒有合同約定義務，故進出口銀行是否通知豐穀酒業承擔保證責任，對豐穀酒業承擔保證責任的範圍認定沒有任何影響。基於《保證合同》中雙方當事人已經明確約定了保證擔保的範圍，關於保證人豐穀酒業保證責任範圍的認定，應當適用《保證合同》的約定。進出口銀行未書面通知保證人豐穀酒業而產生的利息、罰息等亦應屬於《保證合同》約定的保證範圍，豐穀酒業應當對漢龍集團逾期未履行的全部貸款本金、利息、複利和罰息，在約定的保證範圍內承擔保證責任。

附：法律文書

中國進出口銀行與四川漢龍（集團）有限公司等金融借款合同糾紛一審民事判決書

北京市第四中級人民法院（2015）四中民（商）初字第176號

原告：中國進出口銀行，住所地北京市西城區復興門內大街30號。

法定代表人：劉連舸，行長。

委託代理人：岳春英，律師。

委託代理人：馮紅，律師。

被告：四川漢龍（集團）有限公司，住所地四川省綿陽市涪城路169號。

法定代表人：張克宇，董事長。

被告：四川省綿陽市豐穀酒業有限責任公司，住所地四川省綿陽市飛雲大道中段369號。

法定代表人：張軍，總經理。

委託代理人：潘迅，律師。

原告中國進出口銀行（以下簡稱進出口銀行）與被告四川漢龍（集團）有限公司（以下簡稱漢龍集團）、四川省綿陽市豐穀酒業有限責任公司（以下簡稱豐穀酒業）金融借款合同糾紛一案，本院於2015年5月26日受理後，依法組成由法官溫志軍擔任審判長，法官王翔、法官高晶參加的合議庭審理本案。本院於2015年8月31日進行了庭前證據交換，並於同日公開開庭進行了審理。原告進出口銀行的委託代理人岳春英，被告豐穀酒業委託代理人潘迅到庭參加了訴訟。被告漢龍集團經本院合法傳喚無正當理由拒不到庭，本院依法缺席審理。本案現已審理終結。

原告進出口銀行起訴稱：2010年12月2日，進出口銀行與漢龍集團簽訂了《借款合同》，約定進出口銀行向漢龍集團提供3,500萬美元的境外投資貸款，借款期限為自貸款項下首次提款日起120個月，借款利率為浮動利率（依據借款合同第五條，按進出口銀行外匯貸款利率的有關規定執行，按6個月浮動，年利率為6個月倫敦銀行同業拆借利率〔LIBOR〕加350BP），逾期罰息為借款利率基礎上對逾期未還部分加收20%的罰息。2010年12月2日，進出口銀行與豐穀酒業簽訂了《保證合同》，約定豐穀酒業對進出口銀行與漢龍集團簽訂的借款合同項下的全部債務（包括3,500萬美元本金及其利息和其他應付款項）提供連帶責任保證，保證期間為借款合同項下債務履行期屆滿之日起兩年。2010年12月2日，進出口銀行向漢龍集團發放了3,500萬美元的貸款。2013年9月20日，進出口銀行與漢龍集團、豐穀酒業簽訂了《關於調整還款計畫的補充協議》，對借款合同項下的還款時間和還款結構進行了調整。漢龍集團因自身經營狀況，自2013年6月2日該借款進入還款期後，共償還本金兩次：2013年6月2日償還本金2,187,500美元；2013年12月2日償還本金10萬美元。自2013年12月21日開始欠付該筆借款到期本金、利息至今。現進出口銀行決定根據借款合同約定宣布貸款立即到期，要求漢龍集團立即向進出口銀行償還借款本金、利息、複利和罰息，同時要求豐穀酒業對上述欠款承擔連帶清償責任。故請求：1. 判令漢龍集團償還進出口銀行借款本金32,712,500美元，利息、複利和罰息共計1,921,930.67美元（計算至2015年6月10日），並同時支付2015年6月10日起至全部債務清償之日止產生的所有利息、複利和罰息；2. 判令豐穀酒業對上述欠款本息承擔連帶清償責任；3. 本案訴訟費、保全費由二被告承擔。

被告豐穀酒業辯稱：對進出口銀行要求豐穀酒業承擔保證責任沒有異議，但是保證責任的範圍和具體金額需要法院進一步確認。豐穀酒業認為與進出口銀行簽訂的《保證合同》中約定借款人未按照約定支付到期債務或發生借款合同項下任何其他違約事件，保證人應在收到貸款人的書面付款通知之日起15天內無條件的以貸款人要求的方式向貸款人支付該筆被擔保債務，在本案訴訟前豐穀酒業對漢龍集團未按期還款並不知情，進出口銀行既未向該公司告知上述情況也未書面要求承擔保證責任，致使豐穀酒業做為保證人沒有及時履行代償義務，產生了不該有的罰息和複利，加重了保證人的責任，故豐穀酒業不應對漢龍集團未按時還款產生的複利和罰息承擔擔保責任，但是對於進出口銀行確定的提前到期日前漢龍集團欠付的借款本金、利息及貸款提前到期後的本金、利息、複利和罰息可以承擔擔保責任。

被告漢龍集團未到庭參加庭審，也未提交書面答辯意見。

原告進出口銀行為支援其訴訟主張向本院提交如下證據：

證據1. 《借款合同》，證明2010年12月2日，進出口銀行與漢龍集團簽訂《借款合同》，約定借款金額為3,500萬美元，並約定了借款利率、逾期利息及還款期限等。

證據2. 入帳通知書，證明2010年12月2日，進出口銀行向漢龍集團支付了3,500萬美元的貸款。

證據3. 付款通知書，證明2013年6月2日，漢龍集團向進出口銀行償還本金2,187,500美元；2013年12月2日，漢龍集團向進出口銀行償還本金10萬美元。

證據4. 《關於調整還款計畫的補充協議》，證明2013年9月20，進出口銀行對漢龍集團借款合同項下的還款時間和還款結構進行了調整。

證據5. 漢龍集團欠息情況明細表，證明截至2015年6月10日漢龍集團尚有本金327,12,500美元未還，拖欠利息、複利和罰息1,921,930.67美元，本息合計34,634,430.67美元。由於合同項下的貸款按約定並未到期，進出口銀行確定了提前到期日為2015年6月10日。

證據6.《保證合同》，證明豐穀酒業對進出口銀行與漢龍集團《借款合同》項下的全部債務（包括3,500萬美元本金及其利息和其他應付款項）提供連帶保證責任，保證期間為借款合同項下債務履行期屆滿之日起兩年。

經庭審質證，被告豐穀酒業對上述證據的真實性均予以認可，但是認為證據2無法證明漢龍集團實際收到該筆貸款；證據5中未分項列明各時間段的利息、複利和罰息的數額，無法核對，同時認為該公司不應對2015年6月10日之前產生的複利和罰息承擔擔保責任；對其他證據的證明目的沒有異議。

被告漢龍集團、豐穀酒業均未向本院提交任何證據。

經審理查明：2010年12月2日，漢龍集團（借款人）與進出口銀行（貸款人）簽訂《借款合同》（合同號：×××），約定進出口銀行向漢龍集團發放貸款3,500萬美元，貸款期限為120個月，自貸款項下首次提款日起算至最後還款日終止，提款計畫中約定的提款日為2010年12月2日。對於美元貸款，按進出口銀行外匯貸款利率的有關規定執行，按6個月浮動，年利率為6個月倫敦銀行同業拆借利率（LIBOR）加350BP。其中第一、二個結息日按首次放款日前2個工作日的6個月倫敦銀行同業拆借利率（LIBOR）加350BP，第三、四個結息日按第二個結息日前2個工作日的6個月倫敦銀行同業拆借利率（LIBOR）加350BP，第五、六個結息日按第四個結息日前2個工作日的6個月倫敦銀行同業拆借利率（LIBOR）加350BP，以此類推。貸款利息，按日累計，並以實際發生天數在一年三百六十（360）天的基礎上計算。貸款按季計收利息，結息日為每年的3月20日、6月20日、9月20日和12月20日，付息日為每年的3月21日、6月21日、9月21日和12月21日。貸款逾期未還，從貸款逾期之日起在貸款利率的基礎上對逾期未還的部分加收20%的罰息，直至全額支付逾期未還的貸款之日。如借款人未能按期支付利息，在貸款期限內對未按期支付的利息按合同利率按季計收複利；貸款逾期後，按貸款逾期的違約利率計收複利。借款人應在合同規定的貸款期限內嚴格按還款計畫原幣償還合同項下的貸款本金，還款計畫如下：2013年6月，還款218.75萬美元；2013年12月，還款218.75萬美元；2014年6月，還款218.75萬美元；2014年12月，還款218.75萬美元；2015年6月，還款218.75萬美元；

2015年12月，還款218.75萬美元；2016年6月，還款218.75萬美元；2016年12月，還款218.75萬美元；2017年6月，還款218.75萬美元；2017年12月，還款218.75萬美元；2018年6月，還款218.75萬美元；2018年12月，還款218.75萬美元；2019年6月，還款218.75萬美元；2019年12月，還款218.75萬美元；2020年6月，還款218.75萬美元；2020年12月，還款218.75萬美元。同時，《借款合同》中對違約事件和處理措施進行了明確的約定，以下任一事件，均構成合同項下的違約事件：1. 借款人未按合同規定按期支付利息或歸還本金或支付其他應付款項（包括但不限於管理費和承擔費）；……。對違約事件是否發生，貸款人有權做出判斷並通知借款人。違約事件發生後，貸款人有權採取以下任何一項或多項措施：……3. 宣布所有已貸出的貸款立即到期，並要求借款人立即償還全部已貸出的貸款本金、利息或其他應付款項……。進出口銀行於2010年12月2日向漢龍集團發放貸款3,500萬美元。

2010年12月2日，豐穀酒業與進出口銀行簽訂《保證合同》（合同號：×××），約定豐穀酒業為漢龍集團在《借款合同》項下的債務提供連帶責任保證。擔保範圍包括：漢龍集團在《借款合同》項下應向進出口銀行償還和支付的本金、利息（包括法定利息、約定利息、逾期利息及罰息）、違約金、損害賠償金、實現債權的費用（包括但不限於訴訟費用、律師費用、公證費用、執行費用等）以及漢龍集團應支付的任何其他款項。保證期間為《借款合同》項下債務履行期屆滿之日起兩年。同時，《保證合同》中還約定漢龍集團未按期支付任何到期應付的被擔保債務（包括進出口銀行宣布貸款提前到期時漢龍集團應付的任何款項）或發生《借款合同》項下任何其他的違約事件，豐穀酒業應在收到進出口銀行書面通知之日起15天內，無條件地以進出口銀行要求的方式向進出口銀行支付該筆被擔保債務。

2013年9月20日，漢龍集團、進出口銀行及豐穀酒業共同簽訂《關於調整還款計畫的補充協議》，共同確認漢龍集團實際提款3,500萬美元，截至2013年9月19日貸款餘額為3,281.25萬美元。同時約定考慮到漢龍集團的實際情況，三方協商同意對《借款合同》中約定的還款計畫進行調整，豐穀酒業繼續為還款計畫調整後的借款合同提供連帶責任保證，還款計畫調整為：2013年12月2日，還款10萬美元；2014年6月2日，還款10萬美元；2014年12月2日，還款10萬美元；2015年6月2日，還款10萬美元；2015年12月2日，還款293.75萬美元；2016年6月2日，還款293.75萬美元；2016年12月2日，還款293.75萬美元；2017年6月2日，還款293.75萬美元；2017年12月2日，還款293.75萬美元；2018年6月2日，還款293.75萬美元；2018年12月2日，還款293.75萬美元；2019年6月2日，還款293.75萬美元；2019年12月2日，還款293.75萬美元；2020年6月2日，還款293.75萬美元；2020年12月2日，還款303.75萬美元。另，豐穀酒業同意《保證合同》在貸款還款結構調整後繼續有效，同意為還款結構調整後漢龍集團的全部債務（包括但不限於本金及其利息、其他應付款項及乙方為實現債權的費用等）繼續承擔不可撤銷的連帶責任保證，保證期間為借款合同項下全部債務履行期限屆滿之日起兩年。

2013年12月2日，漢龍集團按照調整後的還款計畫償還本金10萬美元，之後未按期還款，尚欠本金32,712,500美元。漢龍集團按照合同約定償還了2013年12月20日之前的所有利息，2013年12月21日後開始欠付利息，截止2015年6月10日欠付利息、複利和罰息合計1,921,930.67美元。

庭審中，進出口銀行表示漢龍集團未按期償還本金和利息，按照雙方《借款合同》的約定，漢龍集團的行為已經構成違約，故宣布該筆貸款提前到期，提前到期日確定為漢龍集團收到進出口銀行起訴狀的日期，即2015年6月10日。

上述事實，有原告進出口銀行提交的證據和雙方當事人的陳述等在案佐證。

本院認為：進出口銀行與漢龍集團簽訂的《借款合同》，與豐穀酒業簽訂的《保證合同》，以及進出口銀行、漢龍集團和豐穀酒業三方共同簽訂的《關於調整還款計畫的補充協議》，均係簽約各方當事人的真實意思表示，未違反法律和行政法規的強制性規定，合法有效，合同當事人均應嚴格履行合同所約定的義務。

現進出口銀行按照合同約定履行了向漢龍集團發放貸款的義務，漢龍集團未按合同約定如期還本付息，已經構成違約，應對此承擔違約責任。進出口銀行基於漢龍集團的違約行為宣布該筆貸款提前到期，並將漢龍集團收到起訴狀的日期確定為提前到期日，符合雙方的合同約定，本院對此不持異議，故本案所涉貸款的到期日為2015年6月10日。雙方當事人在《借款合同》中對利息、複利、罰息的計算標準均有明確約定，未違反法律和行政法規的強制性規定，故對於進出口銀行要求漢龍集團支付利息、複利和罰息的訴訟請求，應予支持。其中，罰息從貸款逾期之日起，按合同利率加收20%計收；對貸款期內不能按期支付的利息，按合同利率計收複利；對貸款逾期不能按期支付的利息，按合同利率加收20%計收複利。

《中華人民共和國擔保法》第十八條第二款規定：連帶責任保證的債務人在主合同規定的債務履行期屆滿沒有履行債務的，債權人可以要求債務人履行債務，也可以要求保證人在其保證範圍內承擔保證責任。據此，進出口銀行在《借款合同》約定的履行期屆滿，且債務人沒有履行債務時，即有權要求保證人豐穀酒業承擔保證責任。考慮到，《借款合同》中明確約定：借款人違約後，貸款人有權宣布所有已貸出的貸款立即到期；《保證合同》同時約定：保證期間為借款合同項下全部債務履行期限屆滿之日起兩年，漢龍集團未按期支付任何到期應付的被擔保債務（包括進出口銀行宣布貸款提前到期時漢龍集團應付的任何款項）或發生《借款合同》項下任何其他的違約事件，豐穀酒業應在收到進出口銀行書面通知之日起15天內，無條件地以進出口銀行要求的方式向進出口銀行支付該筆被擔保債務。故在漢龍集團未按期履行還款義務，已構成違約的情況下，進出口銀行宣布本案所涉貸款提前到期，並將漢龍集團收到起訴狀的日期確定為提前到期日，進而要求豐穀酒業承擔保證責任，符合合同約定，並無不當。

關於保證責任範圍問題。豐穀酒業提出因進出口銀行未及時通知其履行保證責任，故其僅應對到提前期日後的罰息、複利承擔連帶保證責任。對此，本院認為，首先，進出口銀行要求豐穀酒業所承擔的保證責任並未超出《保證合同》約定的保證責任範圍和保證責任期間；其次，《保證合同》中並未將進出口銀行書面通知設定為貸款人的強制性義務，亦未明確約定保證人可對貸款人通知前的債務免除其保證責任，而是要求保證人無條件地以貸款人要求的方式承擔保證責任。再次，本案合同履行過程中，鑒於漢龍集團的經濟狀況發生變化，貸款人、借款人、保證人因此共同簽訂《關於調整還款計畫的補充協議》，故豐穀酒業做為保證人，在明確還款計畫的前提下，亦有掌握借款人還款情況，從而確定自身是否承擔保證責任的義務。綜上，豐穀酒業關於由於進出口銀行未及時通知致使其未行代償義務，故不應對漢龍集團未按時還款產生的複利和罰息承擔保證責任的抗辯主張，既無相應的法律依據，也不符合雙方的合同約定，本院不予採納。

綜上，依據《中華人民共和國合同法》第八條、第一百零七條、第二百零五條、第二百零六條、第二百零七條，《中華人民共和國擔保法》第十八條、第三十一條之規定，判決如下：

一、被告四川漢龍（集團）有限公司於本判決生效後10日內償還原告中國進出口銀行貸款本金32,712,500美元及相應利息、複利和罰息（截止至2015年6月10日的利息、複利和罰息為1,921,930.67美元；自2015年6月11日起至本息還清之日止，複利和罰息按照《借款合同》（合同號：×××）的合同約定計算）。

二、被告四川省綿陽市豐穀酒業有限責任公司對本判決第一項所確定的被告四川漢龍（集團）有限公司的債務承擔連帶保證責任。

三、被告四川省綿陽市豐穀酒業有限責任公司在承擔保證責任後有權向被告四川漢龍（集團）有限公司追償。

如果四川漢龍（集團）有限公司、四川省綿陽市豐穀酒業有限責任公司未按本判決指定的期間履行給付金錢義務，應當依照《中華人民共和國民事訴訟法》第二百五十三條之規定，加倍支付遲延履行期間的債務利息。

案件受理費1,091,221元及財產保全費5,000元，由四川漢龍（集團）有限公司、四川省綿陽市豐穀酒業有限責任公司負擔（於本判決生效後7日內交納）。

如不服本判決，可在判決書送達之日起15日內，向本院遞交上訴狀，並按對方當事人的人數提出副本，同時按照不服本判決部分的上訴請求數額，交納上訴案件受理費，上訴於北京市高級人民法院。上訴期滿後7日內仍未交納上訴案件受理費的，按自動撤回上訴處理。

審判長　溫志軍

審判員　王翔

審判員　高晶

二〇一五年十一月五日

法官助理　李曉蕊

書記員　白碩

法律依據：

《中華人民共和國擔保法》

第十八條

第三十一條

《中華人民共和國合同法》

第八條

第一百零七條

第二百零五條

第二百零六條

第二百零七條

公告

一、本裁判文書庫公布的裁判文書由相關法院錄入和審核，並依據法律與審判公開的原則予以公開。若有關當事人對相關信息內容有異議的，可向公布法院書面申請更正或者下鏡。

二、本裁判文書庫提供的信息僅供查詢人參考，內容以正式文本為準。非法使用裁判文書庫信息給他人造成損害的，由非法使用人承擔法律責任。

三、本裁判文書庫信息查詢免費，嚴禁任何單位和個人利用本裁判文書庫信息牟取非法利益。

四、未經允許，任何商業性網站不得建立本裁判文書庫的鏡像（包括全部和局部鏡像）。

五、根據有關法律規定，相關法院依法定程序撤回在本網站公開的裁判文書的，其餘網站有義務免費及時撤回相應文書。

《中華人民共和國擔保法》

第十八條　當事人在保證合同中約定保證人與債務人對債務承擔連帶責任的，為連帶責任保證。

連帶責任保證的債務人在主合同規定的債務履行期屆滿沒有履行債務的，債權人可以要求債務人履行債務，也可以要求保證人在其保證範圍內承擔保證責任。

第三十一條　保證人承擔保證責任後，有權向債務人追償。

《中華人民共和國合同法》

第八條　依法成立的合同，對當事人具有法律約束力。當事人應當按照約定履行自己的義務，不得擅自變更或者解除合同。

依法成立的合同，受法律保護。

第一百零七條　當事人一方不履行合同義務或者履行合同義務不符合約定的，應當承擔繼續履行、採取補救措施或者賠償損失等違約責任。

第二百零五條　借款人應當按照約定的期限支付利息。對支付利息的期限沒有約定或者約定不明確，依照本法第六十一條的規定仍不能確定，借款期間不滿一年的，應當在返還借款時一併支付；借款期間一年以上的，應當在每屆滿一年時支付，剩餘期間不滿一年的，應當在返還借款時一併支付。

第二百零六條　借款人應當按照約定的期限返還借款。對借款期限沒有約定或者約定不明確，依照本法第六十一條的規定仍不能確定的，借款人可以隨時返還；貸款人可以催告借款人在合理期限內返還。

第二百零七條　借款人未按照約定的期限返還借款的，應當按照約定或者國家有關規定支付逾期利息。

【案例15】物保與人保並存時擔保權實現注意事項

浦發銀行珠海分行、珠海鑫江山公司 與章某、肖某珠海拓華公司金融借款合同糾紛案評析

案號：珠海市中級人民法院（2015）珠中法民二終字第314號

【摘要】

被擔保的債權若同時存在物的擔保與人的擔保，債權人可以與擔保人約定擔保權的實現順序。如果沒有約定或者約定不明確，則根據法定原則，在債務人自己提供物的擔保的情形下，債權人應當先就該物的擔保實現債權，未受清償部分可以要求保證人承擔保證責任。

【基本案情】

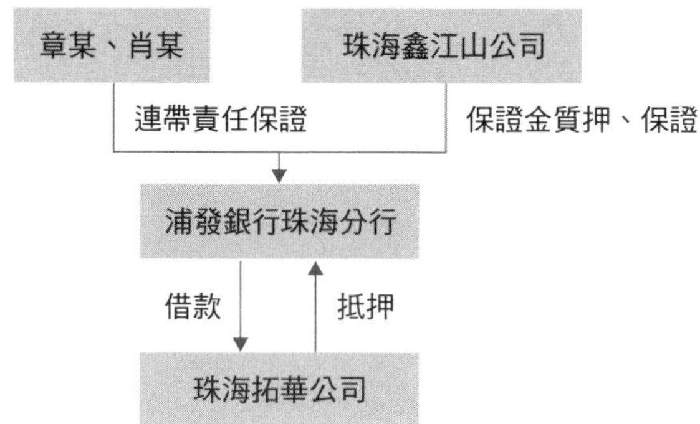

2012年3月29日，上海浦東發展銀行股份有限公司珠海分行（以下簡稱「浦發銀行珠海分行」）與珠海市拓華礦產品有限公司（以下簡稱「珠海拓華公司」）簽訂《最高額抵押合同》，由珠海拓華公司以其8套房產為其融資提供最高額抵押擔保，上述抵押物已辦理了抵

押登記手續。

2013年1月11日，浦發銀行珠海分行與章某、肖某簽訂《最高額保證合同》，由章某為珠海拓華公司的上述融資提供最高保證擔保，擔保方式為連帶責任保證擔保。肖某以其與章某的共同財產對章某的保證債務承擔清償責任。

2013年9月25日，珠海鑫江山融資擔保有限公司（以下簡稱「珠海鑫江山公司」）與浦發銀行珠海分行簽訂《保證金最高額質押合同》，擔保的主債權為2013年8月14日至2014年8月12日期間與債務人辦理各類融資業務所發生的債權，擔保金額最高不超過5,000萬元。

2014年3月5日，浦發銀行珠海分行與珠海拓華公司簽訂《流動資金借款合同》，由浦發銀行珠海分行向珠海拓華公司發放流動資金貸款人民幣650萬元。同日，浦發銀行珠海分行與珠海鑫江山公司簽訂《最高額保證合同》，珠海鑫江山公司為珠海拓華公司的上述融資提供最高保證擔保，擔保方式為連帶責任保證擔保。

2014年4月11日，浦發銀行珠海分行與珠海拓華公司簽訂「開立銀行承兌匯票協議書」。後浦發銀行珠海分行依約向珠海拓華公司開立並承兌銀票人民幣857萬元，期限6個月，票面到期日為2014年10月11日。上述銀票承兌後，珠海拓華公司未依合同約定於2014年10月11日償還應付承兌款項，其他擔保人也未履行擔保義務，經浦發銀行珠海分行催討，均未償還拖欠本息。

由於珠海拓華公司嚴重違約，浦發銀行珠海分行於2014年10月13日下發了「上海浦東發展銀行宣布貸款全部提前到期通知書」，並規定在2014年10月17日前償還全部貸款本息，但上述的珠海拓華公司、章某及肖某均未履行還款義務和擔保義務等。浦發銀行珠海分行遂訴至法院，請求珠海拓華公司履行還款義務；請求章某、肖某與珠海鑫江山公司履行擔保義務。

浦發銀行珠海分行起訴後，按照相關合同約定，於2014年11月28日從珠海鑫江山公司在浦發銀行珠海分行下屬開戶行的帳號內，扣劃款項共450 萬元。

【法院判決】

一審法院（廣東省珠海市香洲區人民法院）認為，珠海拓華公司在合同履行中，沒有按約支付承兌款和貸款，已構成根本違約，浦發銀行珠海分行按約有權要求支付承兌款和提前宣布全部貸款均到期。所以，浦發銀行珠海分行主張珠海拓華公司償還浦發銀行珠海分行借款本金（含墊付款）人民幣7,988,760.12元和支付相應款項利息到清償日止，合法有據，一審法院予以支持。至於浦發銀行珠海分行主張珠海拓華公司以其8套房產，為前述融資提供最高額抵押擔保，且均已辦理了抵押登記手續。因此，浦發銀行珠海分行依法對以上的抵押物處分所得價款享有抵押權，即優先受償權。由於章某、肖某為珠海拓華公司上述的債務提供連帶責任擔保，依照《中華人民共和國擔保法》第二十八條的規定，章某、肖某應在合同約定的限額內，對珠海拓華公司的債務在抵押物被依法處分後仍未清償的部分，承擔連帶保證責任。其承擔保證責任後，有權向珠海拓華公司追償。關於珠海鑫江山公司擔保珠海拓華公司的債務責任問題，一審法院認為浦發銀行珠海分行已認可珠海鑫江山公司在本案的擔保責任已解除，擔保義務已履行完畢。故判決：珠海拓華公司向浦發銀行珠海分行償還貸款本金（含墊付款）7,988,760.12元和相應款項利息；浦發銀行珠海分行依法對珠海拓華公司的抵押物處分所得價款享有優先受償權；章某、肖某應在抵押物被依法處分後仍未清償的部分承擔連帶保證責任，其承擔保證責任後，有權向珠海拓華公司追償；珠海鑫江山公司已履行保證責任，其有權向珠海拓華公司追償。

一審法院判決後，浦發銀行珠海分行與珠海鑫江山公司不服，提起上訴。珠海市中級人民法院認為，涉案債權既存在債務人自身物的擔保，也存在人的擔保，依照《中華人民共和國物權法》第一百七十六條，浦發銀行珠海分行與章某、肖某簽訂的《最高額保證合同》明確約定無論是否存在其他擔保，浦發銀行珠海分行皆可以要求章某、肖某承擔保證責任，故一審法院仍然判令章某、肖某應在合同約定的限額內對珠海拓華公司的債務，在抵押物被依法處分後仍未清償的部分承擔連帶保證責任，屬於適用法律錯誤。關於珠海鑫江山公司擔保責任問題，依據珠海鑫江山公司與浦發銀行珠海分行簽訂的《保證金最高額質押合同》，珠海鑫江山公司提供擔保的債權包含了珠海拓華公司的債務。而保證金帳戶中的資金具有質押擔保性質，雙方在《最高額保證合同》中明確約定浦發銀行珠海分行在約定條件成就下，可以扣劃其銀行帳號內的款項用於清償到期債務，故浦發銀行珠海分行扣劃珠海鑫江山公司的資金具有法律和合同依據。綜上，二審法院改判章某、肖某對珠海市拓華礦產品有限公司的債務承擔連帶保證責任。

【法律評析】

本案所涉及的法律關係為：浦發銀行珠海分行與珠海拓華公司是借貸法律關係，是本案的主債務法律關係；浦發銀行珠海分行與債務人珠海拓華公司同時有抵押法律關係；浦發銀行珠海分行與珠海鑫江山是保證法律關係；浦發銀行珠海分行與章某、肖某二人是保證法律關係。

就本案而言，有以下爭議焦點值得探討：1. 同一債權既有債務人自己提供物的擔保，又有人的擔保的情形下，銀行應如何向第三人主張權利？即章某、肖某在什麼範圍內對珠海拓華公司的債務承擔連帶保證責任。2. 浦發銀行珠海支行在珠海鑫江山公司的帳戶內扣劃資金的行為，是否具有法律與合同依據。

本案是金融借款合同糾紛，實務中應按照《中華人民共和國合同法》處理此類糾紛。又因為本案涉及到抵押、保證等擔保法律關係，實務中應按照《中華人民共和國物權法》、《中華人民共和國擔保法》、最高人民法院《關於適用〈中華人民共和國擔保法〉若干問題的解釋》處理擔保爭議。

一、章某、肖某二人承擔連帶保證責任的範圍

一審法院與二審法院對兩人承擔連帶保證責任的範圍，做出了不同的判決。這裡實質上涉及到《中華人民共和國物權法》第一百七十六條與《中華人民共和國擔保法》第二十八條，關於物保與人保並存時擔保權實現的規定衝突。各國立法在如何安排物保與人保的關係時，有以下模式： 1. 保證人絕對優待主義模式。此種模式下，債權人只能先行使擔保物權來實現債權，保證人僅對物的擔保之外的債權承擔保證責任，若債權人拋棄物的擔保 ，保證人的責任在同等數額內相應消滅。該模式確立了人保的絕對優勢地位；2. 保證人相對優待主義模式。此種模式下，債權人享有選擇權，可以自主決定行使擔保物權或保證債權。但是，保證人在承擔保證責任之後，可以代位行使債權人享有的擔保物權，以實現自己的追償權，若因債權人的行為導致保證人可代位行使的擔保物權消滅，保證責任相應消滅。德國法、法國法、俄羅斯法屬於此種模式；3. 平等主義模式。此種模式下，債權人的選擇權同樣得到肯定， 在債權人行使選擇權就某一項擔保實現其債權後，承擔了擔保責任的擔保人可以向其他擔保人追償其應當承擔的份額 。日本法屬於此種模式。《中華人民共和國擔保法》第二十八條規定若同一債權既有保證又有物的擔保，保證人對物的擔保以外的債權承擔保證責任。該立法採取保證人絕對優待主義。這種模式明顯不當的損害了第三人物保人的利益。《中華人民共和國物權法》第一百七十六條規定：「（第一款）被擔保的債權

既有物的擔保又有人的擔保的，債務人不履行到期債務或者發生當事人約定的實現擔保物權的情形，債權人應當按照約定實現債權；（第二款）沒有約定或者約定不明確，債務人自己提供物的擔保的，債權人應當先就該物的擔保實現債權；（第三款）第三人提供物的擔保的，債權人可以就物的擔保實現債權，也可以要求保證人承擔保證責任。提供擔保的第三人承擔擔保責任後，有權向債務人追償。」該條對同一債權上既有物保又有人保區分三種情況：第一款規定了在當事人對物保和人保有約定的情況下，應當尊重當事人的意思，按約定實現。這充分尊重了當事人的意願；第二款規定了在沒有約定或約定不明確的情況下，應當先就債務人物保實現擔保權。該立法理由在於：工債務人是債務的本位承擔者，債權人不行使對債務人財產的擔保物權，卻轉而行使對保證人的擔保權，違背了社會通行的公平觀念。其二，減少不必要的追償訴訟，避免增加不必要的訴訟成本；第三款規定了在沒有約定或約定不明確的情況下，既有第三人提供物保，又有人的擔保，應當允許當事人進行選擇。理由在於因人保與物保擔保所擔保的權利人為同一債權人，存在利益維護的一致性，兩者之間不存在利益衝突，沒有必要權衡物保與人保，理應賦予債權人選擇權。該立法形成「私法自治原則+保證人絕對主義+平等主義」的模式。《中華人民共和國物權法》的進步之處是強調契約自由，若當事人就物保與人保的關係有約定，應遵其約定；無約定，則保障當事人自由選擇權。

就《中華人民共和國擔保法》第二十八條與《中華人民共和國物權法》第一百七十六條規定的衝突，若依特別法優於普通法解決矛盾，則難以消除《中華人民共和國擔保法》第二十八條的弊端。應按照《中華人民共和國物權法》第一百七十八條關於「擔保法與本法的規定不一致的，適用本法」的規定，使物權法第一百七十六條優先於《中華人民共和國擔保法》第二十八條而適用。本案中，浦發銀行珠海分行與章某、肖某簽訂的《最高額保證合同》第一條第一．一款約定：「債權人均有權先要求本合同項下任一保證人在本合同約定的保證範圍內承擔保證責任。」珠海鑫江山公司認為《中華人民共和國物權法》第一百七十六條中的「約定」，是指對實現擔保物權的約定。筆者認為，《中華人民共和國物權法》第一百七十六條的「約定」包括對實現擔保物權順序的約定，也包括對債權人實現擔保權的選擇權範圍的約定。珠江鑫江山的觀點是對該法律規定的狹義解釋。所以，浦發銀行珠海分行與章某、肖某簽訂的《最高額保證合同》第一條第一．一款是對銀行實現擔保權的選擇權範圍做出了約定，銀行是有權越過實現債務人的抵押權，而向保證人章某、肖某主張在全部的債務範圍內承擔連帶保證責任。

二、浦發銀行珠海支行自珠海鑫江山公司帳戶扣劃資金，有無法律與合同依據

本案中，珠海鑫江山公司與浦發銀行珠海分行簽訂的《保證金最高額質押合同》，是擔保2013年8月14日至2014年8月12日期間與銀行的借款人辦理各類融資業務所發生的債權，其中包含了涉案珠海拓華公司的貸款。同時，珠海鑫江山公司和其他擔保人一樣，也和浦發銀行珠海分行簽訂了《最高額保證合同》，而該合同關於擔保權人選擇權的約定符合《中華人民共和國物權法》第一百七十六條第一款的規定，因此浦發銀行珠海分行有權自行選擇要求保證人（章某、肖某）承擔保證責任，或者要求第三人（珠海鑫江山公司）就保證金質押擔保實現債權。浦發銀行珠海分行扣劃珠海鑫江山公司帳戶內的資金，是有合同依據與法律依據的。

附：法律文書

上海浦東發展銀行股份有限公司珠海分行等訴章赤民等金融借款合同糾紛案

廣東省珠海市中級人民法院（2015）珠中法民二終字第314號

上訴人（原審原告）：上海浦東發展銀行股份有限公司珠海分行。

負責人：汪天壽，該行行長。

委託代理人：譚環宇，廣東華信達律師事務所律師。

委託代理人：梁健豪，廣東華信達律師事務所律師。

上訴人（原審被告）：珠海鑫江山融資擔保有限公司。

法定代表人：李松森。

委託代理人：張琳，廣東凱邦律師事務所律師。

被上訴人（原審被告）：章赤民。

被上訴人（原審被告）：肖偉芹。

原審被告：珠海市拓華礦產品有限公司。

法定代表人：章赤民。

上訴人上海浦東發展銀行股份有限公司珠海分行（以下簡稱浦發銀行珠海分行）、珠海鑫江山融資擔保有限公司（以下簡稱珠海鑫江山公司）與被上訴人章赤民、肖偉芹、原審被告珠海市拓華礦產品有限公司（以下簡稱珠海拓華公司）金融借款合同糾紛一案，不服廣東省珠海市香洲區人民法院（2014）珠香法民二初字第2734號民事判決，向本院提起上訴。本院依法組成合議庭對本案進行了審理，現已審理終結。

原審法院查明，2013年1月11日，浦發銀行珠海分行與珠海拓華公司簽訂的《融資額度協議》以及於2014年1月28日簽訂的《額度變更協議》，浦發銀行珠海分行給予珠海拓華公司綜合授信額度總額人民幣1,800萬元，業務品種包括流動資金貸款、開立銀行承兑匯票，融資額度期限為2013年1月10日至2014年7月6日。在上述融資額度下，2014年4月11日，浦發銀行珠海分行與珠海拓華公司簽訂「開立銀行承兑匯票協議書」（編號：CDl9612xxx111），由浦發銀行珠海分行向珠海拓華公司開立並承兑銀票人民幣857萬；2014年3月5日，浦發銀行珠海分行與珠海拓華公司簽訂《流動資金借款合同》（編號：19xxx280084），由浦發銀行珠海分行向珠海拓華公司發放流動資金貸款人民幣650萬元。同時，2012年3月29日，浦發銀行珠海分行與珠海拓華公司簽訂《最高額抵押合同》（編號ZDl9612xxx00075），由珠海拓華公司以其位於珠海市香州區紅山路288號珠海國際科技大廈1305房、1306房、1307房、地下室負一層112、113、115、117車位以及珠海市拱北蓮花路280號9棟A4房屋，共計8套房產為其上述融資提供最高額抵押擔保，上述抵押物已辦理了抵押登記手續。2013年1月11日，浦發銀行珠海分行與章赤民、肖偉芹簽訂（ZBl9612xxx00005）《最高額保證合同》，由章赤民為珠海拓華公司的上述融資提供最高保證擔保，擔保方式為連帶責任保證擔保。肖偉芹以其與章赤民的共同財產對章赤民的保證債務承擔清償責任。此外，2014年3月5日，浦發銀行珠海分行與珠海鑫江山公司簽訂（ZBl9612xxx00029）《最高額保證合同》，珠海鑫江山公司為珠海拓華公司的上述融資提供最高保證擔保，擔保方式為連帶責任保證擔保。

2014年4月11日，浦發銀行珠海分行依約向珠海拓華公司開立並承兑銀票人民幣857萬元，期限6個月，票面要素如下：出票人珠海拓華公司，收款人福建省誠瑞工貿有限公司，出票日2014年4月11日，到期日2014年10月11日。上述銀票承兑後，珠海拓華公司未依合同約定於2014年10月11日償還應付承兑款項，其他擔保人也未履行擔保義務，經浦發銀行珠海分行催討，均未償還拖欠本息。

由於珠海拓華公司嚴重違約，浦發銀行珠海分行於2014年10月13日下發了「上海浦東發展銀行宣布貸款全部提前到期通知書」，並規定在2014年10月17日前償還全部貸款本息，但上述的珠海拓華公司、章赤民及肖偉芹均未履行還款義務和擔保義務等。

原審法院又查明，浦發銀行珠海分行起訴後，其認可按相應合同約定，於2014年11月28日從珠海鑫江山公司在浦發銀行珠海分行下屬開戶行的帳號內，扣劃款項共450萬元，因而在審理期間變更珠海拓華公司立即償還浦發銀行珠海分行借款本金（含墊款）人民幣7,988,760.12元以及至該款還清之日止的利息，並確認珠海鑫江山融資擔保有限公司在本案的擔保責任已解除。此外，浦發銀行珠海分行也認可合同有約定的律師費未有發生，撤回該律師費用的訴訟請求。

庭審中，珠海鑫江山公司辯稱認為其已經履行450萬元的擔保義務，而浦發銀行珠海分行在訴訟請求中減少該450萬元的訴請，這除涉及珠海拓華公司的抵押擔保責任外，還意味著做為抵押權人的浦發銀行珠海分行會喪失450萬元的優受償權。但因該問題與本案不是同一法律關係，珠海鑫江山公司將另案向浦發銀行珠海分行主張減輕或免除珠海鑫江山公司的保證責任。

原審法院認為，浦發銀行珠海分行分別與珠海拓華公司、章赤民、肖偉芹簽訂的《融資額度協議》、《額度變更協議》、「開立銀行承兌匯票協議書」、《流動資金借款合同》、《最高額抵押合同》、《最高額保證合同》等，均是當事人的真實意思表示，內容沒有違反法律和行政法規的禁止性規定，合法有效，各方均應恪守履行。珠海拓華公司在合同履行中，沒有按約支付承兌款和貸款，經浦發銀行珠海分行催討，仍未能償還拖欠的本息，已構成根本的違約，浦發銀行珠海分行按約有權要求支付承兌款和提前宣布全部貸款均到期。所以，浦發銀行珠海分行主張珠海拓華公司償還浦發銀行珠海分行借款本金（含墊付款）人民幣7,988,760.12元和支付相應款項利息到清償日止，合法有據，原審法院予以支持。但是，由於浦發銀行珠海分行於2014年11月28日從珠海鑫江山公司的開戶行帳號內扣劃款項450萬元，珠海拓華公司的欠款利息應當予以分段計算，即承兌匯票本金（墊付款）共5,988,760.12元的利息，從2014年10月11日起計算至2014年11月28日止（按合同約定及人民銀行公布的有關利率計收）；而流動資金貸款6,500,000元的利息，從2014年9月21日起計算至2014年11月28日止（按合同約定及人民銀行公布的有關利率計收），之後的利息，以欠款本金7,988,760.12元為基數，從2014年11月29日起計至清償日止，按合同約定及人民銀行公布的有關利率計收。

至於浦發銀行珠海分行主張珠海拓華公司以其位於珠海市香州區紅山路288號珠海國際科技大廈1305房、1306房、1307房、地下室負一層112、113、115、117車位以及珠海市拱北蓮花路280號9棟A4房屋（共8套房產），均為前述融資提供最高額抵押擔保，且均已辦理了抵押登記手續。因此，浦發銀行珠海分行依法對以上的抵押物處分所得價款享有抵押權即優先受償權。

由於章赤民、肖偉芹為珠海拓華公司上述的債務提供連帶責任擔保，依照擔保法第二十八條的規定，同一債權既有保證又有物的擔保的，保證人對物的擔保以外的債權承擔保證責任。據此，章赤民、肖偉芹應在合同約定的限額內對珠海拓華公司的債務在抵押物被依法處分後仍未清償的部分承擔連帶保證責任。其承擔保證責任後，有權向珠海拓華公司追償。

關於珠海鑫江山公司擔保珠海拓華公司的債務責任問題。原審法院認為，由於浦發銀行珠海分行已認可珠海鑫江山公司在本案的擔保責任已解除，原審法院確認珠海鑫江山公司對珠海拓華公司的擔保義務已履行完畢。

在庭審中，珠海鑫江山公司認為浦發銀行珠海分行擅自扣劃其帳戶存款並在訴訟中減少向珠海拓華公司450萬元的訴請，這除涉及珠海拓華公司的抵押擔保責任外，還意味著做為抵押權人的浦發銀行珠海分行會喪失450萬元的優先受償權，浦發銀行珠海分行的行為已損害珠海鑫江山公司的權益，當庭提出反訴。對此，由於珠海鑫江山公司提出的反訴與本案不是同一法律關係，珠海鑫江山公司可另行向浦發銀行珠海分行主張。

綜上，依照《中華人民共和國合同法》第六十條、第一百零七條，《中華人民共和國擔保法》第六條、第二十一條第一款、第二十八條、第三十一條、第三十三條，《中華人民共和國民事訴訟法》第一百四十四條的規定，原審法院做出如下判決：一、珠海拓華公司於判決發生法律效力之日起10日內向浦發銀行珠海分行償還貸款本金（含墊付款）人民幣7,988,760.12元和相應款項利息（其中：承兌匯票本金款共5,988,760.12元的利息，從2014年10月11日起計算至2014年11月28日止、流動資金貸款本金共6,500,000元的利息，從2014年9月21日起計算至2014年11月28日止，均按合同約定及人民銀行公布的有關利率計收）並從2014年11月29日起計至清償日止（以欠款本金7,988,760.12元為基數，按合同約定及人民銀行公布的有關利率計算）。二、珠海拓華公司所屬位於珠海市香州區紅山路288號珠海國際科技大廈1305房、1306房、1307房、地下室負一層112、113、115、117車位以及珠海市拱北蓮花路280號9棟A4房屋（共8套房產），為以上的融資提供最高額抵押擔保，且均已辦理了抵押登記手續。因此，浦發銀行珠海分行依法對抵押物處分所得價款享有抵押權即優先受償權；三、章赤民、肖偉芹應在合同約定的限額內對珠海拓華公司的債務在抵押物被依法處分後仍未清償的部分承擔連帶保證責任。其承擔保證責任後，有權向珠海拓華公司追償；四、珠海鑫江山公司已履行對珠海拓華公司450萬元的保證責任，其有權向珠海拓華公司追償。

如果未按判決指定的期間履行給付金錢義務，應當依照《中華人民共和國民事訴訟法》第二百五十三條之規定，加倍支付遲延履行期間的債務利息。案件受理費97,110元、保全費5,000元，合計102,110元，由珠海拓華公司、章赤民、肖偉芹承擔。

一審判決後，浦發銀行珠海分行向本院提起上訴。浦發銀行珠海分行上訴請求：一、撤銷一審判決第三項並依法改判，判令由章赤民和肖偉芹對珠海拓華公司結欠浦發銀行珠海分行的全部債務承擔連帶清償責任。二、案件的訴訟費用由章赤民、肖偉芹承擔。

事實理由：一審法院適用法律錯誤，本案中關於被上訴人保證責任範圍和保證責任方式的認定和判決，應適用物權法第一百七十六條規定，而不是擔保法第二十八條規定。

浦發銀行珠海分行與章赤民和肖偉芹於2013年1月11日簽署ZB19612xxx00005《最高額保證合同》，由章赤民為一審被告珠海拓華公司的融資債務提供最高額保證擔保，擔保範圍為主合同項下債權本息和費用等，最高限額人民幣1,800萬元，其中對於保證責任方式，《最高額保證合同》第一條第一．一款明確約定，「本合同項下的保證方式為連帶責任保證。保證人確認，當債務人未按合同約定履行其債務時，無論債權人對主合同項下的債權是否擁有其他擔保權利（包括但不限於保證、抵押、質押等擔保方式），債權人均有權先要求本合同項下任一保證人在本合同約定的保證範圍內承擔保證責任，而無須先要求其他擔保人履行擔保責任。」依據《中華人民共和國物權法》第一百七十六條規定，「被擔保的債權既有物的擔保又有人的擔保的，債務人不履行到期債務或者發生當事人約定的實現擔保物權的情形，債權人應當按照約定實現債權。」結合本案中浦發銀行珠海分行與章赤民和肖偉芹簽署的上述《最高額保證合同》中關於實現債權的在先約定，應當判令章赤民和肖偉芹依約對一審被告珠海拓華公司的全部債務承擔連帶清償責任。

本案一審判決中對於章赤民和肖偉芹的保證責任認定和判決適用了《中華人民共和國擔保法》第二十八條的規定，該條與《物權法》第一百七十六條相衝突。根據《物權法》第一百七十八條的規定，「擔保法與本法的規定不一致的，適用本法。」因此，本案關於章赤民和肖偉芹保證責任的認定和判決，應適用2007年10月1日正式實施的《物權法》第一百七十六條的規定，而不是1995年10月1日施行的《擔保法》第二十八條規定，即應按照雙方在《最高額保證合同》中的約定，判令章赤民和肖偉芹對一審被告珠海市拓華礦產品有限公司的全部債務承擔連帶清償責任，而不是僅對「抵押物被依法處分後仍未清償的部分」承擔連帶清償責任。

珠海鑫江山公司答辯稱，浦發銀行珠海分行上訴請求的主要法律依據是物權法第一百七十六條：「被擔保的債權既有物的擔保又有人的擔保的，債務人不履行到期債務或者發生當事人約定的實現擔保物權的情形，債權人應當按照約定實現債權；沒有約定或者約定不明確，債務人自己提供物的擔保的，債權人應當先就該物的擔保實現債權；第三人提供物的擔保的，債權人可以就物的擔保實現債權，也可以要求保證人承擔保證責任。提供擔保的第三人承擔擔保責任後，有權向債務人追償。」浦發銀行珠海分行認為在《最高額保證合同》格式條款中約定的「有權先要求任一保證人在本合同約定的範圍內承擔保證責任，而無須先要求其他保證人履行擔保責任」就屬於物權法第一百七十六條中規定的「約定」，故而要求即使有主債務人提供物保的情況下其他保證人都要先承擔保證責任。事實上，物權法第一百七十六條「約定」的含義並非浦發銀行的那種理解。按照最高人民法院關於適用《中華人民共和國民事訴訟法》的解釋第三百六十五條的規定：「依照物權法第一百七十六條的規定，被擔保的債權既有物的擔保又有人的擔保的，當事人對實現擔保物權順序有約定，實現擔保物權的申請違反該約定的，人民法院裁定不予受理；沒有約定或者約定不明的，人民法院應當受理。」由此可知，物權法一百七十六條的「約定」是指對實現擔保物權順序的約定，而不是浦發銀行所主張的「有權先要求任一保證人在本合同約定的範圍內承擔保證責任，而無須先要求其他其他保證人履行擔保責任」。也就是說，債權人只有在實現擔保物權時有第一順位、第二順位及最後順位等明確的排序才能按照約定實現債權，否則屬於沒有約定或者約定不明，債權人不具有選擇順序的權利，特別存在債務人提供的物保時，必須有明確的排序約定。而《物權法》為了限制浦發銀行這種濫用優勢地位強勢主體的權利，規定了特別條款，物權法第一百九十四條第二款規定了：「債務人以自己的財產設定抵押，抵押權人放棄該抵押權、抵押權順位或者變更抵押權的，其他擔保人在抵押權人喪失優先受償權益的範圍內免除擔保責任，但其他擔保人承諾仍然提供擔保的除外。」設置該條款的目的就是為防止像浦發銀行這樣的強勢主體的債權人隨意放棄或減少優先受償的範圍來加重保證人的保證責任。就本案而言，浦發銀行珠海分行是主債務人珠海拓華公司全部財產的唯一抵押權人，擔保財產的價值事實上超出了浦發銀行珠海分行的全部債權，如果浦發銀行珠海分行在沒有行使物保情況下而要其他保證人承擔保證責任，必然放棄對主債務人珠海拓華公司財產的抵押權，而其他保證人對珠海拓華公司的財產是不具有優先權的，按照浦發銀行珠海分行的要求實現債權的結果是加重了保證的責任，這明顯有悖於物權法第一百九十四條第二款的規定。

珠海鑫江山公司也提出上訴，請求：一、撤銷（2014）珠香法民二初字第2734號民事判決第四項；二、本案上訴費用由浦發銀行珠海分行承擔。

事實和理由：一、本案在原審時，浦發銀行珠海分行當庭陳述在2014年11月28日從珠海鑫江山公司的銀行帳號內扣劃款項450萬元，用於償還原審被告珠海拓華公司拖欠的貸款，並以此為由變更訴訟請求，減少其對原審被告珠海拓華公司訴求，變相的放棄部分抵押權。對此，珠海鑫江山公司認為浦發銀行珠海分行的行為已損害了珠海鑫江山公司的合法權益，按照《物權法》第一百九十四第二款的規定，珠海鑫江山公司應當在浦發銀行珠海分行放棄抵押物優先受償權益的範圍內免除擔保責任並當庭提出反訴。原審法院認為珠海鑫江山公司的反訴與本案屬不同的法律關係，要求珠海鑫江山公司另行向浦發銀行珠海分行主張權利，珠海鑫江山公司表示同意。故，在珠海鑫江山公司與浦發銀行珠海分行之間爭議未解決之前，原審判決第四項認定珠海鑫江山公司已履行保證責任不妥，終審法院應予以糾正。

二、浦發銀行珠海分行私自從珠海鑫江山公司的銀行帳號內扣劃款項用以償還原審被告珠海拓華公司貸款並變相的放棄部分抵押權的行為違反了我國《物權法》等法律法規的規定。

首先，珠海鑫江山公司與浦發銀行珠海分行及原審被告之間就清償貸款事宜已發生爭議並訴訟，珠海鑫江山公司是否承擔保證責任應由法院確定，浦發銀行珠海分行無權直接扣劃珠海鑫江山公司的銀行存款用於清償貸款。珠海鑫江山公司在浦發銀行珠海分行處開立了銀行帳號，內有500餘萬元的存款，該款項的所有權人為珠海鑫江山公司。按照《物權法》第四條：「國家、集體、私人的物權和其他權利人的物權受法律保護，任何單位和個人不得侵犯。」第六十五條：「私人合法的儲蓄、投資及其收益受法律保護。」等規定，珠海鑫江山公司的銀行存款未經珠海鑫江山公司的同意，任何單位和個人不行侵犯，當然也包括浦發銀行珠海分行。現浦發銀行珠海分行利用其特殊地位，未經珠海鑫江山公司的同意私自扣劃屬於珠海鑫江山公司的款項，其行為違法。當然，浦發銀行珠海分行用於扣劃的理由為珠海鑫江山公司與浦發銀行珠海分行之間簽訂的《最高額抵押合同》第三．二條的約定：「保證人有到期應付債務或應補足保證金時，債權人有權扣劃保證人在上海浦東發展銀行股份有限公司開立的任一帳戶中的資金用於清償到期應付債務或補足保證金。」但是，該條款屬浦發銀行珠海分行提供的格式條款，內容上明顯加重了珠海鑫江山公司做為保證人的責任，依據《合同法》第四十條的規定，屬無效條款。況且，珠海鑫江山公司做為保證人，是為原審被告珠海拓華公司的貸款提供最高額450萬元的保證，現因貸款清償事宜，雙方發生爭議，浦發銀行珠海分行向法院提起訴訟，在法院未出具生效的法律文書之前，珠海鑫江山公司是否應履行保證責任或是怎麼履行保證責任並沒有確定，浦發銀行珠海分行也無權按該條款執行。故，浦發銀行珠海分行私自扣劃珠海鑫江山公司銀行存款的行為違法。

其次，本案浦發銀行珠海分行的債權既有債務人提供物的擔保又有人的擔保，幾方當事人之間並沒有明確約定浦發銀行珠海分行如何實現債權，浦發銀行珠海分行無權要求珠海鑫江山公司在債務人提供抵押物清償債務之前承擔保證責任。浦發銀行珠海分行在整個訴訟過程中一直主張適用的法律條款為《物權法》第一百七十六條：「被擔保的債權既有物的擔保又有人的擔保的，債務人不履行到期債務或者發生當事人約定的實現擔保物權的情形，債權人應當按照約定實現債權；沒有約定或者約定不明確，債務人自己提供物的擔保的，債權人應當先就該物的擔保實現債權；第三人提供物的擔保的，債權人可以就物的擔保實現債權，也可以要求保證人承擔保證責任。提供擔保的第三人承擔擔保責任後，有權向債務人追償。」該條款中的「約定」指的是對實現擔保物權的順序（最高人民法院關於適用《中華人民共和國民事訴訟法》的解釋第三百六十五條），也就是說，債權人只有在實現擔保物權時有第一順位、第二順位及最後順位等明確的排序才能按照約定實現債權，否則屬於沒有約定或者約定不明確，債權人不具有選擇順序的權利，特別存在債務人提供的物保時，必須有明確的排序約定。而在本案中，浦發銀行珠海分行與珠海鑫江山公司及其他擔保人之間合同中並沒有明確約定。浦發銀行珠海分行與珠海鑫江山公司及其他擔保人簽訂的幾份《最高額保證合同》均是浦發銀行珠海分行提供的格式合同，條款相同，《最高額保證合同》中第一．一條約定：「保證人確認：當債務人未按主合同約定履行其債務時，無論債權人對主合同項下的債權是否擁有其他擔保權利（包括但不限於保證、抵押、質押等擔保方式），債權人均有權先要求本合同項下任一保證人在本合同約定的保證範圍內承擔保證責任，而無須先要求其他擔保人履行擔保責任。」浦發銀行珠海分行認為依據該條款可以選擇保證人先履行保證責任來達到實現債權的目的，但是，該條款並沒有約定債務人自己提供物的擔保時如何實現債權。而按照我國《物權法》第一百九十四條第二款：「債務人以自己的財產設定抵押，抵押權人放棄該抵押權、抵押權順位或者變更抵押權的，其他擔保人在抵押權人喪失優先受償權益的範圍內免除擔保責任，但其他擔保人承諾仍然提供擔保的除外。」該條款就是針對同一債權既有債務人提供物的擔保又有人的擔保做出的特別規定。根據這一規定，只要是債務人以自己的財產設定抵押的，無論該抵押是擔保主債權的全部還是部分，都要先行使抵押權來實現債權，也就是說，保證人是就債權人行使抵押權優先受償而仍不能受償的債權餘額承擔保證責任，唯一例外條款是保證人承諾仍然提供擔保除外（並不包括有明確約定的除外）。上述解釋是我國法學界理論及實務對該條款唯一解釋，其目的就是為了限制債權人權利，防止債權人隨意放棄或減少優先受償的範圍來加重保證人的保證責任，保障公平原則。但是，在本案中，浦發銀行珠海分行恰恰就有這種行為，未經珠海鑫江山公司的同意私自扣劃上訴人的銀行存款，減少對債務人訴求，變相的放棄部分抵押權，加重了保證人的保證責任，浦發銀行珠海分行的行為是違背法律規定的。

最後，按照我國《物權法》、《擔保法》及相關司法解釋，在本案中，浦發銀行珠海分行應先就債務人提供的抵押物優先受償，抵押物不足受償部分有保證人在合同限額內依法清償。而這種處置也是能在最大範圍內保障被上訴人的權益，但不知何種原因，浦發銀行珠海分行就是不同意這種方式，其行為不但加重了保證人責任，無形中也加大了浦發銀行珠海分行的風險。

浦發銀行珠海分行答辯稱，一、從珠海鑫江山公司銀行帳號內扣劃款項用於清償到期應付債務符合合同約定及法律規定。

珠海鑫江山公司上訴稱：「該條款屬被上訴人提供的格式條款，內容明顯加重了上訴人做為保證人的責任，依據《合同法》第四十條規定，屬無效條款。」對此，浦發銀行珠海分行認為，珠海鑫江山公司上述主張缺乏事實根據與法律依據，該條款並非格式條款，亦未加重珠海鑫江山公司的法律責任，依法應認定為合法有效。理由如下：（1）《最高額保證合同》雖由浦發銀行珠海分行提供，但該合同只是參考金融行業的相關法律法規及通用示範合同擬定，來做為訂立合同時所參考的文本，對雙方並無強制約束力。（2）從合同第六節設定「雙方約定的其他事項」可以看出，雙方均可對合同中的任一條款進行修訂，並非不可變更。設置該條款的作用就是允許合同當事人就合同所有條款協商，協商後認為有需要修改和取消的條款，可以將協商的內容寫入該備註條款中，做為合同最終生效的協議內容。因此，該合同的相關內容，已經雙方協商一致，是雙方的真實意思表示。（3）珠海鑫江山公司做為連帶責任保證人，在簽訂合同時，就應當預見到可能存在珠海拓華公司不能履行到期債務而導致其須承擔連帶保證責任的情形。合同中，雙方明確約定浦發銀行珠海分行在約定條件成就下可以扣劃其銀行帳號內的款項用於清償到期債務，本身就是珠海鑫江山公司應該承擔的保證責任。因此，上述合同條款既未加重珠海鑫江山公司責任，也未違反強制性法律規定，依法應認定為合法有效。（4）珠海鑫江山公司還上訴認為其銀行存款依法應受法律保護，對此浦發銀行珠海分行並不持異議，但浦發銀行珠海分行並未侵害其法定財產權。本案中，雙方已通過合同約定，賦予浦發銀行珠海分行在約定條件成就時可扣劃珠海鑫江山公司銀行帳號內的款項用於清償到期應付債務或補足保證金。該項約定，係珠海鑫江山公司處分名下自有財產的行為，法律、法規對此並未做禁止性規定。

二、浦發銀行珠海分行先行要求珠海鑫江山公司在保證範圍內承擔保證責任符合合同約定，並無不當。1. 根據《中華人民共和國物權法》第一百七十六條規定：「被擔保的債權既有物的擔保又有人的擔保的，債務人不履行到期債務或者發生當事人約定的實現擔保物權的情形，債權人應當按照約定實現債權。」浦發銀行珠海分行認為，上述法律已明確規定對於被擔保的債權既有物的擔保又有人的擔保的，現行法律應尊重當事人實現債權的約定，尊重債權人追索時的選擇權。2. 根據《最高額保證合同》第一・一條、第六・五條約定：「保證人確認，當債務人未按主合同約定履行其債務時，無論債權人對主合同項下的債權是否擁有其他擔保權利（包括但不限於保證、抵押、質押等擔保方式）。債權人均有權先要求本合同項下任一保證人在本合同約定的保證範圍內承擔保證責任，而無須要求其他擔保人、其他抵押人履行擔保責任。」浦發銀行珠海分行認為，合同已明確約定珠海拓華公司未按主合同約定履行其債務時，浦發銀行珠海分行有權先要求珠海鑫江山公司在約定保證範圍內承擔保證責任，而無須要求其他擔保人、其他抵押人履行擔保責任。此項關於債權人如何選擇實現債權的約定，具體、明確，是當事人的真實意思表示，且與公序良俗、誠實信用原則均不違背，法律、法規對此亦無禁止性規定。浦發銀行珠海分行有權基於其如何更有利於實現債權的判斷，依據合同約定選擇保證人承擔擔保責任。因此，浦發銀行珠海分行從珠海鑫江山公司銀行帳號內扣劃款項用於償還到期債務的行為完全符合約定，並無不當。3. 珠海鑫江山公司上訴認為：「……幾方當事人之間並無明確約定被上訴人如何實現債權……。」對此，浦發銀行珠海分行認為，珠海鑫江山公司所訴與事實不符。首先，雙方所簽《最高額保證合同》已明確約定浦發銀行珠海分行有權先要求珠海鑫江山公司在保證範圍內承擔保證責任。其次，「約定不明確」是指合同約定不清晰，導致雙方當事人對合同的理解存在一定的分歧與爭議，導致合同的履行存在一定障礙。顯然，上述合同條款的約定是非常清晰、明確的。最後，關於實現擔保物權的順序，並非所有當事人一起簽訂協議，就實現債權的順序做明確的排序，珠海鑫江山公司對此理解有誤。浦發銀行珠海分行認為，在合同已明確約定的情況下，法律應當尊重當事人實現債權的約定，尊重債權人追索時的選擇權。

三、原審判決關於「珠海鑫江山公司已履行對珠海拓華公司450萬元的保證責任，並有權向其追償」的認定是正確的。珠海鑫江山公司上訴稱：「但是……減少對債務人的訴求，變相的放棄部分抵押權，加重保證人責任，被上訴人的行為是違背法律規定的。」對此，浦發銀行珠海分行認為，珠海鑫江山公司上述主張缺乏事實根據與法律依據，原審判決對此認定是正確的。理由如下：（一）浦發銀行珠海分行並未「私自扣劃」珠海鑫江山公司銀行款項，而是嚴格按照合同約定實現擔保權。（二）根據珠海鑫江山公司提供給的擔保情況匯總表，其與浦發銀行珠海分行之間存在三筆貸款擔保，其中案涉貸款的擔保責任已於2015年1月28日解除。可見，浦發銀行珠海分行已履行對珠海拓華公司所欠450萬元債務的連帶保證責任。如此一來，浦發銀行珠海分行對珠海拓華公司所享有的債權數額已相應減少，如繼續按原有訴求，顯然與事實不符，與法律相悖，故浦發銀行珠海分行據實變更訴求並無不當，不存在「減少訴求，變相放棄部分抵押權」之説。（三）原審判決已認定珠海鑫江山公司已履行對珠海拓華公司450萬元的保證責任，並有權向其追償，可見其權益可依法得到保護。退言之，珠海鑫江山公司在簽訂《最高額保證合同》並約定浦發銀行珠海分行有權先要求其承擔保證責任時，就應當預見到可能存在珠海拓華公司不能履行到期債務而導致其需要先承擔連帶保證責任的情形。若珠海鑫江山公司先承擔保證責任，勢必相應扣減主債權數額。換句話説，珠海鑫江山公司在簽訂合同之時，就應當知道將來有可能出現所訴主債權及擔保物權數額因保證人履行擔保責任而相應減少的情況，故該法律後果應由其自行承擔，而不是推卸給浦東發展銀行珠海分行。

珠海拓華公司、章赤民、肖偉芹未提交答辯意見。

二審期間，浦發銀行珠海分行提交了下列證據：一、1.《保證金最高額質押合同》，擬證明珠海鑫江山公司與浦發銀行珠海分行於2013年9月25日簽訂《保證金最高額質押合同》，擔保的主債權為2013年8月14日至2014年8月12日期間與債務人辦理各類融資業務所發生的債權，擔保金額最高不超過5,000萬元。2. 珠海鑫江山公司提供質押的財產為其保證金帳戶內的現金人民幣500萬元，被擔保的主債權包含了案涉珠海拓華公司的貸款。3. 浦發銀行珠海分行對質押財產有第一順位的優先受償權，當債務人未按主合同約定履行其債務時，無論質權人對主合同項下的債權是否擁有其他擔保權利（包括但不限於保證、抵押、質押等擔保方式），質權人均有權先要求出質人在本合同約定的保證範圍內承擔保證責任，而無須要求其他擔保人履行擔保責任。4. 若發生合同約定的處分質押財產的情形（即債務人構成主合同項下違約的），浦發銀行珠海分行有權直接處分任何質押財產、扣劃保證金帳戶中的資金。二、「擔保情況匯總表」及相關資料，擬證明案涉珠海拓華公司的貸款屬於珠海鑫江山擔保公司擔保的範圍，其確認該筆貸款之擔保責任已於2015年1月28日解除。

珠海鑫江山公司對上述證據資料真實性皆無異議。本院予以採納。經審理，原審查明事實無誤，本院予以確認。二審補充查明，浦發銀行珠海分行與章赤民、肖偉芹簽訂的《最高額保證合同》第一條第一．一款明確約定：「本合同項下的保證方式為連帶責任保證。保證人確認，當債務人未按合同約定履行其債務時，無論債權人對主合同項下的債權是否擁有其他擔保權利（包括但不限於保證、抵押、質押等擔保方式），債權人均有權先要求本合同項下任一保證人在本合同約定的保證範圍內承擔保證責任，而無須先要求其他擔保人履行擔保責任。」

珠海鑫江山公司與浦發銀行珠海分行簽訂的《最高額保證合同》約定，保證人有到期應付債務或應補足保證金時，債權人有權直接扣劃保證人在上海浦東發展銀行股份有限公司開立的一切帳戶中的資金用於清償到期債務或補足保證金。

珠海鑫江山公司與浦發銀行珠海分行於2013年9月25日簽訂《保證金最高額質押合同》，擔保的主債權為2013年8月14日至2014年8月12日期間與債務人辦理各類融資業務所發生的債權，被擔保的主債權包含了案涉珠海拓華公司的貸款。合同約定，當主債務人未履行約定履行債務時，無論質權人對主合同項下的債權是否擁有其他擔保權利，質權人有權要求出質人承擔擔保責任，而無須要求其他擔保人履行擔保責任。

本院認為，涉案債權既存在債務人自身物的擔保，也存在人的擔保，依照《中華人民共和國物權法》第一百七十六條：「被擔保的債權既有物的擔保又有人的擔保的，債務人不履行到期債務或者發生當事人約定的實現擔保物權的情形，債權人應當按照約定實現債權；沒有約定或者約定不明確，債務人自己提供物的擔保的，債權人應當先就該物的擔保實現債權；第三人提供物的擔保的，債權人可以就物的擔保實現債權，也可以要求保證人承擔保證責任。」浦發銀行珠海分行與章赤民、肖偉芹簽訂的《最高額保證合同》第一條第一．一款明確約定：「本合同項下的保證方式為連帶責任保證。保證人確認，當債務人未按合同約定履行其債務時，無論債權人對主合同項下的債權是否擁有其他擔保權利（包括但不限於保證、抵押、質押等擔保方式），債權人均有權先要求本合同項下任一保證人在本合同約定的保證範圍內承擔保證責任，而無須先要求其他擔保人履行擔保責任。」本案中當事人已經明確無論是否存在其他擔保，浦發銀行珠海分行皆可以要求章赤民、肖偉芹承擔保證責任，故原審法院仍然判令章赤民、肖偉芹應在合同約定的限額內對珠海拓華公司的債務在抵押物被依法處分後仍未清償的部分承擔連帶保證責任，屬於適用法律錯誤，本院予以糾正。

關於珠海鑫江山公司擔保責任問題。依據珠海鑫江山公司與浦發銀行珠海分行簽訂的《保證金最高額質押合同》，珠海鑫江山公司提供擔保的債權包含了珠海拓華公司的債務。而保證金帳戶中的資金具有質押擔保性質，雙方在《最高額保證合同》中明確約定浦發銀行珠海分行在約定條件成就下可以扣劃其銀行帳號內的款項用於清償到期債務，故浦發銀行珠海分行扣劃珠海鑫江山公司的資金具有法律和合同依據，本院對珠海鑫江山的上訴理由不予採納。

綜上，浦發銀行珠海分行上訴具有法律依據，應予以改判。珠海鑫江山公司的上訴缺乏事實和法律依據，本院不予支持。依照《中華人民共和國民事訴訟法》第一百七十條第一款第（一）、（二）項之規定，判決如下：

一、維持珠海市香洲區人民法院（2014）珠香法民二初字第2734號民事判決第一、第二和第四項。

二、變更珠海市香洲區人民法院（2014）珠香法民二初字第2734號民事判決第三項為：章赤民、肖偉芹對珠海市拓華礦產品有限公司的債務承擔連帶保證責任。

三、駁回珠海鑫江山融資擔保有限公司的上訴請求。

本案二審案件受理費139,910元，由章赤民、肖偉芹負擔97,110元，由珠海鑫江山融資擔保有限公司負擔42,800元。

本判決為終審判決。

審判長　徐烽娟
代理審判員　葛陽輝
代理審判員　馬翠平
二〇一五年八月二十日
書記員　丘穗賚

【案例16】「借新還舊」所涉保證合同的法律問題

江蘇泰州農村商業銀行股份有限公司泰山支行與泰州市康大紡織有限公司、泰州市中室采臣物資貿易有限公司等金融借款合同糾紛案評析

案號：江蘇省高級人民法院（2014）蘇審三商申字第0205號

【摘要】

主合同當事人雙方協議以新貸償還舊貸，銀行應告知保證人「借新還舊」事實，否則根據中國大陸法律規定，保證人不承擔保證責任。但如果新貸與舊貸係同一保證人，由於實質上未加重保證人的責任，因此不論保證人是否知道主合同「借新還舊」的事實，都應當對新貸款承擔保證責任。

【基本案情】

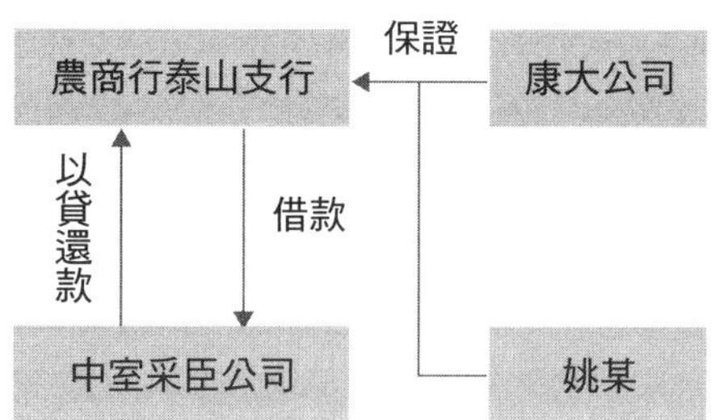

江蘇泰州農村商業銀行股份有限公司泰山支行（以下簡稱「農商行泰山支行」）與泰州市中室采臣物資貿易有限公司（以下簡稱「中室采臣公司」）於2008年7月30日簽訂最高額借款合同一份，合同期限為2008年7月30日起至2009年7月30日，最高額為人民幣200

萬元。同日，姚某、泰州市康大紡織有限公司（以下簡稱「康大公司」）與該行簽訂最高額保證合同，由姚某、康大公司為中室采臣公司上述借款提供連帶責任保證。該行審查後履行了放貸義務，將所貸款項人民幣200萬元劃入借款人中室采臣公司設立的銀行帳戶，月利率為10.49971‰，貸款到期日為2009年7月25日。借款到期後借款人中室采臣公司沒有履行還款義務，保證人姚某、康大公司亦未履行保證責任。

2011年3月17日農商行泰山支行訴至泰州市海陵區人民法院，訴請中室采臣公司清償債務本金200萬元及至實際給付之日止的利息、罰息等，姚某、康大公司對上述款項承擔連帶清償責任。

【法院判決】

泰州市海陵區人民法院經審理認為，中室采臣公司2008年7月向農商行泰山支行申請借款時已拖欠泰州海陽農村銀行泰山支行（後更名為農商行泰山支行）逾期貸款未還，農商行泰山支行仍向其發放貸款的行為違反中國人民銀行發布的有關部門規章，但並不違反國家的法律法規，雙方借款關係的內容亦無違法之處，故中室采臣公司與農商行泰山支行之間的借款法律關係合法有效。中室采臣公司做為借款人應依約向農商行泰山支行還本付息，其未履行合同義務，應負歸還借款本金、利息和逾期罰息的責任。此外，從中室采臣公司2008年申請貸款時公司的經營狀況、舊貸的償還情況、此筆貸款的流向、支付利息的情況可以證實，農商行泰山支行與中室采臣公司簽訂合同時即存在以貸還貸的故意，履行合同過程中也實際發生了以貸還貸的事實。從借款合同以及借款借據等相關債權憑證來看，農商行泰山支行均未向康大公司明示此筆貸款係以貸還貸，且康大公司亦非中室采臣公司上筆舊貸的保證人，即可認定保證人康大公司不知情；若農商行泰山支行主張保證人知道或應當知道主合同雙方以貸還貸，其應負舉證責任，其未舉證，則應認定保證人不知主合同雙方以貸還貸的事實，故康大公司不承擔保證責任，判決：中室采臣公司於判決生效後10日內償還農商行泰山支行借款本金人民幣200萬元、利息791,708.70元（算至2010年12月20日），並支付逾期利息（從2010年12月21日起至本判決確定履行之日止，以200萬元為本金按借款借據約定的月利率10.49971‰計算），賠償律師代理費損失51,225元；姚某對上述債務承擔連帶清償責任；駁回農商行泰山支行對康大公司的訴訟請求。

宣判後，農商行泰山支行不服一審判決，提起上訴。江蘇省泰州市中級人民法院經審理認為，農商行泰山支行在一審庭審、書面上訴意見中，均承認本案主合同借款性質為「以貸還貸」。此外，農商行泰山支行亦無證據證明康大公司知曉借款用途「以貸還貸」的情形，保證合同約定的「債務人未履行主合同約定義務的，保證人立即無條件履行保證義務」、「合同不因主合同債務人違反合同約定使用借款而無效」等定型化條款違反法律規定，應為無效。二審法院判決駁回上訴，維持一審判決。

宣判後，農商行泰山支行不服二審判決，申請再審。江蘇省高級人民法院認為，農商行泰州支行舉證證明其與中室采臣公司舊貸金額為50萬元，在康大公司無相反證據時，應當認定舊貸金額為50萬元。雖然借款借據上寫有「並轉據」字樣，但實際以新貸還舊貸的金額為50萬元，而非200萬元。其餘貸款150萬元均由中室采臣公司自行用於業務支付，與償還舊貸無關聯，康大公司應對借新貸還舊貸以外的150萬元借款承擔相應的保證責任。故改判康大公司對中室采臣公司應還債務中的150萬元及相應利息、罰息承擔連帶清償責任。

【法律評析】

本案的爭議焦點：主合同借款用途是否為「以貸還貸」；案涉

借款屬於借新貸還舊貸的情況下，保證人康大公司是否應承擔保證責任。

「以貸還貸」的保證合同糾紛，通常是在借款人沒有償還能力，銀行起訴要求保證人承擔保證責任時，保證人常常以應當免除保證責任進行抗辯。保證人的抗辯理由主要有：一、因主合同（新借款合同）無效而主張從合同（保證合同）無效；二、因借貸雙方惡意串通，構成對保證人的欺詐，而主張不承擔保證責任。

實務中應按照《中華人民共和國合同法》、《最高人民法院關於適用〈中華人民共和國民事訴訟法〉的解釋》以及《最高人民法院關於適用〈中華人民共和國擔保法〉若干問題的解釋》的規定，處理以上糾紛。

一、「以貸還貸」的含義及其合同的效力

在中國大陸的銀行貸款業務中，一般認為「以貸還貸」是指債權人與債務人在舊的貸款尚未清償的情況下，再次簽訂新的借款合同，以新貸出的款項清償部分或者全部舊的貸款。「以貸還貸」借款合同有以下法律特徵：

1. 涉及兩個法律關係、兩個借款合同。銀行與借款人的前一筆借款合同形成一個借貸法律關係，借款人「以貸還貸」，又與銀行簽訂了一個新的借款合同，形成了一個新的借貸法律關係，新借款用於償還前筆貸款，前一借貸法律關係由於債務的清償而消滅。

2. 前後兩個借款合同緊密相接。在貸款證上前後兩筆貸款是連續記載的。實際操作中，後一貸款一般當天進入借款人帳戶，隨即又打回貸款人帳號，個別情形下幾天後打回，有的也將後一筆貸款直接在貸款人帳號內部劃轉，根本不進入借款人帳號。

再論「以貸還貸」借款合同的效力。以貸還貸的行為屬於一種民事行為，關於該種民事行為的效力，一種觀點認為其應屬無效，以

貸還貸造成了大量的金融風險，對銀行的股東以及存款人的合法權益都構成嚴重的威脅，且合同當事人多具有惡意串通、轉嫁風險的意圖，從而損害了保證人的合法權益。另一種主流觀點認為，中國大陸現行法律、行政法規對以貸還貸行為沒有限制，目前也沒有事實證明以貸還貸有社會危害性，如果以貸還貸確屬當事人真實意思表示的話，應當認定為有效。

事實上，關於以貸還貸行為的效力，中國大陸法律、行政法規尚無禁止性規定。另，《最高人民法院關於適用〈中華人民共和國擔保法〉若干問題的解釋》第三十九條規定：「主合同當事人雙方協議以新貸償還舊貸，除保證人知道或者應當知道的外，保證人不承擔民事責任；新貸與舊貸係同一保證人的，不適用前款的規定。」

因此，法院認可了農商行泰山支行與中室采臣公司簽訂的「以貸還貸」的借款合同的效力。

二、「以貸還貸」保證合同中保證人的保證責任

如前所述，《最高人民法院關於適用〈中華人民共和國擔保法〉若干問題的解釋》第三十九條規定：「主合同當事人雙方協議以新貸償還舊貸，除保證人知道或者應當知道的外，保證人不承擔民事責任；新貸與舊貸係同一保證人的，不適用前款的規定。」

「以貸還貸」保證合同的保證有三種情況：第一種是新貸舊貸是同一保證人；第二種是新貸舊貸的保證人不同；第三種是舊貸無保證人，而新貸有保證人。對於第一種情況而言，不論保證人是否知道或者應當知道主合同「以貸還貸」的事實，都應當對新貸款承擔保證責任，由該保證人承擔新貸的保證責任是公平的，實質上並未加重保證人的風險責任。對於第二種情況而言，因新貸已償還了舊貸，舊貸保證人的保證責任由此消滅，從結果上來看，舊貸保證人的保證責任由新貸保證人承擔了。第三種情況對債權人來說，原來的無擔保貸款

變成了有擔保貸款，對於保證人來說等於承擔了很大程度上已經不能歸還的貸款的保證責任。在後兩種情況下，保證人承擔保證責任的新貸很可能是一筆無法償還的死債，那麼讓保證人在這種情況下承擔保證責任則明顯加重了保證人的風險，違背了民法上的公平原則。本案屬於第二種情況，新貸舊貸的保證人不同。前筆貸款的保證人是泰州市百旺經貿有限公司和姚某，後筆貸款的保證人是康大公司和姚某。

如何判斷保證人是否明知主合同雙方有無以貸還貸的事實？在舉證責任分配上，保證人只要舉出主合同沒有寫明以貸還貸，即可認定其不知；若金融機構、借款人主張保證人明知主合同雙方有以貸還貸，應負舉證責任，若其不能舉證，則應認定保證人不知主合同以貸還貸的事實。

本案一、二審中康大公司主張自己不知道以貸還貸的事實，其提出借款合同及保證合同均是農商行泰山支行統一製作的格式（定型化）合同，對格式（定型化）條款中約定的流動資金貸款用途的理解，不應當包括以貸還貸。根據《中華人民共和國合同法》第三十九條第一款規定：「採用格式條款訂立合同的，提供格式條款的一方應當遵循公平原則確定當事人之間的權利和義務，並採取合理的方式提請對方注意免除或者限制其責任的條款，按照對方的要求，對該條款予以說明。」顯然，農商行泰山支行沒有盡到解釋的義務，故康大公司主張自己對借款合同是以貸還貸不知情，是成立的。農商行泰山支行主張康大公司明知主合同是以貸還貸，根據民事訴訟中「誰主張誰舉證」原則，由於農商行泰山支行不能舉證，其應承擔舉證不能的不利後果，故一、二審法院認為康大公司不知主合同雙方以貸還貸的事實，根據《最高人民法院關於適用〈中華人民共和國擔保法〉若干問題的解釋》第三十九條，判決康大公司不承擔保證責任。而再審中，由於農商行泰山支行提交了證據，證明貸款給中室采臣公司的200萬元中，僅有50萬元（2008年7月31日，中室采臣公司的銀行明細帳上分別記載扣款20萬元、30萬元）是用於償還舊貸，其餘150萬元的使用符合主合同約定的用途，所以這150萬元不能界定為以貸還貸，故再審法院認定康大公司對用途為「以貸還貸」部分的50萬元借款不負連帶保證責任，但應對借款本金中的150萬元部分承擔相應的保證責任。本案中，姚某做為保證人且係中室采臣公司的法定代表人，對其提供保證的債務用途和企業自身的資金狀況應當知悉，故不能免除其保證責任。

三、對「以貸還貸」借款合同的思考

實務中，「以貸還貸」的情形給商業銀行的資產帶來較大風險，所以商業銀行在辦理以貸還貸業務時一定要慎重，盡可能取得保證人對貸款資金用途明知的書面證據（比如在借款合同中明示資金用途為歸還銀行借款），警惕保證人的「惡意」抗辯，明知以貸還貸，卻因不願承擔責任而找藉口抗辯；同時，銀行在提供定型化合同時，應當以合理方式（比如定型化合同中對相關條款予以加黑加粗），提請對方注意，並取得其對定型化條款的同意（比如要求保證人在加黑加粗條款處簽字確認），或者能夠證明保證人對債務人改變借款用途知情，避免出現因定型化合同條款約定無效，或者與規範性法律文件規定衝突，因而適用其他規範性法律文件免除保證人責任的情況，以切實防控貸款風險。

附：法律文書

江蘇泰州農村商業銀行股份有限公司泰山支行等訴泰州市康大紡織有限公司金融借款合同糾紛再審案

江蘇省高級人民法院（2015）蘇商再提字第00015號

再審申請人（一審原告、二審上訴人）：江蘇泰州農村商業銀行股份有限公司泰山支行（原泰州海陽農村合作銀行泰山支行）。

負責人：許斌，該行行長。

委託代理人：蔡智，北京市邦盛（泰州）律師事務所律師。

被申請人（一審被告、二審被上訴人）：泰州市康大紡織有限公司。

法定代表人：沈小萍，該公司董事長。

委託代理人：沈祥星，該公司經理。

委託代理人：盛家華，江蘇強聯律師事務所律師。

一審被告：泰州市中室采臣物資貿易有限公司。

法定代表人：姚棟，該公司經理。

一審被告：姚棟。

再審申請人江蘇泰州農村商業銀行股份有限公司泰山支行（以下簡稱農商行泰山支行）因與被申請人泰州市康大紡織有限公司（以下簡稱康大公司）、一審被告泰州市中室采臣物資貿易有限公司（以下簡稱中室采臣公司）、姚棟金融借款合同糾紛一案，不服江蘇省泰州市中級人民法院（2013）泰中商終字第0102號民事判決，向本院申請再審。本院於2014年11月14日做出（2014）蘇審三商申字第0205號民事裁定，提審本案。提審後，本院依法組成合議庭，於2015年4月13日公開開庭審理了本案。再審申請人農商行泰山支行負責人許斌、委託代理人蔡智，被申請人康大公司委託代理人沈祥星、盛家華到庭參加訴訟。一審被告中室采臣公司、姚棟經本院依法傳喚，無正當理由未到庭參加訴訟。本案現已審理終結。

2011年3月17日農商行泰山支行訴至泰州市海陵區人民法院稱，該行與中室采臣公司於2008年7月30日簽訂最高額借款合同一份，合同期限為2008年7月30日起至2009年7月30日，最高額為人民幣200萬元。同日，姚棟、康大公司與該行簽訂最高額保證合同，由姚棟、康大公司為中室采臣公司上述借款提供連帶責任擔保。該行審查後履行了放貸義務，將所貸款項人民幣200萬元打到借款人中室采臣公司設立的銀行帳戶，月利率為10.49971‰，貸款到期日為2009年7月25日。借款到期後借款人中室采臣公司沒有履行還款義務，擔保人姚棟、康大公司亦未履行擔保責任。請求判令：1. 中室采臣公司清償債務本金200萬元、利息791,708.70元（暫算至2010年12月20日）及至實際給付之日止的利息、罰息，給付律師代理費51,225元；2. 姚棟、康大公司對上述款項承擔連帶清償責任；3. 本案訴訟費用由康大公司、中室采臣公司以及姚棟承擔。

康大公司一審辯稱，主合同當事人雙方惡意串通，騙取保證人提供保證，雙方簽訂的保證合同屬無效合同，另康大公司應訴時才知道借款借據上所寫「並轉據」字樣，後經瞭解才得知，實際就是以新貸還舊貸，根據擔保法解釋的規定，當事人以新貸償還舊貸除保證人知道或者應當知道的外，保證人不承擔責任，故康大公司不應承擔保證責任。

姚棟、中室采臣公司一審未答辯，亦未提交相關證據。

泰州市海陵區人民法院一審查明：農商行泰山支行於2008年7月30日與中室采臣公司簽訂了最高額借款合同一份，合同期限為2008年7月30日起至2009年7月30日，最高額為人民幣200萬元，借款合同約定：中室采臣公司對合同項下的借款「按月結息」；中室采臣公司在農商行泰山支行處開立結算帳戶，通過該帳戶辦理與本合同項下貸款有關的往來結算和存款，否則農商行泰山支行將拒絕發放貸款。合同同時載明，每一筆貸款的期限、金額、用途、還款方式以借款憑證為準，借款憑證是合同的組成部分，合同另約定因借款人違約致使貸款人採取訴訟方式實現債權的，借款人應當承擔貸款人支付的律師費、訴訟費等。同日，姚棟、康大公司與農商行泰山支行簽訂最高額保證合同，由姚棟、康大公司為中室采臣公司上述借款提供連帶責任擔保，擔保範圍為合同項下借款本金、利息、複利、罰息、違約金、損害賠償及律師費等貸款人實現債權的費用，且保證人承諾：同意本合同項下發生各類業務的主合同、借款憑證或相關債權憑證不必送達保證人。此後被告中室采臣公司出具借款借據，內容為借款200萬元，借款借據上載明到期日期為2009年7月25日，月利率為10.49971‰，還款方式為到期還本、按月結息，用途為並轉據，有借款人中室采臣公司及姚棟的簽章。

一審另查明：中室采臣公司就此筆貸款未曾在農商行泰山支行處開立結算帳戶，亦從未按期支付過利息，農商行泰山支行亦未將上述貸款打入中室采臣公司帳戶或其他帳戶，而是用於償還中室采臣公司之前所欠銀行貸款。2011年3月，農商行泰山支行認為借款到期後借款人中室采臣公司沒有履行還款義務，擔保人姚棟、康大公司亦未履行擔保責任，遂向法院起訴。

泰州市海陵區人民法院認為，中室采臣公司2008年7月向農商行泰山支行申請借款時即拖欠泰州海陽農村銀行泰山支行逾期貸款未還，農商行泰山支行仍向其發放貸款的行為也只是違反中國人民銀行頒布的有關部門規章，並不違反國家的法律法規，雙方借款關係的內容亦無違法之處，故中室采臣公司與農商行泰山支行之間的借款法律關係合法有效。中室采臣公司做為借款人應依約向農商行泰山支行還本付息，其未履行合同義務，應負歸還借款本金、利息和逾期罰息的責任。故對農商行泰山支行要求中室采臣公司償還借款本金、利息，並支付罰息的主張予以支持。此外，從中室采臣公司2008年申請貸款時公司的經營狀況、舊貸的償還情況、此筆貸款的流向、支付利息的情況可以證實，泰州海陽農村銀行泰山支行與中室采臣公司簽訂合同時即存在以貸還貸的故意，履行合同過程中也實際發生了以貸還貸的事實。從借款合同以及借款借據等相關債權憑證來看，農商行泰山支行均未向康大公司明示此筆貸款係以貸還貸，且康大公司亦非中室采臣公司上筆舊貸的擔保人，即可認定保證人康大公司不知；農商行泰山支行主張保證人知道或應當知道主合同雙方以貸還貸的，其應負舉證責任，其未舉證，則應認定保證人不知主合同雙方以貸還貸的事實，故康大公司不承擔保證責任。姚棟做為擔保人且係借款人中室采臣公司的法定代表人，對其提供保證的債務的用途及企業自身資金狀況，應當知悉，故不能免除其擔保責任。關於農商行泰山支行主張律師代理費損失，因雙方合同中已經明確約定，係其真實意思表示，亦不違反法律強制規定，故對該項主張予以支持。中室采臣公司、姚棟未到庭，視為對其訴訟權利的放棄，應承擔與己不利的後果。泰州市海陵區人民法院做出（2011）泰海商初字第321號民事判決：一、中室采臣公司於判決生效後10日內償還農商行泰山支行借款本金人民幣200萬元、利息791,708.70元（算至2010年12月20日），並支付逾期利息（從2010年12月21日起至本判決確定履行之日止以200萬元為本金按借款借據約定的月利率10.49971‰計算），賠償律師代理費損失51,225元；姚棟對上述債務承擔連帶清償責任；二、駁回農商行泰山支行對康大公司的訴訟請求。案件受理費29,543元，公告費600元，合計人民幣30,143元，由中室采臣公司、姚棟負擔。

一審宣判後，農商行泰山支行不服，向江蘇省泰州市中級人民法院提起上訴稱：1. 借款合同與保證合同是同一天簽訂的，先簽訂的借款合同後簽訂保證合同，這證明保證人在簽訂保證合同時是明知借款合同是以貸還貸；2. 雙方在保證合同中約定了「債務人未履行主合同約定義務的，保證人立即無條件履行保證義務。」「合同不因主合同債務人違反合同約定使用借款而無效」等條款，無論主合同借款是以貸還貸還是用於其他方面，均不能免除保證人的責任。綜上，請求撤銷一審判決依法改判。二審中，上訴人當庭補充上訴意見，即借款合同簽訂後，200萬元已經發放到借款人單位的帳戶，其中198.5萬元被其通過轉帳的形式使用了，本案不構成以貸還貸。

康大公司辯稱，康大公司並不知曉中室采臣公司向農商行泰山支行借款係以貸還貸，農商行泰山支行與中室采臣公司惡意串通騙取我公司提供擔保。擔保合同中約定的「合同不因主合同債務人違反合同約定使用借款而無效」等條款係農商行泰山支行制定的格式條款，條款內容免除了自方責任、加重康大公司責任，應為無效。針對農商行泰山支行當庭提出的補充上訴意見，康大公司補充答辯稱，農商行泰山支行在一審庭審、書面上訴意見中，均承認本案借款屬「以貸還貸」，現農商行泰山支行代理人的口頭陳述與上訴狀不一致，應該以書面上訴狀為準。實際上，借款合同簽訂後，貸款沒有發放，只是農商行泰山支行內部對借款人的帳戶進行平帳處理。請求駁回上訴人的上訴請求，維持原判決。

姚棟、中室采臣公司二審未到庭，亦未提交書面陳述意見，以及未提交相關證據。

二審中，上訴人農商行泰山支行提交了以下證據：1. 放貸通知書一份，證明上訴人將200萬元打到借款人帳戶上；2. 轉帳支票5份、現金支票1份，以證明借款人200萬元的流向，並非以貸還貸。經質證，康大公司對農商行泰山支行提交的證據的真實性無異議，但認為，流出的資金收款單位也是欠農商行泰山支行的貸款，借款借據中註明的用途「並轉據」就是以貸還貸，轉入借款人的帳戶不過是借款人配合農商行泰山支行辦理的平帳手續。

二審法院另查明：農商行泰山支行與中室采臣公司於2008年7月30日簽訂借款合同後，2008年7月31日，農商行泰山支行將借款打入借款人帳戶，借款借據用途「並轉據」。當日，借款人還貸50萬元，另轉帳100餘萬元至泰州市海陵區聚賢貿易商行等單位，對於轉帳款項的去向，農商行泰山支行未能提交收款人相關進帳單。

二審法院歸納爭議焦點為：主合同借款用途是否為以貸還貸，康大公司是否應承擔保證責任。

二審法院認為，農商行泰山支行在一審庭審、書面上訴意見中，均承認本案主合同借款性質為「以貸還貸」，儘管其在庭審中補充上訴稱，借款已經打入借款人帳戶，並提交6張支票。該6張支票已有1張轉帳支票明確載明用途為還貸，其餘轉帳款項表明與案外人之間的往來，按照銀行相關結算辦法，泰州市海陵區聚賢貿易商行等單位做為收款人，應向農商行泰山支行提示付款，並出具進帳單，進帳單可以清楚地看出收款人進帳的開戶行、銀行帳號。但農商行泰山支行未能提交收款人在其營業廳辦理進帳的相關手續，不排除中室采臣公司為配合農商行泰山支行而做的平帳處理，農商行泰山支行應承擔舉證不能的法律後果。結合借款借據中用途載明的「並轉據」以及農商行泰山支行庭審中對「並轉據」的解釋，農商行泰山支行並無充分、確切證據證明本案借款合同的用途係其他用途而非「以貸還貸」。故農商行泰山支行上訴稱，借款合同簽訂後，貸款200萬元已經發放到借款人單位的帳戶，其中198.5萬元被借款人通過轉帳的形式使用了的理由沒有事實依據，二審不予採信。

此外，農商行泰山支行亦無證據證明康大公司對借款用途「以貸還貸」的情形予以知曉，其上訴稱擔保合同中約定了「債務人未履行主合同約定義務的，保證人立即無條件履行保證義務。」「合同不因主合同債務人違反合同約定使用借款而無效」等條款，無論主合同借款是以貸還貸還是用於其他方面，均不能免除保證人的責任的理由，因上述格式條款約定的內容違反法律規定，應為無效。至於農商行泰山支行上訴稱，借款合同、保證合同同一天簽訂，借款合同簽訂在先，保證合同簽訂在後，保證人在簽訂保證合同時應當明知借款合同是以貸還貸的上訴理由顯然沒有充分的證據加以證明，故上訴人的此節上訴理由沒有事實和法律依據，不予採信。

二審法院判決：駁回上訴，維持原判決。

農商行泰山支行申請再審稱：（一）康大公司為中室采臣公司進行擔保是由中室采臣公司聯繫的，與農商行泰山支行沒有任何關係，農商行泰山支行與中室采臣公司根本不可能構成惡意串通。（二）本案中，農商行泰山支行依據《最高額借款合同》、《最高額保證合同》所發放200萬元貸款已匯入中室采臣公司的帳戶，並為中室采臣公司所使用，不存在以貸還貸的事實。（三）雖然《最高額借款合同》、《最高額保證合同》是格式條款，但是雙方當事人的真實意思表示，不違反法律禁止性規定，二審判決認定格式條款無效是適用法律錯誤。綜上，請求對本案再審。

康大公司提交意見稱：（一）農商行泰山支行在一審中確認借據中的「並轉據」的意思是前一筆貸款利息還掉，本金未還，將前一筆的貸款本金轉為該筆貸款的貸款金額，其在二審上訴狀中也稱被申請人知曉以貸還貸的情況，但卻在申請再審中所稱不存在以貸還貸顯然不能成立。（二）康大公司對本期貸款的用途為以貸還貸的事實並不知情。本案中的借款合同及保證合同均是申請人統一製作的格式合同，對格式條款中約定的流動資金貸款用途的理解，不應當包括以貸還貸。在借款合同履行過程中，申請人並沒有按照借款合同約定在中室采臣公司未按月支付利息時及時收回全部貸款，以避免損失擴大，實際上直至本期貸款逾期一年半以後，申請人才向法院起訴，也直至起訴時康大公司才知道本期貸款的性質是以貸還貸。但此時中室采臣公司已不能償還債務。可見申請人當初簽訂合同時的目的就是準備日後將債務轉移給康大公司。綜上，請求駁回農商行泰山支行的再審申請。

本院再審對一、二審判決查明事實中關於借款、保證合同載明的內容予以確認。對二審判決查明事實中關於2008年7月31日中室采臣公司出具借款借據內容予以確認。對一、二審判決查明的其他事實，因與證據證明事實不符，本院不予確認。

本院再審另查明：

（一）中室采臣公司與農商行泰山支行之間的舊貸事實。2007年9月21日，農商行泰山支行與中室采臣公司簽訂最高額借款合同，約定自2007年9月21日至2008年9月17日期間農商行泰山支行提供給中室采臣公司最高額不超過50萬元的借款，借款按月結息。2007年9月21日，泰州市百旺經貿有限公司、姚棟與農商行泰山支行簽訂最高額保證合同，約定由泰州市百旺經貿有限公司、姚棟對中室采臣公司的上述50萬元借款承擔最高額連帶保證責任。2008年3月20日，農商行泰山支行向中室采臣公司發放30萬元貸款，農商行泰山支行向中室采臣公司發放20萬元貸款，合計50萬元，兩筆貸款期限均至2008年9月17日。

康大公司未提供證據證明中室采臣公司與農商行泰山支行之間還存有其他舊貸的事實。

（二）農商行泰山支行支付給中室采臣公司200萬元貸款的使用具體事實。

1. 2008年7月31日，農商行泰山支行通過中室采臣公司的轉帳支票帳戶扣款50萬元，用途為「還貸」，即前述（一）中的貸款款項。該筆款項在中室采臣公司銀行明細帳上未反映，但同日中室采臣公司的銀行明細帳上兩次分別記載扣款20萬元、30萬元。

2. 2008年7月31日，中室采臣公司兩次使用銀行轉帳支票匯給泰州市海陵區海寬建材貿易商行28萬元、8,600元，用途為「往來」。

3. 2008年7月31日，中室采臣公司兩次使用銀行轉帳支票匯給泰州市海陵區聚賢建材貿易商行30萬元、1萬元，用途為「往來」。

4. 2008年7月31日，中室采臣公司辦理現金支票的方式取現金887,720.75元，用途為「購貨」。

5. 2008年8月1日，中室采臣公司取現金13,000元，用途為「購貨」。

上述款項合計支出1,999,320.75元。中室采臣公司帳戶原有資金為214.84元，中室采臣公司實際使用貸款1,999,105.91元。

上述事實，有最高額借款合同、銀行轉帳支票、現金支票等證據證實。

本案再審爭議焦點為：案涉借款屬於借新貸還舊貸的金額是多少，康大公司是否應當承擔相應擔保責任。

本院認為，（一）中室采臣公司與農商行泰山支行之間的借款關係合法有效，中室采臣公司做為借款人應依約向農商行泰山支行還本付息，其未履行合同義務，應負歸還借款本金、利息和逾期罰息的責任。

（二）一、二審判決認定中室采臣公司貸款200萬元後全部用於償還舊貸的事實缺乏證據證明，據此判決擔保人康大公司不承擔保證責任係適用法律錯誤。具體理由：

1. 中室采臣公司與農商行泰山支行之間的舊貸金額為50萬元，一、二審判決認定本案所涉貸款200萬元全部為借新貸還舊貸，缺乏證據證明。首先，農商行泰山支行提供的證據證明，中室采臣公司於2007年9月貸款金額為50萬元，至2008年7月31日借新貸200萬元時，中室采臣公司與農商行泰山支行之間的舊貸金額為50萬元。其次，中室采臣公司借款200萬元後，實際以新貸款還舊貸款的金額為50萬元，其餘貸款150萬元均由中室采臣公司自行使用支付，與償還舊貸款並無關聯。根據中室采臣公司支取200萬元款項的轉帳支票以及現金支票情況來看，中室采臣公司於貸款後其中50萬元的轉帳支票用於償還先前舊貸50萬元，而其他款項分別由中室采臣公司支付給泰州市海陵區海寬建材貿易商行288,600元，支付給泰州市海陵區聚賢建材貿易商行31萬元，用途均為「往來」，此外中室采臣公司以辦理現金支票的方式取現金887,720.75元和13,000元，用途為「購貨」，這些款項的支付均是中室采臣公司用於自己業務支付，並沒有用於償還中室采臣公司舊貸。第三，雖然康大公司稱中室采臣公司借新貸還舊貸，但其並沒有就舊貸數額是多少提供相應證據證明。而農商行泰山支行提供的證據證明中室采臣公司未償還舊貸金額為50萬元，在康大公司無相反證據證明的情況下，應當認定舊貸金額為50萬元。第四，農商行泰山支行的代理人一審中陳述「並轉據」的意思是前面有一筆貸款本金未還，將前一筆借款本金轉為貸款的意思，但認為本案中不存在全部以新貸還舊貸的情形，貸款合同成立後，銀行已將款項全部轉入中室采臣公司帳戶，中室采臣公司如何使用款項，與銀行沒有關係，後農商行泰山支行在二審中認可並提供證據證明舊貸金額為50萬元，使用新貸還舊貸的金額也是50萬元，而非200萬元。從上述農商行泰山支行的陳述情況和證據證明的事實來看，雖然中室采臣公司的借款借據上寫有並轉據字樣，但事實情況是以新貸還舊貸的金額為50萬元，而非200萬元。

《最高人民法院關於適用〈中華人民共和國擔保法〉若干問題的解釋》第三十九條第一款規定：「主合同當事人雙方協議以新貸償還舊貸，除保證人知道或者應當知道的外，保證人不承擔民事責任。」本案中，中室采臣公司以新貸還舊貸的數額為50萬元，其餘150萬元已由中室采臣公司使用，並非用於償還中室采臣公司所借農商行泰山支行舊貸，且也無證據證明中室采臣公司還欠農商行泰山支行50萬元以外的舊貸，故該150萬元不屬於以新貸還舊貸。一、二審判決將中室采臣公司所借200萬元貸款全部認定為償還舊貸與證據所證明的事實不符，顯係認定事實錯誤，故保證人康大公司、姚棟仍應承擔相應的保證責任。姚棟做為擔保人且係借款人中室采臣公司的法定代表人對其提供保證的債務的用途，企業自身資金狀況，應當知悉，故不能免除其擔保責任。康大公司應對50萬元借新貸還舊貸以外的150萬元借款承擔相應的擔保責任。一、二審判決免除保證人康大公司所應承擔的擔保責任，顯屬不當，本院予以糾正。

依照《中華人民共和國合同法》第二百零五條、第二百零六條、第二百零七條，《中華人民共和國擔保法》第十八條、第二十一條、第三十條第一款，《最高人民法院關於適用〈中華人民共和國擔保法〉若干問題的解釋》第三十九條第一款、《中華人民共和國民事訴訟法》第一百四十三條、第二百零七條之規定，判決如下：

一、撤銷江蘇省泰州市中級人民法院（2013）泰中商終字第0102號民事判決和泰州市海陵區人民法院（2011）泰海商初字第321號民事判決第二項。

二、維持泰州市海陵區人民法院（2011）泰海商初字第321號民事判決第一項。

三、泰州市康大紡織有限公司對泰州市海陵區人民法院（2011）泰海商初字第321號民事判決第一項中確認的泰州市中室采臣物資貿易有限公司應償還債務中借款本金人民幣150萬元及相應比例的利息、逾期利息、律師代理費用承擔連帶清償責任。

四、泰州市康大紡織有限公司、姚棟承擔保證責任後，有權向泰州市中室采臣物資貿易有限公司追償。

如果未按本判決指定的期間履行給付金錢義務，應當依照《中華人民共和國民事訴訟法》第二百五十三條之規定，加倍支付遲延履行期間的債務利息。

一審案件受理費29,543元，公告費600元，合計30,143元，由中室采臣公司、姚棟、康大公司負擔。二審案件受理費29,543元，公告費300元，合計29,843元，由農商行泰山支行負擔7,460元，由中室采臣公司、姚棟、康大公司負擔22,083元。再審公告費860元，由中室采臣公司、姚棟、康大公司負擔。

本判決為終審判決。

審判長　俞建平

審判員　羅有才

代理審判員　韓祥

二〇一五年五月五日

書記員　王鍇

【案例17】「借新還舊」所涉抵押合同的法律問題

農業銀行訴新誠基公司等保證合同糾紛案

案號：最高人民法院（2014）民提字第136號

【摘要】

銀行辦理借新還舊貸款業務時，應當書面告知抵押人借款的實際用途；《擔保法解釋》第三十九條第一款關於保證的規定，可以比照適用於抵押擔保。

【基本案情】

2005年7月29日，農業銀行阿拉山口支行（以下簡稱「農業銀行」）與阿拉山口天任貿易公司（以下簡稱「天任公司」）簽訂兩份《借款合同》，借款金額分別為500萬元和284萬元，借款用途為解付信用證。同日，農業銀行與新疆新誠基飲服培訓商貿公司（以下簡稱「新誠基公司」）簽訂《最高額保證合同》，約定新誠基公司為天任公司債務最高餘額800萬元提供擔保；在紅山路8號房產辦理完抵押手續後，本擔保合同自行解除。同日，農業銀行依約發放貸款共計784萬元。2005年8月初，農業銀行與天任公司、新誠基公司三方簽訂《最高額抵押合同》，約定新誠基公司為天任公司債務最高餘額800萬元提供擔保，並以其所有房產紅山路8號做為抵押物。2005年8月8日，農業銀行與新誠基公司簽訂《房產抵押合同》，約定新誠基公司為貸款將紅山路8號房產抵押於農業銀行，並辦理了抵押登記。

新誠基公司與農業銀行之間未發生任何貸款項目。天任公司未償還到期借款本息，農業銀行遂訴至法院，請求天任公司和新誠基公司償還貸款本金68,153,153元、利息132,110,242元。

【法院判決】

新疆維吾爾自治區博爾塔拉蒙古自治州中級人民法院經審理認為，《借款合同》約定借款用途為解付信用證，當事人對該借款性質屬以新貸償還舊貸無爭議，應予以認定。天任公司未能按期還清債務，應當償還剩餘本息。《借款合同》與《最高額保證合同》同時簽訂，且《借款合同》明確約定借款用途為解付信用證，故新誠基公司明知借款用途，應當在最高額800萬元內承擔保證責任。新誠基公司曾自認紅山路8號房產已辦理抵押手續，《最高額保證合同》解除條件成就因而自行解除。根據《最高額抵押合同》約定，新誠基公司應當對天任公司債務承擔抵押擔保責任。綜上，判決天任公司償還借款本金68,153,10.53、利息861,059.99元；新誠基公司以抵押財產在最高額800萬元內對上述債務承擔清償責任。

宣判後，新誠基公司不服一審判決，提起上訴。新疆維吾爾自治區高級人民法院經審理認為，《借款合同》約定借款用途為借新貸還舊貸，《最高額保證合同》並未對此明確註明，農業銀行未證明其向新誠基公司告知了借新還舊的真實用途，現有證據亦無法證實新誠基公司對於借新還舊知道或者應當知道，新誠基公司應免除保證責任。雖然《房產抵押合同》是為新誠基公司貸款而提供抵押，但新誠基公司與農業銀行未發生任何貸款項目，無須辦理抵押登記，其亦未要求解除合同，故《房產抵押合同》實質是為天任公司案涉借款提供抵押擔保。抵押與保證同為擔保的法定方式，借款人的借新還舊行為無論對於抵押人或保證人而言，均會改變其在提供擔保時對擔保風險的預期，加重其擔保責任，對擔保人不公平，故《最高人民法院關於適用〈中華人民共和國擔保法〉若干問題的解釋》（以下簡稱《擔保法解釋》）關於保證的規定可適用於抵押擔保。根據《最高額抵押合同》，在對天任公司借款係借新還舊不知情的情形下，新誠基公司免除抵押責任。綜上，改判新誠基公司對天任公司債務不承擔抵押擔保責任。

宣判後，農業銀行不服二審判決，申請再審。最高人民法院經審理認為，天任公司借款用途表述為「解付信用證」，為解付信用證而貸款與為償還舊貸而借新貸略有不同，但二者實質上均屬於以新債償還舊債。農業銀行未能證明在簽訂《最高額抵押合同》時曾將其與天任公司之間借新還舊事實告知了新誠基公司，故認定新誠基公司不知道該筆借款實際用途。在司法解釋未對借新還舊中抵押人責任承擔問題做出明確規定的情形下，《擔保法解釋》關於保證的規定可比照適用於抵押。綜上，根據《擔保法解釋》第三十九條的規定，新誠基公司免除擔保責任，故判決駁回再審申請、維持二審判決。

【法律評析】

本案的爭議焦點，為銀行是否應履行對「以新貸還舊貸」保證人的告知義務，及《擔保法解釋》有關保證的規定是否可以比照適用於抵押的問題。

一、銀行對保證人關於「以新貸還舊貸」的告知義務

《最高人民法院關於適用〈中華人民共和國擔保法〉若干問題的解釋》（以下簡稱《擔保法解釋》）第三十九條第一款規定：「主合同當事人雙方協議以新貸償還舊貸，除保證人知道或者應當知道的外，保證人不承擔民事責任。」據此可知，在簽訂《保證合同》時，除保證人知道或者應當知道借款實際用途為以新貸還舊貸外，銀行負有告知保證人其擔保借款真實用途的義務，如果銀行不履行該告知義

務，保證人即免除保證責任。

本案中，《借款合同》約定借款用途為以新貸還舊貸，農業銀行與新誠基公司簽訂的《最高額保證合同》並未對此明確註明，農業銀行未能舉證證明其已向新誠基公司告知擔保借款的真實用途為借新還舊，又無其他證據證實新誠基公司知道或者應當知道借新還舊。根據《擔保法解釋》第三十九條第一款規定，新誠基公司不承擔保證責任。

綜上，為了有效降低銀行貸款風險、確保貸款資金回收，銀行在與保證人簽訂《保證合同》時，應當主動告知保證人其擔保的借款實際用途為以新貸還舊貸，並取得其知情後仍自願繼續承擔擔保責任的書面承諾，從而避免因保證人對以新貸還舊貸不知情而抗辯免除其保證責任的情況發生。

二、《擔保法解釋》有關保證的規定可否比照適用於抵押

《擔保法解釋》第三十九條第一款規定：「主合同當事人雙方協議以新貸償還舊貸，除保證人知道或者應當知道的外，保證人不承擔民事責任。」從字面意思來理解，該條款明確是對為以新貸還舊貸提供擔保的保證人所設的規定。然而，抵押擔保與保證擔保同為法定的擔保方式，在第三人以其所有的財產為借款提供抵押擔保的情形下，第三人與債權人之間形成的抵押擔保法律關係，在行為主體、意思表示、權利義務、法律目的、法律效果等方面，均與保證擔保法律關係的特徵類似。在借款實際用途為以新貸還舊貸的情況下，對於對此不知情的抵押人和保證人來說，均會改變其在為借款提供擔保時對擔保風險的預期判定，實質上加重了抵押人和保證人的擔保責任，從而產生對擔保人不公平的法律效果。因此，基於民法的誠實信用原則和公平原則，在相關法律、法規和司法解釋對以新貸還舊貸中，抵押人是否應因不知情而免除其抵押擔保責任的問題尚未做出明確規定的

情況下，《擔保法解釋》第三十九條第一款關於保證的相關規定，可以比照適用於抵押擔保問題。

本案中，農業銀行與新誠基公司簽訂《最高額抵押合同》時，並未告知其關於天任公司借款實際用途為借新還舊的事實。農業銀行亦沒有證據證明新誠基公司在知道或應當知道天任公司借新還舊的情形下仍然自願提供抵押擔保，這無疑會改變新誠基公司在提供抵押時對擔保風險的預期判斷，加重了其承擔抵押擔保的責任，顯然會對新誠基公司產生不公平的法律結果。因此，根據《擔保法解釋》第三十九條第一款規定比照適用於抵押擔保，新誠基公司應免於承擔抵押擔保責任。

三、銀行風險提示

1. 1997年中國人民銀行辦公廳《關於借款合同有關法律問題的覆函》中對於借款還舊認定為「以貸還貸（或借新還舊）」，是指借款人向銀行貸款以清償先前所欠同一銀行貸款的行為。同時，2007年中國銀監會發文《貸款風險分類指引》，其中明確將「借新還舊，或者須通過其他融資方式償還」歸為關注類。因此，借款人「以新貸歸還同一銀行舊貸」的行為，屬於「存在一些可能對償還銀行債權產生不利影響因素」的關注類貸款。對此，商業銀行應密切注意該企業其他債務的狀態，謹慎考慮該業務的可行性。

2. 注意向「借新還舊」的保證人、抵押人履行通知義務。銀行在辦理「借新還舊」貸款手續時，應當書面告知保證人借款的實際用途，預防保證人行使債務抗辯權。在以第三人財產為新貸設定抵押時，也應將「借新還舊」的情況如實告知抵押人，以防抵押人以不知情或以貸款人和借款人惡意串通為由提出抗辯。

附：法律文書

中國農業銀行股份有限公司博爾塔拉分行與新疆新誠基飲服培訓商貿有限責任公司、阿拉山口天任貿易有限公司金融借款合同糾紛審判監督民事判決書

最高人民法院（2014）民提字第136號

再審申請人（一審原告、二審被上訴人）：中國農業銀行股份有限公司博爾塔拉分行。住所地：新疆維吾爾自治區博樂市團結路140號。

負責人：宋衛強，該行行長。

委託代理人：任志強，該行職員。

委託代理人：於鋒哉，該行職員。

被申請人（一審被告、二審上訴人）：新疆新誠基飲服培訓商貿有限責任公司。住所地：新疆維吾爾自治區烏魯木齊市黃河路7號。

法定代表人：馬玲，該公司總經理。

委託代理人：劉衛東，該公司法律顧問。

委託代理人：鄭仁，該公司職員。

一審被告：阿拉山口天任貿易有限公司。住所地：新疆維吾爾自治區阿拉山口市天山街。

法定代表人：劉興倫，該公司經理。

再審申請人中國農業銀行股份有限公司博爾塔拉分行（以下簡稱農行博州分行）因與被申請人新疆新誠基飲服培訓商貿有限責任公司（以下簡稱新誠基公司）、一審被告阿拉山口天任貿易有限公司（以下簡稱天任公司）借款合同糾紛一案，不服新疆維吾爾自治區高級人民法院（2012）新民二終字第1號民事判決，向本院申請再審。本院經審查，做出（2013）民申字第1755號裁定提審本案，並組成由審判員王富博擔任審判長、代理審判員張穎、原爽組成的合議庭進行了審理，書記員陸昱擔任記錄。本案現已審理終結。

新疆維吾爾自治區博爾塔拉蒙古自治州中級人民法院一審審理查明：

2005年7月29日，農行博州分行下屬的阿拉山口支行與天任公司簽訂了兩份《借款合同》，借款金額分別為500萬元和284萬元。《借款合同》約定：借款種類為短期流動資金；借款用途為解付信用證（300LC050410081）；借款期限從2005年7月29日至2006年7月29日；借款利率在基準利率5.58%的基礎上上浮30%，執行年利率7.254%，直至借款到期日；合同項下借款按季結息，結息日為每季末月的20日；借款人未按本合同約定期限歸還借款本金的，貸款人對逾期借款從逾期之日起在本合同約定的借款執行利率基礎上上浮50%計收罰息，直至本息清償為止。借款擔保方式為保證，擔保合同另行簽訂。若採取最高額擔保方式的，擔保合同編號為（博阿）農銀高保字（2005）第65905200500000070號。同日，農行阿拉山口支行與新誠基公司簽訂了一份編號為（博阿）農銀高保字（2005）第65905200500000070的最高額保證合同，約定：新誠基公司自願為天任公司自2005年7月29口起至2006年7月29日止，在農行阿拉山口支行辦理約定的各類債務，實際形成的債務最高餘額折合800萬元提供擔保；本合同項下發生各類業務的主合同、借款憑證或相關債權憑證不再送達保證人；在紅山路8號房產辦理完抵押手續後，本擔保合同自行解除。同日，農行阿拉山口支行向天任公司發放了500萬元和284萬元貸款。2005年8月初，農行阿拉山口支行與天任公司、新誠基公司三方共同簽訂了一份《最高額抵押合同》，其中第一條約定：抵押人（新誠基公司）自願為債務人（天任公司）自2005年7月29日起至2006年7月29日止，在抵押權人（農行阿拉山口支行）處辦理約定的各類業務，所實際形成債務的最高餘額折合人民幣800萬元提供擔保；第三條約定：抵押人（新誠基公司）同意以下列房地產（詳見編號0001的抵押清單）做為抵押物，上述抵押清單為本合同的組成部分；抵押物暫作價人民幣18,188,717元，其最終價值以抵押權實現時實際處理的淨收入為準；第十三條約定：抵押人應主動瞭解債務人經營狀況及本合同項下各類業務發生、履行情況。本合同項下發生各類業務的主合同、借款憑證或相關債權憑證不再送達抵押人。該合同所附編號為0001的房地產抵押清單上明確寫明：房產座落於烏魯木齊水磨溝區紅山路8號，建築面積為1,397.30平方米，土地使用面積為563平方米。2005年8月8日，農行阿拉山口支行與新誠基公司簽訂了一份《房產抵押合同》，約定：新誠基公司為了貸款自願將座落於烏市水磨溝區紅山路

8號一棟二層磚混結構的房產抵押於農行阿拉山口支行，做為新誠基公司貸款的保證；抵押房產的建築面積為1,397.30平方米，土地使用面積為563平方米，房屋所有權證號00493594號；抵押價值為18,188,717元；新誠基公司於2005年8月8日將上述房產抵押給農行阿拉山口支行，抵押期限為2005年8月8日至2006年8月8日止。當日，該房產在烏魯木齊房屋產權交易管理中心辦理了抵押登記，2005年8月10日，辦理了土地使用權抵押登記。2007年3月17日，農行阿拉山口支行向天任公司發出「債務逾期催收通知書」，要求天任公司償還上述兩筆借款，天任公司於當日簽收該通知書。

另查明：2005年7月29日貸款500萬元的逾期利息為664,195.90元（計算至2007年12月20日，已扣除已償還利息448,251.25元）；2005年7月29日貸款284萬元，已償還貸款本金1,024,689.47元，尚欠貸款本金1,815,310.53元，逾期利息為196,864.09元（計算至2007年12月20日，已扣除已償還利息240,776.38元）。上述兩筆借款現尚欠本金合計6,815,310.53元，尚欠利息合計861,059.99元（計算至2007年12月20日）。

又查明：新誠基公司與農行阿拉山口支行之間未發生任何貸款項目。

為追償欠款，農行博州分行提起訴訟，請求判令：天任公司、新誠基公司償還貸款本金68,153,153元；二、天任公司、新誠基公司償還貸款利息132,110,242元（計算至2007年12月20日止，以後利息按合同約定計算至清償為止）。新誠基公司反訴請求撤銷與農行阿拉山口支行簽訂的《最高額保證合同》和《房產抵押合同》。在庭審中，新誠基公司當庭放棄了反訴請求。

一審法院審理認為：（一）2005年7月29日，農行阿拉山口支行與天任公司簽訂的兩份《借款合同》，均約定借款用途為解付信用證，雙方對該借款的性質屬以新貸償還舊貸無爭議，由於兩份《借款合同》係雙方當事人真實意思表示，且合同內容不違反法律及行政法規的強制性規定，應認定為有效。合同到期後，天任公司未能按期償還全部貸款本金及利息，依法應當承擔向農行阿拉山口支行償還剩餘借款本金及利息的民事責任。在簽訂《借款合同》的同一日，農行阿拉山口支行與新誠基公司又簽訂一份《最高額保證合同》，約定：本合同項下發生各類業務的主合同、借款憑證或者相關債權憑證不再送達保證人。由於《借款合同》與《保證合同》是同時簽訂的，且《借款合同》明確約定借款用途為解付信用證，故新誠基公司對《借款合同》的用途是明知的，應當認定該《保證合同》是雙方真實意思表示，為有效合同，新誠基公司應當按照《保證合同》的約定在最高額800萬元內承擔保證責任，其關於是在不知道《借款合同》真實用途的情況下簽訂的《保證合同》、不應承擔保證責任的辯稱缺乏事實根據，不能成立。

（二）農行阿拉山口支行、天任公司、新誠基公司三方共同簽訂的《最高額抵押合同》和農行阿拉山口支行與新誠基公司於2005年8月8日簽訂的《房產抵押合同》，均約定以新誠基公司所有的一處位於烏魯木齊市水磨溝區紅山路8號、建築面積為1,397.30平方米、價值為18,188,717元的房產抵押。新誠基公司辯稱《最高額抵押合同》並沒有辦理抵押登記手續，實際辦理抵押登記手續的是《房產抵押合同》，而《房產抵押合同》是為新誠基公司在農行阿拉山口支行的貸款而簽訂的，因此《最高額抵押合同》並未發生法律效力，故新誠基公司不應當承擔抵押擔保責任。但根據查明的事實，《最高額保證合同》第八條明確約定：在紅山路8號房產辦理完抵押手續後，本擔保合同自行解除。而新誠基公司在2009年6月10日的書面答辯狀中曾自述紅山路8號房產已經辦理抵押手續，《最高額保證合同》的解除條件已成就，其已自認紅山路8號房產抵押登記是為本案兩筆借款提供的抵押擔保，且也完全符合《最高額保合同》的約定。另經查實，新誠基公司與農行阿拉山口支行之間未發生任何貸款項目，根本無須辦理房產抵押登記。綜上，新誠基公司與農行阿拉山口支行簽訂的《房產抵押合同》表面上是為新誠基公司的貸款提供的抵押，但實質上兩份抵押合同均是為天任公司涉案的借款提供抵押，且辦理了抵押登記手續，已發生法律效力。故新誠基公司的辯解理由缺乏事實根據和法律依據，不能成立。由於《最高額保證合同》已自行解除，且原告在主債權訴訟時效期間內要求行使抵押權亦符合法律規定，故新誠基公司應當按照《最高額抵押合同》的約定，在最高餘額800萬元內對天任公司尚欠的本金及利息承擔抵押擔保責任。農行阿拉山口支行與天任公司簽訂的兩份《借款合同》均約定合同項下的借款利率為7.254%，按月結息，原告據此計算出天任公司截止2007年12月20日的利息，並無不當，應予支持。新誠基公司關於原告計算利息不實的辯稱因未提供相應證據予以證實，不予支援。鑒於新誠基公司在庭審中又提供6份歸還借款利息的收據，農行博州分行對此亦予認可，故應當從其主張的利息請求數額中予以扣除。在庭審中，新誠基公司當庭放棄要求撤銷最高額保證合同和房產抵押合同的反訴請求，符合法律規定，一審法院予以准許。

綜上，農行博州分行要求天任公司償還剩餘貸款本息及要求對新誠基公司的抵押財產在800萬元債務餘額內行使抵押權的請求成立，該院予以支持。該院經審判委員會討論決定，做出（2011）博中民二初字第5號民事判決，判令：一、天任公司於本判決生效後15日內償還農行博州分行借款本金6,815,310.53元；二、天任公司於本判決生效後15日內償還農行博州分行借款利息861,059.99元（計算至2007年12月20日），以後的利息按照中國人民銀行同期貸款利率計算至實際付款之日；三、新誠基公司以抵押擔保的財產在最高額800萬元內對上述債務向農行博州分行承擔清償責任。案件受理費（本訴）68,754.89元，由農行博州分行負擔3,887.48元，天任公司和新誠基公司負擔64,867.41元；案件受理費（反訴）35元，由新誠基公司負擔。

新誠基公司不服一審判決，向新疆維吾爾自治區高級人民法院提起上訴，請求撤銷（2011）博中民二初字第5號民事判決第三項，駁回農行博州分行對新誠基公司的訴訟請求。

二審法院查明的案件事實與一審法院查明的事實一致。

二審法院認為：首先，關於最高額保證合同，新誠基公司提出其與農行博州分行簽訂該合同時間在先，農行博州分行與天任公司簽訂借款合同時間在後，但新誠基公司該主張缺乏相關的事實依據，故從合同的簽訂時間上無法認定新誠基公司對於天任公司與農行博州分行簽訂借新還舊之借款合同不知情的事實。對比借款合同與最高額保證合同內容可得出：借款合同確定借款的實際用途為借新貸還舊貸，農行博州分行對該借款的實際用途並無異議。但最高額保證合同並未明確註明新誠基公司所擔保借款的實際用途，且農行博州分行亦未提供相關證據證明其向新誠基公司告知了該借款係用於借新還舊的真實用途，即依據現有證據無法證實新誠基公司對於天任公司借款的實際用途知道或者應當知道。在此情形下，依照《最高人民法院關於適用〈中華人民共和國擔保法〉若干問題的解釋》（以下簡稱《擔保法解釋》）第三十九條之規定，新誠基公司應免除保證責任。其次，關於新誠基公司與農行博州分行簽訂的最高額抵押合同，該院認為，最高額保證合同第八條明確約定：在紅山路8號房產辦理完抵押手續後，本擔保合同自行解除。農行阿拉山口支行也與天任公司、新誠基公司簽訂了最高額抵押合同，雖然房產抵押合同表面上是為新誠基公司的貸款而提供的抵押，但新誠基公司與農行阿拉山口支行之間未發生任何貸款項目，根本無須辦理房產抵押登記，而且在不存在貸款事宜的情形下，新誠基公司也一直未要求解除房產抵押合同，所以房產抵押合同實質上是為天任公司涉案的兩筆借款提供的抵押擔保。因此，新誠基公司辯稱最高額抵押合同並沒有辦理抵押登記手續的理由不成立。因抵押擔保與保證擔保同為擔保的法定方式，借款人的借新還舊行為無論對於抵押人或保證人而言均會改變其在提供擔保時對擔保風險的預期，加重其擔保責任，進而導致對於擔保人不公平的結果，故《擔保法解釋》關於保證章節的規定可適用於抵押擔保。依前文所述，新誠基公司做為最高額抵押合同的抵押人，在對於天任公司借款的實際用途係借新還舊不知情的情形下，依法應得以免除抵押責任。

綜上，二審法院認為，原審判決認定事實部分清楚，適用法律部分正確，該院予以部分維持。上訴人新誠基公司的上訴理由成立，該院予以支持。依照《中華人民共和國民事訴訟法》第一百七十條第一款第（三）項之規定，該院判決：一、維持一審判決第一、二項；二、撤銷一審判決第三項；三、駁回農行博州分行的其他訴訟請求。一審本訴案件受理費68,754.89元，由農行博州分行負擔3,887.48元，天任公司負擔64,867.41元，反訴案件受理費35元，減半收取，由新誠基公司負擔。二審案件受理費67,870元，由農行博州分行負擔。

農行博州分行不服上述二審判決，向本院申請再審稱：（一）新誠基公司提供最高額抵押擔保手續完備，事實清楚。申請人下屬機構阿拉山口支行與新誠基公司簽訂的《最高額抵押合同》第一條明確約定：抵押人自願為債務人自2005年7月29日至2006年7月29日止，在抵押權人處辦理約定的各類業務所實際形成的債務，提供最高額800萬元擔保；第十六條已提示抵押人就合同條款做全面充分的理解，並應債務人及抵押人的要求做了相應的條款說明，簽約各方對合同含義認識一致。《最高額抵押合同》簽章處為擔保人新誠基公司原法定代表人趙樹坤親筆簽名，並加蓋其單位公章。新疆高院認為依現有證據無法證實新誠基公司對天任公司借款用途知道或不知道，卻又判定新誠基公司對天任公司借款用途不知情，違背基本的客觀事實。（二）二審法院適用法律錯誤。新疆高院終審判決的依據為《擔保法解釋》第三十九條關於保證擔保之規定，並認為「因抵押擔保與保證擔保同為擔保的法定方式，借款人的借新還舊行為無論對抵押人或保證人而言均會改變其在提供擔保時對擔保風險的預期，加重其擔保責任，進而導致對於擔保人不公平的結果，故《擔保法解釋》關於保證章節的規定可適用抵押擔保」，最終判定新誠基公司在對天任公司借款的實際用途係借新還舊不知情的情形下，得以免除抵押擔保責任。申請人認為新疆高院的認定明顯錯誤。首先，《最高額保證合同》是新誠基公司為借款人解付信用證所做出的保證，後因擔保方式的變更，保證人由原來的保證擔保變更為抵押擔保，這在《最高額保證合同》中借款人、擔保人、貸款人均已明確約定。由《最高額保證合同》變更為《最高額抵押合同》，只是擔保的形式發生變化，絕非是擔保的責任發生變化。因此無論是《最高額保證合同》還是《最高額抵押合同》，自始至終均要求新誠基公司承擔800萬元擔保責任，並未加重擔保人（抵押人）的責任，擔保人理應在其擔保的範圍內承擔責任。其次，《最高額保證合同》、《最高額抵押合同》均已明確約定抵押人自願為債務人自2005年7月29日至2006年7月29日止，在抵押權人處辦理約定的各類業務提供擔保，本合同項下發生的各類業務的主合同、借款憑證和相關債權憑證不再送達抵押人。所謂「約定的各類業務」相對申請人和被申請人屬不特定債權、債務。依據《擔保法解釋》第八十三條規定，最高額抵押權所擔保的不特定債權，在特定後，債權已屆清償期的，最高額抵押權人可以根據普通抵押權的規定行使其抵押權。擔保人承諾，借款人天任公司在抵押期限內與申請人辦理的所有債務均承擔擔保責任，因此無論是解付信用證還是轉貸等，均屬不特定債權，對不特定債權根本沒有必要再追究新誠基公司是否知道借款用途為借新還舊問題。新疆高院終審判決依據《擔保法解釋》第三十九條做出，使用法律條款不準確，最終造成不公正判決，給債權人造成極大損失。因此，申請撤銷新疆高院上述民事判決的第二項，依法改判新誠基公司以抵押擔保的財產，在最高額800萬元內對天任公司的債務向農行博州分行承擔清償責任。

新誠基公司答辯稱：（一）新誠基公司的擔保係在違背真實意思的情況下提供，依法應不承擔擔保責任。根據天任公司法定代表人劉興倫的證詞，阿拉山口支行、天任公司是以為新誠基公司提供貸款的名義，要求新誠基公司以房產抵押擔保的。烏魯木齊市房產局登記的「抵押合同」證實了劉興倫的說法，即新誠基公司是為其借款而提供的抵押擔保。農行博州分行稱「新誠基公司知道天任公司借款及借款用途為解付信用證」沒有證據證明，沒有事實根據。（二）阿拉山口支行利用最高額擔保不須提供借款合同的規定，採取先簽訂擔保合同、後簽訂借款合同的方式，刻意隱瞞了「以新貸償還舊貸」的借款用途。（三）本案是農行博州分行個別工作人員為掩蓋和減輕違規為天任公司開具信用證的罪責而欺騙新誠基公司提供的擔保，農行博州分行又為減少自己的損失進行惡意訴訟，讓受騙的擔保人承擔擔保責任，有違司法「公平、正義」的核心價值。故請求駁回農行博州分行的再審請求。

本院對原一、二審法院查明的事實予以確認。

本院認為，本案再審爭議的焦點問題是新誠基公司是否應以抵押財產在800萬元最高限額內對農行博州分行承擔擔保責任。

根據查明的事實，農行博州分行下屬的阿拉山口支行與新誠基公司先後於2005年7月29日、8月初、8月8日簽訂了《最高額保證合同》、《最高額抵押合同》和《房產抵押合同》共計三份擔保合同。《最高額保證合同》中約定「在紅山路8號房產辦理完抵押手續後，本擔保合同自行解除。」2005年8月8日，新誠基公司將紅山路8號的房產在烏魯木齊市房屋產權交易管理中心辦理了抵押登記，故《最高額保證合同》約定的解除條件已經成就，《最高額保證合同》自此自動解除。《房產抵押合同》約定新誠基公司為貸款而向農行阿拉山口支行提供抵押，但事實上新誠基公司與農行阿拉山口支行之間並未發生任何貸款項目，即抵押擔保的主債權並未成立，根據抵押合同的從屬性原則，《房產抵押合同》亦不成立。《最高額抵押合同》係新誠基公司與農行阿拉山口支行之間的真實意思表示，合同內容不違反法律規定，故《最高額抵押合同》合法有效，是認定新誠基公司與農行阿拉山口支行之間擔保法律關係的依據。

《最高額抵押合同》約定：抵押人新誠基公司自願為天任公司自2005年7月29日起至2006年7月29日止，在農行阿拉山口支行處辦理約定的各類業務形成的債務在最高額800萬元以內提供擔保。在抵押期間內，天任公司與農行阿拉山口支行之間共計發生了兩筆借款業務，即在2005年7月29日，天任公司分別向農行阿拉山口支行借款500萬元和284萬元。天任公司借款的用途表述為「解付信用證」，實質上是天任公司通過借新貸用以償付在信用證法律關係中所欠農行的融資墊款。從形式上看，為解付信用證而貸款與為償還舊貸而借新貸略有不同，但從法律關係的性質上看，二者均屬於以新債償還舊債，且新債中的款項均不實際支付給借款人，而是直接用以沖抵舊債，故二者在本質上並無差異，均屬於借新還舊的範疇，可以適用同一法律規則。

從時間上看，天任公司與農行阿拉山口支行之間的兩份借款合同訂立時間早於《最高額抵押合同》，但農行博州分行自認，在簽訂《最高額抵押合同》時，並未向新誠基公司提供借款合同，農行阿拉山口支行亦未有證據證明曾以其他方式將其與天任公司之間借新還舊的事實告知了新誠基公司。故新誠基公司主張對案涉借款用途並不知情，本院予以認可。根據合同的相對性原則，農行阿拉山口支行與天任公司的借款關係僅發生在雙方當事人之間，在合同當事人不對外披露的情況下，第三人從外部實難察知借款關係的存在，對借款的用途更難知情，故新誠基公司不知道農行阿拉山口支行與天任公司之間的借款用途，主觀上難謂存在過錯。

《擔保法解釋》第三十九條規定「主合同當事人雙方協議以新貸償還舊貸，除保證人知道或者應當知道的外，保證人不承擔民事責任。」單純從文義上看，該條規定是對保證擔保所設，但在以第三人財產設定抵押的情形下，抵押擔保法律關係在主體、內容、目的、效果等方面與保證擔保的特徵相近似，在司法解釋未對借新還舊中抵押人的責任承擔問題做出明確規定的情形下，《擔保法解釋》關於保證的相關規定可比照適用於抵押。故二審法院根據《擔保法解釋》關於保證章的相關規定對本案進行判決並無不當，農行博州分行關於原二審判決適用法律錯誤的再審主張不能成立，本院不予支持。

綜上，農行阿拉山口支行與新誠基公司簽訂《最高額抵押合同》時，並未告知新誠基公司關於天任公司借新還舊的事實，農行博州分行亦沒有證據證明新誠基公司係在知道或應當知道天任公司借新還舊的情形下自願提供抵押，這無疑會影響新誠基公司在提供抵押時對擔保風險的預期判斷，加重其擔保責任，進而導致不公平的結果，根據《擔保法解釋》第三十九條的規定，新誠基公司應免於承擔擔保責任。原二審判決認定事實清楚，適用法律正確，應予維持。本院經審判委員會討論，根據《中華人民共和國民事訴訟法》第一百七十條第一款第一項、第二百零七條之規定，判決如下：

維持新疆維吾爾自治區高級人民法院（2012）新民二終字第1號民事判決。

本判決為終審判決。

審判長　王富博

代理審判員　孫利建

代理審判員　張穎

二〇一四年十二月二十九日

書記員　陸昱

【案例18】未成年人為抵押人時抵押合同效力

葉某某訴工商銀行等抵押權糾紛案評析

案號：上海市第一中級人民法院（2015）滬一中民六（商）終字第7號

【摘要】

銀行與未成年人的法定代理人簽訂的抵押合同有效，未成年人無權要求已取得抵押權的善意無過失的銀行註銷抵押登記。若未成年人委託非法定代理人處分其財產時，銀行應謹慎判斷未成年人的委託行為是否超出其年齡和智力狀況。

【基本案情】

2009年11月14日，葉某某在其父母葉某洪、何某某的確認下，向葉某洪出具委託書，約定案涉房屋（一審法院已查明該房屋於2009年11月5日登記於葉某某及葉某洪名下共同共有）屬於委託人受贈於父母的財產，委託人父母為委託人利益須向銀行貸款且用案涉房屋做為抵押物，現因委託人未成年且無法親自辦理抵押手續，在徵得父母同意下，特委託父親葉某洪為代理人，全權委託如下事項：代為簽訂抵押擔保合同、保證合同並簽署相關的抵押貸款承諾書等，以及代為辦理抵押登記手續、領取他項權證等等。同日，福建省周寧縣公證處對葉某某及葉某洪、何某某等人簽名並按指印的委託行為進行公證。

2010年4月13日，工商銀行周寧支行（以下簡稱「工商銀行」）與葉某洪並代葉某某簽訂《最高額抵押合同》，約定葉某某擔保主債權為最高額3,500萬元，債務人共計12位，工商銀行依據與某擔保有限公司為符合其個人貸款條件提供連帶責任擔保的所有借款人簽訂的借款合同等協議，而享有對借款人的債權，葉某某提供案涉房屋為抵押物，抵押範圍僅為3,500萬元中的350萬元。合同簽訂後，工商銀行依約發放借款。同月19日，案涉房屋上設立抵押權人為工商銀行，並註明為總債權3,500萬元中的350萬元做擔保。現葉某某訴至法院，請求確認《最高額抵押合同》無效，並要求葉某洪與工商銀行協助其註銷相應房產抵押登記。

【法院判決】

上海市松江區人民法院經審理認為，限制民事行為能力人對超出其年齡智力的民事活動，應由其法定代理人代理，或徵得法定代理人同意。葉某某簽署委託書時未滿18周歲，故其委託葉某洪的行為應視做葉某洪自身行為。案涉房屋共同共有人為葉某某及葉某洪，葉某洪做為葉某某法定代理人代為簽訂最高額抵押合同，於法不悖。在系爭房屋共有人均同意處分情況下，工商銀行有理由相信葉某洪具有處分權，因而與其簽訂抵押合同並辦理抵押登記，故工商銀行享有對案涉房屋的抵押權。葉某某無證據證明葉某洪與工商銀行存在惡意串通行為，不能認定抵押合同無效。綜上，判決駁回葉某某全部訴訟請求。

宣判後，葉某某不服一審判決，提起上訴。上海市第一中級人民法院經審理認為，葉某某認為《最高額抵押合同》因監護人非為被監護人利益處分其財產而無效，應承擔相應舉證責任。「為被監護人利益」係一不確定法律概念，須結合具體情況認定。抵押人可能因抵押行為獲益，葉某洪是否因為案外人借款提供抵押而獲益，以及是否將該獲益用於提高子女生活品質等，均不明確，故葉某某僅依據其與其他借款人之間無直接利益關係，尚不足以證明葉某洪的抵押行為損害了葉某某的利益而導致抵押合同無效。葉某洪係葉某某法定代理人，其以與葉某某共同共有的房產設定抵押，工商銀行無從知曉該行為是否會損害葉某某利益，難以認定其存在惡意或者過錯。工商銀行依據抵押合同辦理登記，已依法取得抵押權，葉某某無權要求其註銷該抵押登記。綜上，判決駁回上訴、維持原判。

【法律評析】

本案的法律焦點問題，為未成年人委託行為及共同共有抵押的法律效力。

一、未成年人委託行為的法律效力分析

《中華人民共和國民法通則》第十二條規定：「十周歲以上的未成年人是限制民事行為能力人，可以進行與他的年齡、智力相適應的民事活動；其他民事活動由他的法定代理人代理，或者徵得他的法定代理人的同意。不滿十周歲的未成年人是無民事行為能力人，由他的法定代理人代理民事活動。」

《最高人民法院關於貫徹執行〈中華人民共和國民法通則〉若干問題的意見（試行）》第三條規定：「十周歲以上的未成年人進行的民事活動是否與其年齡、智力狀況相適應，可以從行為與本人生活相關聯的程度、本人的智力能否理解其行為，並預見相應的行為後果，以及行為標的數額等方面認定。」

《中華人民共和國民法通則》第五十八條第一、二款規定：「下列民事行為無效：（一）無民事行為能力人實施的；（二）限制民事行為能力人依法不能獨立實施的。」

上述法律條款明確規定了不滿十周歲和十周歲以上的未成年人

從事民事活動的不同要求及其法律效力，以及從事的民事活動是否與其年齡、智力狀況相適應的認定標準。由此可知，未成年人委託行為的法律效力亦應做出區別化的分析。在未取得未成年人法定代理人同意或者代理的情況下，有關未成年委託行為的法律效力，分為以下情況：

未成年人委託行為的法律效力	**與其年齡、智力相適應**	**與其年齡、智力不相適應**
不滿十周歲未成年人委託行為的法律效力	無效	無效
十周歲以上未成年人委託行為的法律效力	有效	無效

即，不滿十周歲的未成年人，必須由法定代理人代理其從事民事活動，其自身從事委託他人的行為無效，不發生委託代理的法律效果。十周歲以上的未成年人，未取得法定代理人同意或者代理，從事與其年齡、智力狀況不相適應的委託他人的行為無效。

本案的特殊性在於，未成年人葉某某委託的對象是其法定代理人，事實上葉某某即便不簽署公證委託書，其法定代理人葉某洪仍具有法定的代理權。因此，葉某洪做為葉某某的法定代理人，有權代為簽訂最高額抵押合同。從銀行角度而言，其有理由相信法定代理人有處分權。但如果未成人委託的對象並非其法定代理人，則此時即便有公證的委託書，銀行仍應保持警惕，謹慎判斷該委託行為是否超出未成年人的年齡和智力狀況。

二、共同共有抵押的法律效力分析

《中華人民共和國物權法》第九十七條規定：「處分共有的不

動產或者動產以及對共有的不動產或者動產做重大修繕的，應當經占份額三分之二以上的按份共有人或者全體共同共有人同意，但共有人之間另有約定的除外。」

《最高人民法院關於貫徹執行〈中華人民共和國民法通則〉若干問題的意見（試行）》第八十九條規定：「共同共有人對共有財產享有共同的權利，承擔共同的義務。在共同共有關係存續期間，部分共有人擅自處分共有財產的，一般認定無效。但第三人善意、有償取得該財產的，應當維護第三人的合法權益，對其他共有人的損失，由擅自處分共有財產的人賠償。」

上述法律條文明確規定了共同共有人對共有財產享有共同的權利和義務，處分共同共有的不動產或者動產，必須經由全體共同共有人一致同意，否則該處分行為一般應認定為無效，但第三人善意無過失取得該財產除外。因此，將共同共有的房產為向銀行貸款而進行抵押擔保，屬於對共同共有財產的處分，應該徵得全體共同共有人的一致同意，抵押房產的行為才能發生相應的法律效力。

本案中，葉某某是未滿18周歲的未成年人，屬於限制民事行為能力人，對於超出其年齡和智力的民事活動，必須由其法定代理人代理或徵得法定代理人同意。葉某某簽署全權委託書的行為，應視為其法定代理人葉某洪自身的代理行為。在抵押房屋共同共有人葉某某及葉某洪全體一致同意處分的情況下，工商銀行有合理的理由相信葉某洪具有處分權，而與葉某某法定代理人葉某洪簽訂《最高額抵押合同》並辦理抵押登記手續。上述共同共有房產抵押的行為符合法律規定和合同約定，應為合法有效，工商銀行已依法取得對該共同共有房產的抵押權。

另外，如果葉某某認為其法定代理人非為被監護人的利益，擅自以其共同共有的房產為與自己沒有直接利益關係的其他銀行借款人提供抵押擔保從而造成損失，則無權要求已取得抵押權的善意無過失的銀行註銷抵押登記，唯可以向法院另行起訴，要求撤銷法定代理人的監護資格或者賠償其財產損失，但必須舉證證明法定代理人葉某洪的抵押行為已損害了其利益。

附：法律文書

葉文浩訴中國工商銀行股份有限公司周寧支行等抵押權糾紛一案

上海市第一中級人民法院（2015）滬一中民六（商）終字第7號

上訴人（原審原告）：葉文浩。
委託代理人：鄭威波，上海百林司律師事務所律師。
被上訴人（原審被告）：中國工商銀行股份有限公司周寧支行。
負責人：***，行長。
委託代理人：郭政，福建創元律師事務所律師。
委託代理人：劉榮海，福建創元律師事務所律師。
被上訴人（原審被告）：葉妙洪。

上訴人葉文浩為與被上訴人中國工商銀行股份有限公司周寧支行（以下簡稱工行周甯支行）、葉妙洪抵押權糾紛一案，不服上海市松江區人民法院（2014）松民三（民）初字第2184號民事判決，向本院提起上訴。本院於2014年12月26日立案受理後，依法組成合議庭，於2015年1月15日公開開庭對本案進行了審理。上訴人委託代理人鄭威波、被上訴人工行周甯支行委託代理人郭政到庭參加訴訟。被上訴人葉妙洪經本院合法傳喚，未到庭參加訴訟，本院依法予以缺席審理。本案現已審理終結。

原審法院審理查明，本案系爭房屋於2009年11月5日登記於葉文浩及葉妙洪名下共同共有。

2009年11月14日，葉文浩（委託人）在其父母葉妙洪、何**的確認下，向葉妙洪（受託人）出具委託書一份，言明：一、系爭房屋屬於委託人受贈於父母的財產，現為委託人的父母為委託人的利益須向銀行貸款且用系爭房屋做為抵押物，現因委託人未成年且無法親自前往上海辦理抵押手續，在徵得父母的同意下，特委託父親葉妙洪為委託人的代理人，全權委託如下事項：1. 代為辦理抵押登記手續、領取他項權證；2. 代為簽訂抵押擔保合同、保證合同並簽署相關的抵押貸款承諾書等；3. 代為辦理其他與抵押貸款相關的事宜……。四、委託期限：自委託人簽署委託書之日起至委託事項辦結之日止。同日，福建省周寧縣公證處對葉文浩及葉妙洪、何**等人簽名並按指印的行為進行公證。

2010年4月13日，工行周寧支行（甲方、抵押權人）與葉妙洪並代葉文浩（乙方、抵押人）簽訂2010年周甯個高抵006號《最高額抵押合同》一份，約定乙方所擔保的主債權為自2009年12月24日至2013年7月24日期間，在人民幣3,500萬元的最高餘額內，甲方依據與某擔保有限公司為符合甲方個人貸款條件提供連帶責任擔保的所有借款人簽訂的本外幣借款合同等協議而享有的對借款人的債權，不論該債權在上述期間屆滿時是否已經到期，也不論該債權是否在最高額抵押權設立前已經產生。合同附件載明的抵押物清單記載抵押物為系爭房屋，抵押範圍僅為3,500萬元中的350萬元，其餘由其他方式做擔保；記載的借款人清單共12位借款人，總計3,500萬元。合同簽訂後，工行周寧支行即按約發放借款。同月19日，系爭房屋上設立抵押權人為工行周寧支行、登記證明號為松***0的最高額抵押，並註明為總債權3,500萬元中的350萬元做擔保，總債權的其餘部分由其他方式做擔保。現葉文浩提起本案訴訟，請求確認系爭《最高額抵押合同》無效，並要求葉妙洪與工行周寧支行協助其註銷相應的房地產抵押登記。

原審庭審中，葉文浩陳述其也出資幾十萬元壓歲錢購買系爭房屋，簽訂公證委託書準備貸款辦理葉文浩出國留學用，葉妙洪事後用於他人借款擔保其並不知情。

原審法院審理認為，10周歲以上的未成年人是限制民事行為能力人，對超出其年齡、智力的民事活動，應由其法定代理人代理或徵得法定代理人同意。葉文浩簽署公證委託書時尚未滿18周歲，故其做為委託人委託其法定代理人葉妙洪的行為，應視做葉妙洪自身行為。

惡意串通，損害國家、集體或者第三人利益或違反法律、行政法規的強制性規定所簽訂的合同，為無效合同。本案中，根據葉文浩訴請的事實和理由，其主張合同無效的請求權基礎即源於上述規定。但系爭房屋的共同共有人為葉文浩及葉妙洪，在葉文浩未滿18歲時，葉妙洪做為其法定代理人代為簽訂最高額抵押合同，於法不悖，在系爭房屋共有人均同意處分的情況下，工行周寧支行有理由相信葉妙洪對系爭房屋具有處分權，因而與其簽訂了抵押合同，並依法辦理了抵押登記，難言工行周寧支行沒有盡到注意義務、存在過錯。葉文浩更無證據證明葉妙洪與工行周寧支行存在惡意串通的行為。如葉妙洪確因不履行監護職責或者侵害被監護人葉文浩合法權益的，亦應由葉妙洪向葉文浩承擔賠償損失等責任，並可撤銷監護人的資格，但不能以此認為抵押合同無效。遂判決駁回葉文浩的全部訴訟請求。一審案件受理費34,800元，減半收取17,400元，由葉文浩負擔。

上訴人葉文浩不服原審法院上述民事判決，向本院提起上訴稱：根據《中華人民共和國民法通則》第十八條第一款之規定，監護人除為被監護人的利益外，不得處理被監護人的財產，葉妙洪以系爭房產為案外人借款提供擔保，損害了葉文浩利益，故抵押合同因違反上述強制性規定而無效。工行周甯支行在明知葉妙洪超越代理權的情況下與其簽約並辦理抵押權登記手續，顯然並非善意，不能取得抵押權。據此請求本院撤銷原審判決，改判支援上訴人原審全部訴請。

被上訴人工行周寧支行辯稱：葉妙洪做為葉文浩的法定代理人，有權代理葉文浩與工行周寧支行簽訂抵押合同，《中華人民共和國民法通則》第十八條第一款並非規範監護人對外行為的效力性強制性規範，且法律並未對「為被監護人利益」做出界定，工行周寧支行有理由相信葉妙洪具有對系爭房產的處分權，且依法辦理了抵押登記，故依法取得抵押權；系爭房產於2010年4月13日設定抵押權，上訴人提起本案訴訟業已超過訴訟時效。據此請求本院駁回上訴、維持原判。

被上訴人葉妙洪未發表答辯意見。

各方當事人在二審期間均未向本院提交新的證據資料。

本院經審理查明：二審庭審中，葉文浩與工行周甯支行就葉妙洪是否在《最高額抵押合同》上代葉文浩簽字產生爭議，本院經核對工行周寧支行提供的合同原件以及根據葉妙洪在原審中關於其代替葉文浩在合同上簽字的陳述，本院確認葉妙洪代葉文浩簽字之事實。原審法院認定事實清楚，證據充分，本院予以確認。

本院認為：上訴人既認為系爭抵押合同因違反《中華人民共和國民法通則》第十八條第一款之規定而無效，則應對葉妙洪以系爭房產設定抵押之行為並非為葉文浩利益承擔舉證責任。「為被監護人利益」係一不確定法律概念，須結合案件具體情況予以認定。抵押行為屬商事行為之一種，抵押人可能因其抵押行為獲益，本案中，葉妙洪是否因為案外人借款提供抵押而獲益，以及是否將該獲益用於家庭生活從而提高子女生活品質等均不明確，故葉文浩僅依據其與借款人之間無直接利益關係這一單一事實，尚不足以證明葉妙洪之行為損害了葉文浩的利益從而導致抵押合同無效。簽訂抵押合同時，葉妙洪係葉文浩的法定代理人，其以與葉文浩共同共有的房產設定抵押，工行周寧支行對於該行為是否會損害葉文浩利益無從知曉，故難謂工行周寧支行存在惡意或者過錯。現工行周寧支行依據抵押合同依法辦理了抵押權登記，可依法取得抵押權，葉文浩以抵押合同無效為由要求註銷抵押登記，缺乏法律和事實依據，本院不予採信。

綜上所述，上訴人的上訴主張缺乏事實與法律依據，本院不予採信。原審認定事實清楚，適用法律正確。上訴人的上訴請求本院不予支援。葉妙洪經本院依法傳喚，未到庭應訴，本院依法缺席判決。現根據《中華人民共和國民事訴訟法》第一百四十四條、第一百七十條第一款第（一）項之規定，判決如下：

駁回上訴，維持原判。

本案二審案件受理費人民幣34,800元，由上訴人葉文浩負擔。

本判決為終審判決。

審判長　金成

代理審判員　盛宏觀

代理審判員　周欣

二〇一五年三月十一日

書記員　印銘

【案例19】票據質押無因性分析

中國黃金集團投資有限公司訴上海金山惠民村鎮銀行有限責任公司等借款合同糾紛案評析

案號：上海市第一中級人民法院（2015）滬一中民六（商）終字第129號

【摘要】

除了明確寫明「不得轉讓」、「不得質押」等字樣的票據喪失質押的可行性外，票據質押權人基於票據無因性原則，不需要對持票人如何取得票據進行實質審查，但對票據的真實和背書的連續需要合理關注。

【基本案情】

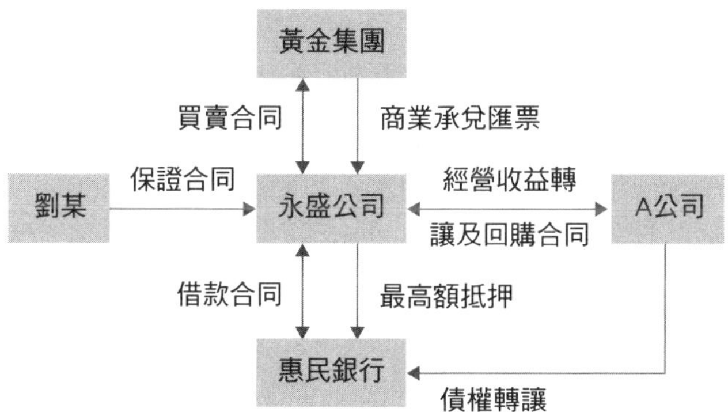

2013年3月19日、7月16日，中國黃金集團投資有限公司（以下簡稱「黃金集團」）與滄州市永盛燃料有限公司（以下簡稱「永盛公司」）分別簽訂煤炭買賣合同，約定黃金集團向永盛公司購貨。同年

7月19日，黃金集團向永盛公司提供一張金額為人民幣2,000萬元（以下幣種同）的商業承兌匯票。

2013年9月22日，永盛公司與上海金山惠民村鎮銀行有限責任公司（以下簡稱「惠民銀行」）簽訂最高額質押合同，永盛公司以上述商業承兌匯票為其自2012年9月25日起至2014年9月25日止的債務，在最高額2,000萬元範圍內提供質押擔保，並將該匯票交付給惠民銀行。2013年9月23日，惠民銀行向黃金集團查詢該匯票的真實性，黃金集團確認其為真實。2014年1月22日，黃金集團以永盛公司未履行合同交貨義務為由，拒絕向惠民銀行支付票據款。次日，永盛公司向惠民銀行出具債務確認函，確認尚欠惠民銀行借款本息金額為21,963,222.22元（借款本金2,000萬元、利息1,963,222.22元）並以出票人為黃金集團的商業承兌匯票提供權利質押擔保，劉某為永盛公司的債務提供連帶保證責任。

永盛公司與案外人A公司簽訂經營收益權轉讓及回購合同等系列合同，A公司實際向永盛公司放款2,000萬元。惠民銀行與A公司簽訂協議書約定自2014年1月23日起，A公司將其對永盛公司享有的2,000萬元債權轉讓給惠民銀行。因永盛公司未能清償債務，惠民銀行遂訴至法院，要求永盛公司歸還所欠本金、支付逾期利息、律師費，黃金集團支付匯票金額2,000萬元，以及劉某承擔連帶清償責任。

【法院判決】

上海市金山區人民法院認為，基於惠民銀行以及黃金集團提供的永盛公司與A公司的經營收益權轉讓及回購合同等系列合同以及永盛公司的當庭陳述，可以確定A公司對永盛公司享有2,000萬元債權。2014年1月23日，A公司將其債權轉讓給了惠民銀行，因此惠民銀行與永盛公司之間存在真實的債權債務關係。借款人應當按照約定的期限返還借款和支付利息。而永盛公司未能按債務確認函約定的期限歸還借款，已屬違約。故惠民銀行要求永盛公司歸還借款本息，於法有據，應予支持；永盛公司、劉某、黃金集團均認為涉案商業承兌匯票上「質押」的字樣並不是永盛公司記載，但均未提供證據證明其為惠民銀行自行添加；其次，惠民銀行與永盛公司簽訂的最高額質押合同合法有效，且涉案商業承兌匯票也已交付給惠民銀行。因此惠民銀行主張實現質押權，要求黃金集團做為涉案商票的付款人承擔付款義務，亦無不當，應予支持。惠民銀行與劉某簽訂的債務確認函合法有效，故惠民銀行要求保證人劉某承擔連帶清償責任，亦予支持。遂判決永盛公司歸還惠民銀行借款本金，支付逾期利息、律師費；劉某對永盛公司的債務承擔連帶清償責任，承擔後有權向永盛公司追償；如果永盛公司未能按期履行還款義務，黃金集團應在2,000萬元範圍內支付惠民銀行票據款。案件受理費由永盛公司、黃金集團、劉某共同負擔。

宣判後，黃金集團不服原審判決，提起上訴。上海市第一中級人民法院審理認為，原審認定事實清楚，適用法律正確，判決結果應予維持。二審法院判決駁回上訴，維持原判。

【法律評析】

本案所涉及的法律關係為：永盛公司與惠民銀行的抵押合同關係；永盛公司與惠民銀行的借款合同關係；A公司與惠民銀行的債權轉讓關係；劉某與永盛公司的連帶保證關係；黃金集團與永盛公司的買賣合同關係。

本案的爭議焦點：（1）永盛公司與惠民銀行借款合同的效力；（2）惠民銀行是否可以主張票據權利。

一、永盛公司與惠民銀行借款合同的效力

本案中，惠民銀行通過信託的方式向永盛公司發放貸款，黃金

集團認為依據《村鎮銀行管理暫行規定》（銀監發〔2007〕5號）第五條：「村鎮銀行不得發放異地貸款。」惠民銀行屬於村鎮銀行，其行為屬於《中華人民共和國合同法》規定的「以合法形式掩蓋非法目的」和「違反法律、行政法規強制性規定」的情形，相關合同均屬無效。

《中華人民共和國合同法》第五十二條規定：「有下列情形之一的，合同無效：（一）一方以欺詐、脅迫的手段訂立合同，損害國家利益；（二）惡意串通，損害國家、集體或者第三人利益；（三）以合法形式掩蓋非法目的；（四）損害社會公共利益；（五）違反法律、行政法規的強制性規定。」

《中華人民共和國合同法》第五十二條將「以合法形式掩蓋非法目的」和「違反法律、行政法規的強制性規定」並列為合同無效的情形，可見該條中的「非法目的」亦應指有悖於法律、行政法規的情形，而非泛指違反任何規範性文件。查黃金集團上訴所稱的《村鎮銀行管理暫行規定》（銀監發〔2007〕5號）係由中國銀行業監督管理委員會頒布，在2014年11月26由《中國銀行業監督管理委員會公告〔2014〕第2號關於規範性文件清理結果的公告》進行清理，失去效力，不屬於法律或行政法規，故即使惠民銀行的行為對該文件有所違反，亦不應影響其民事法律行為的效力。因此，本案中，永盛公司與惠民銀行的借款合同係意思表示真實，當事人主體適格，合同並不違反法律、行政法規，借款合同有效。

二、惠民銀行是否可以主張票據權利

《中國人民銀行關於促進商業承兌匯票業務發展的指導意見》規定：「商業承兌匯票是法人以及其他組織簽發的，銀行以外的付款人承兌的，由付款人在指定日期無條件支付確定的金額給收款人或者持票人的票據。商業承兌匯票是建立在商業信用基礎上的信用支付工具，具有權利義務明確、可約期付款、可轉讓貼現等特點。」這說明商業承兌匯票屬於票據，在法律上適用《中華人民共和國票據法》。

《中華人民共和國票據法》第二十七條規定：「持票人可以將匯票權利轉讓給他人或者將一定的匯票權利授予他人行使。出票人在匯票上記載『不得轉讓』字樣的，匯票不得轉讓。持票人行使第一款規定的權利時，應當背書並交付匯票。背書是指在票據背面或者黏單上記載有關事項並簽章的票據行為。」

《最高人民法院關於審理票據糾紛案件若干問題的規定》第四十八條規定：「依照票據法第二十七條的規定，票據的出票人在票據上記載『不得轉讓』字樣，票據持有人背書轉讓的，背書行為無效。背書轉讓後的受讓人不得享有票據權利，票據的出票人、承兌人對受讓人不承擔票據責任。說明為保證票據流通的安全和高效，對於不得轉讓、質押的票據，應當在票據上明示記載『不得轉讓』或『不得質押』等字樣，如果票據未記載該等字樣，卻要求受讓人或質押權人必須對其前手之間的法律關係進行實質審查，甚至對該法律關係的履行情況亦須進行審查，則將嚴重妨害票據的無因性和流通性，違背票據法基本原則。」

本案中黃金集團向永盛公司提供的商業承兌匯票並未記載不得轉讓或質押的字樣，應當認定為可用於質押。因此，永盛公司以該商業承兌匯票向惠民銀行提供質押擔保，並交付了該匯票，質押關係是合法有效的。惠民銀行在永盛公司違約的情況下，有權依據質押關係主張票據權利。

三、票據無因性之釋義

本案中，黃金集團以自己與永盛公司的買賣合同對質押票據的效力進行抗辯，法院以票據法的「無因性原則」和相關規定予以駁回。

《最高人民法院關於當前商事審判工作中的若干具體問題》中「關於票據糾紛案件的審理問題」部分提到：「關於正確理解票據無因性和認定票據權利人問題。無因性是《票據法》的基本原則。票據行為具有獨立性，不受原因關係的影響，持票人行使票據權利時不負證明給付原因的責任。持票人只要能夠證明票據的真實和背書的連續，即可以對票據債務人行使票據權利。但應予注意的是，票據無因性的宗旨在於促進票據流通，保護善意第三人而非非法持票人，因此，《中華人民共和國票據法》規定了無因性的例外情形，其中之一為持票人取得票據的手段不合法，不得取得票據權利。案件審理中應結合法理和相關業務規則，區分票據的種類和功能進行認定。既要避免絕對無因性傾向，避免以票據無因性為由一概不審查持票人是否以合法手段取得票據；也要防止無視票據無因性傾向而混淆票據法律關係和票據基礎法律關係。」

本案中，黃金集團稱永盛公司係欺詐取得商業承兌匯票，惠民銀行對此明知且與永盛公司之間存在串通，但是該等情形僅係黃金集團的單方揣測，缺乏證據支持，法院最終對其理由不予採納。說明惠民銀行只需要對商業承兌匯票的真實和背書的連續進行證明即可，而永盛公司如何取得商業承兌匯票，並不是惠民銀行審查的範圍，也不應該是其審查的範圍。法院最終的裁判理念正是避免了絕對無因性傾向，既考量了商業承兌匯票促進交易便捷的作用，又結合惠民銀行不應負有對前手交易的審查義務，認定惠民銀行所持有的商業承兌匯票因善意而適用票據無因性原則。

四、票據質押時，銀行應合理關注的內容

1. 須確認票據的真實性。對此，可以向出票人或承兌銀行書面確認票據的真實性。

2. 須注意票據的有效性。比如：

（1）查看票據金額大小寫是否一致。如果不一致，票據無效。

（2）查看票據金額或日期或收款人名稱不能有修改，否則票據無效。

（3）查看票據記載事項是否完整，比如銀行承兌匯票的內容應包括「表明匯票的字樣、無條件支付的委託、確定的金額、付款人名稱、收款人名稱、出票日期、出票人簽章」。

3. 須注意票據背書是否連續。如果背書不連續，付款人可以拒絕付款。

4. 接受票據質押時，須審查票據上是否記載「不得轉讓」字樣。如記載「不得轉讓」，則該票據不能質押。

5. 以票據出質應當訂立書面合同，出質人應當將票據以背書方式質押，票據上應記載「質押」字樣。

附：法律文書

中國黃金集團投資有限公司訴上海金山惠民村鎮銀行有限責任公司等借款合同糾紛一案

上海市第一中級人民法院（2015）滬一中民六（商）終字第129號

上訴人（原審被告）：中國黃金集團投資有限公司。

法定代表人：***，董事長。

委託代理人：周小雲，北京市君泰律師事務所律師。

委託代理人：周塞軍，北京市君泰律師事務所律師。

被上訴人（原審原告）：上海金山惠民村鎮銀行有限責任公司。

法定代表人：***，董事長。

委託代理人：沈人類，上海理度律師事務所律師。

被上訴人（原審被告）：滄州市永盛燃料有限公司。

法定代表人：***，總經理。

被上訴人（原審被告）：劉洪新。

上訴人中國黃金集團投資有限公司（以下簡稱黃金集團）為與被上訴人上海金山惠民村鎮銀行有限責任公司（以下簡稱惠民銀行）、滄州市永盛燃料有限公司（以下簡稱永盛公司）、劉洪新金融借款合同糾紛一案，不服上海市金山區人民法院（2014）金民二（商）初字第538號民事判決，向本院提起上訴。本院於2015年2月12日立案受理後，依法組成合議庭，於同年4月1日公開開庭對本案進行了審理。上訴人委託代理人周小雲、周塞軍，被上訴人惠民銀行委託代理人沈人類到庭參加訴訟。被上訴人永盛公司、劉洪新經本院依法傳喚，未到庭應訴，本院依法缺席審理。本案現已審理終結。

原審法院審理查明，2013年3月19日、7月16日，黃金集團與永盛公司分別簽訂煤炭買賣合同，約定黃金集團向永盛公司購貨。同年7月19日，黃金集團向永盛公司提供一張金額為人民幣2,000萬元（以下幣種同）的商業承兑匯票（編號為***9）。2013年9月22日，永盛公司與惠民銀行簽訂最高額質押合同，永盛公司以上述商業承兑匯票為其自2012年9月25日起至2014年9月25日止的債務在最高額2,000萬元範圍內提供質押擔保，並將該匯票交付給惠民銀行。2013年9月23日，惠民銀行向黃金集團查詢該匯票的真實性，黃金集團確認其為真實。2014年1月22日，黃金集團以永盛公司未履行合同交貨義務為由拒絕向惠民銀行支付票據款。次日，永盛公司向惠民銀行出具債務確認函，確認尚欠惠民銀行借款本息金額為21,963,222.22元（借款本金2,000萬元、利息1,963,222.22元）並以出票人為黃金集團的商業承兑匯票提供權利質押擔保，劉洪新為永盛公司的債務提供連帶保證責任。2014年1月24日，惠民銀行扣除永盛公司繳納的保證金及其利息4,070,668.89元，用以歸還永盛公司欠息1,963,222.22元、借款本金2,107,446.67元，截至該日，永盛公司尚欠惠民銀行借款本金17,892,553.33元。2014年4月22日，永盛公司歸還惠民銀行106萬元，用以歸還欠息238,829元、借款本金821,171元，截至2014年4月22日，永盛公司尚欠惠民銀行借款本金17,071,382.33元。

原審法院另查明，永盛公司與案外人A公司簽訂經營收益權轉讓及回購合同等系列合同，A公司實際向永盛公司放款2,000萬元。惠民銀行與A公司簽訂協議書約定自2014年1月23日起，A公司將其對永盛公司享有的2,000萬元債權轉讓給惠民銀行。因永盛公司未能清償債務，惠民銀行遂訴至原審法院，要求永盛公司歸還所欠本金、支付逾期利息、律師費，黃金集團支付匯票金額2,000萬元，以及劉洪新承擔連帶清償責任。

原審法院審理認為：基於惠民銀行以及黃金集團提供的永盛公司與A公司的經營收益權轉讓及回購合同等系列合同以及永盛公司的當庭陳述可以確定，A公司對永盛公司享有2,000萬元債權。2014年1月23日，A公司將其債權轉讓給了惠民銀行，因此惠民銀行與永盛公司之間存在真實的債權債務關係。借款人應當按照約定的期限返還借款和支付利息。而永盛公司未能按債務確認函約定的期限歸還借款，已屬違約。故惠民銀行要求永盛公司歸還借款本息，於法有據，應予支持；永盛公司、劉洪新、黃金集團均認為涉案商業承兑匯票上「質押」的字樣並不是永盛公司記載，但均未提供證據證明其為惠民銀行自行添加；其次，惠民銀行與永盛公司簽訂的最高額質押合同合法有效且涉案商業承兑匯票也已交付給惠民銀行。因此惠民銀行主張實現質押權，要求黃金集團做為涉案商票的付款人承擔付款義務，亦無不當，應予支持。惠民銀行與劉洪新簽訂的債務確認函合法有效，故惠民銀行要求保證人劉洪新承擔連帶清償責任，亦予支持。遂判決：一、永盛公司歸還惠民銀行借款本金17,071,382.33元；二、永盛公司支付惠民銀行自2014年4月23日起至判決生效之日止的逾期利息（以借款本金17,071,382.33元為基數，按照中國人民銀行同期貸款基準利率計付）；三、永盛公司支付惠民銀行律師費21萬元；四、劉洪新對永盛公司上述第一款、第二款、第三款確定的債務承擔連帶清償責任，承擔後有權向永盛公司追償；五、如果永盛公司未能按期履行上述第一款、第二款、第三款確定的還款義務，黃金集團應在2,000萬元範圍內支付惠民銀行票據款。一審案件受理費152,666元，由永盛公司、黃金集團、劉洪新共同負擔。

判決後，上訴人黃金集團不服，向本院提起上訴稱：第一，惠民銀行與A公司簽訂的債權轉讓協議書是基於信託合同及其系列補充協議而制定，故本案必須對該等信託合同和補充協議進行審查，但原審未予審查；第二，根據《村鎮銀行管理暫行規定》（銀監發〔2007〕5號），村鎮銀行不得發放異地貸款，而惠民銀行在本案中通過信託的方式向永盛公司發放貸款，故本案中惠民銀行的行為屬於《中華人民共和國合同法》規定的「以合法形式掩蓋非法目的」和「違反法律、行政法規強制性規定」的情形，相關合同均屬無效；第三，承上所述，主合同無效，故最高額質押合同亦無效；第四，黃金集團和永盛公司之間的煤炭購銷合同約定，系爭票據到期前須退回給黃金集團，據此可以推知該票據不得質押，而且購銷合同還約定了黃金集團的付款條件，惠民銀行對此等合同約定都應當是明知的。惠民銀行有義務對黃金集團和永盛公司之間是否存在真實交易關係以及交易是否已經發生進行審核，現惠民銀行也承認其在取得質押時獲得了購銷合同，但是惠民銀行無證據證明交易已經真實發生，故其無權主張票據權利；第五，永盛公司係以欺詐手段取得票據，惠民銀行對此是明知的，而且惠民銀行和永盛公司之間存在串通的故意；第六，惠民銀行在原審中降低了訴訟請求，但原審法院沒有告知黃金集團，也沒有給黃金集團就此出庭答辯的權利，收取的訴訟費也沒有相應調低，違反了法定程序。綜上，請求撤銷原判第五項，改判駁回惠民銀行對黃金集團的全部訴請。

被上訴人惠民銀行辯稱：不同意黃金集團的上訴請求。原審認定事實清楚，判決正確，請求維持原判。

被上訴人永盛公司、劉洪新均未做答辯。

二審中，各方當事人均未向本院提交新的證據。

本院經審理查明，原審認定的事實清楚，證據充分，本院予以確認。本院另查明，原審庭審中，黃金集團認可A公司對永盛公司享有債權。

本院認為，第一，本案須審查者，係惠民銀行是否對永盛公司享有最高額質押合同中約定的債權，以及票據質押的效力。根據已經查明的事實，A公司確已與惠民銀行簽訂債權轉讓協議書，將其對永盛公司的債權轉讓於惠民銀行，而該債權的發生期間符合上述最高額質押合同的約定，故原審的相關認定無誤。至於該債權轉讓行為基於當事人間的何種其他法律關係，並非本案審查範圍，故黃金集團上訴要求對債權轉讓協議書以外的信託合同等進行審查，本院不予採納；第二，《中華人民共和國合同法》第五十二條將「以合法形式掩蓋非法目的」和「違反法律、行政法規的強制性規定」並列為合同無效的情形，可見該條中的「非法目的」亦應指有悖於法律、行政法規的情形，而非泛指違反任何規範性文件。查黃金集團上訴所稱的《村鎮銀行管理暫行規定》（銀監發〔2007〕5號）係由中國銀行業監督管理委員會頒布，不屬於法律或行政法規，故即使惠民銀行的行為對該文件有所違反，亦不應影響其民事法律行為的效力。至於究竟是否違反上述文件規定，應由相關行政機關認定及處理，並非本案民事訴訟的審查範圍。故相關上訴理由本院亦不予採信；第三，承上所述，惠民銀行合法享有對永盛公司的債權，其行為並不存在無效情形，故系爭票據用於質押擔保該項債權並無不當，黃金集團稱質押合同無效的上訴意見本院不予採信；第四，為保證票據流通的安全和高效，對於不得轉讓、質押的票據，應當在票據上明示記載「不得轉讓」或「不得質押」等字樣，如果票據未記載該等字樣，卻要求受讓人或質押權人必須對其前手之間的法律關係進行實質審查，甚至對該法律關係的履行情況亦須進行審查，則將嚴重妨害票據的無因性和流通性，違背票據法基本原則。查本案系爭票據上並未記載不得轉讓或質押的字樣，故本院認定該票據可用於質押。黃金集團上訴稱要求惠民銀行對永盛公司與黃金集團間的合同關係以及該合同的履行情況進行審查，於法不合，本院不予採信；第五，黃金集團又稱永盛公司係欺詐取得系爭票據，惠民銀行對此明知且與永盛公司之間存在串通，但是該等情形僅係黃金集團的單方揣測，缺乏證據支持，故本院對相關上訴理由不予採納；第六，惠民銀行在原審中主動調低訴訟請求，非但不加重黃金集團的任何負擔，反而有利於黃金集團，故為提升司法效率計，原審不再通知重新開庭或要求黃金集團另行答辯，並無不當。訴請調整後，訴訟費亦應相應調整，對此本院於二審中予以一併處理，但訴訟費負擔問題不影響原審判決主文的內容，故黃金集團以此做為要求改判的上訴理由本院不予採納。

綜上，黃金集團的各項上訴理由均不能成立。原審認定事實清楚，適用法律正確，判決結果應予維持。被上訴人永盛公司、劉洪新經本院依法傳喚，無正當理由未到庭應訴，本院依法缺席判決。據此依照《中華人民共和國民事訴訟法》第一百四十四條、第一百七十條第一款第（一）項之規定，判決如下：

駁回上訴，維持原判。

一審案件受理費人民幣125,488元，由上訴人中國黃金集團投資有限公司、被上訴人滄州市永盛燃料有限公司、劉洪新共同負擔。二審案件受理費人民幣125,488元，由上訴人中國黃金集團投資有限公司負擔。

本判決為終審判決。

審判長　金成

代理審判員　盛宏觀

代理審判員　周欣

二〇一五年四月二十九日

書記員　印銘

【案例20】應收帳款質押中銀行通知債務人的重要性

燃料公司訴南京銀行等金融借款合同糾紛案評析

案號：上海市第二中級人民法院（2015）滬二中民六（商）終字第444號

【摘要】

中國大陸法律沒有強制要求質權人必須將應收帳款質押事實書面通知債務人，即不通知應收帳款債務人並不影響銀行對應收帳款享有質權。但為確保銀行能實現質權，有必要將債權質權已設定的事實通知出質債權的債務人。

【基本案情】

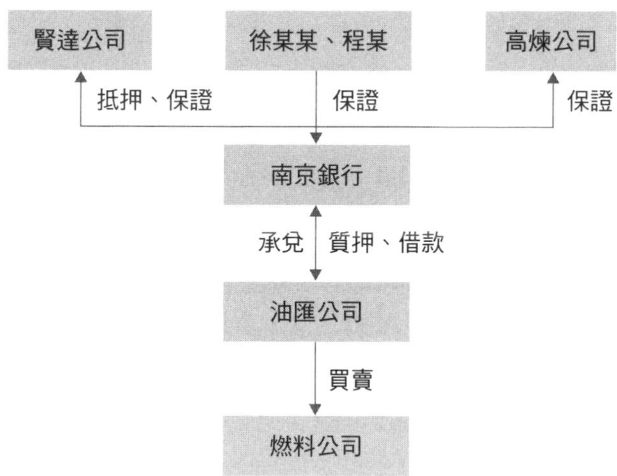

2013年3月12日，南京銀行上海分行（以下簡稱「南京銀行」）與上海油匯實業公司（以下簡稱「油匯公司」）簽訂《最高債權額合

同》，約定南京銀行給予油匯公司最高債權額6,000萬元，油匯公司可逐筆申請辦理具體業務。同日，南京銀行與上海賢達燃料油公司（以下簡稱「賢達公司」）簽訂《最高額抵押合同》兩份，約定賢達公司為油匯公司債務提供最高額抵押擔保，抵押物為房產和油罐，擔保最高債權額分別為4,073,600元與11,037,700元以及其相應利息和費用，均辦理了抵押登記。同日，南京銀行分別與徐某某、程某、賢達公司和上海高煉潤滑油公司（以下簡稱「高煉公司」）簽訂《最高額保證合同》，約定前述擔保人分別為油匯公司債務承擔最高額6,000萬元及其利息、費用的連帶保證責任。

2013年3月20日至2014年2月28日，燃料公司與油匯公司共簽訂多份《油品銷售合同》。南京銀行與油匯公司還簽訂了系列《應收帳款質押合同》，約定將油匯公司對燃料公司的上述《油品銷售合同》項下全部的應收帳款債權均質押給南京銀行，且均在中國人民銀行徵信中心辦理了應收帳款質押登記。南京銀行與油匯公司就每筆應收帳款的質押，都向燃料公司發出「應收帳款質押通知書」，且均得到了其蓋章確認。2013年3月26日至2014年3月6日，南京銀行與油匯公司共簽訂多份《銀行承兌協議》、《借款協議》和《保證金協議》，南京銀行依約開立銀行匯票並發放貸款，油匯公司依約存入保證金。

因油匯公司未依約備足到期票款，扣除油匯公司所有保證金及其利息後，南京銀行實際對外墊付票款為13,872,216.45元。南京銀行遂訴至法院，請求油匯公司支付借款本金10,000,000元及相應利息、罰息；賢達公司、燃料公司、高煉公司、徐某某和程某分別在相應的擔保範圍內對上述債務承擔連帶清償責任。

【法院判決】

上海市黃浦區人民法院經審理認為，油匯公司未依約按期備足到期票款已構成違約，應向南京銀行支付實際墊付票款13,872,216.45

元及相應利息。油匯公司未履行到期債務，賢達公司應當依約在相應擔保範圍內對其債務分別承擔保證責任和抵押責任，南京銀行有權在相應最高債權數額內對賢達公司提供的抵押物優先受償，徐某某、程某和高煉公司亦應分別對油匯公司債務承擔連帶保證責任。該案的爭議焦點為，南京銀行是否有權對「應收帳款質押通知書」所確定的油匯公司對燃料公司的應收帳款，在判決確定債務範圍內優先受償。南京銀行與油匯公司簽訂多份《應收帳款質押合同》，並均辦理了應收帳款質押登記，也將詳細信息通知了應收帳款債務人燃料公司且得到其蓋章確認，故上述每筆應收帳款質權均依法自登記時設立，並對燃料公司產生法律約束力。因此，南京銀行有權對「應收帳款質押通知書」所確定的油匯公司對燃料公司的應收帳款，在判決確定債務範圍內優先受償。

宣判後，燃料公司不服一審判決，提起上訴。上海市第二中級人民法院經審理認為，案涉應收帳款出質均簽訂了書面合同，都依法辦理質押登記且已通知債務人，應收帳款質權依法設立並對債務人燃料公司發生效力，質權人南京銀行有權要求燃料公司支付相應應收款項。從「應收帳款質押通知書」性質看，其作用實質是在債務人不履行到期債務時，質權人有權憑此通知就該應收帳款優先受償。綜上，判決駁回上訴、維持原判。

【法律評析】

本案的法律焦點問題，是銀行通知應收帳款債務人的行為效力，及辦理應收帳款質押業務的注意事項。

一、銀行通知應收帳款債務人的行為效力分析

《中華人民共和國物權法》（以下簡稱《物權法》）第二百二十八條第一款規定：「以應收帳款出質的，當事人應當訂立書

面合同。質權自信貸徵信機構辦理出質登記時設立。」中國人民銀行《應收帳款質押登記辦法》（以下簡稱《質押登記辦法》）第八條規定：「質權人辦理質押登記前應與出質人簽訂協議。協議應載明如下內容：（一）質權人與出質人已簽訂質押合同；（二）由質權人辦理質押登記。」可見，以應收帳款出質的，當事人應當訂立書面質押合同，質權自在徵信機構辦理質押登記時設立。

因此，目前中國大陸法律並沒有強制要求質權人必須將應收帳款質押事實書面通知債務人，但實務中發生應收帳款設質時，則建議銀行應對債務人履行通知義務。因為債權人將其債權設質時，債務人履行義務的對象發生變化，與之相應的履行條件、履行地點和履行成本等亦會發生相應變化。如果債權出質不通知債務人，屆時債務人以不知情提出抗辯而不履行給付義務時，更無效率可言。綜上，銀行做為應收帳款的質權人，將應收帳款質押的情況通知債務人，在出質人不履行到期債務或發生實現質權情形時，有權憑此通知就該應收帳款在相應債權範圍內優先受償。當然，是否通知應收帳款質押債務人，並不影響銀行對應收帳款享有質權的效力，應收帳款質權自簽訂書面質押合同並在中國人民銀行徵信中心辦理質押登記時依法設立，通知債務人僅僅是銀行向債務人主張債權的條件。

根據《最高人民法院關於適用〈中華人民共和國擔保法〉若干問題的解釋》第一百零六條的規定：「質權人向出質人、出質債權的債務人行使質權時，出質人、出質債權的債務人拒絕的，質權人可以起訴出質人和出質債權的債務人，也可以單獨起訴出質債權的債務人。」法律上賦予了質權銀行直接向債務人主張債權的權利，因此銀行亦有必要事先將債權質權已設定的事實通知出質債權的債務人。

二、銀行辦理應收帳款質押業務的注意事項

在市場經濟活動中，應收帳款質押做為一種合法有效的擔保方

式，越來越成為重要的融資手段。為切實發揮應收帳款質押的有效性和擔保功能，銀行在辦理該項業務時應特別關注下列問題：

（一）應收帳款質押設立前的必要審查和明確約定

應收帳款是指權利人因提供一定的貨物、服務或設施而獲得的要求義務人付款的債權，是建立在債務人商業信用基礎之上的。應收帳款質押是否能夠保障銀行的債權，很大程度上依賴於應收帳款債務人的資信狀況。因此，銀行在接受應收帳款質押擔保前，應進行必要的調查和評估：調查和核實產生應收帳款所屬基礎交易關係的真實性，評估交易關係合同條款中是否存在限制質權人向出質人追索債權的風險，分析應收帳款產生的時間及其是否已超過訴訟時效，調查應收帳款是否存在保障其清償的抵押、質押或保證等擔保方式，評估應收帳款債務人的經營、資信、負債情況以及償債能力等風險。

《物權法》第二百二十八條第二款規定：「應收帳款出質後，不得轉讓，但經出質人與質權人協商同意的除外。出質人轉讓應收帳款所得的價款，應當向質權人提前清償債務或提存。」雖然應收帳款出質辦理了質押登記，質權已經成立，但出質人仍然可能在應收帳款出質後再將應收帳款轉讓給第三人。銀行可以在《應收帳款質押協議》中明確約定出質人擅自轉讓應收帳款的違約金責任並進行嚴格監督，或直接與應收帳款債務人簽訂有關清償協議，嚴控銀行風險。

《物權法》和《質押登記辦法》及《中國人民銀行徵信中心應收帳款質押登記操作規則》（以下簡稱《質押登記操作規則》）並未對應收帳款債務人因向出質人履行清償義務而支付的款項如何處理，做出明確規定，但從質押擔保的制度目的來看，應收帳款因債務清償而消滅，即質押標的滅失，應當以其替代物，即清償的債務款項，優先清償應收帳款所擔保的債權。在法律法規未做出明確規定時，銀行應在《應收帳款質押協議》中對此明確約定，即出質人應在應收帳款債務人清償債務後，將該款項進行提存或者清償所擔保的銀行債權，限制出質人自行處分應收帳款，切實保障銀行的債權利益。

應收帳款質押在性質上屬於債權質押，具有相對性。因此，應收帳款質權的實現，受到一定程度的限制。應收帳款在辦理質押登記後仍處於出質人的控制下，出質人是否積極有效的行使對應收帳款的權利和履行義務，直接影響到銀行債權的實現。因此，銀行應在《應收帳款質押協議》中予以明確約定，出質人應向債務人積極主張應收帳款債權，避免因訴訟時效期間屆滿導致債務人抗辯權產生；出質人應全面誠實的履行其與應收帳款債務人約定的合同義務，避免出現合同解除或違約情形，導致應收帳款不能及時受償等等問題。

（二）應收帳款質押登記手續的辦理

《物權法》第二百二十八條第一款規定：「以應收帳款出質的，當事人應當訂立書面合同。質權自信貸徵信機構辦理出質登記時設立。」據此可知，應收帳款質權自依法辦理質押登記時設立，即產生對抗第三人的質押擔保的法律效力，僅僅簽署書面質押合同不發生質權成立的法律效果。

根據《質押登記辦法》及《質押登記操作規則》規定，中國人民銀行徵信中心僅對應收帳款質押登記的申請文件進行形式審查，不負有向出質人或質權人進行核實的義務。因此，銀行需要對質押的應收帳款的真實性和合法性進行嚴格審查。

《質押登記操作規則》第十五條規定：「應收帳款的描述，既可做概括性描述，也可做具體描述，但應達到可以確定所出質的應收帳款的目的。」為保證質押應收帳款的確定性，銀行應在《應收帳款質押協議》和質押登記中明確載明質押應收帳款的具體情況，如質權人、出質人、應收帳款金額、帳款債務人、支付期限、產生帳款的交易關係、合同編號和合同內容等。

附：法律文書

上海燃料有限公司與南京銀行股份有限公司上海分行、上海油匯實業（集團）有限公司等金融借款合同糾紛二審民事判決書

上海市第二中級人民法院（2015）滬二中民六（商）終字第444號

上訴人（原審被告）：上海燃料有限公司，住所地上海市。

法定代表人：陳偉寶，該公司執行董事。

委託代理人：鄒志強，北京大成（上海）律師事務所律師。

委託代理人：江煒，北京大成（上海）律師事務所律師。

被上訴人（原審被告）：南京銀行股份有限公司上海分行，營業地上海市。

負責人：陳曉江，該分行行長。

委託代理人：沈偉明，上海市三石律師事務所律師。

委託代理人：李鐵錚，上海市三石律師事務所律師。

原審被告：上海油匯實業（集團）有限公司，住所地上海市。

法定代表人：程遠。

原審被告：上海賢達燃料油有限公司，住所地上海市。

法定代表人：徐亞谷。

原審被告：徐亞谷，男，****年*月*日出生，漢族，住上海市。

委託代理人：張亞偉，山東海揚律師事務所律師。

委託代理人：李旭東，山東海揚律師事務所律師。

原審被告：上海高煉潤滑油有限公司，住所地上海市。

法定代表人：茅楚權。

原審被告：程遠，男，****年**月**日出生，漢族，住上海市。

委託代理人：鄔克非，上海瀛泰律師事務所律師。

上訴人上海燃料有限公司（以下簡稱「燃料公司」），因金融借款合同糾紛一案，不服上海市黃浦區人民法院（2014）黃浦民五（商）初字第9433號民事判決，向本院提起上訴。本院受理後，依法組成合議庭，公開開庭進

行了審理。上訴人燃料公司的委託代理人鄒志強，被上訴人南京銀行股份有限公司上海分行（以下簡稱「南京銀行」）的委託代理人李鐵錚、原審被告程遠的委託代理人鄔克非、原審被告徐亞谷的委託代理人張亞偉、李旭東到庭參加訴訟。原審被告上海油匯實業（集團）有限公司（以下簡稱「油匯公司」）、原審被告上海賢達燃料油有限公司（以下簡稱「賢達公司」）、原審被告上海高煉潤滑油有限公司（以下簡稱「高煉公司」）經本院合法傳喚，無正當理由拒不到庭，本院依法缺席審理。本案現已審理終結。

原審法院查明：2013年3月12日，南京銀行（甲方）與油匯公司（乙方）簽訂了編號為AXXXXXXXXXXXXXXXXX的《最高債權額合同》，約定雙方在2013年3月12日至2014年3月12日的債權確定期間內，南京銀行給予油匯公司最高債權額人民幣60,000,000元（以下幣種均為人民幣）。油匯公司在上述債權確定期內，可以逐筆向南京銀行提出辦理具體業務的申請，經甲方審核審批同意後方可使用。若油匯公司違約，南京銀行有權要求油匯公司承擔違約責任，並賠償甲方遭受的損失、費用、開支（包括但不限於律師費、訴訟費等）。

同日，南京銀行（甲方）與賢達公司（乙方）簽訂了EcXXXXXXXXXXXXXXXX的《最高額抵押合同》，約定為確保南京銀行與油匯公司簽訂的編號為AXXXXXXXXXXXXXXXXX的《最高債權額合同》以及項下的具體業務合同（主合同）的履行，賢達公司願意提供最高額抵押擔保，抵押擔保範圍為主債權及利息（包括複利和罰息）及南京銀行為實現債權而發生的費用；南京銀行有權要求賢達公司對南京銀行未受償的債權承擔本合同項下抵押擔保責任，並有權依法處分抵押物。2013年3月20日，南京銀行與賢達公司在房地產登記部門辦理了抵押物登記，編號為奉XXXXXXXXXXX，南京銀行為房地產抵押權人，賢達公司為房地產權利人，抵押物位於上海市奉賢區奉城鎮陳橋村XXX號第2、3、9、10幢房屋，最高債權限額為4,073,600元，債權發生期間為2013年3月12日至2014年3月12日。同期，南京銀行（甲方）與賢達公司（乙方）簽訂了編號為EcXXXXXXXXXXXXXXXX的《最高額抵押合同》，約定為確保南京銀行與油匯公司簽訂的編號為AXXXXXXXXXXXXXXXXX的《最高債權額合同》以及項下的具體業務合同（主合同）的履行，賢達公司願意提供最高額抵押擔保；抵押擔保範圍為主債權及利息（包括複利和罰息）及南京銀行為實現債權而發生的費用；南京銀行有權要求賢達公司對南京銀行未受償的債權承擔本合同項下抵押擔保責任，並有權依法處分抵押物。2013年3月19日，南京銀行與賢達公司在工商登記部門辦理了動產抵押登記，編號為奉工商合（2013）抵字第28號，南京銀行為抵押權人，賢達公司為抵押人，抵押物為在賢達公司處的9座油罐，抵押擔保的範圍為本金11,037,700元以及利息（包括罰息複利）及為實現債權發生的費用，債務人履行債務的期限為2013年3月12日至2014年3月12日。

同日，南京銀行（甲方）與徐亞谷（乙方）簽訂了一份編號為EcXXXXXXXXXXXXXXX的《最高額保證合同》，約定為確保南京銀行與油匯公司簽訂的編號為AXXXXXXXXXXXXXXXXX的《最高債權額合同》以及項下的具體業務合同（主合同）的履行，徐亞谷願意提供最高額連帶保證責任擔保；該合同項下保證擔保的範圍為主債權60,000,000元以及利息（包括複利罰息）及為實現債權發生的費用；保證期間為主合同項下債務人每次使用授信額度而發生的債務履行期限屆滿之日起兩年；當債務人未履行債務時，無論南京銀行對主債權是否擁有其他擔保（包括但不限於物權擔保），南京銀行均有權直接要求徐亞谷在其保證擔保範圍內承擔保證責任。

同日，南京銀行（甲方）與賢達公司（乙方）簽訂了一份編號為EcXXXXXXXXXXXXXXX的《最高額保證合同》，約定為確保南京銀行與油匯公司簽訂的編號為AXXXXXXXXXXXXXXXXX的《最高債權額合同》以及項下的具體業務合同（主合同）的履行，賢達公司願意提供最高額連帶保證責任擔保；該合同項下保證擔保的範圍為主債權60,000,000元以及利息（包括複利罰息）及為實現債權發生的費用；保證期間為主合同項下債務人每次使用授信額度而發生的債務履行期限屆滿之日起兩年；當債務人未履行債務時，無論南京銀行對主債權是否擁有其他擔保（包括但不限於物權擔保），南京銀行均有權直接要求賢達公司在其保證擔保範圍內承擔保證責任。

同日，南京銀行（甲方）與高煉公司（乙方）簽訂了一份編號為EcXXXXXXXXXXXXXXX）的《最高額保證合同》，約定為確保南京銀行與油匯公司簽訂的編號為AXXXXXXXXXXXXXXXXX的《最高債權額合同》以及項下的具體業務合同（主合同）的履行，高煉公司願意提供最高額連帶保證責任擔保；該合同項下保證擔保的範圍為主債權60,000,000元以及利息（包括複利罰息）及為實現債權發生的費用；保證期間為主合同項下債務人每次使用授信額度而發生的債務履行期限屆滿之日起兩年；當債務人未履行債務時，無論南京銀行對主債權是否擁有其他擔保（包括但不限於物權擔保），南京銀行均有權直接要求高煉公司在其保證擔保範圍內承擔保證責任。同期，南京銀行（甲方）與程遠（乙方）簽訂了一份編號為EcXXXXXXXXXXXXXXXX的《最高額保證合同》，約定為確保南京銀行與油匯公司簽訂的編號為AXXXXXXXXXXXXXXXXX的《最高債權額合同》以及項下的具體業務合同（主合同）的履行，程遠願意提供最高額連帶保證責任擔保；該合同項下保證擔保的範圍為主債權60,000,000元以及利息（包括複利罰息）及為實現債權發生的費用；保證期間為主合同項下債務人每次使用授信額度而發生的債務履行期限屆滿之日起兩年；當債務人未履行債務時，無論南京銀行對主債權是否擁有其他擔保（包括但不限於物權擔保），南京銀行均有權直接要求程遠在其保證擔保範圍內承擔保證責任。

2013年3月26日，做為編號為AXXXXXXXXXXXXXXXXX的《最高債權額合同》項下的具體業務合同，南京銀行與油匯公司簽訂了編號為BbXXXXXXXXXXXXXXXX的《銀行承兑協議》，南京銀行按油匯公司的申請開具了出票人為油匯公司，收款人為上海利金石油化工有限公司，出票金額為23,810,000元，到期日為2013年9月26日的銀行承兑匯票。同日，南京銀行與油匯公司簽訂了編號為EaXXXXXXXXXXXXXXXX的《保證金協議》，油匯公司按合同約定支付了承兑金額30%即7,143,000元的保證金。2013年3月20日，油匯公司（供方）與燃料公司（需方）簽訂了編號為SRL7.2.2-01-01燃重合XXXXXXXX-001的《油品銷售合同》，約定貨款總額為25,000,000元（浮動5%），付款方式為6個月內現匯支付，收款人的帳號為油匯公司在南京銀行處設立的帳號XXXXXXXXXXXXXXXXX。2013年3月25日，油匯公司就上述交易開具了23,810,000元的增值稅發票（發票號為XXXXXXXX一XXXXXXXX）。2013年3月26日，南京銀行與油匯公司簽訂了編號為XXXXXXXXXXXXXXX的《應收帳款質押合同》，約定油匯公司將其對燃料公司享有的23,810,000元應收帳款質押給南京銀行；同日，南京銀行與油匯公司簽訂了編號為0003號的《應收帳款質押／轉讓登記協議》，並於當日在中國人民銀行徵信中心辦理了應收帳款質押登記，主合同金額為23,810,000元，質押財產價值23,810,000元。

2013年3月26日，南京銀行與油匯公司向燃料公司發出一份編號為債權質通XXXXXXXXXXXXXX的《應收帳款質押通知書》，就應收帳款的詳細信息（包括基礎交易合同名稱和編號、應收帳款金額、應收帳款到期日、發票號等）通知燃料公司，燃料公司蓋章確認並同意了該應收帳款的質押以及付款的義務。2013年9月4日，燃料公司向油匯公司在南京銀行處開立的應收帳款專戶中支付貨款18,216,000元；2013年9月5日，南京銀行與油匯公司簽訂了編號為EaXXXXXXXXXXXXXXX的《保證金協議》，油匯公司存入保證金16,667,000元，用於支付承兑票款金額23,810,000元的70%。

2013年4月1日，做為編號為AXXXXXXXXXXXXXXXXX的《最高債權額合同》項下的具體業務合同，南京銀行與油匯公司簽訂了編號為BbXXXXXXXXXXXXXXX的《銀行承兑協議》，南京銀行按油匯公司的申請開具了出票人為油匯公司，收款人為上海利金石油化工有限公司，出票金額為47,610,000元，到期日為2013年10月1日的銀行承兑匯票。同日，南京銀行與油匯公司簽訂了編號為EaXXXXXXXXXXXXXXX的《保證金協議》，油匯公司按合同約定支付了承兑金額30%即14,283,000元的保證金。2013年3月25日，油匯公司（供方）與燃料公司（需方）簽訂了編號為SRL7.2.2-01-01燃重合XXXXXXXX-001的《油品銷售合同》，約定貨款總額為22,500,000元（浮動5%），付款方式為6個月內現匯支付，收款人的帳號為油匯公司在南京銀行處設立的帳號XXXXXXXXXXXXXXXXX。2013年3月27日，油匯公司就上述交易開具了21,810,200元的增值稅發票（發票號XXXXXXXX、XXXXXXXX—XXXXXXXX）。2013年3月26日，油匯公司（供方）與燃料公司（需方）簽訂了編號為SRL7.2.2-01-01燃重合XXXXXXXX-001的《油品銷售合同》，約定貨款總額為26,010,000元（浮動5%），付款方式為6個月內現匯支付，收款人的帳號為油匯公司在南京銀行處設立的帳號XXXXXXXXXXXXXXXXX。2013年3月27日，油匯公司就上述交易開具了25,811,151元的增值稅發票（發票號XXXXXXXX-XXXXXXXX）。2013年3月29日，南京銀行與油匯公司簽訂了編號為

XXXXXXXXXXXXXXX的《應收帳款質押合同》，約定油匯公司將其對燃料公司享有的47,621,351元應收帳款質押給南京銀行；同日，南京銀行與油匯公司簽訂了編號為0006號的《應收帳款質押／轉讓登記協議》，並於當日在中國人民銀行徵信中心辦理了應收帳款質押登記，主合同金額為47,610,000元，質押財產價值47,621,351元。

2013年3月27日，南京銀行與油匯公司向燃料公司發出一份編號為債權質通XXXXXXXXXXXXXXX的《應收帳款質押通知書》和一份編號為債權質通XXXXXXXXXXXXXXX的《應收帳款質押通知書》，就應收帳款的詳細信息（包括基礎交易合同名稱和編號、應收帳款金額、應收帳款到期日、發票號等）通知燃料公司，燃料公司蓋章確認並同意了該應收帳款的質押以及付款的義務。2013年9月4日，燃料公司向油匯公司在南京銀行處開立的應收帳款專戶中支付貨款18,216,000元；2013年9月5日，南京銀行與油匯公司簽訂了編號為EaXXXXXXXXXXXXXXXX的《保證金協議》，油匯公司存入保證金1,549,000元；2013年9月10日，燃料公司向油匯公司在南京銀行處開立的應收帳款專戶中支付貨款9,276,896元，同日，南京銀行與油匯公司簽訂了編號為EaXXXXXXXXXXXXXXXX的《保證金協議》，油匯公司存入保證金9,276,896元；2013年9月13日，燃料公司向油匯公司在南京銀行處開立的應收帳款專戶中支付貨款8,541,110元，同日，南京銀行與油匯公司簽訂了編號為EaXXXXXXXXXXXXXXXX的《保證金協議》，油匯公司存入保證金8,541,110元；2013年9月18日，燃料公司向油匯公司在南京銀行處開立的應收帳款專戶中支付貨款13,959,994元，同日，南京銀行與油匯公司簽訂了編號為EaXXXXXXXXXXXXXXXX的《保證金協議》，油匯公司存入保證金13,959,994元；上述四筆保證金合計為33,327,000元，用於支付承兑票款金額47,610,000元的70%。

2013年4月1日，做為編號為AXXXXXXXXXXXXXXXXX的《最高債權額合同》項下的具體業務合同，南京銀行與油匯公司簽訂了編號為BaXXXXXXXXXXXXXXXX的《人民幣流動資金借款合同》，同年4月3日，南京銀行根據油匯公司的申請發放貸款，借款金額為10,000,000元，期限為6個月，自2013年4月3日至2013年10月2日，利率為月息5.1333‰；2013年3月15日，油匯公司（供方）與燃料公司（需方）簽訂了編號為

SRL7.2.2-01-01燃重合XXXXXXXX-001的《油品銷售合同》，約定貨款總額為16,408,623元（浮動5%），付款方式為6個月內現匯支付，收款人的帳號為油匯公司在南京銀行處設立的帳號XXXXXXXXXXXXXXXX。2013年3月21日，油匯公司就上述交易開具了16,408,623元的增值稅發票（發票號XXXXXXXX—XXXXXXXX）。2013年4月1日，南京銀行與油匯公司簽訂了編號為XXXXXXXXXXXXXXX的《應收帳款質押合同》，約定油匯公司將其對燃料公司享有的16,408,623元應收帳款質押給南京銀行；同日，南京銀行與油匯公司簽訂了編號為0007號的《應收帳款質押／轉讓登記協議》，4月3日，南京銀行與油匯公司在中國人民銀行徵信中心辦理了應收帳款質押登記，主合同金額為10,000,000元，質押財產價值16,408,623元。

2013年3月27日，南京銀行與油匯公司向燃料公司發出一份編號為債權質通XXXXXXXXXXXXXXX的《應收帳款質押通知書》，就應收帳款的詳細信息（包括基礎交易合同名稱和編號、應收帳款金額、應收帳款到期日、發票號等）通知燃料公司，燃料公司蓋章確認並同意了該應收帳款的質押以及付款的義務。2013年8月16日，燃料公司向油匯公司在南京銀行處開立的應收帳款專戶中支付貨款14,700,000元，用於歸還該筆貸款。

2013年8月23日，做為編號為AXXXXXXXXXXXXXXXXX的《最高債權額合同》項下的具體業務合同，南京銀行與油匯公司簽訂了編號為BaXXXXXXXXXXXXXXX的《人民幣流動資金借款合同》，同日，南京銀行根據油匯公司的申請發放貸款，借款金額為10,000,000元，期限為6個月，自2013年8月23日至2014年2月22日，利率為月息5.1333‰；2013年8月10日，油匯公司（供方）與燃料公司（需方）簽訂了編號為SRL7.2.2-01-01燃重合XXXXXXXX-001的《油品銷售合同》，約定貨款總額為14,378,000元（浮動5%），付款方式為6個月內現匯支付，收款人的帳號為油匯公司在南京銀行處設立的帳號XXXXXXXXXXXXXXXX。2013年8月19日，油匯公司就上述交易開具了14,378,000元的增值稅發票（發票號XXXXXXXX—XXXXXXXX）。2013年8月23日，南京銀行與油匯公司簽訂了編號為XXXXXXXXXXXXXXX的《應收帳款質押合同》，約定油匯公司將其對燃料公司享有的14,378,000元應收帳款質押給南京銀行；同日，南京銀行與油匯公司簽訂了編號為0034號的《應收帳款質押／轉讓登記協議》並在中國人民銀行徵信中心辦理了應收帳款質押登記，主合同金額為10,000,000元，質押財產價值14,378,000元。

2013年8月23日，南京銀行與油匯公司向燃料公司發出一份編號為債權質通XXXXXXXXXXXXXXX的《應收帳款質押通知書》，就應收帳款的詳細信息（包括基礎交易合同名稱和編號、應收帳款金額、應收帳款到期日、發票號等）通知燃料公司，燃料公司蓋章確認並同意了該應收帳款的質押以及付款的義務。2014年2月21日，燃料公司向油匯公司在南京銀行處開立的應收帳款專戶中支付貨款10,015,272.50元，用於歸還該筆貸款。

2013年9月5日，做為編號為AXXXXXXXXXXXXXXXXXX的《最高債權額合同》項下的具體業務合同，南京銀行與油匯公司簽訂了編號為BbXXXXXXXXXXXXXXXX的《銀行承兑協議》；2013年9月6日，南京銀行按油匯公司的申請開具了出票人為油匯公司，收款人為上海利金石油化工有限公司，出票金額為26,000,000元，到期日為2014年3月6日的銀行承兑匯票。2013年9月5日，南京銀行與油匯公司簽訂了編號為EaXXXXXXXXXXXXXXXX的《保證金協議》，油匯公司按合同約定支付了承兑金額30%即7,800,000元的保證金。2013年9月1日，油匯公司（賣方）與燃料公司（買方）簽訂了編號為017-F04-B002-130830-002801X的《買賣合同》，約定貨款總額為60,768,000元（浮動10%），付款方式為燃料公司在油匯公司開具增值稅發票後180天內現匯支付，收款人的帳號為油匯公司在南京銀行處設立的帳號XXXXXXXXXXXXXXXXX。2013年9月3日，油匯公司就上述交易開具了26,016,000元的增值稅發票（發票號為XXXXXXXX—XXXXXXXX）。2013年9月5日，南京銀行與油匯公司簽訂了編號為XXXXXXXXXXXXXXX的《應收帳款質押合同》，約定油匯公司將其對燃料公司享有的26,016,000元應收帳款質押給南京銀行；同日，南京銀行與油匯公司簽訂了編號為0036號的《應收帳款質押／轉讓登記協議》，並於當日在中國人民銀行徵信中心辦理了應收帳款質押登記，主合同金額為26,000,000元，質押財產價值26,016,000元。

2013年9月6日，南京銀行與油匯公司向燃料公司發出一份編號為債權質通XXXXXXXXXXXXXXX的《應收帳款質押通知書》，就應收帳款的詳細信息（包括基礎交易合同名稱和編號、應收帳款金額、應收帳款到期日、發票號等）通知燃料公司，燃料公司蓋章確認並同意了該應收帳款的質押以及付款的義務。2014年2月17日，燃料公司向油匯公司在南京銀行處開立的應收帳款專戶中支付貨款21,000,000元；同日，南京銀行與油匯公司簽訂了編號為EaXXXXXXXXXXXXXXXX的《保證金協議》，油匯公司存入保證金18,200,000元，用於支付承兑票款金額26,000,000元的70%。

2013年9月10日，做為編號為AXXXXXXXXXXXXXXXXXX的《最高債權額合同》項下的具體業務合同，南京銀行與油匯公司簽訂了編號為BbXXXXXXXXXXXXXXXX的《銀行承兑協議》；2013年9月11日，南京銀行按油匯公司的申請開具了出票人為油匯公司，收款人為上海利金石油化工有限公司，出票金額為13,250,000元，到期日為2014年3月11日的銀行承兑匯票。2013年9月10日，南京銀行與油匯公司簽訂了編號為EaXXXXXXXXXXXXXXXX的《保證金協議》，油匯公司按合同約定支付了承兑金額30%即3,975,000元的保證金。2013年9月1日，油匯公司（賣方）與燃料公司（買方）簽訂了編號為017-F04-B002-130830-002801X的《買賣合同》，約定貨款總額為60,768,000元（浮動10%），付款方式為燃料公司在油匯公司開具增值稅發票後180天內現匯支付，收款人的帳號為油匯公司在南京銀行處設立的帳號XXXXXXXXXXXXXXXXX。2013年9月9日，油匯公司就上述交易開具了13,756,896元的增值稅發票（發票號為XXXXXXXX—XXXXXXXX）。2013年9月10日，南京銀行與油匯公司簽訂了編號為XXXXXXXXXXXXXXX的《應收帳款質押合同》，約定油匯公司將其對燃料公司享有的13,756,896元應收帳款質押給南京銀行；同日，南京銀行與油匯公司簽訂了編號為0038號的《應收帳款質押／轉讓登記協議》，並於當日在中國人民銀行徵信中心辦理了應收帳款質押登記，主合同金額為13,250,000元，質押財產價值13,756,896元。

2013年9月10日，南京銀行與油匯公司向燃料公司發出一份編號為債權質通XXXXXXXXXXXXXXX的《應收帳款質押通知書》，就應收帳款的詳細信息（包括基礎交易合同名稱和編號、應收帳款金額、應收帳款到期日、發票號等）通知燃料公司，燃料公司蓋章確認並同意了該應收帳款的質押以及付款的義務。2014年2月17日，燃料公司向油匯公司在南京銀行處開立的應收帳款專戶中支付貨款21,000,000元；同日，南京銀行與油匯公司簽訂了編號為EaXXXXXXXXXXXXXXXX的《保證金協議》，油匯公司存入保證金2,800,000元；2014年3月3日，燃料公司向油匯公司在南京銀行處開立的應收帳款專戶中支付貨款15,015,000元，2014年3月4日，南京銀行與油匯公司簽訂了編號為EaXXXXXXXXXXXXXXXX的《保證金協議》，油匯公司存入6,475,000元；上述二筆保證金合計為9,275,000元，用於支付承兑票款金額13,250,000元的70%。

2013年9月13日，做為編號為AXXXXXXXXXXXXXXXXX的《最高債權額合同》項下的具體業務合同，南京銀行與油匯公司簽訂了編號為BbXXXXXXXXXXXXXXXX的《銀行承兑協議》，同日，南京銀行按油匯公司的申請開具了出票人為油匯公司，收款人為上海利金石油化工有限公司，出票金額為12,200,000元，到期日為2014年3月13日的銀行承兑匯票。同日，南京銀行與油匯公司簽訂了編號為EaXXXXXXXXXXXXXXXX的《保證金協議》，油匯公司按合同約定支付了承兑金額30%即3,660,000元的保證金。2013年9月1日，油匯公司（賣方）與燃料公司（買方）簽訂了編號為019-F04-B003-130830-002801X的《買賣合同》，約定貨款總額為12,605,250元（浮動10%），付款方式為燃料公司在油匯公司開具增值稅發票後180天內現匯支付，收款人的帳號為油匯公司在南京銀行處設立的帳號XXXXXXXXXXXXXXXXX。2013年9月9日，油匯公司就上述交易開具了12,421,110.45元的增值稅發票（發票號為XXXXXXXX—XXXXXXXX）。2013年9月13日，南京銀行與油匯公司簽訂了編號為XXXXXXXXXXXXXXX的《應收帳款質押合同》，約定油匯公司將其對燃料公司享有的12,421,110.45元應收帳款質押給南京銀行；同日，南京銀行與油匯公司簽訂了編號為0039號的《應收帳款質押／轉讓登記協議》，並於當日在中國人民銀行徵信中心辦理了應收帳款質押登記，主合同金額為12,200,000元，質押財產價值12,421,110.45元。

2013年9月13日，南京銀行與油匯公司向燃料公司發出一份編號為債權質通XXXXXXXXXXXXXXX的《應收帳款質押通知書》，就應收帳款的詳細信息（包括基礎交易合同名稱和編號、應收帳款金額、應收帳款到期日、發票號等）通知燃料公司，燃料公司蓋章確認並同意了該應收帳款的質押以及付款的義務。2014年3月3日，燃料公司向油匯公司在南京銀行處開立的應收帳款專戶中支付貨款15,015,000元，同日，南京銀行與油匯公司簽訂了編號為EaXXXXXXXXXXXXXXXX的《保證金協議》，油匯公司存入854萬元，用於支付承兑票款金額12,200,000元的70%。

2013年9月22日，做為編號為AXXXXXXXXXXXXXXXXXX的《最高債權額合同》項下的具體業務合同，南京銀行與油匯公司簽訂了編號為BbXXXXXXXXXXXXXXXX的《銀行承兑協議》，同日，南京銀行按油匯公司的申請開具了出票人為油匯公司，收款人為上海利金石油化工有限公司，出票金額為1,994萬元，到期日為2014年3月22日的銀行承兑匯票。同日，南京銀行與油匯公司簽訂了編號為EaXXXXXXXXXXXXXXXX的《保證金協議》，油匯公司按合同約定支付了承兑金額30%即5,982,000元的保證金。2013年9月1日，油匯公司（賣方）與燃料公司（買方）簽訂了編號為017-F04-B002-130830-002801X的《買賣合同》，約定貨款總額為60,768,000元（浮動10%），付款方式為燃料公司在油匯公司開具增值稅發票後180天內現匯支付，收款人的帳號為油匯公司在南京銀行處設立的帳號XXXXXXXXXXXXXXXXXX。2013年9月9日，油匯公司就上述交易開具了20,995,200元的增值稅發票（發票號為XXXXXXXX—XXXXXXXX）。2013年9月22日，南京銀行與油匯公司簽訂了編號為XXXXXXXXXXXXXXX的《應收帳款質押合同》，約定油匯公司將其對燃料公司享有的20,995,200元應收帳款質押給南京銀行，並於當日在中國人民銀行徵信中心辦理了應收帳款質押登記，主合同金額為19,940,000元，質押財產價值20,995,200元。

2013年9月22日，南京銀行與油匯公司向燃料公司發出一份編號為債權質通XXXXXXXXXXXXXXX的《應收帳款質押通知書》，就應收帳款的詳細信息（包括基礎交易合同名稱和編號、應收帳款金額、應收帳款到期日、發票號等）通知燃料公司，燃料公司蓋章確認並同意了該應收帳款的質押以及付款的義務。2014年3月6日，燃料公司向油匯公司在南京銀行處開立的應收帳款專戶中支付貨款13,958,000元，同日，南京銀行與油匯公司簽訂了編號為EaXXXXXXXXXXXXXXXX的《保證金協議》，油匯公司存入13,958,000元，用於支付承兑票款金額19,940,000元的70%。

2014年3月6日，做為編號為AXXXXXXXXXXXXXXXXXX的《最高

債權額合同》項下的具體業務合同，南京銀行與油匯公司簽訂了編號為BbXXXXXXXXXXXXXXXX的《銀行承兑協議》，協議約定：「甲方對外墊付的款項，自甲方墊付款項之日起至清償日止，按每日萬分之五計息、結息。」同日，南京銀行按油匯公司的申請開具了出票人為油匯公司，收款人為上海永升石油化工有限公司，出票金額為19,940,000元，到期日為2014年9月6日的銀行承兑匯票。2014年2月28日，油匯公司（賣方）與燃料公司（買方）簽訂了編號為801XB016-015的《買賣合同》，約定貨款總額為80,300,000元（浮動10%），付款方式為燃料公司在見到油匯公司開具的增值稅發票票面日期後的180天內現匯支付，收款人的帳號為油匯公司在南京銀行處設立的帳號XXXXXXXXXXXXXXXXX。2014年3月6日，油匯公司就上述交易開具了20,002,000元的增值稅發票（發票號為XXXXXXXX—XXXXXXXX）。2014年3月6日，南京銀行與油匯公司簽訂了編號為EaXXXXXXXXXXXXXXXXX的《應收帳款質押合同》，約定油匯公司將其對燃料公司享有的20,002,000元應收帳款質押給南京銀行；簽訂了編號為應收帳款登記協議第0011號的《應收帳款質押／轉讓登記協議》並於當日在中國人民銀行徵信中心辦理了應收帳款質押登記，主合同金額為19,940,000元，質押財產價值20,002,000元。

2014年3月6日，油匯公司向燃料公司發出一份編號為應收質通XXXXXXXXXXXXXX的《應收帳款質押通知書》，就應收帳款的詳細信息（包括商務合同號、商業發票號、合同金額、發票金額、未收款金額、未收款到期日、油匯公司的已收款為0等）通知燃料公司，燃料公司在回執上蓋章向南京銀行確認知曉並理解編號為應收質通XXXXXXXXXXXXXX的《應收帳款質押通知書》全部內容，保證按合同約定付款。

因油匯公司未能按照約定備足到期應付票款，南京銀行於2014年9月9日發生墊款，在扣除油匯公司在南京銀行處的保證金5,982,000元及其產生的利息85,783.55元後，南京銀行實際對外墊付票款為13,872,216.45元。

原審法院認為，南京銀行與油匯公司簽訂的《最高債權額合同》、編號為BbXXXXXXXXXXXXXXXX的《銀行承兑協議》係相關當事人真實意思的表示，相關當事人均應恪守。因油匯公司未能按照約定備足到期應付票款，南京銀行於2014年9月9日將BbXXXXXXXXXXXXXXXX的《銀行承兑協議》項下的19,940,000元票款劃付至收款人（持票人）的提示付款銀行付款，在扣除油匯公司在南京銀行處的保證金5,982,000元及其產生的利息85,783.55元後，南京銀行實際對外墊付票款13,872,216.45元。油匯公司已構成違約，故其應該向南京銀行支付墊付票款13,872,216.45元，向南京銀行支付自2014年9月9日起至實際清償日止墊付票款的利息（以13,872,216.45元為基數，按每日萬分之五計息）。

南京銀行與賢達公司簽訂的EcXXXXXXXXXXXXXXXX的《最高額保證合同》、EcXXXXXXXXXXXXXXXX《最高額抵押合同》以及EcXXXXXXXXXXXXXXXX《最高額抵押合同》係相關當事人真實意思的表示，相關當事人均應恪守。EcXXXXXXXXXXXXXXXX的《最高額保證合同》約定賢達公司對《最高額債權合同》中確定的油匯公司對南京銀行的主債務提供連帶保證責任擔保，因此賢達公司應對上述油匯公司的付款義務承擔連帶保證責任。EcXXXXXXXXXXXXXXXX《最高額抵押合同》以及EcXXXXXXXXXXXXXXXX《最高額抵押合同》分別約定賢達公司以自己名下的房地產以及油罐為油匯公司對南京銀行的主債務提供抵押擔保，並且在相關登記管理部門辦理了登記手續，應當確認兩份《最高額抵押合同》成立並生效，對抵押人和抵押權人均具有約束力，故南京銀行要求以合同約定的債權數額行使抵押物優先受償的訴訟請求，合法有據，應予支持。當然，賢達公司在承擔了保證、抵押擔保責任後，亦有權在其承擔的保證、抵押擔保範圍內向油匯公司進行追償。

南京銀行與徐亞谷簽訂的EcXXXXXXXXXXXXXXXX的《最高額保證合同》、與高煉公司簽訂的EcXXXXXXXXXXXXXXXX的《最高額保證合同》、與程遠簽訂的EcXXXXXXXXXXXXXXXX的《最高額保證合同》係相關當事人真實意思的表示，相關當事人均應恪守，該合同約定徐亞谷、高煉公司、程遠對《最高額債權合同》中確定的油匯公司對南京銀行的主債務提供連帶保證責任擔保，因此，徐亞谷、高煉公司、程遠應分別對上述油匯公司的付款義務承擔連帶保證責任。當然，徐亞谷、高煉公司、程遠在承擔了保證擔保責任後，亦有權在其承擔的保證擔保範圍內向油匯公司進行追償。

原審法院認為本案的爭議焦點為，南京銀行是否有權對油匯公司與燃料公司在《應收帳款質押通知書》所確定的油匯公司對燃料公司的應收帳款在判決確定債務的範圍內優先受償。

首先，本案訟爭的貸款發生後，南京銀行與油匯公司簽訂了《應收帳款質押合同》，在中國人民銀行徵信中心辦理了質押登記，並將與應收帳款有關的包括基礎交易合同名稱和編號、應收帳款金額、應收帳款到期日、發票號等通知燃料公司，燃料公司蓋章予以確認。依照《中華人民共和國物權法》第二百二十八條第一款及《應收帳款質押登記辦法》第八條之規定，該質權自登記時設立。南京銀行為確保對所質押的應收帳款的控制力，以保證將來質權的順利實現，要求燃料公司在《應收帳款質押通知書》上蓋章確認。燃料公司做為商事主體，理應瞭解該應收帳款涉及到南京銀行的重大利益，其蓋章的行為即構成了《應收帳款質押通知書》對其具有法律約束力。燃料公司做為出質人的債務人確認其知悉質押權內容，因此該質押權能夠對燃料公司產生約束力。

其次，南京銀行根據《最高額債權合同》於2013年3月、4月向油匯公司放貸，總金額為59,994,000元，期限為6個月，2013年8月、9月燃料公司向油匯公司支付貨款後該批貸款予以清償。南京銀行收回貸款後隨即繼續貸款給油匯公司，總金額為59,973,000元，期限為6個月，2014年2月、3月燃料公司向油匯公司支付貨款後該批貸款也得到清償。在此期間的每一筆貸款，南京銀行與油匯公司都簽訂了《應收帳款質押合同》，在中國人民銀行徵信中心辦理了質押登記，並將與應收帳款有關的包括基礎交易合同名稱和編號、應收帳款金額、應收帳款到期日、發票號等通知燃料公司，燃料公司均加蓋公章，並在原審庭審中對其真實性予以確認。因此上述應收帳款質押均依法成立。

燃料公司認為其已經清償了本案系爭貸款項下質押的應收帳款，但又無法對其確認並支付的2013年8月、9月以及2014年2月、3月應收帳款給出合理解釋，且南京銀行已舉證證明了燃料公司支付的貨款為歸還相對應的前期的貸款，因此燃料公司的這一觀點原審法院不予採信。

燃料公司認為南京銀行提供的油匯公司與燃料公司簽訂的帳期為180天的買賣合同以及相應的合同編號是偽造變造的，然而燃料公司蓋章確認的《應收帳款質押通知書》上記載的合同編號以及付款的帳期與南京銀行所提供的吻合，雖然南京銀行提供的合同是影本，但結合本案的所有證據來看，燃料公司不能僅以自己提供的買賣合同證明南京銀行提供的買賣合同為偽造變造。燃料公司主張的付款對應關係與其自身蓋章確認的事實存在矛盾。因此燃料公司這一觀點原審法院不予採信。

燃料公司認為其僅是應收帳款的付款人，不是擔保主體，且南京銀行主張的三次貸款中前兩次油匯公司已結清，第三次貸款其也履行了付款義務。依照《最高人民法院關於適用若干問題的解釋》第一百零六條規定，質權人向出質人、出質債權的債務人行使質權時，出質人、出質債權的債務人拒絕的，質權人可以起訴出質人和出質債權的債務人，也可以單獨起訴出質債權的債務人。根據燃料公司向油匯公司在南京銀行處開立的應收帳款專用帳戶的金額來看，燃料公司支付的貨款歸還的是油匯公司對燃料公司享有的，前期質押給南京銀行的應收帳款，與本案無關。因此燃料公司的這一觀點原審法院不予採信。

故此，南京銀行有權對油匯公司與燃料公司在《應收帳款質押通知書》所確定的油匯公司對燃料公司的應收帳款在判決確定債務的範圍內優先受償。

綜上所述，依照《中華人民共和國合同法》第六十條第一款、第二百零六條、第二百零七條，《中華人民共和國物權法》第二百二十八條第一款、《中華人民共和國擔保法》第六條、第十八條、第二十一條第一款、第三十一條、第四十一條、第四十二條第（二）項、第五十三條、第五十七條，《中華人民共和國民事訴訟法》第一百四十四條的規定，判決：一、油匯公司應於本判決生效之日起10日內支付南京銀行借款本金10,000,000元；二、油匯公司應於本判決生效之日起10日內支付南京銀行暫計至2014年8月24日的借款利息7,777.78元，罰息34.03元，並償付自2014年8月25日起至實際清償日止的逾期利息（以本金利息之和10,007,777.78元為基數，按合同執行利率加收50%計息）；三、南京銀行有權對油匯公司與燃料公司在《應收帳款質押通知書》（應收質通XXXXXXXXXXXXXX）所確定的油匯公司對燃料公司的應收帳款14,887,500元在本判決第一、第二項所確定債務範圍內優先受償；四、若油匯公司未按期履行上述判決主文第一、第二項所確定的付款義務，南京銀行可與賢達公司協議，以其抵押的位於上海市奉賢區奉城鎮陳橋村XXX號第2、3、9、10幢房產折價或者以拍賣、變賣後的價款在最高額4,073,600元範圍內優先受償，該抵押物折價或者拍賣、變賣後的價款超過債權數額部分歸賢達公司所有，不足部分由油匯公司繼續清償；五、若油匯公司未按期履行上述判決主文第一、第二項所確定的付款義務，南京銀行可與賢達公司協議，以其抵押的位於上海市奉賢區奉城鎮陳橋村XXX號9座油罐折價或者以拍賣、變賣後的價款在最高額11,037,700元範圍內優先受償，該抵押物折價或者拍賣、變賣後的價款超過債權數額部分歸賢達公司所有，不足部分由油匯公司繼續清償；六、賢達公司在承擔了抵押擔保責任後，有權在承擔的抵押擔保範圍內向油匯公司追償；七、賢達公司、徐亞谷、高煉公司、程遠對上述判決主文第一、二項所確定的油匯公司的付款義務，向南京銀行承擔連帶清償責任，並在承擔了保證責任後，有權在各自承擔的保證範圍內向油匯公司追償。如果未按本判決指定的期間履行給付金錢義務，應當依照《中華人民共和國民事訴訟法》第二百五十三條之規定，加倍支付遲延履行期間的債務利息。案件受理費82,400元，財產保全費5,000元，二項共計87,400元，由油匯公司、燃料公司、賢達公司、徐亞谷、高煉公司、程遠共同負擔。

原審判決後，燃料公司不服，向本院提起上訴。

燃料公司上訴稱：1. 燃料公司與油匯公司之間的業務往來款項均為即時清結，不存在180日的循環交易，以統帳計算油匯公司與燃料公司之間的債權餘額為0，燃料公司對油匯公司的應收帳款均已全部付清到油匯公司在南京銀行的應收帳款支付專戶XXXXXXXXXXXXXXXXX，因此燃料公司已經全部付清了2013年8月至9月、2014年2月至3月油匯公司向南京銀行質押的應收帳款；2. 2014年2月至3月設立的南京銀行與油匯公司的應收帳款質押登記均在燃料公司支付相應的應收帳款之後，質押的油匯公司對燃料公司的債權已經消滅，故南京銀行的相應質權不能成立；3. 南京銀行與燃料公司之間沒有直接的法律關係，不能適用統帳計算燃料公司支付應收帳款債務的餘額；4. 2013年2月至3月南京銀行向油匯公司授信的基礎買賣合同係偽造，油匯公司對燃料公司相應的應收帳款不存在，故相應的應收張款質押不能成立。綜上，請求二審法院撤銷原審判決主文第三項，改判駁回南京銀行針對燃料公司的全部訴訟請求。

南京銀行答辯稱：南京銀行依據其和油匯公司簽訂的《最高額授信合同》，分別於2013年3月至4月、2013年8月至9月、2014年2月至3月三批次向油匯公司授信59,974,000元、59,973,000元、59,973,000元，燃料公司依據相應的《應收帳款質押通知書》分別於2013年8月至9月，2014年2月至3月向油匯公司在南京銀行的應收帳款支付專戶XXXXXXXXXXXXXXXXX支付應收帳款64,694,000元、59,988,272.5元。但燃料公司仍未支付油匯公司向南京銀行2014年2月至3月授信而質押的應收帳款。對本案系爭的南京銀行向油匯公司授信相對應的《應收帳款質押通知書》，燃料公司均蓋章確認，燃料公司應繼續履行其未支付的油匯公司向南京銀行2014年2月至3月授信而質押的應收帳款，故請求二審法院駁回燃料公司的訴請，維持原判。

程遠答辯稱：對原審判決無異議。程遠雖然是油匯公司的法定代表人，但其未參與油匯公司的實際經營，對本案所涉業務情況不瞭解，請法院依法判決。

徐亞谷答辯稱：對本案涉及業務的實際履行情況不清楚，對原審判決其應承擔的保證責任無異議。

原審被告賢達公司、原審被告油匯公司、原審被告高煉公司均未答辯。

本院查明，原審法院認定事實屬實，應予確認。

本院另查明，燃料公司分別於2013年8月至9月、2014年2月至3月向油匯公司在南京銀行的應收帳款支付專戶XXXXXXXXXXXXXXXX支付款項共計為64,694,000元、59,988,272.5元，此帳戶在此期間並未有其他款項匯入。

本院認為，本案爭議焦點可歸納為：第一，燃料公司2013年8月至9月、2014年2月至3月向油匯公司在南京銀行的應收帳款支付專戶XXXXXXXXXXXXXXXX支付款項共計為64,694,000元、59,988,272.5元，分別償還南京銀行對油匯公司的哪筆授信；第二，燃料公司在《應收帳款質押通知書》上蓋章行為的效力應如何認定。

第一，從本院查明的事實可知，南京銀行與油匯公司的每筆貸款的授信合同、應收帳款質押合同、應收帳款質押登記以及與應收帳款相對應的基礎買賣合同記載內容均表明，燃料公司於2013年8月至9月、2014年2月至3月償還的兩批次應收帳款的匯款日期、金額均與2013年3月至4月、2013年8月至9月南京銀行向油匯公司的授信一致。另外如按燃料公司所述，其償還的上述兩批次應收帳款對應的是2013年8月至9月、2014年2月至3月的南京銀行對油匯公司的授信，燃料公司已償還的兩批次應收帳款的付款日期與2013年8月至9月、2014年2月至3月南京銀行對油匯公司授信的《應收帳款質押合同》日期、應收帳款質押登記日期、《應收帳款質押通知書》日期基本為同一天。燃料公司稱其與油匯公司的貨款均在貨物交付後10日內即時清結，不存在180日內付款的約定，其基本在開具增值稅發票當天便支付相應的應收帳款，但燃料公司並未提供有貨物即時交付的證據，不能證明其支付的貨款所對應貨物的真實性和唯一性。故應認定燃料公司於2013年8月至9月、2014年2月至3月支付的兩批次應收帳款應是償還2013年3月至4月、2013年8月至9月南京銀行對油匯公司的兩批次貸款。燃料公司又稱油匯公司為南京銀行2013年3月至4月授信質押的應收帳款的基礎買賣合同均係偽造，但燃料公司並未提供相應證據證明，且其在《應收帳款質押通知書》上蓋章時也未提出異議。故燃料公司對該筆授信質押的應收帳款不存在，南京銀行相應的質權亦不成立的訴請，本院不予認可。

第二，應收帳款質押實質是以應收帳款債權為質權人對出質人的債權設立擔保。《中華人民共和國合同法》第八十條規定，債權人轉讓合同債權無須取得債務人同意，只須通知債務人即可生效。雖然債權讓與的諸多法律規定可以適用於債權出質，但通知債務人並不是債權質押設立的必要條件，只是質權人能否向出質債權的債務人收取債權的條件。即，質權人在將質押已設定的情況通知出質債權的債務人後，就有權代出質人向出質債權的債務人收取債權。《中華人民共和國物權法》第二百二十八條第一款規定，以應收帳款出質的，當事人應當訂立書面合同，質權自信貸徵信機構辦理出質登記時設立。應收帳款出質人將應收帳款為債務履行設立擔保的效力，並不受是否通知應收帳款債務人的限制。本案所涉貸款出質的應收帳款，均簽訂了書面合同，且都在中國人民銀行徵信中心辦理了應收帳款質押登記，本案所涉應收帳款出質均應認定為合法有效。南京銀行做為質權人享有質權，其取得了債務受領人的法律地位，可以代油匯公司請求燃料公司向自己做出給付。另外，從應收帳款質押通知書本身的性質看，應收帳款質押通知書的作用實際是質權人可以憑此通知直接向應收帳款債務人收取債權的條件，即當發生債務人不履行到期債務或者發生當事人約定的實現質權的情形，質權人有權就該應收帳款優先受償。經通知後，質權人便可以對抗出質債權的債務人，並向其指明應收帳款債務的履行對象變更為質權人。另一方面，本案所涉的2013年3月至4月、2013年8月至9月、2014年2月至3月三批次貸款對應的《應收帳款質押通知書》燃料公司均蓋章確認。《應收帳款質押通知書》上記載了每一筆貸款對應的質押的應收帳款的基礎買賣合同編號、商業發票號、合同金額、發票金額、未收款及到期日，燃料公司的蓋章行為應認定其對應收帳款對應的包括基礎交易合同信息的確認。燃料公司再以基礎交易合同係偽造為由，不履行應收帳款債務，本院不予支援。

綜上，上訴人燃料公司的上訴請求並無法律和事實依據，本院不予支援；原審法院判決並無不當，本院予以維持。據此，依照《中華人民共和國民事訴訟法》第一百四十四條、第一百七十條第一款、第一百七十五條之規定，判決如下：

駁回上訴，維持原判。

二審案件受理費人民幣82,400元，由上訴人上海燃料有限公司負擔。

本判決為終審判決。

審判長　王承曄

審判員　吳玲

代理審判員　王益平

法官助理　楊暉

二〇一五年十一月二十三日

書記員　靳軼

【案例21】質押保證金特定監管以確保優先受償

張某某訴農業發展銀行、長江公司執行異議糾紛案評析

案號：最高人民法院（2014）民申字第1239號

【摘要】

《保證金質押合同》應明確約定保證金特定監管，例如設立「某某機構保證金」專用帳戶、專戶資金禁止用於擔保以外的日常結算及保證金專戶資金應與所擔保業務嚴格對應，以發生金錢特定化和轉移銀行占有的公示效力，保障銀行對質押保證金的優先受償權。

【基本案情】

2009年4月7日，農業發展銀行安徽省分行（以下簡稱「農發行」）與安徽長江融資擔保公司（以下簡稱「長江公司」）簽訂《貸款擔保業務合作協議》，約定長江公司向農發行提供連帶責任保證，並在農發行開立擔保保證金專戶，存入約定不低於貸款額度10%的保證金；未經農發行同意，不得動用保證金專戶內資金；長江公司沒有按時履行保證責任的，農發行有權從其開立的擔保基金專戶或其他任一帳戶中扣劃相應款項。2009年10月30日和2010年10月30日，農發行與長江公司還分別簽訂與上述合作協議內容相似的兩份《信貸擔保業務合作協議》。

協議簽訂後，農發行與長江公司就貸款擔保業務均按照約定履行義務進行合作。2011年12月19日，安徽省合肥市中級人民法院在

審理張某某訴安徽省六本食品有限責任公司、長江公司等民間借貸糾紛一案過程中，根據張某某申請，對長江公司上述保證金帳戶內資金1,495.7852萬元進行保全。該案判決生效後，合肥市中級人民法院將上述保證金帳戶內資金1,338.313257萬元劃至該院帳戶。農發行做為案外人提出執行異議，被合肥市中級人民法院裁定駁回異議。隨後，農發行因與張某某和長江公司發生執行異議糾紛，提起該案訴訟，請求確認其對長江公司在農發行處開設的擔保保證金專戶內的資金享有質權。

【法院判決】

安徽省合肥市中級人民法院經審理，做出（2012）合民一初字第00505號民事判決：駁回農發行的訴訟請求。

宣判後，農發行不服一審判決，提起上訴。安徽省高級人民法院經審理認為，該案中，農發行與長江公司之間雖沒有訂立帶有「質押」字樣的合同，但合作協議內容已具備質押合同一般條款，應認定農發行與長江公司訂立了書面質押合同。以金錢設立質權，應當符合金錢特定化和移交債權人占有兩個要件。長江公司已按約定為出質金錢開立了擔保保證金專戶，並依約轉入保證金，該帳戶未做日常結算使用，故金錢已經特定化。《貸款擔保業務合作協議》約定未經農發行同意，長江公司不得動用擔保保證金專戶內的資金，且在擔保貸款到期未獲清償時，農發行有權直接扣劃專戶內資金並實際控制案涉保證金帳戶，符合出質金錢移交債權人占有要求。據此，應當認定案涉保證金帳戶內資金質權已設立。帳戶資金浮動不影響金錢特定化，浮動均與具體保證金業務相對應，且未用於日常結算，即農發行實際控制該帳戶，該金錢質權設立，故改判農發行對長江公司案涉保證金帳戶內的13,383,132.57元資金享有質權。

宣判後，張某某不服二審判決，申請再審。最高人民法院經審理認為，農發行與長江公司之間雖未單獨訂立質押合同，但雙方簽訂的《貸款擔保業務合作協議》有關條款符合質押合同的一般條款，應認定雙方訂立了書面質押合同。該擔保係長江公司為其履行連帶保證責任提供的特定帳戶內的金錢質押擔保，與其向農發行提供連帶保證責任並不矛盾。案涉保證金帳戶由長江公司在農發行開立，專門用於雙方約定的擔保業務，未做日常結算使用，且農發行依約實際控制該帳戶，故案涉金錢質押符合特定化和移交債權人占有條件，雙方已就案涉保證金帳戶內的金錢設立質權。張某某所述長江公司為其出具的「擔保函」內容，不能證明其對案涉保證金帳戶內資金享有優先受償權，該函更不能做為對案涉保證金帳戶內資金直接予以執行的依據。綜上，裁定駁回再審申請。

【法律評析】

本案的法律焦點問題，為質押保證金是否具有優先受償性，及對保證金特定化如何理解。

一、質押保證金的優先受償性

《中華人民共和國物權法》第二百一十條規定：「設立質權，當事人應當採取書面形式訂立質權合同。質權合同一般包括下列條款：（1）被擔保債權的種類和數額；（2）債務人履行債務的期限；（3）質押財產的名稱、數量、品質、狀況；（4）擔保的範圍；（5）質押財產交付的時間。」第二百一十二條規定：「質權自出質人交付質押財產時設立。」《最高人民法院關於適用〈中華人民共和國擔保法〉若干問題的解釋》第八十五條規定：「債務人或者第三人將其金錢以特戶、封金、保證金等形式特定化後，移交債權人占有做為債權的擔保，債務人不履行債務時，債權人可以以該金錢優先受償。」

據此可知，在貸款保證金擔保中，質押保證金具有優先受償性的關鍵，在於銀行與提供保證金的債務人已就該保證金訂立了書面質押合同，並滿足保證金特定化和轉移銀行占有的條件，即銀行對該保證金依法享有質權。

在實務中，部分銀行對於質押保證金的管理有所不足，最終導致其喪失對保證金的優先受償權。銀行認為，雙方簽訂的《擔保業務合作協議書》是就保證金設定貸款質押擔保的書面質押合同，出質人依約在銀行設立帳戶並存入資金，即完成資金質押的特定化和轉移占有，存入保證金的帳戶即為保證金質押帳戶，銀行對該保證金享有優先受償權。但是，如果《擔保業務合作協議書》中不完全具有質押合同的 ·般條款，例如所擔保債權的種類和數量、債務履行期限、質物數量和移交時間、擔保範圍、質權行使條件等，且沒有約定專門保證金帳戶做為質押擔保帳戶以限制保證金帳戶資金流通，就失去了保證金特定化和銀行實際控制保證金帳戶的效力，審判機關很可能據此做出對銀行不利的法律判決。

為保障銀行對貸款質押保證金的優先受償權，銀行應切實做好相關工作。首先，完善書面質押協議。銀行應儘快與保證金擔保提供方簽訂《保證金質押合同》，明確約定保證金質押的相關條款，避免出現保證金質押關係不存在的法律認定。其次，規範保證金帳戶管理。銀行應當明確約定專門的保證金帳戶，實行專款專用、單獨結算，未經銀行同意不得將保證金專用帳戶內的資金挪做他用，銀行有權直接劃扣保證金以清償到期未付款項等，即發生金錢特定化和轉移銀行占有的公示法律效力。

二、對保證金特定化的理解

本案中，安徽省高級人民法院認為，隨著銀行貸款保證金質押擔保業務的不斷開展，保證金帳戶在使用過程中其資金餘額可能處於浮動狀態。比如，新的貸款擔保業務開展時，擔保人依約存入一定比例的保證金，保證金帳戶餘額必然增加；貸款到期未清償時，銀行依約劃扣相應比例的保證金，保證金帳戶餘額必然減少。雖然保證金帳戶內的資金處於浮動狀態，但均與具體的保證金業務相對應，帳戶內轉入資金為擔保人根據約定比例向該帳戶繳存的保證金，轉出資金為銀行依約劃扣和退還的保證金，該帳戶未用於非保證金業務的其他日常結算使用。即，銀行實際控制和管理該保證金帳戶，帳戶資金浮動仍符合金錢特定化的要求。

三、關於保證金質押的思考

金錢成為質押標的物必須經過特定化，從種類物轉化為特定物後，才可以設立金錢質押。《最高人民法院關於適用〈中華人民共和國擔保法〉若干問題的解釋》所規定的三種金錢特定化的形式中，將一定數額的金錢存入特定的銀行帳戶做為保證金提供金錢質押擔保，在銀行業務中較為常見。金錢質押的設立須滿足金錢特定化和交付質權人占有兩個條件。實務中，出質人與銀行設立的金錢質押多因金錢未實現特定化而不被法院支持。關於金錢如何實現特定化的問題，最高院在另一起案件中（案號：〔2013〕民申字第2060號）認為：「銀行做為具有存款業務的金融機構，將出質人交付的金錢做為質押財產，應當依法將質押金錢放置於專門的帳戶，並且對任何第三人均能顯示出設立質押的外觀，否則難以區分該金錢是出質人交付的普通存款還是質押財產。」最高院對金錢做為質押財產，要求質押金錢存放於銀行專門帳戶，具有明顯的設立金錢質押的外觀，以區分出質人所交付的是質押財產還是普通存款。此時金錢的特定化實際上是帳戶的特定化，即銀行開立金錢質押專門帳戶時，外觀上必須區別於銀行的日常結算帳戶。銀行可通過設立名稱內含有「某某機構保證金」字樣的保證金帳戶，從名稱上即可對保證金帳戶與日常結算帳戶做出區分。除外觀上做出區分外，銀行須避免保證金帳戶在銀行業務中與日常結算帳戶混同。一方面，銀行的保證金帳戶不能用於日常結算，不得在保證金帳戶內存放其他資金，避免與其他日常結算帳戶內資金混同。另一方面，銀行保證金帳戶內的資金出入應與所擔保業務嚴格對應，保證金帳戶專用於質押事項以內的情形，依合同約定在其擔保範圍內進行銀行業務往來。在擔保範圍內，因保證金帳戶的擔保業務所導致的帳戶資金數額浮動，則不影響保證金帳戶內的金錢特定化。金錢特定化並不等同於數額固定化。保證金帳戶內的資金數額雖有所浮動，但均與保證金擔保業務嚴格對應，未用於該保證金帳戶以外的其他業務日常結算。銀行不得將保證金帳戶內的金錢用於擔保以外業務，否則法院很可能會否認質押金錢的特定化，進而否認金錢質押的設立。

附：再審法律文書

張大標與中國農業發展銀行安徽省分行民間借貸糾紛申請再審民事裁定書

最高人民法院（2014）民申字第1239號

再審申請人（一審被告、二審被上訴人）：張大標。

委託代理人：朱寬容。由張大標所在單位安徽省合肥市先鋒裝飾工程有限公司推薦。

被申請人（一審原告、二審上訴人）：中國農業發展銀行安徽省分行。住所地：安徽省合肥市包河區金寨路128號。

原審第三人：安徽長江融資擔保集團有限公司。住所地：安徽省合肥市蕪湖路1號禦景灣2號樓3層。

再審申請人張大標因與被申請人中國農業發展銀行安徽省分行（以下簡稱農發行安徽分行）、原審第三人安徽長江融資擔保集團有限公司（以下簡稱長江擔保公司）執行異議之訴一案，不服安徽省高級人民法院（以下簡稱安徽高院）（2013）皖民二終字第00261號民事判決，向本院申請再審。本院依法組成合議庭對本案進行了審查，現已審查終結。

本案原由農發行安徽分行向安徽省合肥市中級人民法院提起訴訟，該院於2013年3月28日做出（2012）合民一初字第00505號民事判決。農發行安徽分行不服，向安徽高院提起上訴，該院於2013年11月19日做出（2013）皖民二終字第00261號民事判決，駁回上訴，維持原判。

張大標申請再審稱：一、安徽高院認定《貸款擔保業務合作協議》「具備質押合同的一般要件」屬於基本事實缺乏證據證明。長江擔保公司和農發行安徽分行之間並沒有書面的質押合同，並且《貸款擔保業務合作協議》不具備《中華人民共和國擔保法》第六十五條規定的質押合同應當具備的一般條款，沒有質押的意思表示，而是約定了連帶責任保證。二、安徽高院認定本案符合《最高人民法院關於適用〈中華人民共和國擔保法〉若干問題的解釋》（以下簡稱《擔保法司法解釋》）第八十五條的規定，屬於適用法律嚴重錯誤。該規定列舉了特戶、封金和保證金等三種金錢特定化的方式，而本案不是特戶和封金的形式，農發行安徽分行設立有保證金帳戶，但長江擔保公司在農發行安徽分行開立的帳戶（帳號為xxx，以下簡稱案涉保證金帳戶）卻不是此類保證金帳戶。另外，雖然雙方約定未經農發行安徽分行同意長江擔保公司不得動用保證金專戶內的資金，但該約定只是說明長江擔保公司對資金的處分權受到了一定的限制，並不能說明占有權已經發生了轉移。本案應當依據《中華人民共和國擔保法》第六十四條、六十五條的規定，認定農發行安徽分行對案涉保證金帳戶內資金不享有質權。三、即使農發行安徽分行對案涉保證金帳戶內的資金享有質權，但是該帳戶內資金並非全都是保證金。張大標在二審期間曾向安徽高院申請對宿州市陽光寶麗商貿有限公司等公司在中國農業發展銀行開設的帳戶還款情況進行調查取證，而安徽高院未予以調取，該情況符合《中華人民共和國民事訴訟法》（以下簡稱《民事訴訟法》）第二百條第五項之規定。（一）張大標於2011年12月21日申請合肥市中級人民法院查封案涉保證金帳戶時，該帳戶內尚有資金3,940多萬元。而農發行安徽分行提供的「安徽長江融資擔保集團有限公司存量擔保業務匯總表」顯示，截止2012年11月15日，長江擔保公司擔保餘額為22,038萬元，其保證金為擔保金額的10%，即2,203.8萬元。帳戶內剩餘款項並不屬於保證金範疇。（二）「安徽長江融資擔保集團有限公司存量擔保業務匯總表」顯示，前述查封後，截止2013年9月29日共計有11筆貸款到期，保證金總額為1,250萬元，經瞭解該款已歸還長江擔保公司帳戶中，應當屬於長江擔保公司的自有資金，從而可以扣劃。即使農發行安徽分行對長江擔保公司帳戶內資金享有質權，也只是對擔保期限內的資金享有質權。四、2011年5月21日，長江擔保公司出具「擔保函」（保字〔2011〕：20110521-1號），同意為安徽省六本食品有限責任公司向張大標融資提供擔保，承諾如該公司未能按照約定時間還款，長江擔保公司將用其在農發行安徽分行所開設的保證金帳戶中的存款優先代償。該「擔保函」足以推翻安徽高院的原判決，屬於《民事訴訟法》第二百條第一項規定的新證據。五、簽訂於2009年9月的《貸款擔保業務合作協議》明顯是為了本案而後補的合同。國有銀行和擔保公司簽訂的正規合同，況且是將來有可能對抗第三人的合同，卻簽得如此草率，錯別字連篇，語句不通，法人代表、通訊位址都寫錯。有個別條款就是為了辦案而加上去的。張大標依據《民事訴訟法》第二百條第一至第五項之規定，請求對本案進行再審，並判決：一、撤銷安徽高院（2013）皖民二終字第00261號民事判決書，改判農發行安徽分行對案涉保證金帳戶內資金不享有質權，駁回農發行安徽分行訴訟請求；二、本案一審、二審和再審費用由農發行安徽分行承擔。

農發行安徽分行提交意見稱：一、法律並未強制性地規定質押合同必須命名為質押合同，而是列舉了質押合同的一般條款。《貸款擔保業務合作協議》中約定的保證金條款明確了所擔保債權的種類和數量、債務履行期限、質押財產數量、擔保範圍等內容，完全符合《中華人民共和國物權法》第二百一十條及《中華人民共和國擔保法》第六十五條的規定。長江擔保公司為借款人向該行所提供的連帶責任保證與該公司以保證金方式為可能承擔的代償責任提供質押擔保是兩個不同層次的擔保關係。二、安徽高院認定本案符合《擔保法司法解釋》第八十五條的規定正確。雙方已明確約定長江擔保公司須在該行開立擔保保證金帳戶，並存入保證金，長江擔保公司也是據此履行，是否「保證金專用帳戶」對是否構成「特定化」並不構成任何影響。「特定化」的目的是為了「明確質押財產的數量」，而不是張大標所理解的「將金錢的所有權和占有權進行分離」；張大標對於資金轉移占有的理解同樣錯誤。三、關於安徽高院未根據張大標申請調取關鍵證據的問題。首先，本案二審庭審中，對所有證據均進行了舉證和質證，不存在遺漏證據的問題；其次，對涉案保證金帳戶內每一筆資金的進出情況，該行均向法院提交了詳細的帳務資料，二審法院組織雙方當事人共同前往該行對所有原始憑證逐一進行了核實，張大標本人當時也已到場且無異議；再次，涉案保證金帳戶中的保證金雖然是逐筆按比例存入，但按照雙方約定該行可以在長江擔保公司應代償金額的範圍內一次性扣劃，並要求該公司事後予以補足，否則即終止合作。在某筆貸款到期清償後，並不必然可以要求退還就該筆業務所繳存的保證金。長江擔保公司目前已經停止經營，而其在該行所承保的貸款餘額仍有5,250萬元，其保證金帳戶餘額本身即已不能完全按比例覆蓋，因此關注其某筆貸款是否已到期清償實際上毫無意義。最後，在本案二審審理過程中，張大標從未向法院提出過調取證據的申請，因此不存在安徽高院對其申請置之不理的問題。四、按照張大標所陳述，「擔保函」於2011年5月21日即已向其出具，其當時即已取得，而在本案一、二審中其從未提交該證據，也從未提及有此證據存在，因此該證據不能做為本案中的新證據使用。該「擔保函」不能證明擔保關係成立，且未經訴訟不能直接申請執行。五、《貸款擔保業務合作協議》做為本案中的關鍵證據，在一、二審庭審中均經過質證，張大標對該份證據的真實性早已明確予以認可，也從未申請過對該份證據進行鑒定。農發行安徽分行請求：駁回張大標的再審申請，不予立案。

本院認為，一、農發行安徽分行與長江擔保公司之間雖未單獨訂立質押合同，但雙方簽訂的《貸款擔保業務合作協議》有關條款明確約定了所擔保債權的種類和數量、債務履行期限、質物數量和移交時間、擔保範圍、質權行使條件等一般條款，應據此認定雙方訂立了書面質押合同。該擔保係長江擔保公司為其履行連帶保證責任提供的特定帳戶內的金錢質押擔保，與其向農發行安徽分行提供連帶責任保證並不矛盾。對張大標關於安徽高院對本案質押合同成立的認定錯誤的主張，本院不予支援。

二、案涉保證金帳戶由長江擔保公司在農發行安徽分行開立，專門用於《貸款擔保業務合作協議》所約定的擔保業務，未做日常結算使用，且農發行安徽分行依據約定實際控制該帳戶，故案涉金錢質押符合《擔保法司法解釋》第八十五條有關規定，應認定雙方已就案涉保證金帳戶內之金錢設立質權。對張大標關於本案不符合《擔保法司法解釋》第八十五條規定的主張，本院不予支援。

三、就案涉保證金帳戶，《貸款擔保業務合作協議》第四條約定長江擔保公司須繳存的保證金不低於其所擔保貸款額度的10%，長江擔保公司未經農發行安徽分行同意不得動用該帳戶內資金，而並無條文約定對該帳戶內累積的超比例保證金如何處理；第八條約定農發行安徽分行可以從該帳戶內扣劃與長江擔保公司沒有按時履行保證責任相應的款項，而並無條文約定扣劃額度不能超出每筆貸款對應的10%保證金。另外，從張大標所述的情況看，其申請查封案涉保證金帳戶時，該帳戶內的存款餘額不足以償還本案中長江擔保公司承保的貸款餘額。因此，對張大標關於應根據所對應貸款是否已經清償分別認定案涉保證金帳戶內的資金是否為保證金，農發行安徽分行對該帳戶內部分資金不享有質權，以及安徽高院未依據其申請調取相關證據錯誤，應依據《民事訴訟法》第二百條第五項之規定對本案進行再審等主張，本院不予支援。

四、張大標所述長江擔保公司出具的「擔保函」內容，不能證明張大標對案涉保證金帳戶內資金享有優先受償權。該函更不能做為對案涉保證金帳戶內資金直接予以執行的依據。對張大標關於該「擔保函」屬於足以推翻原審判決的新證據的主張，本院不予支援。

五、張大標僅以《貸款擔保業務合作協議》內容存在瑕疵為由，主張該協議係農發行安徽分行與長江擔保公司為本案訴訟而補簽，明顯證據不足，對此本院不予支持。

綜上，張大標關於應依據《民事訴訟法》第二百條第一至第五項之規定對本案進行再審的有關主張均不成立，本院不予支持。本院依照《中華人民共和國民事訴訟法》第二百零四條第一款之規定，裁定如下：

駁回張大標的再審申請。

審判長　王東敏

審判員　方金剛

代理審判員　曾宏偉
二〇一四年十月二十三日
書記員　鄭琪兒

附：二審裁判文書

指導案例54號：中國農業發展銀行安徽省分行訴張大標、安徽長江融資擔保集團有限公司執行異議之訴糾紛案

安徽省高級人民法院（2013）皖民二終字第00261號

【審理法官】　霍楠　徐旭紅　盧玉河
【文書性質】　判決書
【審結日期】　2013.11.19
（最高人民法院審判委員會討論通過2015年11月19日發布）

關鍵字

民事／執行異議之訴／金錢質押／特定化／移交占有

裁判要點

當事人依約為出質的金錢開立保證金專門帳戶，且質權人取得對該專門帳戶的占有控制權，符合金錢特定化和移交占有的要求，即使該帳戶內資金餘額發生浮動，也不影響該金錢質權的設立。

相關法條

《中華人民共和國物權法》第二百一十二條

基本案情

原告中國農業發展銀行安徽省分行（以下簡稱農發行安徽分行）訴稱：其與第三人安徽長江融資擔保集團有限公司（以下簡稱長江擔保公司）按照簽訂的《信貸擔保業務合作協議》，就信貸擔保業務按約進行了合作。長江擔保公司在農發行安徽分行處開設的擔保保證金專戶內的資金實際是長江擔

保公司向其提供的質押擔保，請求判令其對該帳戶內的資金享有質權。

被告張大標辯稱：農發行安徽分行與第三人長江擔保公司之間的《貸款擔保業務合作協議》沒有質押的意思表示；案涉帳戶資金本身是浮動的，不符合金錢特定化要求，農發行安徽分行對案涉保證金帳戶內的資金不享有質權。

第三人長江擔保公司認可農發行安徽分行對帳戶資金享有質權的意見。

法院經審理查明：2009年4月7日，農發行安徽分行與長江擔保公司簽訂一份《貸款擔保業務合作協議》。其中第三條「擔保方式及擔保責任」約定：甲方（長江擔保公司）向乙方（農發行安徽分行）提供的保證擔保為連帶責任保證；保證擔保的範圍包括主債權及利息、違約金和實現債權的費用等。第四條「擔保保證金（擔保存款）」約定：甲方在乙方開立擔保保證金專戶，擔保保證金專戶行為農發行安徽分行營業部，帳號尾號為9511；甲方須將具體擔保業務約定的保證金在保證合同簽訂前存入擔保保證金專戶，甲方須繳存的保證金不低於貸款額度的10%；未經乙方同意，甲方不得動用擔保保證金專戶內的資金。第六條「貸款的催收、展期及擔保責任的承擔」約定：借款人逾期未能足額還款的，甲方在接到乙方書面通知後5日內按照第三條約定向乙方承擔擔保責任，並將相應款項劃入乙方指定帳戶。第八條「違約責任」約定：甲方在乙方開立的擔保專戶的餘額無論因何原因而小於約定的額度時，甲方應在接到乙方通知後3個工作日內補足，補足前乙方可以中止本協議項下業務。甲方違反本協議第六條的約定，沒有按時履行保證責任的，乙方有權從甲方在其開立的擔保基金專戶或其他任一帳戶中扣劃相應的款項。2009年10月30日、2010年10月30日，農發行安徽分行與長江擔保公司還分別簽訂與上述合作協議內容相似的兩份《信貸擔保業務合作協議》。

上述協議簽訂後，農發行安徽分行與長江擔保公司就貸款擔保業務進行合作，長江擔保公司在農發行安徽分行處開立擔保保證金帳戶，帳號尾號為9511。長江擔保公司按照協議約定繳存規定比例的擔保保證金，並據此為相應額度的貸款提供了連帶保證責任擔保。自2009年4月3日至2012年12月31日，該帳戶共發生了107筆業務，其中貸方業務為長江擔保公司繳存的保證金；借方業務主要涉及兩大類，一類是貸款歸還後長江擔保公司申請農發行安徽分行退還的保證金，部分退至債務人的帳戶；另一類是貸款逾期後農發行安徽分行從該帳戶內扣劃的保證金。

2011年12月19日，安徽省合肥市中級人民法院在審理張大標訴安徽省六本食品有限責任公司、長江擔保公司等民間借貸糾紛一案過程中，根據張大標的申請，對長江擔保公司上述保證金帳戶內的資金1,495.7852萬元進行保全。該案判決生效後，合肥市中級人民法院將上述保證金帳戶內的資金1,338.313257萬元劃至該院帳戶。農發行安徽分行做為案外人提出執行異議，2012年11月2日被合肥市中級人民法院裁定駁回異議。隨後，農發行安徽分行因與被告張大標、第三人長江擔保公司發生執行異議糾紛，提起本案訴訟。

裁判結果

安徽省合肥市中級人民法院於2013年3月28日做出（2012）合民一初字第00505號民事判決：駁回農發行安徽分行的訴訟請求。宣判後，農發行安徽分行提出上訴。安徽省高級人民法院於2013年11月19日做出（2013）皖民二終字第00261號民事判決：一、撤銷安徽省合肥市中級人民法院（2012）合民一初字第00505號民事判決；二、農發行安徽分行對長江擔保公司帳戶（帳號尾號9511）內的13383132.57元資金享有質權。

裁判理由

法院生效裁判認為：本案二審的爭議焦點為農發行安徽分行對案涉帳戶內的資金是否享有質權。對此應當從農發行安徽分行與長江擔保公司之間是否存在質押關係以及質權是否設立兩個方面進行審查。

一、農發行安徽分行與長江擔保公司是否存在質押關係

《中華人民共和國物權法》（以下簡稱《物權法》）第二百一十條規定：「設立質權，當事人應當採取書面形式訂立質權合同。質權合同一般包括下列條款：（一）被擔保債權的種類和數額；（二）債務人履行債務的期限；（三）質押財產的名稱、數量、品質、狀況；（四）擔保的範圍；（五）質押財產交付的時間。」本案中，農發行安徽分行與長江擔保公司之間雖沒有單獨訂立帶有「質押」字樣的合同，但依據該協議第四條、第六

條、第八條約定的條款內容，農發行安徽分行與長江擔保公司之間協商一致，對以下事項達成合意：長江擔保公司為擔保業務所繳存的保證金設立擔保保證金專戶，長江擔保公司按照貸款額度的一定比例繳存保證金；農發行安徽分行做為開戶行對長江擔保公司存入該帳戶的保證金取得控制權，未經同意，長江擔保公司不能自由使用該帳戶內的資金；長江擔保公司未履行保證責任，農發行安徽分行有權從該帳戶中扣劃相應的款項。該合意明確約定了所擔保債權的種類和數量、債務履行期限、質物數量和移交時間、擔保範圍、質權行使條件，具備《物權法》第二百一十條規定的質押合同的一般條款，故應認定農發行安徽分行與長江擔保公司之間訂立了書面質押合同。

二、案涉質權是否設立

《物權法》第二百一十二條規定：「質權自出質人交付質押財產時設立。」《最高人民法院關於適用〈中華人民共和國擔保法〉若干問題的解釋》第八十五條規定，債務人或者第三人將其金錢以特戶、封金、保證金等形式特定化後，移交債權人占有做為債權的擔保，債務人不履行債務時，債權人可以以該金錢優先受償。依照上述法律和司法解釋規定，金錢做為一種特殊的動產，可以用於質押。金錢質押做為特殊的動產質押，不同於不動產抵押和權利質押，還應當符合金錢特定化和移交債權人占有兩個要件，以使金錢既不與出質人其他財產相混同，又能獨立於質權人的財產。

本案中，首先金錢以保證金形式特定化。長江擔保公司於2009年4月3日在農發行安徽分行開戶，且與《貸款擔保業務合作協議》約定的帳號一致，即雙方當事人已經按照協議約定為出質金錢開立了擔保保證金專戶。保證金專戶開立後，帳戶內轉入的資金為長江擔保公司根據每次擔保貸款額度的一定比例向該帳戶繳存保證金；帳戶內轉出的資金為農發行安徽分行對保證金的退還和扣劃，該帳戶未做日常結算使用，故符合《最高人民法院關於適用〈中華人民共和國擔保法〉若干問題的解釋》第八十五條規定的金錢以特戶等形式特定化的要求。其次，特定化金錢已移交債權人占有。占有是指對物進行控制和管理的事實狀態。案涉保證金帳戶開立在農發行安徽分行，長江擔保公司做為擔保保證金專戶內資金的所有權人，本應享有自由支取的權利，但《貸款擔保業務合作協議》約定未經農發行安徽分行同意，長江擔保公司不得動用擔保保證金專戶內的資金。同時，《貸款擔保業務合作協議》

約定在擔保的貸款到期未獲清償時，農發行安徽分行有權直接扣劃擔保保證金專戶內的資金，農發行安徽分行做為債權人取得了案涉保證金帳戶的控制權，實際控制和管理該帳戶，此種控制權移交符合出質金錢移交債權人占有的要求。據此，應當認定雙方當事人已就案涉保證金帳戶內的資金設立質權。

關於帳戶資金浮動是否影響金錢特定化的問題。保證金以專門帳戶形式特定化並不等於固定化。案涉帳戶在使用過程中，隨著擔保業務的開展，保證金帳戶的資金餘額是浮動的。擔保公司開展新的貸款擔保業務時，需要按照約定存入一定比例的保證金，必然導致帳戶資金的增加；在擔保公司擔保的貸款到期未獲清償時，扣劃保證金帳戶內的資金，必然導致帳戶資金的減少。雖然帳戶內資金根據業務發生情況處於浮動狀態，但均與保證金業務相對應，除繳存的保證金外，支出的款項均用於保證金的退還和扣劃，未用於非保證金業務的日常結算。即農發行安徽分行可以控制該帳戶，長江擔保公司對該帳戶內的資金使用受到限制，故該帳戶資金浮動仍符合金錢做為質權的特定化和移交占有的要求，不影響該金錢質權的設立。（生效裁判審判人員：霍楠、徐旭紅、盧玉河）

【案例22】一般抵押登記「債權數額」分析

農業銀行訴鄭某某等與交通銀行訴正宇公司借款合同糾紛案對比評析

案號：上海市第一中級人民法院（2013）滬一中民六（商）終字第315號
江蘇省高級人民法院（2014）蘇商終字第00530號

【摘要】

實務中一般抵押登記僅記載「債權數額」而不記載「擔保範圍」，登記的「債權數額」究竟是擔保的主債權本金，還是銀行債權優先受償的最高限額，實務中法院有不同觀點。銀行在辦理一般抵押登記時，宜將合同約定的擔保範圍登記在備註欄中，以最大限度實現其抵押權。

【基本案情】

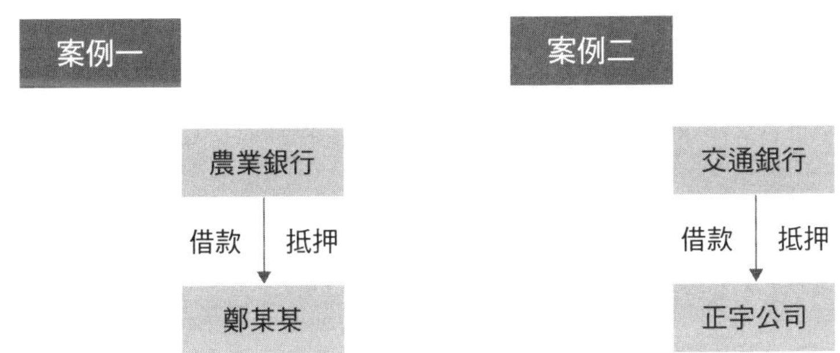

案例一：2011年1月25日，農業銀行金山支行（以下簡稱「農業銀行」）與鄭某某簽訂《個人貸款合同》，約定鄭某某因購房需要向

農業銀行貸款172萬元，並以鄭某某和肖某某共有的房產提供抵押擔保，擔保範圍為貸款本金、利息、罰息、複利及違約金等其他一切費用。合同簽訂後，雙方辦理抵押登記手續，抵押登記權利證書載明債權金額為172萬元，農業銀行亦依約發放貸款。因鄭某某未履行按月還本付息義務，農業銀行宣布貸款提前到期，並訴至法院，請求鄭某某及肖某某歸還貸款本金1,689,438.70元、利息85,154.41元以及相應罰息和複利；若鄭某某及肖某某不能償付上述貸款本息，則請求對抵押物實現抵押權。

案例二：2013年5月23日，交通銀行徐州分行（以下簡稱「交通銀行」）與江蘇躍進正宇汽車有限公司（以下簡稱「正宇公司」）簽訂《流動資金借款合同》，約定交通銀行向正宇公司提供貸款2,500萬元。同日，交通銀行與正宇公司簽訂《抵押合同》，約定正宇公司以其所有的房產和土地使用權為其債務提供抵押擔保，擔保範圍為本金、利息、罰息、複利及違約金等其他一切費用，擔保的債權數額分別為1,500萬元和1,000萬元，並辦理了相應的抵押登記手續，他項權證記載的債權數額分別為1,500萬元和1,000萬元。合同簽訂後，交通銀行依約發放了貸款。因正宇公司未按照合同約定支付利息，交通銀行遂訴至法院，請求正宇公司償還貸款本金2,500萬元、利息45萬、罰息及複利等；交通銀行對正宇公司提供的抵押物享有優先受償權。

【法院判決】

案例一：上海市金山區人民法院經審理認為，農業銀行依約發放貸款後，鄭某某未能依約歸還貸款本息，農業銀行有權依約要求鄭某某立即歸還尚欠貸款本息。鄭某某和肖某某自願以其房產為貸款提供抵押擔保，借款人未能按約歸還貸款，農業銀行有權就抵押房產行使抵押權，故判決鄭某某歸還貸款本金1,689,438.70元、利息85,154.41元及相應罰息和複利；如鄭某某不能履行上述還款義務，農業銀行可對該抵押房產在172萬元範圍內優先受償。宣判後，農業銀行不服一審判決，提起上訴。上海市第一中級人民法院經審理認為，債權人行使抵押權時，應以合同約定的抵押擔保範圍做為確定抵押物處理後所得價款的優先受償範圍。而案涉抵押登記載明的「債權數額172萬元」並非本案合同約定的抵押債權的全部，一審法院以此為判決依據與上訴人實際債權數額並不相符，故應予調整。綜上，改判農業銀行可對該抵押房產在一審判決本金、利息、罰息和複利的全部債權範圍內優先受償。

案例二：江蘇省徐州市中級人民法院經審理認為，交通銀行依約發放貸款，但正宇公司未依約支付利息，故應當歸還交通銀行貸款本金及相應利息。在正宇公司未依約償還貸款本息時，交通銀行有權行使抵押權，分別就抵押物以拍賣或變賣所得價款在擔保債權1,500萬元和1,000萬元範圍內優先受償，故判決正宇公司償還交通銀行貸款本金2,500萬元及利息等；如正宇公司未按期履行上述還款義務，交通銀行有權就抵押物以拍賣或變賣所得價款在1,500萬元和1,000萬元範圍內優先受償。宣判後，交通銀行不服一審判決，提起上訴。江蘇省高級人民法院經審理認為，抵押合同約定的擔保範圍為貸款本金、利息、罰息、複利及違約金等其他一切費用，但交通銀行享有抵押權的他項權證所記載的債權數額明確為1,500萬元和1,000萬元。在兩者不一致的情況下，案涉抵押擔保的範圍應以登記記載的內容為準，一審法院認定正確，故判決駁回上訴、維持原判。

【法律評析】

對於一般抵押中抵押權人優先受償的債權金額是否以抵押登記部門記載的「債權數額」為限？顯然，上海高院與江蘇高院的判決結果截然相反。

中國大陸將不動產抵押登記分為一般抵押權登記和最高額抵押

權登記等，兩者的區別在於一般抵押通常表現為一份抵押合同對應一份借款合同，而最高額抵押表現為一份抵押合同對應多份借款合同，即對一定期間內將要連續發生的債權提供擔保財產。對於最高額抵押，法律很明確，抵押權人僅在登記「最高債權額限」內就該擔保財產優先受償。但對於一般抵押，是否僅在登記「債權數額」內優先受償則不明確。

一、一般抵押登記記載的「債權數額」範圍及其與「擔保範圍」的關係

中國大陸國務院住房和城鄉建設部《房屋權屬證書、登記證明填寫說明》有關「房屋他項權證」填寫說明的第六條第一款，僅僅規定了「債權數額」應填寫的內容，即一般抵押權填寫登記簿記載的「被擔保的主債權的數額」，並未規定「擔保範圍」。

《中華人民共和國物權法》（以下簡稱《物權法》）第一百八十五條規定：「設立抵押權，當事人應當採取書面形式訂立抵押合同。抵押合同一般包括下列條款：（1）被擔保債權的種類和數額；（2）債務人履行債務的期限；（3）抵押財產的名稱、數量、品質、狀況、所在地、所有權歸屬或者使用權歸屬；（4）擔保的範圍。」該規定說明，抵押合同一般應同時包括被擔保的債權數額和擔保範圍的條款。

《物權法》第一百七十三條規定：「擔保物權的擔保範圍包括主債權及其利息、違約金、損害賠償金、保管擔保財產和實現擔保物權的費用。當事人另有約定的，按照約定。」該規定說明，擔保範圍包括被擔保的主債權數額、利息等。

綜上可知，一般抵押登記記載的「債權數額」範圍，僅指設定抵押時擔保的主債權數額，即貸款本金，不包括利息、罰息、複利及違約金等。「債權數額」與「擔保範圍」在法律規定中是兩個不同的

概念，權利憑證登記記載的「債權數額」並不等於「擔保範圍」。

二、一般抵押登記記載事項的規定和實踐

中國大陸國務院住房和城鄉建設部《房屋登記辦法》第四十四條規定：「對符合規定條件的抵押權設立登記，房屋登記機構應當將下列事項記載於房屋登記簿：（一）抵押當事人、債務人的姓名或者名稱；（二）被擔保債權的數額；（三）登記時間。」該規定僅要求登記「被擔保債權的數額」，不包括「擔保範圍」。

國務院住房和城鄉建設部《房屋登記簿管理試行辦法》第九條第三款規定：「房屋他項權利的內容，記載抵押權人、抵押人和債務人、被擔保主債權的數額、擔保範圍、債務履行期限、房屋他項權利證書號、補換證情況。」該規定要求同時登記「被擔保債權的數額」和「擔保範圍」。

儘管《房屋登記簿管理試行辦法》規定「擔保範圍」屬於登記應記載事項，但《房屋登記辦法》與《房屋權屬證書、登記證明填寫說明》均未要求登記「擔保範圍」。因此，大多數地方的房產登記機關在實務中通常按照登記證明式樣，在登記欄目中「債權數額」一項記載被擔保的主債權數額，即貸款本金，往往不會記載「擔保範圍」。銀行與抵押人在辦理一般抵押登記手續時，約定或者法定擔保範圍內的利息、違約金及其他費用尚未發生，實務中銀行可能只能按照登記機關的要求，將已確定的貸款本金做為「債權數額」進行登記，而利息、違約金及其他費用等均未登記。

三、一般抵押登記記載事項產生的實務問題及其完善

根據上述的案例和法律分析可知，在實務中，一般抵押登記記載的「債權數額」是否屬於抵押擔保範圍的最高限額，即抵押權人優先受償的債權範圍是否以登記記載的「債權數額」為限，是一個長期

爭議的問題。案例一是上海市高級人民法院發布的2014年度金融商事審判十大案例之一，上海市高級人民法院認為「債權數額」並非擔保的最高限額，根據《中華人民共和國擔保法》（以下簡稱《擔保法》）第四十六條規定，抵押權人優先受償的債權範圍應以合同約定的「擔保範圍」為限，即貸款本金、利息、罰息及違約金等。而江蘇省高級人民法院則認為「債權數額」屬於擔保的最高限額，根據《物權法》第十七條規定：「不動產權屬證書是權利人享有該不動產物權的證明。」同時根據《最高人民法院關於適用〈中華人民共和國擔保法〉若干問題的解釋》第六十一條規定：「抵押物登記記載的內容與抵押合同約定的內容不一致的，以登記記載的內容為準。」因此，江蘇省高級人民法院認為，抵押權人優先受償的債權範圍應以登記記載的「債權數額」為限。

然而，現行的一般抵押登記僅記載「債權數額」而不記載「擔保範圍」的實踐，會導致各地法院及相關當事人對「債權數額」產生不同的理解和認定，同案不同判的結果將會損害當事人的合法權益，削弱司法公信力和權威。因此，需要對一般抵押登記的記載事項進行完善，除了登記「債權數額」，還應當同時登記「擔保範圍」，以便釐清不同概念，明確界定抵押權人就抵押物優先受償的債權範圍和數額，既符合相關法律的有關規定，又能切實維護各方當事人的合法利益。在法律法規對登記記載事項的完善做出明確規定之前，則建議銀行在做一般抵押登記時應重視備註欄的作用，可以將抵押合同中關於擔保範圍的具體內容登記在備註欄中，以此符合擔保法司法解釋關於「以登記記載的內容為準」的要求，盡最大可能保護銀行利益。

附：法律文書

中國農業銀行股份有限公司上海金山支行訴鄭家棉等金融借款合同糾紛一案二審民事判決書

上海市第一中級人民法院（2013）滬一中民六（商）終字第315號

上訴人（原審原告）：中國農業銀行股份有限公司上海金山支行。

負責人：李康康，行長。

委託代理人：顧政，中國農業銀行股份有限公司上海分行職員。

委託代理人：張勤，中國農業銀行股份有限公司上海金山支行職員。

被上訴人（原審被告）：鄭家棉。

被上訴人（原審被告）：肖傳興。

上訴人中國農業銀行股份有限公司上海金山支行（以下簡稱農行金山支行）因與被上訴人鄭家棉、被上訴人肖傳興金融借款合同糾紛一案，不服上海市金山區人民法院（2012）金民二（商）初字第1298號民事判決，向本院提起上訴。本院於2013年9月27日受理後，依法組成合議庭，並向兩被上訴人鄭家棉和肖傳興公告送達了開庭傳票，於2014年1月15日公開開庭進行了審理。上訴人農行金山支行的委託代理人顧政、張勤到庭參加訴訟，兩被上訴人鄭家棉和肖傳興經本院合法傳喚未到庭參加訴訟，本院依法進行缺席審理。本案現已審理終結。

原審法院查明，2011年1月25日，鄭家棉因購房所需向農行金山支行申請按揭貸款人民幣172萬元（以下幣種同），並以鄭家棉、肖傳興所有的位於上海市金山區朱涇鎮萬安街55弄98號的房產提供抵押擔保；借款到期日為2041年1月24日，月還款額為10,291.34元。系爭借款合同簽訂後，農行金山支行依約發放了貸款，但鄭家棉及肖傳興自2012年5月21日起未能按約歸還借款本息，至2012年8月21日已連續拖欠貸款本息達90天以上，故農行金山支行訴請判令鄭家棉及肖傳興立即歸還貸款本金餘額1,689,438.70元、利息85,154.41元以及自2013年3月21日至清償日止的利息、罰息和複息；若鄭家棉及肖傳興不能償付上述貸款本息，則請求對抵押物實現抵押權。

原審法院另查明，農行金山支行與鄭家棉、肖傳興之間所簽訂的借款合同特別條款第二十八條約定，合同借款利率為基準利率下浮15%；借款合同通用條款第十二條約定，借款人未按期歸還借款本息，貸款人有權按照合同執行借款利率基礎上上浮50%計收罰息，對應付未付利息，貸款人有權計收複利；如借款人未足額償還借款本息超過90天，貸款人有權宣布合同項下借款立即到期，提前收回已發放貸款並行使擔保權利。因鄭家棉於2012年5月起未履行按月還本付息義務，農行金山支行於2012年9月4日宣布借款提前到期，提前到期通知書由鄭家棉簽收。至2013年3月20日止，鄭家棉、肖傳興尚欠本金1,689,438.70元、利息85,154.41元。

原審法院認為，農行金山支行與鄭家棉、肖傳興之間所簽訂的借款合同係當事人的真實意思表示，合法有效，應受法律保護。農行金山支行按約向鄭家棉發放貸款後，鄭家棉理應按照合同的約定按月歸還本息，現鄭家棉自2012年5月起未能履行該項義務，且拖欠超過90天，已構成違約，故農行金山支行有權按照合同約定提前收回貸款、要求鄭家棉立即歸還尚欠借款本息；鄭家棉、肖傳興自願以所購房產為借款提供抵押擔保，現借款人即鄭家棉未能按約歸還借款，農行金山支行有權就抵押房產行使抵押權。鄭家棉、肖傳興未做答辯也未向原審法院提交證據，視為對自己訴訟權利的放棄，應承擔相應的不利後果。綜上，為保護債權人的合法權利，根據《中華人民共和國合同法》第二百零六條、第二百零七條、《中華人民共和國擔保法》第五十三條、《中華人民共和國民事訴訟法》第一百四十四條之規定，判決：一、鄭家棉應歸還農行金山支行借款本金1,689,438.70元、利息85,154.41元及自2013年3月21日起至判決生效日止的利息、罰息和複息（按照合同約定標準計算）；二、如鄭家棉屆期不能履行上述付款義務，則農行金山支行可與鄭家棉、肖傳興協議，以「金201118001225」號抵押登記證明載明的房地產（上海市金山區朱涇鎮萬安街55弄98號1－3層）折價，或者申請以拍賣、變賣該抵押物所得價款在172萬元範圍內優先受償，抵押物折價或者拍賣、變賣後，其價款超過上述數額的部分歸鄭家棉、肖傳興所有，不足部分由鄭家棉繼續清償。本案案件受理費20,228元，財產保全費5,000元，公告費690元，合計25,918元，由鄭家棉、肖傳興共同負擔。

判決後，上訴人農行金山支行不服，向本院提起上訴稱，根據系爭借款合同的明確約定，涉案債權應當包括合同項下的借款本金、利息、罰息、複利、違約金、損害賠償金以及訴訟（仲裁）費、律師費、處置費、過戶費等貸款人實現債權和抵押權的一切費用，原審法院以房地產抵押登記時登記的「債權金額」即172萬元做為判決依據，明顯未能包含債權人的全部債權金額，與擔保法的相關規定不相符，該項判決沒有法律依據。故請求撤銷原判第二項，依法改判如被上訴人鄭家棉屆期不能履行上述付款義務，則農行金山支行可與鄭家棉、肖傳興協議，以「金201118001225」號抵押登記證明載明的房地產（上海市金山區朱涇鎮萬安街55弄98號1－3層）折價，或者申請以拍賣、變賣該抵押物所得價款在判決第一項的債權範圍內優先受償，抵押物折價或者拍賣、變賣後，其價款超過上述數額的部分歸鄭家棉、肖傳興所有，不足部分由鄭家棉繼續清償。

兩被上訴人鄭家棉、肖傳興均未向本院提交書面答辯意見。

上訴人農行金山支行未向本院提交新的證據資料。

本院經審理查明，原審法院查明的事實清楚，本院予以確認。

本院認為，被上訴人鄭家棉做為借款人、兩被上訴人鄭家棉及肖傳興共同做為抵押人，與上訴人農行金山支行所簽訂的涉案個人購房擔保借款合同，係簽約各方的真實意思表示，該抵押借款合同法律關係應當受到法律的保護，各方當事人均應恪守履行。上訴人按約發放貸款後，借款人鄭家棉未能如期歸還貸款，已構成違約，上訴人宣布系爭貸款提前到期，符合涉案借款合同的約定，上訴人要求實現債權的主張符合法律法規，當予以支持。上訴人認為，原審法院在判決第一項中已認定了上訴人農行金山支行的全部剩餘債權，卻在判決第二項中處理抵押物時，對於抵押物處理後所得價款的優先受償範圍未予全面考慮，僅以涉案房地產抵押登記時登記的「債權金額」即172萬元做為判決依據，與上訴人的實際債權數額並不相符。對此，本院認為，根據我國擔保法第四十六條的相關規定，抵押擔保的範圍包括主債權及利息、違約金、損害賠償金和實現抵押權的費用；抵押合同另有約定的，按照約定。故在抵押借款合同法律關係中行使抵押權，當以合同約定的抵押擔保範圍做為確定抵押物處理後所得價款的優先受償範圍，而涉案房地產抵押登記證明上所登記的「債權數額172萬元」並非本案合同約定的抵押債權的全部，僅指系爭抵押物於登記時的購買價格，原審法院以房地產登記的債權數額做為判決依據，與上訴人的實際債權數額並不相符，該項判決法律依據亦不充分，本院對此予以調整。據此，依照《中華人民共和國民事訴訟法》第一百四十四條、第一百七十條第一款第（二）項、第一百七十五條，以及《中華人民共和國擔保法》第四十六條之規定，判決如下：

一、維持上海市金山區人民法院（2012）金民二（商）初字第1298號民事判決第一項，即被上訴人鄭家棉應於本判決生效之日起10日內歸還上訴人中國農業銀行股份有限公司上海金山支行借款本金人民幣1,689,438.70元、利息人民幣85,154.41元及自2013年3月21日起至判決生效日止的利息、罰息和複息（按照合同約定標準計算）。

二、撤銷上海市金山區人民法院（2012）金民二（商）初字第1298號民事判決第二項，即如被上訴人鄭家棉屆期不能履行上述付款義務，則上訴人中國農業銀行股份有限公司上海金山支行可與被上訴人鄭家棉、肖傳興協議，以「金201118001225」號抵押登記證明載明的房地產（上海市金山區朱涇鎮萬安街55弄98號1－3層）折價，或者申請以拍賣、變賣該抵押物所得價款在人民幣172萬元範圍內優先受償，抵押物折價或者拍賣、變賣後，其價款超過上述數額的部分歸被上訴人鄭家棉、肖傳興所有，不足部分由被上訴人鄭家棉繼續清償。

三、若被上訴人鄭家棉屆期不能履行上海市金山區人民法院（2012）金民二（商）初字第1298號民事判決第一項之付款義務，則上訴人中國農業銀行股份有限公司上海金山支行可與兩被上訴人鄭家棉及肖傳興協議，以「金201118001225」號抵押登記證明載明的房地產（上海市金山區朱涇鎮萬安街55弄98號1－3層）折價，或者申請以拍賣、變賣該抵押物所得價款在上述判決第一項的債權範圍內優先受償，抵押物折價或者拍賣、變賣後，其價款超過上述數額的部分歸兩被上訴人鄭家棉及肖傳興所有，不足部分由被上訴人鄭家棉繼續清償。

一審案件受理費人民幣20,228元，財產保全費人民幣5,000元，公告費人民幣690元，合計人民幣25,918元，均由被上訴人鄭家棉、肖傳興共同負擔；二審案件受理費人民幣20,771元，公告費人民幣200元，合計人民幣20,971元，均由被上訴人鄭家棉、肖傳興共同負擔。

本判決為終審判決。

審判長　張聰

審判員　賈沁鷗

代理審判員　周欣

二〇一四年三月十日
書記員　黃海波

附：法律文書

交通銀行股份有限公司徐州分行與江蘇躍進正宇汽車有限公司金融借款合同糾紛二審民事判決書

江蘇省高級人民法院（2014）蘇商終字第00530號

上訴人（原審原告）：交通銀行股份有限公司徐州分行，住所地在江蘇省徐州市中山南路56號。

負責人：郭健，該分行行長。

委託代理人：張宇。

委託代理人：李苗。

被上訴人（原審被告）：江蘇躍進正宇汽車有限公司，住所地在江蘇省徐州市銅山新區北京西路、珠江路南。

法定代表人：裘軍華，該公司總經理。

委託代理人：聶化新，江蘇彭城律師事務所律師。

上訴人交通銀行股份有限公司徐州分行（以下簡稱交通銀行徐州分行）因與被上訴人江蘇躍進正宇汽車有限公司（以下簡稱江蘇正宇公司）金融借款合同糾紛一案，不服江蘇省徐州市中級人民法院（2014）徐商初字第0226號民事判決，向本院提起上訴。本院受理後，依法組成合議庭，於2015年1月12日公開開庭審理了本案。上訴人交通銀行徐州分行的委託代理人張宇、李苗，被上訴人江蘇正宇公司的委託代理人聶化新到庭參加訴訟。本案現已審理終結。

交通銀行徐州分行一審訴稱：2013年5月23日，江蘇正宇公司與交通銀行徐州分行簽訂了流動資金借款合同，向交通銀行徐州分行貸款2,500萬元，並用其廠房、土地設定了抵押擔保。合同簽訂後，交通銀行徐州分行依約履行了出借義務，江蘇正宇公司未按照借款合同約定支付利息，已構成違約。為維護交通銀行徐州分行合法權益，訴至法院，請求判令：一、江蘇正宇公司償還貸款本金2,500萬元，按合同約定支付利息至借款本息清償之日（截至2014年3月21日利息為45萬元）；二、江蘇正宇公司承擔本案的律師費；三、交通銀行徐州分行對江蘇正宇公司提供的抵押物享有優先受償權；四、本案訴訟費用由江蘇正宇公司承擔。庭審中，交通銀行徐州分行放棄了關於律師費的訴訟請求。

江蘇正宇公司一審辯稱：交通銀行徐州分行與江蘇正宇公司之間確存借款合同關係，但因房屋與土地分別抵押並各自設定了抵押數額，故對於抵押物的優先受償權應進一步明確。此外，交通銀行徐州分行主張的逾期利息為合同約定利率的1.5倍，明顯過高，請求法院依法調整。

原審法院經審理查明：2013年5月23日，交通銀行徐州分行（貸款人）與江蘇正宇公司（借款人）簽訂了合同編號為3230102013M100001500的流動資金借款合同，主要內容為：交通銀行徐州分行向江蘇正宇公司提供貸款2,500萬元，借款期限自2013年5月27日起至2014年5月26日；借款利率以借款憑證為準；按月結息，結息日為每月的20日，日利率計算方式為年利率／360；借款人開立結算帳戶名稱為「江蘇躍進正宇汽車有限公司」，帳號為：323600669018000836073；若借款人到期不償還該合同項下借款本金及利息的（含被宣布提前到期），就逾期部分，從逾期之日起按照逾期貸款罰息利率計收利息，直至清償本息為止，逾期貸款罰息為約定的貸款利率水準上加收50%；借款人未按時足額償還貸款本金、支付利息或未按合同約定用途使用貸款的，貸款人按逾期貸款的罰息利率或挪用貸款的罰息利率計收利息並對應付未付利息計收複利；借款人未按該合同的約定履行對貸款人的支付和清償義務，貸款人有權單方面宣布該合同項下已發放的貸款本金全部提前到期並要求借款人立即償還所有到期貸款本金並結清利息；借款人未按時足額償還本金、支付利息的，應當承擔貸款人為實現債權而支付的催收費、訴訟費、保全費、公告費、執行費、律師費、差旅費及其他費用。

同日，交通銀行徐州分行（抵押權人）與江蘇正宇公司（抵押人）簽訂編號為3230102013A100001500的抵押合同，主要內容為：該合同所抵押擔保的主合同係編號為3230102013M100001500的流動資金借款合同；擔保範圍為包括主合同項下的債務本金、利息、逾期利息、罰息、複利、手續費、違約金、損害賠償金、實現債權的費用（包括但不限於訴訟費、執行費、保全費、鑒定費、律師代理費、差旅費等）和實現債權的其他一切費用；抵押財產為江蘇正宇公司所有位於徐州市銅山新區北京路西、珠江路南的房地產，房屋建築面積26,373.76平方米，用地面積70,653.8平方米，評估價值為5,091.42萬元，擔保主債權數額為2,500萬元。上述抵押合同簽訂後，江蘇正宇公司與交通銀行徐州分行分別向徐州市銅山區房產管理局、徐州市銅山區國土資源局辦理了抵押權登記，其中房產他項權證號為銅房他證銅山鎮字第23567號，房屋所有權證號為銅房權證銅山鎮字第號，抵押擔保債權數額為1,500萬元；土地他項權證號為銅他項（2013）第0150號，土地證號為銅國用（2005）第2248號，抵押面積70,653.8平方米，抵押擔保債權數額為1,000萬元。

2013年5月23日，交通銀行徐州分行將2,500萬元借款匯入江蘇正宇公司帳戶，借款借據載明該筆借款執行年利率7.2%，借款日期自2013年5月23日起至2014年5月22日止。在合同履行過程中，江蘇正宇公司並未按合同約定支付利息。2013年12月21日後江蘇正宇公司未再按照合同約定支付利息，截至2014年3月20日，江蘇正宇公司尚欠借款本金2,500萬元，利息45萬元，交通銀行徐州分行遂以訴稱理由訴至原審法院。

原審法院認為：一、江蘇正宇公司應當歸還借款本金2,500萬元並支付相應利息。首先，交通銀行徐州分行與江蘇正宇公司簽訂的編號為3230102013M100001500的流動資金借款合同、抵押合同均係雙方當事人在平等自願的基礎上簽訂，雙方當事人均具有簽訂和履行合同的主體資格，且合同的內容不違反我國法律、法規的強制性規定，符合合同生效的一般要件，代表了各方當事人的真實意思表示，合法有效，應當做為認定各方當事人權利義務的依據。其次，合同簽訂後，交通銀行徐州分行依約向江蘇正宇公司發放了貸款2,500萬元，但江蘇正宇公司未按合同約定按期足額支付利息，已違反涉案流動資金借款合同約定，應承擔相應的違約責任。交通銀行徐州分行根據借款合同約定，有權要求借款人江蘇正宇公司返還借款本金2,500萬元並支付相應利息。

二、關於交通銀行徐州分行主張逾期罰息是否有法律依據的問題。根據《中華人民共和國合同法》第二百零七條「借款人未按照約定的期限返還借款的，應當按照約定或者國家有關規定支付逾期利息」和中國人民銀行頒發的《人民幣利率管理規定》（銀發〔1999〕77號）第二十五條「逾期貸款或擠占挪用貸款，從逾期或擠占挪用之日起，按罰息利率計收罰息，直到清償本息止」的規定，只要逾期付息即可計算罰息。本案中，交通銀行徐州分行與江蘇正宇公司簽訂的流動資金借款合同約定「若借款人到期不償還本合同項下借款本金及利息的（含被宣布提前到期），就逾期部分，從逾期之日起按照逾期貸款罰息利率計收利息，直至清償本息為止」、「逾期貸款罰息利率為約定的貸款利率水準上加收50%」，符合上述規定，且並未超過法律規定的範圍，故交通銀行徐州分行主張逾期利率為合同約定利率的1.5倍不違反法律規定。

三、關於交通銀行徐州分行能否以案涉抵押物拍賣、變賣所得款優先受償的問題。《中華人民共和國物權法》第一百七十九條第一款規定：「為擔保債務的履行，債務人或者第三人不轉移財產的占有，將該財產抵押給債權人的，債務人不履行到期債務或者發生當事人約定的實現抵押權的情形，債權人有權就該財產優先受償。」本案中，江蘇正宇公司以其所有的位於徐州市銅山新區北京路西、珠江路南的房產（房屋所有權證號為銅房權證銅山鎮字第號）、土地使用權（土地使用權證號為銅國用〔2005〕第2248號）為案涉債權提供抵押擔保，並辦理了抵押權登記手續。房產他項權證號為銅房他證銅山鎮字第23567號，抵押擔保債權數額為1,500萬元；土地他項權證號為銅他項（2013）第150號，抵押擔保債權數額為1,000萬元。在江蘇正宇公司未按約償還借款本息的情況下，交通銀行徐州分行在抵押擔保期間內有權行使抵押權，就銅房權證銅山鎮字第號下房產以拍賣、變賣所得價款，在1,500萬元範圍內優先受償；就銅國用（2005）第2248號下的土地使用權以拍賣、變賣所得價款，在1,000萬元範圍內優先受償。

綜上，依照《中華人民共和國合同法》第二百零五條、第二百零六條、第二百零七條，《中華人民共和國物權法》第一百七十九條第一款之規定，判決：一、江蘇正宇公司於判決生效之日起15日內償還交通銀行徐州分行借款本金2,500萬元及利息（截至2014年3月20日的利息為45萬元，自2014年3月21日起按照雙方約定的利率、逾期利率分別計算利息、逾期罰息、複利至判決確定的履行義務之日止）；二、如江蘇正宇公司未按期履行上述還款義務，交通銀行徐州分行有權就銅房他證銅山鎮字第23567號下房產以拍賣、變賣所得價款，在1,500萬元範圍內優先受償；就銅他項（2013）第150號下的土地使用權以拍賣、變賣所得價款，在1,000萬元範圍內優先受償。如果未按判決指定的期間履行給付金錢義務，應當依照《中華人民共和國民事訴訟法》第二百五十三條之規定，加倍支付遲延履行期間的債務利息。案件受理費169,050元、保全費5,000元，合計174,050元，由江蘇正宇公司負擔。

交通銀行徐州分行不服原審判決，向本院提起上訴稱：原審判決關於抵押擔保範圍的認定有誤，適用法律錯誤。《中華人民共和國物權法》第一百七十三條規定，擔保物權的擔保範圍包括主債權及其利息、違約金、損害賠償金、保管擔保財產和實現擔保物權的費用，當事人另有約定的，按照約定。本案中，抵押合同明確約定，擔保範圍為包括主合同項下的債務本金、利息、逾期利息、罰息、複利、手續費、違約金、損害賠償金、實現債權的費用（包括但不限於訴訟費、執行費、保全費、鑒定費、律師代理費、差旅費等）和實現債權的其他一切費用。交通銀行徐州分行與江蘇正宇公司辦理了相應的抵押登記，並向登記機關提交了上述抵押合同。因此，雖然他項權證上僅記載了抵押權的權利價值為2,500萬元，但該2,500萬元為借款本金，抵押擔保的範圍不應限於債權本金。原審判決主文第二項與當事人之間關於抵押擔保範圍的約定不一致，也與登記機關備案的登記資料不一致。綜上，請求撤銷原審判決第二項，改判交通銀行徐州分行對案涉抵押物在本金2,500萬元及相應利息、實現債權費用的範圍內優先受償。

被上訴人江蘇正宇公司答辯稱：《最高人民法院關於適用〈中華人民共和國擔保法〉若干問題的解釋》第六十一條規定，抵押物登記記載的內容與抵押合同約定的內容不一致的，以登記記載的內容為準。本案中，兩份他項權證所記載的金額合計為2,500萬元，故交通銀行徐州分行僅可在2,500萬元範圍內享有優先受償權。綜上，原審判決認定事實清楚，適用法律正確，請求駁回上訴，維持原判。

二審庭審中，雙方當事人對原審判決查明的事實無異議，對雙方當事人無異議的事實，本院予以確認。

本案二審爭議焦點：案涉抵押擔保的範圍如何認定。

本院認為：《中華人民共和國物權法》第十七條規定：不動產權屬證書是權利人享有該不動產物權的證明。《最高人民法院關於適用〈中華人民共和國擔保法〉若干問題的解釋》第六十一條規定，抵押物登記記載的內容與抵押合同約定的內容不一致的，以登記記載的內容為準。本案中，交通銀行徐州分行享有抵押權的依據是銅房他證銅山鎮字第23567號房屋他項權證以及銅他項（2013）第150號土地他項權證。雖然，抵押合同約定的擔保範圍為包括主合同項下的債務本金、利息、逾期利息、罰息、複利、手續費、違約金、損害賠償金、實現債權的費用（包括但不限於訴訟費、執行費、保全費、鑒定費、律師代理費、差旅費等）和實現債權的其他一切費用，但是，前述他項權證所記載的債權數額明確為1,500萬元、1,000萬元。在兩者不一致的情況下，案涉抵押擔保的範圍應以登記記載的內容為準。故原審法院認定交通銀行徐州分行有權就案涉抵押房屋與土地使用權的拍賣、變賣所得價款，分別在1,500萬元、1,000萬元範圍內優先受償正確。上訴人交通銀行徐州分行主張抵押擔保的範圍不應限於他項權證記載的金額，缺乏依據，本院不予支持。

綜上，上訴人交通銀行徐州分行的上訴理由無事實與法律依據，本院不予支持。原審判決認定事實清楚，適用法律正確，應予維持。依照《中華人民共和國物權法》第十七條、《最高人民法院關於適用〈中華人民共和國擔保法〉若干問題的解釋》第六十一條、《中華人民共和國民事訴訟法》第一百七十條第一款第（一）項之規定，判決如下：

駁回上訴，維持原判決。

二審案件受理費10,040.50元，由上訴人交通銀行徐州分行負擔。

本判決為終審判決。

審判長　段曉娟

代理審判員　史留芳

代理審判員　林佳

二〇一五年一月十三日

書記員　李斯琦

第三篇

跨境擔保

【案例23】境內自然人不能單獨對外擔保

深圳群力、范某某、徐某某訴香港東亞銀行借款合同糾紛案評析

案號：廣東省深圳市中級人民法院（2015）深中法涉外終字第27號

【摘要】

境內主體未經外管局辦理「內保外貸」登記手續，出具的對外擔保合同無效；境內自然人不能單獨做為擔保人進行「內保外貸」登記；境外銀行為境外企業融資接受境內主體擔保時，應取得加蓋外管局公章「內保外貸」登記資料、確保對外擔保有效後才可放款。

【基本案情】

2013年1月18日，案涉粵BS57XX車輛登記於深圳市群力貨運有限公司（以下簡稱「深圳群力」）名下。2013年2月7日，東亞銀行有限公司（香港）（以下簡稱「香港東亞銀行」）與群力（香港）貨運有限公司（以下簡稱「香港群力」）簽訂《租購協議》，約定由香港東亞銀行出資港幣597,600元（下列幣種相同）向香港廣X投資信息公司（以下簡稱「香港廣益」）購買案涉車輛，並租賃給香港群力，租期24個月，租金月付、逾期付息，車輛所有權屬於香港東亞銀行，深圳群力和范某某、徐某某提供連帶保證。《租購協議》未經中國大陸國家外匯管理部門批准，亦未約定由哪方負責辦理審批手續。

同日，香港東亞銀行、香港群力和深圳群力共同簽訂《代名協議》，約定香港群力提名深圳群力做為案涉車輛在中國大陸的代名人（即登記人），深圳群力僅以代名人身分持有上述車輛，並承認香港東亞銀行擁有所有權。

香港群力未支付到期租金561,770元及相應逾期利息，香港東亞銀行遂訴至法院，請求終止其與香港群力簽訂的《租購協議》；確認其對《租購協議》項下所涉租賃車輛的所有權，香港群力和深圳群力共同返還車輛並變更登記至其或指定的第三人名下；香港群力支付尚欠租金561,770元及逾期利息；深圳群力、范某某和徐某某對上述債務承擔連帶責任。

【法院判決】

廣東省深圳市鹽田區人民法院經審理認為，案涉車輛是在廣州購買並直接登記在深圳群力名下，香港群力與香港廣益之間並無實際買賣關係。另外，案涉車輛登記上牌時間早於香港東亞銀行《租購合同》簽訂時間，即先上牌再買車，有違生活常理。因此，香港東亞銀行與香港群力之間的租賃關係，與香港廣益之間的買賣關係實際並不存在。香港東亞銀行主張的融資租賃關係實為融資借款合同關係，其以融資租賃合同為由要求返還涉案車輛缺乏依據，不予支持。香港東亞銀行與香港群力是真實借款關係，《租購合同》約定分期支付租金實際是分期償還借款，且拖欠多筆欠款已構成嚴重違約，香港東亞銀行訴請解除與香港群力的《租購協議》、香港群力支付欠款561,770元及逾期利息於法有據，予以支持，但其主張月利率2.5%超過正常標準，應調整至2%。深圳群力、范某某和徐某某是中國大陸內地企業和公民，承諾為香港群力在《租購協議》項下債務向香港東亞銀行提供連帶保證的行為，在性質上屬於對外擔保。未經中國大陸國家外匯管理部門批准擅自出具對外擔保的，擔保合同無效，故深圳群力、范某某和徐某某在簽署對外擔保合同時未經外匯管理部門批准，擔保合同無效。香港東亞銀行和擔保人並未約定由哪方辦理審批手續，即對擔保合同無效均有過錯，故深圳群力、范某某和徐某某應對香港群力不能清償債務部分在二分之一範圍內承擔連帶責任。綜上，判決解除香港東亞銀行與香港群力簽訂的《租購協議》；香港群力向香港東亞銀行支付欠款561,770元及逾期利息；深圳群力、范某某和徐某某對上述債務不能清償部分在二分之一範圍內承擔連帶責任。

宣判後，深圳群力、范某某和徐某某不服一審判決，提起上訴。廣東省深圳市中級人民法院經審理認為，擔保人雖自願為香港群力債務提供連帶擔保，但因案涉擔保為對外擔保，當事人未按規定到主管部門辦理審批手續，一審法院認定案涉擔保合同無效並無不當。擔保人與東亞銀行對擔保合同無效均有過錯，一審法院判決其承擔香港群力不能清償債務部分的二分之一賠償責任正確。擔保人主張香港東亞銀行未告知其簽署對外擔保合同要經外匯管理部門批准，應對由此導致的擔保合同無效自行承擔法律後果，沒有依據，不予支持。綜上，判決駁回上訴、維持原判。

【法律評析】

本案中，深圳群力、范某某和徐某某是否應當對香港群力的債務承擔連帶保證責任，關鍵在於其在《租購協議》上以擔保人身分簽字確認的擔保合同是否有效。另外，債權人香港東亞銀行和擔保人對主合同有效而擔保合同無效均有過錯時，擔保人應當承擔何種民事責任份額。

一、境內主體對境外提供擔保的合同效力分析

（一）相關法令

目前規範中國大陸境內主體對境外提供擔保的法律文件主要

有：

1. 中國大陸國家外匯管理局頒布的《跨境擔保外匯管理規定》，法律效力上屬於部門規章。

2. 中國大陸國務院頒布的《中華人民共和國外匯管理條例》，法律效力上屬於行政法規。該條例第十九條規定：「（第1款）提供對外擔保，應當向外匯管理機關提出申請，由外匯管理機關根據申請人的資產負債等情況做出批准或者不批准的決定；國家規定其經營範圍需經有關主管部門批准的，應當在向外匯管理機關提出申請前辦理批准手續。申請人簽訂對外擔保合同後，應當到外匯管理機關辦理對外擔保登記。（第2款）經國務院批准為使用外國政府或者國際金融組織貸款進行轉貸提供對外擔保的，不適用前款規定。」

3. 最高人民法院《關於適用〈中華人民共和國擔保法〉若干問題的解釋》，屬於司法解釋，與法律具有同等效力。該司法解釋第六條規定：「有下列情形之一的，對外擔保合同無效：（一）未經國家有關主管部門批准或者登記對外擔保的；……。」

前述規範的法律效力，從高到低依次為《最高人民法院關於適用〈中華人民共和國擔保法〉若干問題的解釋》、《中華人民共和國外匯管理條例》、《跨境擔保外匯管理規定》。

分析上述條款可知，在本案中，境內主體（深圳群力、范某某和徐某某）為香港群力向香港東亞銀行的融資關係提供擔保，屬於《跨境擔保外匯管理規定》規範的「內保外貸」融資模式。因此，境內擔保人必須辦理「內保外貸」簽約登記。

本案中，深圳群力、范某某和徐某某自願以擔保人的身分在主合同《租購協議》上簽字確認，為香港群力債務提供連帶保證。但是，境內企業深圳群力和境內自然人范某某和徐某某在簽訂向境外香港東亞銀行提供保證的對外擔保合同時，並未經過中國大陸國家外匯管理局的批准，故上述擔保人出具的對外擔保合同無效。

（二）擔保人對無效擔保的責任承擔

因當事人未按規定到外管局辦理「內保外貸」登記手續，造成擔保無效，擔保人和香港東亞銀行均有過錯，根據最高人民法院《關於適用〈中華人民共和國擔保法〉若干問題的解釋》第七條規定：「主合同有效而擔保合同無效，債權人、擔保人有過錯的，擔保人承擔民事責任的部分，不應超過債務人不能清償部分的二分之一。」

因此，法院判決擔保人深圳群力、范某某和徐某某，應對債務人香港群力不能清償債務部分在二分之一範圍內承擔連帶責任。

二、境內自然人辦理內保外貸的登記分析

本案中，擔保人深圳群力、范某某和徐某某分別是中國大陸的企業和公民，向境外債權人香港東亞銀行和境外債務人香港群力提供跨境擔保，即屬於內保外貸。

《跨境擔保外匯管理規定》第九條第三款規定：「擔保人簽訂內保外貸合同後，擔保人為非銀行金融機構或企業的，應在簽訂擔保合同後15個工作日內到所在地外匯局辦理內保外貸簽約登記手續。」第十六條規定：「境內個人可做為擔保人並參照非銀行機構辦理內保外貸業務。」

雖然外管局法規上允許中國大陸個人可以參照中國大陸註冊的企業辦理「內保外貸」登記，但實務中尚未開放中國大陸個人單獨做為擔保人進行「內保外貸」登記。中國大陸個人跨境擔保僅能依據《國家外匯管理局關於鼓勵和引導民間投資健康發展有關外匯管理問題的通知》（匯發〔2012〕33號），為支持企業「走出去」，境內企業替境外投資企業境外融資提供對外擔保時，允許境內個人做為共同擔保人，以保證、抵押、質押及擔保法規允許的其他方式，為同一筆債務提供擔保。

如果香港群力並非境內企業合法投資的境外公司，其在香港東

亞銀行的融資這一主債權，即使接受了中國大陸個人做為共同擔保人，中國大陸外管局依然無法按照前述兩個文件，辦理中國大陸個人為境外融資債務提供對外擔保的相關手續。

因此，境外銀行在境外融資同時接受中國大陸主體擔保時，須注意取得外管局加蓋公章的內保外貸簽約登記資料，確保中國大陸主體對外擔保的有效性後才可以放款。

附：法律文書

深圳市群力貨運有限公司、范雪強、徐曉萍與東亞銀行有限公司融資租賃合同糾紛二審民事判決書

廣東省深圳市中級人民法院（2015）深中法涉外終字第27號

上訴人（原審被告）：深圳市群力貨運有限公司。住所地：廣東省深圳市鹽田區東海道側東海麗景花園2棟706室。組織機構代碼74660189-X。

法定代表人：范雪強，該公司總經理。

委託代理人：李強，廣東迎東律師事務所律師。

上訴人（原審被告）：范雪強。

委託代理人：李強，廣東迎東律師事務所律師。

上訴人（原審被告）：徐曉萍。

委託代理人：李強，廣東迎東律師事務所律師。

被上訴人（原審原告）：東亞銀行有限公司。住所地：香港特別行政區中環德輔道中10號。授權代表人：王志輝，該公司經理。

委託代理人：田軒，廣東盛唐律師事務所律師。

委託代理人：張硯坤，廣東盛唐律師事務所律師。

原審被告：群力（香港）貨運有限公司。住所地：香港特別行政區九龍旺角旺角道33號凱途發展大廈7樓704室。

授權代表人：范雪強，該公司董事。

委託代理人：李強，廣東迎東律師事務所律師。

上訴人深圳市群力貨運有限公司（以下簡稱深圳群力公司）、范雪強、徐曉萍為與被上訴人東亞銀行有限公司（以下簡稱東亞銀行）及原審被告群力（香港）貨運有限公司（以下簡稱香港群力公司）借款合同糾紛一案，不服廣東省深圳市鹽田區人民法院（2014）深鹽法民二初字第253號民事判決，向本院提起上訴。本院受理後，依法組成合議庭進行了審理。本案現已審理終結。

東亞銀行向一審法院提起的訴訟請求：1. 終止東亞銀行與香港群力公司簽訂的11122-21001812XX號《租購協議》；2. 確認東亞銀行對11122-21001812XX號《租購協議》項下所涉相關租賃車輛的所有權，香港群力公司、深圳群力公司共同向東亞銀行返還租賃車輛並將租賃車輛變更登記至東亞銀行或東亞銀行指定之第三人名下；3. 香港群力公司向東亞銀行支付尚欠的租金港幣561,770元及逾期利息港幣77,147.32元（逾期利息暫計至2014年6月23日，自2014年6月24日起，以港幣561,770元為基數，按年利率30%計算至香港群力公司付清全部款項為止）；4. 深圳群力公司、范雪強、徐曉萍對上述債務承擔連帶清償責任；5. 四被告共同承擔本案的全部訴訟費用。

一審法院查明：2013年1月23日，香港群力公司簽署了《東亞銀行租購申請書》，租購數額為港幣515,000元，租購期為24個月，每個月支付港幣25,535元，年利率為9.5%，深圳群力公司、范雪強、徐曉萍做為擔保人在該申請書上蓋章、簽名。2013年2月7日，東亞銀行（做為出租人）與香港群力公司（做為承租人）正式簽署了編號為11122-21001812XX的《租購協議》，該協議約定：1. 由東亞銀行出資港幣597,600元向香港廣X投資信息公司（以下簡稱香港廣益公司）購買粵BS5769車輛，並將該車租給香港群力公司；2. 租賃期限。從2013年2月7日起24個月；3. 租金支付方式及逾期利息。2013年2月7日支付首期款項港幣82,600元，其後每期租金港幣25,535元，每月繳付日期為每月的第7日。如果承租人不按期支付租金，按月利率2.5%計付逾期利息；4. 租賃車輛的所有權。涉案車輛所有權屬於東亞銀行。香港廣X公司做為見證人在該協議上蓋章確認。深圳群力公司、范雪強、徐曉萍做為擔保人在該協議上蓋章、簽名，同意為香港群力公司在該協議項下的債務承擔連帶保證責任。《租購協議》未經國家外匯管理部門批准，亦未約定由哪方負責辦理審批手續。同日，東亞銀行做為出租人、香港群力公司做為承租人、深圳群力公司做為代名人，共同簽署了《代名協議》，約定：根據東亞銀行與香港群力公司簽訂的《租購協議》，為使車輛能夠在中國大陸境內使用，香港群力公司提名由深圳群力公司做為《租購協議》所列車輛在中國大陸的代名人即登記人，深圳群力公司承諾僅以代名人身分持有上述車輛，並且承認東亞銀行對車輛的所有權。同日，東亞銀行在扣除《租購協議》約定的首期租金港幣82,600元以及手續費港幣2,575元後，連同支付給香港廣X公司的傭金港幣4,892元，以轉帳方式向香港廣X公司支付了港幣517,317元，其中包括租購款港幣515,000元。庭審中，香港群力公司承認收到該款項。香港群力公司隨後陸續支付了《租購協議》項下的2期租金，共計港幣51,070元。至法庭辯論終結時止，香港群力公司尚欠22期租金共計港幣561,770元，至2014年4月25日止，欠逾期利息港幣46,550.2元。另查明：粵BS57XX車輛於2013年1月18日登記於深圳群力公司名下。

一審法院認為：東亞銀行與香港群力公司均為香港註冊成立的公司，本案為涉港合同糾紛。關於法律適用，原被告雙方均未主張適用香港特別行政區法律，也未提供香港法律文本，故本案適用中華人民共和國法律。

一、關於主合同法律性質的認定。東亞銀行主張本案屬於融資租賃合同糾紛，缺乏事實和法律依據。根據《中華人民共和國合同法》、《最高人民法院關於審理融資租賃合同糾紛案件適用法律問題的解釋》有關規定，融資租賃合同是指出租人根據承租人對出賣人、租賃物的選擇，向出賣人購買租賃物，提供給承租人使用，承租人支付租金的合同。融資租賃合同的當事人一般包括出賣人、出租人、承租人三方，在本案中，依照被告的描述，涉案車輛是在廣州X力汽車銷售有限公司購買並直接登記在深圳群力公司名下，香港群力公司與香港廣X公司之間並無實際買賣關係。從證據上看，涉案車輛粵BS57XX登記上牌時間是2013年1月18日，而東亞銀行《租購合同》簽署時間是2013年2月7日，即先上牌再買車，這是有違生活常理的。所以，東亞銀行、香港群力公司之間的租賃關係，東亞銀行與香港廣X公司之間的買賣關係實際上並不存在，東亞銀行主張的融資租賃關係，實為融資關係，也即借款合同關係。因此，東亞銀行以融資租賃合同為由要求香港群力公司、深圳群力公司共同返還涉案車輛，缺乏事實和法律依據，一審法院不予支持。

二、關於東亞銀行訴請的「租金」問題。根據《租購合同》約定，被告未及時支付租金，東亞銀行可提前終止協議。從合同實際履行情況看，兩年分24期還款，協議簽訂後，香港群力公司只償還了前兩期，截至東亞銀行主張的2014年4月25日，已拖欠12期，截至法庭辯論終結之日2014年11月7日止，已拖欠19期，違約情況非常嚴重，故東亞銀行訴請終止協議即解除合同以及償付全款，一審法院予以支持。依前述，東亞銀行與香港群力公司之間真實的法律關係並非融資租賃關係，而是借款關係，雙方約定的分期支付租金實際上就是分期償還借款，故東亞銀行訴請香港群力公司支付租金缺乏法律依據，但香港群力公司必須按期分期償還與租金同等金額的借款。東亞銀行訴請香港群力公司支付欠款港幣561,770元及逾期利息，符合事實情況，於法有據，一審法院予以支持。關於利息的計算標準，按照同期同類銀行貸款年利率6%的四倍計算，月利率為2%，而東亞銀行訴請的月利率2.5%超過此標準，一審法院調整到按2%計算。

三、關於擔保合同效力問題。東亞銀行以深圳群力公司、范雪強、徐曉萍均在「租賃申請表」、《租購協議》中簽章確認同意做為擔保人，並承諾為香港群力公司在《租購協議》項下的債務向東亞銀行提供連帶保證為由，訴請深圳群力公司、范雪強、徐曉萍對香港群力公司的債務承擔連帶清償責任，一審法院不予支持。一審法院認為，深圳群力公司、范雪強、徐曉萍做為中國內地企業和公民，其在「租賃申請表」、《租購協議》中簽章確認同意做為擔保人，並承諾為香港群力公司在《租購協議》項下的債務向東亞銀行提供不可撤銷的連帶保證的行為在性質上屬於對外擔保。根據1996年10月1日實施的中國人民銀行發布的《境內機構對外擔保管理辦法》的規定，經外匯管理部門批准後，擔保人方能提供對外擔保。擔保人未經批准擅自出具對外擔保的，擔保合同無效。《最高人民法院關於適用〈中華人民共和國擔保法〉若干問題的解釋》第六條亦規定，未經國家有關主管部門批准或者登記的對外擔保，擔保合同無效。此規定屬於針對中國內地實施的外匯管制政策的效力性強制性規定。因此深圳群力公司、范雪強、徐曉萍在對外簽署擔保合同時，未經外匯管理部門批准，擔保合同無效。因東亞銀行和深圳群力公司、范雪強、徐曉萍未約定由哪方去辦理審批手續，根據《最高人民法院關於適用〈中華人民共和國擔保法〉若干問題的解釋》第七條的規定，東亞銀行和擔保人均有過錯，故深圳群力公司、范雪強、徐曉萍應對香港群力公司不能清償本案債務的部分在二分之一範圍內承擔連帶清償責任。另外，四被告當庭提出要追加案外人香港廣X公司及李X均為第三人，鑒於四被告提出之時已超出法庭依法平等給予雙方的舉證期限之外，況結合本案實際，香港廣X公司、李X均亦與審理結果無直接利害關係，故一審法院對四被告追加請求不予准許。綜上，依照《中華人民共和國合同法》第九十四條、第一百九十八條、第二百零六條、第二百零七條，《中華人民共和國擔保法》第五條第二款，《最高人民法院關於適用〈中華人民共和國擔保法〉若干問題的解釋》第六條、第七條，《最高人民法院關於審理融資租賃合同糾紛案件適用法律問題的解釋》第一條第二款，《中華人民共和國民事訴訟法》第六十四條第一款的規定，判決：

一、解除東亞銀行與香港群力公司簽訂的編號為11122-21001812XX的《租購協議》；二、香港群力公司在判決生效之日起五日內向東亞銀行支付欠款港幣561,770元及逾期利息（逾期利息截至起訴之日即2014年6月23日為港幣82,657.84元，其後以港幣561,770元為基數，按月利率2%計算至判決確定的還款之日止）；三、深圳群力公司、范雪強、徐曉萍對上述債務不能清償的部分在二分之一的範圍內承擔連帶清償責任；四、駁回東亞銀行其他訴訟請求。如被告未在上述期間履行給付金錢義務的，應當按照《中華人民共和國民事訴訟法》第二百五十三條的規定，加倍支付遲延履行期間的債務利息。案件受理費減半收取為人民幣4,281元，由香港群力公司負擔。受理費東亞銀行已預交，香港群力公司應於判決生效之日起五日內逕付東亞銀行。深圳群力公司、范雪強、徐曉萍對費用不能清償的部分在二分之一的範圍內承擔連帶清償責任。多收取的案件受理費人民幣4,281元，一審法院予以退回。

深圳群力公司、范雪強、徐曉萍不服原審判決，向本院提出上訴，請求：1. 依法改判深圳群力公司、范雪強、徐曉萍不承擔連帶清償責任；2. 由東亞銀行承擔一、二審訴訟費用。上訴事實與理由：一審法院認定事實部分有誤，適用法律不當。一、一審法院已確認該案的法律關係名為融資租賃合同，實為借貸合同，但東亞銀行並沒有把貸款發放給上訴人的任何一方，而是發放給案外人香港廣X公司的沈X敏及李X均，且李X均是涉案車輛的實際占有人，沈X敏領受上訴人貸款的行為涉嫌合同詐騙，與本案有直接的利害關係。本案借貸合同的各方實為東亞銀行、香港群力公司、沈X敏及李X

均，東亞銀行為借款人，香港群力公司為貸款人，沈X敏為仲介人，李X均為該筆貸款的實際領受人，與上訴人無關。因此，沈X敏、李X均實際上領受東亞銀行的貸款，應對東亞銀行承擔賠償責任；而上訴人沒有從本案的借貸合同中獲得任何利益，亦沒有領受東亞銀行的貸款，深圳群力公司、范雪強、徐曉萍均不應對該案承擔任何責任。二、本案中的融資租賃合同並不成立，深圳群力公司、范雪強、徐曉萍不應當承擔擔保責任；根據擔保法、最高人民法院關於適用擔保法若干問題的解釋之規定，主合同無效而導致擔保合同無效，擔保人無過錯的，擔保人不承擔民事責任。在本案中，東亞銀行實為利用影子銀行業務逃避外匯管理條例相關的限制規定，即港幣不得在中國大陸境內直接進行貸款業務逃避金融監管，東亞銀行存在重大過錯在先；而東亞銀行與范雪強、徐曉萍簽署擔保合同時，應當知道范雪強、徐曉萍做為中國大陸公民，對外簽署的擔保合同未經外匯管理部門批准，則該擔保合同無效，但東亞銀行在簽署合同前後，都未向范雪強、徐曉萍告知該項規定，東亞銀行涉嫌以欺詐的手段騙取范雪強、徐曉萍簽署該份擔保合同，其法律後果應由東亞銀行自行承擔。因此，深圳群力公司、范雪強、徐曉萍不應對本案承擔擔保清償責任。綜上所述，一審法院認定事實部分有誤，適用法律不當，故請求二審法院依法糾證，支持上訴人的上訴請求。

東亞銀行口頭答辯稱：請求二審法院依法駁回上訴人的上訴請求，同時對原審法院認定的法律關係進行重新審查。香港群力公司未做答辯。一審查明的事實，有相關證據予以佐證，各方當事人均未提交新的證據，本院對一審查明的事實予以確認。

本院認為：本案為涉港借款合同糾紛，各方當事人對原審法院管轄本案和適用中華人民共和國內地法律為準據法均無異議，本院予以確認。香港群力公司對一審法院判決其承擔民事責任未提出上訴，原審判決對其發生法律效力，本院對此予以確認。本案二審爭議的焦點是上訴人深圳群力公司、范雪強、徐曉萍是否應對香港群力公司的債務承擔連帶清償責任。本院認為，上訴人雖然是自願為香港群力公司的債務向東亞銀行提供連帶責任擔保，但因涉案擔保為對外擔保，當事人未按相關規定到國家有關主管部門辦理審批手續，因此，一審法院認定涉案擔保合同無效，並無不當。造成擔保合同無效，上訴人與東亞銀行均有過錯，一審法院依據最高人民法院關於擔保法司法解釋的規定，判決上訴人承擔香港群力公司不能清償本案債務部分的二分之一責任正確，本院予以支持。上訴人主張東亞銀行未告知其對外簽署的擔保合同要經外匯管理部門批准，由此導致擔保合同無效，東亞銀行應自行承擔法律後果，上訴人不應承擔擔保清償責任，理由不成立，證據不足，本院不予支持。

至於上訴人提出案外人沈X敏、李X均是東亞銀行貸款的實際領受人，其應對東亞銀行承擔賠償責任的問題。本院認為，本案審理的是擔保借款合同糾紛，借款人是香港群力公司，擔保人是上訴人，涉案借款是否為案外人沈X敏、李X均實際受領，均不影響對本案法律關係的認定和實體處理，上訴人以其在本案借貸合同中未獲得任何利益，亦沒有領受東亞銀行的貸款為由，主張其不應對本案承擔任何責任，沒有事實和法律依據，本院不予採納。綜上所述，上訴人上訴無理，本院依法予以駁回。原審判決認定事實清楚，適用法律正確，處理恰當，本院予以維持。依據《中華人民共和國民事訴訟法》第一百七十條第一款第（一）項之規定，判決如下：

駁回上訴，維持原判。一審案件受理費人民幣4,281元，按一審判決承擔。二審案件受理費人民幣9,418元，由上訴人深圳市群力貨運有限公司、范雪強、徐曉萍承擔。

本判決為終審判決。

審判長　周最久
審判員　邱明演
審判員　高江南
二〇一五年七月九日
書記員　李緩（兼）

第四篇

儲蓄合同

【案例24】銀行卡「偽卡」交易的法律問題

民生銀行訴周某儲蓄存款合同糾紛案評析

案號：上海市第一中級人民法院（2015）滬一中民六（商）終字第591號

【摘要】

就偽卡交易發生爭議時，應先由儲戶就其為偽卡交易舉證足，以達到對是否為真卡交易形成重大質疑，再由銀行舉證證明確係真卡交易；銀行僅在證明儲戶對銀行卡密碼洩露有過失且與偽卡盜刷存在因果關係時，才能相應減輕責任。

【基本案情】

2007年5月31日，周某在中國民生銀行股份有限公司上海華山支行（以下簡稱「民生銀行」）處申請開辦借記卡。

2015年1月1日晚23時55分，該借記卡發生一筆金額為163,000元的消費，並以短信（簡訊）形式告知周某。周某於1月2日淩晨1點38分致電民生銀行24小時服務熱線，並在稍後報警。

2015年4月1日，上海市徐匯分局派出所以告知書通知周某，其報案事實已經符合銀行詐騙案立案標準，予以立案。

周某認為與民生銀行之間建立了儲蓄合同關係，民生銀行做為以營利為目的的發卡行，應當保證其向儲戶發放的借記卡具有相當的技術水準，且有義務保障儲戶的存款安全和交易活動安全，現其未盡嚴格審慎義務和安全保障義務，造成周某經濟損失，故訴至法院請求判令：民生銀行賠償原告存款本金163,000元及相應利息。

【法院判決】

上海市徐匯區人民法院認為，周某與民生銀行之間的儲蓄存款合同關係依法成立。系爭借記卡發生交易是在無錫，做為持卡人的周某在交易發生後的1小時45分鐘後在上海的家中，系爭借記卡也在周某身邊，按常理和證據，周某在1小時45分鐘內實施刷卡行為後從無錫趕回上海，並掛失和報警的可能性非常之小；其次，周某在看到帳戶變動的短信後，已盡到審慎注意義務，並及時報警備案，以證明發生系爭交易時周某本人持有真實的借記卡，並位於上海家中；另，民生銀行對於周某借記卡的系爭交易係周某代公司支付業務往來款的主張，並沒有相關證據可以證明，且帳戶資金的來源與本案沒有關聯性。同時，法院認為儲戶確實負有妥善保管密碼的義務，在儲戶未舉證證明其交易密碼係因發卡銀行原因而洩密的情況下，一般應推定儲戶自身保管不當而洩露密碼。儲戶很可能因過失洩露交易密碼但卻有效保管住銀行卡原件，保管行為極大程度或完全抵銷儲戶洩露密碼的違約過失。根據雙方證據的可信度和優劣勢，確認本案系爭交易屬偽卡操作所致。綜上，民生銀行應就第三方違法支取周某卡內存款的行為向周某承擔相應違約責任。判決：民生銀行返還原告周某人民幣163,000元，並按照中國人民銀行同期公布的活期存款利率標準支付上述款項自2015年1月2日至實際履行之日止的利息損失。

宣判後，民生銀行不服原審判決，提起上訴。上海市第一中級人民法院審理認為，原審判決認定事實清楚，適用法律正確，應予維持。二審法院判決駁回上訴，維持原判。

【法律評析】

本案所涉及的法律關係，為民生銀行與周某成立儲蓄存款合同關係。

本案的爭議焦點：民生銀行是否應當返還儲戶周某因偽卡盜刷而遭受的存款損失？關鍵在於有關偽卡交易的舉證責任，在銀行和儲戶之間應該如何分配，及銀行所負的偽卡識別義務。

一、偽卡的舉證責任分配

《最高人民法院關於民事訴訟證據的若干規定》第二條：「當事人對自己提出的訴訟請求所依據的事實或者反駁對方訴訟請求所依據的事實有責任提供證據加以證明。沒有證據或者證據不足以證明當事人的事實主張的，由負有舉證責任的當事人承擔不利後果。」據此，根據「誰主張誰舉證」原則，在儲蓄存款合同中就某項交易是否屬於偽卡交易發生爭議時，銀行和儲戶應當各就其主張承擔相應的舉證責任。

當儲戶與銀行之間就某項交易行為是否係偽卡所致而發生爭議時，應由儲戶首先就其為偽卡交易的主張提供證據，比如：系爭交易發生的時間、地點；持卡人的生活、工作區域；持卡人當時所處的地點；真卡的位置；向銀行提出異議的時間；向公安報案的時間等等。儲戶提供初步證據達到足以對是否屬於真卡交易形成重大質疑即可。儲戶舉證達到上述證明標準時，則銀行應當承擔證明確係真卡交易的舉證責任。

本案中，儲戶周某所舉證據已合理說明銀聯POS刷卡非其本人或委託別人持真實銀行卡操作，並在帳戶異常交易後合理期限內向民生銀行反映情況且向公安機關報案，能夠認定周某已達到對案涉交易是真卡操作產生重大懷疑的證明標準。民生銀行稱周某持真卡消費後趕回家中並報案，及案涉交易可能是周某為其公司支付業務款項等確係真卡交易，但未提供任何證據予以證明，即應承擔舉證不能的不利後果，故認定案涉交易屬於偽卡盜刷。綜上，民生銀行向儲戶之外持偽卡的第三人清償債務不能產生真實債權消滅的法律後果，仍應當向周某支付存款本金和利息。

綜合考量銀行和儲戶的地位和專業程度，上述的舉證責任分配較為合理。

二、洩露密碼的舉證責任分配問題

《中華人民共和國合同法》第六十條：「當事人應當按照約定全面履行自己的義務。當事人應當遵循誠實信用原則，根據合同的性質、目的和交易習慣履行通知、協助、保密等義務。」

值得說明的是，有關存款合同中洩露密碼的舉證責任在銀行和儲戶之間應如何分配問題，各地司法實務中的認定標準不完全一致。本案中，上海市第一中級人民法院即糾正了一審法院徐匯區人民法院判決理由中，認為儲戶未能舉證證明銀行洩露密碼導致偽卡盜刷，即直接推定儲戶自身保管不當而洩露密碼的觀點。類似情況下，北京市法院曾在司法判例中，認為儲戶不能舉證證明因銀行洩露密碼導致偽卡盜刷即認定儲戶具有過錯，銀行不賠償由此造成的儲戶存款損失，而廣東省法院認為儲戶不能舉證證明因銀行洩露密碼導致偽卡盜刷，即與銀行承擔各自的過錯責任，銀行和儲戶對存款損失承擔相應份額的賠償責任。

三、銀行識別偽卡義務

《中華人民共和國商業銀行法》第六條規定：「商業銀行應當保障存款人的合法權益不受任何單位和個人的侵犯。」

《中華人民共和國商業銀行法》第二十九條第一款規定：「商業銀行辦理個人儲蓄存款業務，應當遵循存款自願、取款自由、存款有息、為存款人保密的原則。」

據此可知，在儲蓄合同中，銀行應當保證儲戶的存款安全，在辦理取款業務時盡到謹慎的審查注意義務。銀行應嚴格按照業務操作規程，以充分的注意力和辨別力對取款人的身分及存單、存摺或銀行卡等的真實性，進行實質性審查，即銀行負有對偽卡的識別義務。

做為銀行卡的製作和發放人，銀行掌握銀行卡的製作技術和加密保護技術，並具備識別其真偽的技術設施和能力，無論銀行卡是否符合國家標準或存在技術缺陷，銀行均負有對偽卡的識別義務。如果因為銀行未能對儲戶以外第三人偽造的銀行卡進行準確識別而向該無真實債權的第三人清償，即可認定銀行未履行偽卡識別義務，存在明顯的過錯，其清償行為不能產生儲戶真實債權消滅的法律後果，銀行仍應向儲戶支付相應的存款本息。當然，如果銀行能夠證明儲戶過失洩露密碼及過失行為與偽卡盜刷存在因果關係，即可相應減輕其賠償責任，但仍不能使儲戶真實債權完全歸於消滅。本案中，民生銀行未能準確識別出偽卡而向周某以外的第三人清償，仍應當向周某支付存款本息。民生銀行並未舉證證明周某存在對密碼保管不善的過失，則應對其存款本息承擔全額償付責任。

附：法律文書

中國民生銀行股份有限公司上海華山支行訴周靜儲蓄存款合同糾紛一案上海市第一中級人民法院民事判決書

（2015）滬一中民六（商）終字第591號

上訴人（原審被告）：中國民生銀行股份有限公司上海華山支行。

負責人：***，行長。

委託代理人：田波，上海眾華律師事務所律師。

委託代理人：邵彩霞，上海眾華律師事務所律師。

被上訴人（原審原告）：周靜。

委託代理人：姜濤，上海市興業律師事務所律師。

上訴人中國民生銀行股份有限公司上海華山支行（以下簡稱民生銀行）為與被上訴人周靜借記卡糾紛一案，不服上海市徐匯區人民法院（2015）徐民二（商）初字第4751號民事判決，向本院提起上訴。本院於2015年10月29日立案受理後，依法組成合議庭，於同年11月25日公開開庭對本案進行了審理。上訴人委託代理人田波、邵彩霞，被上訴人周靜及其委託代理人姜濤到庭參加訴訟。本案現已審理終結。

原審法院審理查明，2007年5月31日，周靜在民生銀行處申請開辦借記卡，卡號為***6。2015年1月1日晚23時55分33秒，該卡號的借記卡發生一筆交易，金額為人民幣163,000元（以下幣種同），交易管道為「銀聯POS」，摘要信息「消費：無錫招商城個體戶張**（鞋）」。周靜手機於23時55分39秒收到上述交易的短信信息，嗣後於2015年1月2日淩晨01點38分54秒致電95568民生銀行24小時服務熱線，並於01點43分23秒撥打110報警電話，民警接警後前往周靜位於本市徐匯區園南二村**號***室的家中進行處理，並告知周靜到派出所報案，期間周靜也向民警出示了該借記卡。周靜於2015年1月2日下午13點28分前往上海市公安局徐匯分局長橋派出所報案；同年4月1日，徐匯分局出具立案告知書給周靜，內容為：「你於2015年1月2日向我局（報案、控告、舉報）的周靜銀行卡被詐騙案，經我局審查，認為符合刑事立案條件，根據《中華人民共和國刑事訴訟法》第一百一十條之規定，已決定立案。」

原審法院審理認為，周靜與民生銀行之間的儲蓄存款合同關係依法成立。系爭借記卡發生交易是在無錫，做為持卡人的周靜在交易發生後的1小時45分鐘後在上海的家中，系爭借記卡也在周靜身邊，按常理和證據，周靜在1小時45分鐘內實施刷卡行為後從無錫趕回上海，並掛失和報警的可能性非常之小；其次，周靜在看到帳戶變動的短信後，已盡到審慎注意義務，並及時報警備案，以證明發生系爭交易時周靜本人持有真實的借記卡，並位於上海家中；另，民生銀行對於周靜借記卡的系爭交易係周靜代公司支付業務往來款的主張，並沒有相關證據可以證明，且帳戶資金的來源與本案沒有關聯性。根據雙方證據的可信度和優劣勢，確認本案系爭交易屬偽卡操作所致。綜上，民生銀行應就第三方違法支取周靜卡內存款的行為向周靜承擔相應違約責任。

儲戶確實負有妥善保管密碼的義務，在儲戶未舉證證明其交易密碼係因發卡銀行原因而導致洩密的情況下，一般應推定係儲戶自身保管不當而導致密碼洩露，並根據發卡銀行及儲戶各自違約行為的程度來分擔責任。但本案係一起因偽卡盜刷而引發的借記卡糾紛案件，做為合同雙方的發卡銀行與儲戶，其對各自所負的安全保障義務和密碼保管義務的盡責態度是有很大差異的。儲戶雖然很可能是因社會經驗不足而過失洩露交易密碼，但其卻有效保管住了自己的銀行卡原件，該保管行為極大程度地抵銷了儲戶洩露密碼的違約過失，甚至在純粹的憑卡交易事實中，該保管行為完全足以抵銷儲戶的洩密過失。考慮到司法應敦促金融機構切實履行向社會消費群體所應負有的安全保障義務，故確認做為發卡銀行的民生銀行應承擔全部違約責任。現周靜在其存款被不當支取後要求金融機構返還本金及相應利息損失，於法有據，予以支持。遂判決民生銀行返還周靜163,000元，並按照中國人民銀行同期公布的活期存款利率標準支付上述款項自2015年1月2日至實際履行之日止的利息損失。一審案件受理費3,560元，減半收取計1,780元，由民生銀行負擔。

判決後，上訴人民生銀行不服，向本院提起上訴稱：第一，無證據證明系爭交易係由偽卡實施，周靜有可能持涉案借記卡正常消費後又返回家中報案。現有證據不能證明周靜在報案後當場向民警出示了涉案借記卡，原審相關事實認定錯誤。另外，雖然刷卡信息顯示POS機商戶位於無錫，但POS機是可以流動使用的，所以不能排除刷卡地點就在上海的可能性。系爭款項是周靜所在的上海維爾拉家用紡織品有限公司的經營款項，而涉案POS機商戶是經營橡膠製品和鞋類的，所以有理由相信本案與周靜或其所在公司有關聯；第二，民生銀行已經盡到安全保障義務。涉案借記卡符合國家標準，系爭交易是經過真實密碼驗證的，所以不排除是周靜洩露密碼所致；第三，即使要求民生銀行承擔責任，那麼周靜也存在密碼保管不善的過錯，應承擔相應的責任。綜上，請求撤銷原判，改判駁回周靜的原審全部訴請或者發回重審。

被上訴人周靜辯稱：民生銀行對其上訴所稱的事實不能提供任何證據加以證明。原審判決正確，請求駁回上訴，維持原判。

二審中，雙方當事人均未向本院提交新的證據。

本院經審理查明，目前尚無直接證據證明周靜2015年1月2日淩晨01點43分報警後向民警出示涉案借記卡。本院另查明，二審庭審中，雙方當事人一致確認，2015年1月2日上午周靜攜帶涉案借記卡前往民生銀行處反映情況。原審查明的其餘事實清楚，證據充分，本院予以確認。

本院認為，儲蓄存款合同中，儲戶將其所有的貨幣交付給銀行，並對銀行享有還本付息的請求權。而貨幣做為一種特殊動產，一旦由儲戶交付於銀行，即與銀行所有之其他資金發生混合，從而由銀行取得其所有權，儲戶對銀行所享有的權利，係一種債權請求權，而非對其存入銀行的若干張特定貨幣的物上返還請求權。準此，儲戶持借記卡至櫃檯或自助終端取款，或者至商戶消費的行為，其法律性質係要求銀行履行相應之債務，而銀行通過工作人員或機器設備向儲戶交付相應金額的行為，係向債權人履行債務而使相應債權消滅。如有儲戶以外之第三人向銀行要求行使債權，銀行因而向該第三人履行債務者，是否發生使儲戶債權消滅的法律後果，應視不同情況而定：若該第三人所持係真實借記卡，並輸入正確密碼，則考慮到當今社會普遍存在委託他人代為取款或消費之情形，而銀行在外觀上無法將有權代取和無權盜取的情形加以區分，亦不能合理期待銀行負有此項審查義務，故此時銀行向第三人進行清償的行為，應視為對真實債權人所為之清償，從而發生使儲戶相應債權消滅的法律後果；反之，若前述第三人所持係偽造之借記卡，則鑒於銀行做為卡片製作者以及自助設備的提供者，本應負有識別偽卡之義務並應具備此種能力，若其因不能識別偽卡而向無權利之第三人為清償者，無由受法律保護，此時應認定銀行係向真實債權人以外之他人為清償，不能發生使真實債權人的相應債權歸於消滅的法律後果，此時儲戶對銀行原本享有的債權，不受第三人盜刷之影響，仍有權要求銀行清償債務。

當儲戶與銀行之間就某項交易行為是否係偽卡所為發生爭議時，應由儲戶首先就其主張提出初步證據，比如系爭交易發生的時間、地點，持卡人的生活、工作區域，持卡人當時所處的地點，真卡的位置，向銀行提出異議的時間，向公安報案的時間等等，而儲戶所需舉證者，並非必須涵蓋上述所有項目，亦不以上述所列者為限，且其證明程度不必達到確定無疑地證明偽卡的存在，只需結合其提交的各項證據進行綜合考量，足以對是否真卡交易形成重大質疑為已足。一旦儲戶提供之證據達到上述證明標準，即應由銀行提供反證，證明系爭交易確係真卡所為，若銀行不能就此盡到舉證責任，則應承擔不利後果。

本案中，周靜所舉證據已經可以證明發生系爭交易的POS機商戶位於無錫，民生銀行雖然上訴稱POS機有可能流動至上海進行交易，但此僅屬於其主觀猜測，並無證據佐證，故應推定系爭交易發生於無錫，而周靜身處上海，並已經於合理期間內及時向民生銀行客服熱線反映以及向警方報案，而且系爭交易發生在深夜，並非正常交易時間，周靜於次日晨即持真卡至民生銀行處當場反映情況，現公安機關亦已就刑事案件進行立案，綜合上述事實分析，本院認定周靜所提供的證據已足以對系爭交易是否真卡形成重大質疑，此時應由民生銀行就其主張的真卡交易進行舉證，但是民生銀行所稱的周靜持真卡消費後趕回家中報案，以及懷疑系爭交易與周靜所在公司有關聯等等上訴理由，均僅係其主觀臆測，並無任何證據加以證明，故周靜所主張的偽卡盜刷情節，本院予以採信。據此，民生銀行就系爭交易向身處無錫的第三人所為之清償，係向非債權人的無權利人所為，不能產生使真實債權人相應債權消滅的法律後果。周靜要求民生銀行歸還相應本金及支付利息，於法有據，原審支援其訴請，判決正確。

民生銀行另稱涉案借記卡符合國家標準，對此本院認為，不論儲蓄卡和交易系統是否存在技術缺陷，均不能使債務人對無權利第三人的清償產生使真實債權消滅的法律後果，因此該項上訴理由本院不予採信。民生銀行又稱系爭交易經過密碼驗證，並稱周靜可能洩露密碼、存在過錯，對此本院認為，民生銀行應當對其所稱的周靜洩露密碼以及周靜的洩露行為與本案盜刷之間存在因果關係承擔舉證責任，但是民生銀行未能就此提供任何證據，故本院對其相關上訴理由不予採信。鑒於偽卡犯罪竊取密碼手段的多樣性，因此儲戶或者銀行如欲主張對方洩露密碼或者對密碼保管不善的，各應就其主張承擔舉證責任，原審判決理由中認為「在儲戶未舉證證明其交易密碼係因發卡銀行原因而導致洩密的情況下，一般應推定係儲戶自身保管不當而導致密碼洩露」的觀點缺乏依據，本院予以糾正。本案中雖然雙方當事人均無證據證明對方就保管密碼存在過失，但需指出的是，持偽卡盜刷的第三人所掌握的密碼是否係銀行洩露，在判斷清償行為可否產生使債權消滅的法律後果時，並非所問，即使密碼並非銀行洩露，銀行亦不得主張其對無權利第三人的清償能使儲戶的債權歸於消滅，僅在儲戶對密碼洩露有過失且與系爭交易存在因果關係時，始能相應減輕銀行的責任。本案中周靜既無保管不善之過失，則民生銀行仍應就本金和利息全額承擔償付責任。

綜上，原審認定事實清楚，判決結果正確。據此依照《中華人民共和國民事訴訟法》第一百七十條第一款第（一）項、第一百七十五條之規定，判決如下：

駁回上訴，維持原判。

二審案件受理費人民幣3,560元，由上訴人中國民生銀行股份有限公司上海華山支行負擔。

本判決為終審判決。

審判長　費勤

代理審判員　王濤

代理審判員　盛宏觀

二〇一五年十一月二十日

書記員　印銘

【案例25】銀行違規操作對客戶存款損失的承擔

農業銀行訴張某儲蓄存款合同糾紛案

案號：浙江省高級人民法院（2015）浙商提字第45號

【摘要】

如銀行違規行為與儲戶存款損失存在因果關係，銀行應承擔賠償責任，如儲戶對存款損失亦存在過錯，可適當減輕銀行責任；銀行開展金融業務時應堅持「瞭解你的客戶」、「瞭解你的業務」和「盡職調查」三原則。

【基本案情】

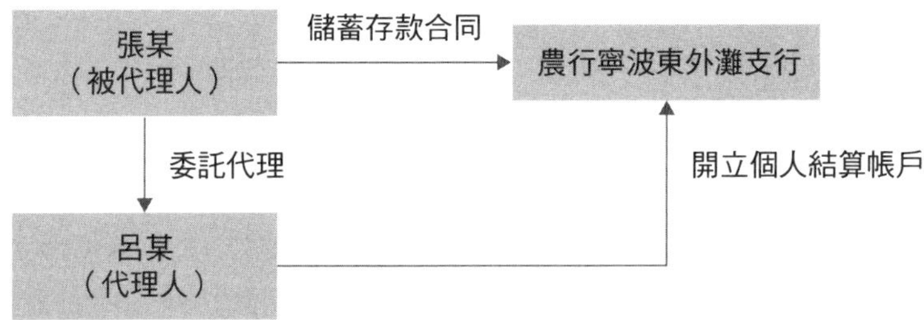

2011年5月，張某的企業會計呂某告知張某，稱有人代表農業銀行寧波東外灘支行（以下簡稱「農業銀行」）拉存款，年利率為11.75%。5月9日，在張某未到農業銀行營業場所情況下，呂某持張某身分證代理其開立個人結算帳戶並取得一張金穗借記金卡，在填寫的個人結算帳戶申請書上未申請開通電子銀行。上述帳戶開立後，張某於5月10日轉入1,400萬元，該筆款項分別通過網上銀行轉至案外人魯某某帳戶（該帳戶實際由案外人朱某使用，朱某已於2013年3月死亡）。6月5日至6月11日，魯某某帳戶陸續將1,400萬元轉入案涉帳戶，張某稱該筆款項利息已結清。

2012年4月10日至2012年6月26日，張某共向案涉帳戶轉入2,500萬元，該筆資金陸續通過網上銀行方式轉出24,926,800元至魯某某帳戶。2013年4月10日，張某到農業銀行辦理取款時，發現卡中資金已被他人通過網上銀行轉帳方式轉走。張某認為其從未開通網上銀行，遂要求農業銀行全額賠付存款。農業銀行以呂某涉嫌詐騙為由報案，公安局認為呂某不應追究刑事責任並做出撤案決定書。經公安局偵查發現，簽約業務回單中客戶確認欄簽名「張某」是由農業銀行員工仇某某填寫，表明案涉銀行帳戶網上銀行和電話銀行均已開通。張某認為農業銀行違反法定和約定義務開通網上銀行而造成其存款損失，遂訴至法院，請求農業銀行賠付存款本金2,500萬元及相應利息。

【法院判決】

浙江省寧波市江東區人民法院經審理認為，農業銀行稱張某與朱某存在借貸關係但未舉證證明存在借貸合同及借據等，故認定案涉款項並非張某向朱某借款，而是在農業銀行的存款。張某在案涉帳戶中存入2,500萬元後，農業銀行應保障其存款安全。在張某本人未到場的情況下，農業銀行明知開通網上銀行違反業務操作規範且可能造成儲戶損失仍擅自開通，並由其員工仇某某在業務回單客戶確認欄填寫張某名字，在網上銀行開通過程中存在重大過錯。農業銀行不能證明張某委託呂某開通網上銀行或故意或重大過失洩露過銀行卡密碼，張某對案涉存款以網上銀行方式轉出不存在過錯，農業銀行應當全額賠付。因農業銀行違規開通網上銀行導致張某卡內存款經網上銀行轉出24,926,800元，該金額應為賠償本金。因張某在案涉存款中曾收取高額利息，基於公平原則應予扣減。綜上，判決農業銀行賠償張某存款本金21,989,300元及相應利息。

宣判後，農業銀行不服一審判決，提起上訴。浙江省寧波市中級人民法院經審理認為，張某沒有開通網上銀行亦未授權呂某開通，農業銀行操作流程也規定開通網上銀行須本人辦理，但張某開通網上銀行簽約業務回單由該行員工仇某某填寫。農業銀行不能證明張某對案涉存款經網上銀行轉走有過錯，故應當全額賠償。綜上，判決駁回上訴、維持原判。

宣判後，農業銀行不服二審判決，申請再審。浙江省高級人民法院經審理認為，借記卡內存款多次經網上銀行轉走表明密碼被洩漏，借記卡密碼具有私密性和唯一性，儲戶應當妥善保管。在無證據證明銀行工作人員非法獲取借記卡密碼情形下，結合以下情況：1. 案涉存款年息11.75％明顯高於同期存款利率，正常利息應匯入張某帳戶而非從呂某處收取，張某應當知道該存款並非一般活期存款；2. 張某委託呂某辦理借記卡開戶並由其設置密碼，但一直未更改該密碼；3. 呂某與朱某熟識並共同到農業銀行辦理案涉開卡業務，而朱某並非農業銀行工作人員，案涉損失款項亦實際轉入朱某持有帳戶。據此，該院合理認定張某對借記卡密碼洩露具有過錯並導致案涉存款損失。因此，農業銀行和張某構成混合過錯，農業銀行負主要責任，承擔存款損失80％，張某負次要責任，承擔存款損失20％。綜上，改判農業銀行賠償張某存款本金17,591,440元及相應利息。

【法律評析】

本案中，農業銀行對儲戶張某帳戶存款被通過網上銀行方式轉出而遭受的損失是否承擔賠償責任，關鍵在於農業銀行違規開通網上銀行的行為與張某的存款損失之間，是否存在因果關係。

一、銀行違規行為與儲戶存款損失的因果關係分析

《中華人民共和國商業銀行法》第六條規定：「商業銀行應當保障存款人的合法權益不受任何單位和個人的侵犯。」分析可知，銀

行與儲戶存在儲蓄存款法律關係，做為專業金融機構的銀行更有條件和能力保護儲戶存款安全、防範存款損失，並應嚴格遵守業務規範、確保存款安全。

為了加強銀行帳戶管理、確保帳戶安全，中國人民銀行部分分支機構已制定並下發了相關指導意見，要求銀行辦理網上銀行、手機銀行等電子銀行業務時必須由儲戶本人申請，銀行內部的業務基本操作規範也有相同規定。實務中，往往會出現銀行辦理電子銀行業務時違反規定，未經儲戶本人申請而擅自開通，並導致儲戶存款被通過電子銀行方式違法轉出的情況。如果銀行業務操作符合規定，在儲戶本人未到場的情況下，電子銀行不會開通，儲戶帳戶內存款就不會通過電子銀行方式轉出。銀行違規開通電子銀行是造成儲戶存款損失的直接條件和必要因素，客觀上增加了存款損失的可能性和風險性，故銀行的違規行為與儲戶的存款損失之間存在因果關係，銀行應當對儲戶的損失承擔賠償責任。當然，如果銀行能夠舉證證明儲戶在存款被通過電子銀行方式違法轉出過程中存在過錯，比如儲戶對帳戶密碼未及時更改或保管不善導致密碼洩露、損失款項的實際流向等，可以適當減輕銀行的賠償責任。

本案中，在張某本人未到場申請的情況下，農業銀行明知開通網上銀行違反規定，仍由其員工仇某某在業務回單客戶確認欄中填寫張某名字，擅自開通網上銀行業務導致大量案涉存款被全部通過網上銀行方式違法轉出，使張某存款遭受重大損失。農業銀行的違規行為與張某的存款損失之間存在因果關係，應對該損失承擔賠償責任。同時，張某已收取的遠高於銀行正常存款利息部分，應在農業銀行賠償的本金範圍內予以扣除，因張某未及時更改帳戶密碼及損失款項實際轉入案外人朱某帳戶，其導致密碼洩露的過錯與案涉存款損失亦存在因果關係。農業銀行與張某應分別對案涉存款損失承擔與其過錯相適應的賠償責任。

二、銀行的展業三原則分析

本案中，涉及到銀行在辦理業務時對客戶申請需求的瞭解、對內部業務操作規程的瞭解和對業務申請資料真實性的審查，即銀行展業的三原則──「瞭解你的客戶」、「瞭解你的業務」和「盡職調查」。民生銀行在辦理電子銀行業務時，忽略呂某僅僅代理張某辦理一般個人結算帳戶開戶、並未申請辦理電子銀行業務的需求，違反開通電子銀行必須本人到場申請的業務操作規範和相關規定，未嚴格審核業務回單上客戶確認簽名的真實性，擅自開通電子銀行，使案涉存款被大量通過電子銀行方式非法轉出，導致張某的存款損失，完全違反了銀行展業的三原則，從而增加了銀行資金和儲戶存款的安全風險。目前，銀行展業三原則在落實過程中存在很多問題，例如，瞭解客戶過程單一、缺乏客戶評級機制、業務內控制度和操作規程不夠細化、工作人員對規章制度和業務知識不夠熟練、銀行盡職審查面臨合規與利益的衝突等。

《中國人民銀行關於改進個人銀行帳戶服務加強帳戶管理的通知》（以下簡稱《通知》）第二部分「建立銀行帳戶分類管理機制」規定：「銀行應按照『瞭解你的客戶』原則，採用科學合理方法對存款人進行風險評級，進行分類管理和動態管理，並將個人銀行帳戶分為三類，分別提供不同的服務內容。」第三部分「規範個人銀行帳戶代理事宜」規定：「銀行可根據自身風險管理水準、存款人身分核驗及風險等級，審慎確定代理開立的個人銀行帳戶功能。」第四部分「強化銀行內部管理」規定：「銀行應制定業務操作規程和管理制度，細化個人銀行帳戶開立處理流程；加強對臨櫃人員等的培訓和指導，嚴格核驗開戶申請人身分信息；銀行應根據存款人風險等級、支付指令驗證方式等因素，對存款人辦理的非櫃面業務進行限額管理，並對交易風險提示額度進行動態管理。」

上述規範性文件表明，個人銀行帳戶的開立、結算等環節，銀行都應當堅持「瞭解客戶的原則」，對客戶的基本信息、資金用途、可疑資金流轉等方面進行審查，尤其要求銀行應當對客戶資料信息的完整性和準確性盡到審查和監管之責。

本案中，銀行對張某帳戶出現的資金流轉異常沒有及時發現，而且也沒有採取相當的措施向張某進行核實，以減少銀行自身的業務風險，是沒有盡到「瞭解你的客戶」原則的體現。同時銀行工作人員擅自違規在「個人結算帳戶申請書」中勾選開通網上銀行的行為嚴重損害了儲戶利益。因此，銀行未能遵循「瞭解你的客戶」原則，同時存在對工作人員行為管理的疏漏，由此而造成的儲戶損失，銀行應承擔相應的賠償責任。

三、對銀行個人結算業務的思考

銀行做為金融機構，擁有比普通儲戶更加專業的管理經驗和技術條件，銀行在開展金融業務時應當首先堅持「瞭解你的客戶」、「瞭解你的業務」、「盡職調查」的三原則，加強對儲戶信息的管理和審核，做好盡職調查，減少銀行損失隱患。其次，銀行應當從內部加強業務管理，因為銀行工作人員具有獲得儲戶一手資料的便捷性，但同時也存在擅自修改儲戶資料的便利性，銀行更應該從內部管理入手，認真落實中國大陸法律法規和部門規章等規範性文件，在打擊銀行業務中違法犯罪行為的同時，也應盡職盡責維護儲戶的利益。

附：法律文書

申請人中國農業銀行股份有限公司寧波東外灘支行因與被申請人張月琴儲蓄存款合同糾紛案

浙江省高級人民法院民事判決書（2015）浙商提字第45號

申請再審人（一審被告、二審上訴人）：中國農業銀行股份有限公司寧波東外灘支行。

代表人：陸豐年。

委託代理人：顏忠良。

被申請人（一審原告、二審被上訴人）：張月琴。

委託代理人：李信平。

委託代理人：吳宗建。

申請再審人中國農業銀行股份有限公司寧波東外灘支行（以下簡稱農行寧波東外灘支行）因與被申請人張月琴儲蓄存款合同糾紛一案，不服寧波市中級人民法院（2014）浙甬商終字第693號民事判決，向本院申請再審，本院於2015年1月20日做出（2014）浙民申字第1407號民事裁定，提審本案。本院依法組成由黃梅擔任審判長，代理審判員伍華紅、代理審判員倪佳麗參加評議的合議庭，於2015年5月7日公開開庭審理了本案。申請再審人農行寧波東外灘支行的委託代理人顏忠良，被申請人張月琴的委託代理人李信平、吳宗建到庭參加訴訟。本案現已審理終結。

2013年8月28日，一審原告張月琴起訴至寧波市江東區人民法院稱，2011年5月，呂曉陽告知張月琴稱有人代表農行寧波東外灘支行拉存款。同年5月9日上午，呂曉陽代理張月琴在農行寧波東外灘支行開立個人結算帳戶，並取得卡號為62×××18的金穗借記金卡，雙方建立了儲存關係，並就服務內容進行了約定。當時雙方達成的是常規的借記卡業務，張月琴未到銀行，不可能也沒有辦理必須本人申請的電子銀行業務。呂曉陽在開卡當天中午回來就將金穗借記卡、個人結算帳戶申請書、張月琴身分證交給了張月琴，並由張月琴妥善保管。上述金穗借記金卡開立後，張月琴於2012年4月10日開始又陸續存入2,500萬元，按照代表銀行拉存款的人所說一年內保持不動。2013年4月10日一年時間屆滿，張月琴持銀行卡和身分證，根據密碼取款，發現該銀行卡中2,500萬元已被他人用網上銀行支取的方式非法劃走。張月琴立即與呂曉陽及顧問律師去農行寧波東外灘支行反映存款被網上銀行非法劃走情況，提示農行寧波東外灘支行立即開展調查與追索，同時要求農行寧波東外灘支行立即賠付2,500萬元合法存款。期間，農行寧波東外灘支行負責人要求其職員出示申請開戶時的底單以及相關網上銀行開辦手續，發現農行寧波東外灘支行留存的申請單上有開通網上銀行的相關內容及手續。張月琴當場向農行寧波東外灘支行提出其本人從未開通過網上銀行，亦不可能設置網上銀行密碼，更未拿到網上銀行的u盾，同時也沒有開通過電話銀行、消息服務業務，呂曉陽也當場確認從未申辦過電子銀行業務，故張月琴銀行卡開通網上銀行純屬農行寧波東外灘支行違法、違規、違約所致。事件發生後，張月琴立即向農行寧波東外灘支行及其上級銀行反映情況，並要求其上級部門據實報案查明事實，以減少不必要的損失，同時張月琴多次要求農行寧波東外灘支行及其上級銀行依約賠償損失，但雙方協商未成，農行寧波東外灘支行至今分文未予賠付。張月琴基於銀行信用在農行寧波東外灘支行開立帳戶進行存款，農行寧波東外灘支行違反法定和約定義務開通網上銀行造成其2,500萬元存款損失，應依法依約賠償。請求判令：1. 農行寧波東外灘支行立即賠付張月琴存款本金2,500萬元；2. 農行寧波東外灘支行立即支付自2013年4月10日起至判決生效之日的利息（按月1.5%計算）。

一審被告農行寧波東外灘支行答辯稱，2013年4月，張月琴要求農行寧波東外灘支行賠付2,500萬元，農行寧波東外灘支行經過調查發現，張月琴在農行寧波東外灘支行開卡的真實目的是利用銀行的平台，將資金出借給朱斌，牟取比銀行定期存款更高的利息。張月琴是寧波一家大型企業的老闆娘，有大量的閒散資金，而定期存款利率僅為2.8%，朱斌以支付高於銀行存款利息的方式從張月琴處借來款項，然後以更高的利息再轉借給他人，牟取利益。呂曉陽自1998年開始一直在張月琴企業上班，從事財務工作，呂曉陽跟朱斌在四、五年前認識，張月琴一直通過呂曉陽向朱斌出借資金，牟取高額利息。張月琴出借款項給朱斌分為三個階段：第一階段，涉案金穗借記金卡開卡之前，即2011年以前，張月琴通過呂曉陽向朱斌出借款項，之後收回借款本金並收取高額利息，這樣的款項出借經過有幾次；第二階段，基於資金的順利出借與回收，張月琴對呂曉陽更加信任，張月琴將相關的款項出借事項全部交由呂曉陽辦理，張月琴於2011年5月在農行寧波東外灘支行開立個人結算帳戶並取得金穗借記金卡後，便通過呂曉陽將1,400萬元款項出借給朱斌收取高額利息，朱斌於2012年6月將所借款項歸還；第三階段，基於上述幾次資金出借後，張月琴均能順利收回本金並賺取高額利息，張月琴決定增加出借金額，2012年張月琴及其弟弟總計借給朱斌4,500萬元，其中張月琴出借金額為2,500萬元，朱斌借到上述款項後，一部分繼續用於放高利貸，一部分用於在象山開辦實業。2013年3月份，朱斌意外死亡，張月琴向朱斌催討出借款項出現一定的困難，便對農行寧波東外灘支行提起訴訟，由此產生了本案。實際是張月琴將資金高利出借給朱斌出現風險後，企圖將風險轉嫁給銀行，張月琴所謂的「開卡」、「存款」真正目的是為了出借款項。張月琴起訴狀中認為農行寧波東外灘支行違反法律規定的「為儲戶保密原則」，但農行寧波東外灘支行並不知道張月琴的交易密碼，不存在洩露張月琴密碼的情形。綜上，請求駁回張月琴的訴訟請求。

寧波市江東區人民法院一審查明，2011年5月，張月琴的企業會計呂曉陽告知張月琴，稱有人代表農行寧波東外灘支行拉存款，年利率為11.75%，但要保持一年不動，存入後先按11%支付利息，一年到期後再按0.75%支付利息。同年5月9日上午，在張月琴本人未到農行寧波東外灘支行營業場所的情況下，呂曉陽持有張月琴身分證代理張月琴在農行寧波東外灘支行開立了一般的個人結算帳戶，並取得了卡號為62×××18的金穗借記金卡。根據呂曉陽填寫的個人結算帳戶申請書，呂曉陽在代理張月琴申請開戶時並未申請開通電子銀行。上述帳戶開立後，張月琴於2011年5月10日轉入上述銀行帳戶1,400萬元，之後該帳戶資金於2011年5月10日以網上銀行轉帳方式轉出300萬元，於2011年5月11日以網上銀行轉帳方式轉出300萬元，於2011年5月13日以網上銀行轉帳方式轉出300萬元，於2011年5月16日以網上銀行轉帳方式轉出300萬元，於2011年5月24日以網上銀行轉帳方式轉出100萬元，於2011年5月25日以網上銀行轉帳方式轉出100萬元，上述款項均轉至案外人魯曉紅在中國農業銀行股份有限公司開戶的帳號為62×××10的帳戶（以下簡稱魯曉紅帳戶）。根據寧波市公安局江東分局詢問筆錄，魯曉紅帳戶實際由案外人朱斌使用，朱斌已於2013年3月份死亡。2012年6月5日至2012年6月11日，魯曉紅帳戶陸續轉入張月琴在農行寧波東外灘支行開立的涉案帳戶1,400萬元。2012年6月11日，張月琴從其在農行寧波東外灘支行開立的涉案帳戶取出1400萬元。根據張月琴所述，該筆1,400萬元利息已經結清。張月琴另於2012年4月10日向其在農行寧波東外灘支行開立的上述帳戶中轉入700萬元，於2012年6月20日轉入500萬元，於2012年6月21日轉入500萬元，於

2012年6月25日轉入300萬元，於2012年6月26日轉入500萬元，轉入金額合計2,500萬元。該2,500萬元款項轉入後，張月琴帳戶內資金陸續通過網上銀行轉帳方式轉出24,926,800元至魯曉紅帳戶。根據張月琴所述，涉案2,500萬元存款按11.75%計算的利息，張月琴僅收取了11%的利息，其餘的利息尚未收取。2013年4月10日，張月琴持上述在農行寧波東外灘支行開辦的銀行卡以及身分證到中國農業銀行股份有限公司寧波五鄉支行辦理取款，發現該銀行卡中資金被他人通過網上銀行轉帳的方式轉走，張月琴認為開卡當日，其本人從未到過農行寧波東外灘支行營業場所，從未開通過網上銀行，遂要求農行寧波東外灘支行全額賠付存款。事後，農行寧波東外灘支行向寧波市公安局江東分局報案，該局就呂曉陽涉嫌詐騙進行立案偵查，2013年8月14日，該局認為犯罪嫌疑人呂曉陽不應追究刑事責任，並做出撤銷案件決定書。在上述刑事案件偵查過程中，該局經偵查發現，包括網上銀行業務在內的多產品簽約業務回單中的客戶確認欄簽名「張月琴」由農行寧波東外灘支行員工仇飛波填寫，根據該業務回單，張月琴涉案銀行卡網上銀行、電話銀行均已開通成功，安全認證類型為天地融k寶，同時該業務回單載明「本人已領取個人客戶證書兩碼信封」。

另查明：2011年4月20日，中國人民銀行寧波市中心支行辦公室指定並下發的《關於加強個人銀行結算帳戶開戶管理的指導意見》第三條第（三）項規定：「對代理關係開立的個人銀行結算帳戶，不得開通網上銀行、手機銀行、電話銀行、自助設備業務等。如需開通上述有關業務，要落實『親訪親簽』制度，必須由其本人到營業場所核實身分，辦理簽約手續後開通。」張月琴涉案銀行帳戶開立時，農行寧波東外灘支行提供的個人結算帳戶申請書中的電子銀行業務欄載明「電子銀行業務必須本人申請，未成年人可由監護人代為申請」。

寧波市江東區人民法院審理認為，案件的爭議焦點有三個，一是涉案款項性質是否係張月琴出借給朱斌的借款；二是農行寧波東外灘支行對張月琴帳戶資金被網上銀行轉出所發生的損失是否應當承擔賠付責任；三是農行寧波東外灘支行對張月琴的賠付金額如何確定。

關於第一個爭議焦點，涉案款項性質是否為張月琴出借給朱斌的借款。張月琴認為，張月琴從呂曉陽處得知有人代表銀行拉存款，可以得到年

11.75%的高額利息，繼而在農行寧波東外灘支行開立了個人結算帳戶，辦理了金穗借記金卡，之後陸續存入1,400萬元以及涉案的2,500萬元，張月琴與朱斌並不認識，並不存在借貸關係，涉案款項性質為張月琴在農行寧波東外灘支行的存款。農行寧波東外灘支行認為，張月琴在農行寧波東外灘支行開戶的目的是利用銀行平台進行放貸，涉案的2,500萬元係張月琴出借給朱斌的借款，並非銀行存款。該院認為，證明借貸關係的證據包括書面的借款合同、借款借據等，農行寧波東外灘支行雖辯稱張月琴與朱斌之間存在借貸關係，但未提交證據證明張月琴與朱斌之間存在借貸合意，不能證明涉案款項係張月琴利用銀行平台出借給朱斌，農行寧波東外灘支行的辯稱意見缺乏證據支持，故不予採信，涉案款項並非張月琴出借給朱斌的借款。

關於第二個爭議焦點，農行寧波東外灘支行對張月琴帳戶資金被網上銀行轉出所發生的損失是否應當承擔賠付責任。根據《中華人民共和國商業銀行法》第六條的規定，「商業銀行應當保障存款人的合法權益不受任何單位和個人的侵犯」，張月琴做為儲戶在銀行帳戶中存入2,500萬元資金後，農行寧波東外灘支行應當保障張月琴的資金安全，否則應承擔相應的法律責任。涉案款項均通過網上銀行轉出，對於包括網上銀行在內的電子銀行的開通主體，中國人民銀行寧波市中心支行辦公室制定並下發的《關於加強個人銀行結算帳戶開戶管理的指導意見》第三條第（三）項明確規定，「對代理關係開立的個人銀行結算帳戶，不得開通網上銀行」，結合農行寧波東外灘支行的業務基本操作規範，農行寧波東外灘支行提供的個人結算帳戶申請書也明確載明「電子銀行業務必須本人申請」，由此可以看出，電子銀行業務對儲戶資金安全的重大影響，「本人到場」在電子銀行業務開通過程中的至關重要性。案件中，農行寧波東外灘支行在張月琴本人未到場的情況下，明知開通網上銀行違反規定，可能造成儲戶損失，仍然擅自開通網上銀行，並由該行員工仇飛波在網上銀行業務回單中的客戶確認欄填寫張月琴名字。農行寧波東外灘支行在網上銀行開通過程中存在重大過錯。首先，嚴重違反民法最基本的誠實信用原則；其次，嚴重違反農行寧波東外灘支行的業務基本操作規範；再者，嚴重違反中國人民銀行寧波市中心支行辦公室指定並下發的《關於加強個人銀行結算帳戶開戶管理的指導意見》的相關規定。在銀行業務操作合規的情況下，張月琴本人未到場，網上銀行業務就不會開通，其銀行卡中的資金也不會通過網上銀行轉出，農行寧波東外灘支行違規開通網上銀行是造成張月琴損失的前提條件和必要因素，張月琴有權要求農行寧波東外灘支行對張月琴帳戶資金被網上銀行轉出所發生的損失予以賠償。同時，基於合同的相對性，案外人的違法轉帳行為並不影響張月琴向農行寧波東外灘支行主張違約責任，不影響張月琴向該行主張賠付權利的行使。至於張月琴是否應當對損失承擔一定比例的責任，該院認為，農行寧波東外灘支行承認張月琴本人未到場申請開通過網上銀行，張月琴銀行卡網上銀行開通業務回單中的申請人簽名「張月琴」為農行寧波東外灘支行員工仇飛波所填寫，農行寧波東外灘支行不能證明張月琴曾委託呂曉陽開通網上銀行，或張月琴曾故意或重大過失洩露過銀行卡密碼，故張月琴對涉案銀行卡開通網上銀行直到卡內資金以網上銀行方式轉出，完全不知情，且張月琴在該過程中不存在過錯。退一步講，如果農行寧波東外灘支行業務操作規範合法，張月琴本人未到場的情況下網上銀行業務未開通，網上銀行轉帳根本無法實現，張月琴的任何可能性過失也不會導致其銀行卡資金被網上銀行轉帳而發生損失。基於以上理由，農行寧波東外灘支行應當對張月琴帳戶資金被網上銀行轉出金額承擔全額賠付責任。

關於第三個爭議焦點，農行寧波東外灘支行對張月琴的賠付金額如何確定，其中包含存款本金和利息損失兩部分。首先，農行寧波東外灘支行應賠付的存款本金如何確定。因農行寧波東外灘支行違規開通網上銀行，導致張月琴銀行卡中資金通過網上銀行方式轉帳金額為24,926,800元，該金額應做為賠償本金的計算基礎，其餘金額的轉出與農行寧波東外灘支行違規開通網上銀行無關，不能做賠償本金的計算基礎。以該金額做為計算基礎，因張月琴在涉案2,500萬元存款過程中曾收取過遠高於銀行同期同類存款利率的高額利息，基於公平原則，該部分高額利息應當做為本金予以扣減，對此張月琴也表示同意，現張月琴自願選擇以利息2,937,500元（按年11.75%計算）在賠付本金中予以扣減，係張月琴的權利處分行為，予以認定，據此，農行寧波東外灘支行應當賠付張月琴的存款本金為21,989,300元（網上銀行轉出金額24,926,800元減去高額利息金額2,937,500元），張月琴訴請本金超出部分，不予支援。其次，農行寧波東外灘支行應賠付的利息如何確定。就存款人權益的保護，《中華人民共和國商業銀行法》第二十九條第一款明確規定

「取款自由的原則」，第三十三條就該原則進行細化，明確規定「商業銀行應當保證存款本金和利息的支付，不得拖延、拒絕支付存款本金和利息」，第七十三條就法律後果進一步做出規定，「商業銀行無故拖延、拒絕支付存款本金和利息的，或者違反本法規定發生對存款人造成損害的其他行為，對存款人或者其他客戶造成財產損害的，應當承擔支付遲延履行的利息以及其他民事責任。」依據上述規定，農行寧波東外灘支行做為商業銀行，應當保證存款本金和利息的及時支付，否則應當承擔支付遲延履行利息以及其他民事責任。根據張月琴、農行寧波東外灘支行的陳述，張月琴要求農行寧波東外灘支行支付存款的時間為2013年4月10日，因涉案款項被他人通過網上銀行轉帳21,989,300元，農行寧波東外灘支行未及時支付該筆存款，其依法應當賠償張月琴以網上銀行轉帳金額21,989,300元為基數自2013年4月10日起算的利息損失。至於利率計算標準，依據最高人民法院《關於逾期付款違約金應當按照何種標準計算問題的批覆》，「對於合同當事人沒有約定逾期付款違約金標準的，人民法院可以參照中國人民銀行規定的金融機構計收逾期貸款利息的標準計算逾期付款違約金」，張月琴起訴時要求按月1.5%計算利息，現張月琴自願放棄部分訴請，降低計算標準為按中國人民銀行公布的銀行同期同類貸款基準利率計算利息，經審查，該計算標準並不違反法律規定，予以支持。據此，依照《中華人民共和國合同法》第六十條第一款、第一百零七條，《中華人民共和國商業銀行法》第五條、第六條、第二十九條第一款、第三十三條、第七十三條第（一）項、第（四）項，最高人民法院《關於民事訴訟證據的若干規定》第二條之規定，寧波市江東區人民法院於2014年4月16日做出（2013）甬東商初字第1288號民事判決：

一、農行寧波東外灘支行賠償張月琴存款本金21,989,300元，並賠償張月琴自2013年4月10日起至判決確定履行日止按中國人民銀行公布的銀行同期同類貸款基準利率計算的利息損失，於判決生效之日起10日內付清；二、駁回張月琴的其他訴訟請求。如果未按判決指定的期間履行給付金錢義務的，應當依照《中華人民共和國民事訴訟法》第二百五十三條之規定，加倍支付遲延履行期間的債務利息。案件受理費166,800元，由張月琴負擔20,088元，農行寧波東外灘支行負擔146,712元。

農行寧波東外灘支行不服一審判決，向寧波市中級人民法院提起上訴稱，張月琴是一家大型企業的老闆娘，管理經驗與金融知識豐富，有大量的閒散資金，有將資金出借給他人牟取比銀行定期存款更高利息的圖謀。呂曉陽自1998年起一直在張月琴企業從事財務工作，呂曉陽跟朱斌在四、五年前認識，張月琴一直通過呂曉陽向朱斌出借資金，牟取高利。朱斌則在借款後以更高利息出借給他人。在涉案銀行卡開卡之前，張月琴即通過呂曉陽向朱斌出借款項並收取高利。隨著張月琴對呂曉陽的更加信任，張月琴將相關的款項出借事項全部交由呂曉陽辦理。2011年5月開卡後，張月琴通過呂曉陽將1,000多萬元款項出借給朱斌收取高利，由於前幾次資金出借均順利收回本息，張月琴決定增加出借金額，於2012年和其弟弟一起借給朱斌4,500萬元。從呂曉陽同朱斌的QQ聊天紀錄可以看出，張月琴與呂曉陽在一開始就知道朱斌做「資金生意」，並一直將款項借給朱斌。張月琴所稱的「銀行存款」與一般的銀行存款也完全不同。一年11.75%的利率遠高於正常銀行利率，做為完全民事行為能力人應該完全知曉，而且銀行支付利息必然是到期後直接支付到儲戶儲蓄卡內，不可能出現利息打到呂曉陽的銀行卡由呂曉陽來進行分配，而所支付的利息也與所謂的11.75%利率對不上的情況。張月琴在整個「存款」過程中的表現也不符合常理。在2011年5月9日到2013年4月近兩年的時間內，張月琴對用款人動用存款是知情的且採取放任態度，在明知銀行卡內實際餘額與存入金額不符時也沒有任何反應。因此，本案實際上是張月琴為賺取高額利息，利用銀行平台，將資金高利出借給朱斌後出現風險後又企圖將風險轉嫁給銀行，張月琴所謂的「開卡」、「存款」真正目的是為了出借款項，一審認定涉案款項並非張月琴出借給朱斌的借款是錯誤的。一審認定農行寧波東外灘支行違規開通網上銀行是造成張月琴損失的前提條件和必要因素也是錯誤的。農行寧波東外灘支行的網上銀行業務與短信提醒業務的開通需要以下步驟：將銀行卡交給銀行櫃面操作人員一劃卡一由客戶輸入密碼一再一次劃卡一成功辦理網銀／短信提醒業務。在本案中，雖然呂曉陽聲稱沒有開通網上銀行與短信提醒業務，但農行寧波東外灘支行的當天流水單紀錄卻顯示開卡與開通網上銀行、短信提醒的過程是連續的。由於銀行卡和密碼的唯一性，銀行內部的系統決定了如果沒有持卡人的親自操作，沒有其輸入密碼，是無法開通網上銀行與短信提醒業務的，而且短信提醒業務所留的電話號碼為呂曉陽所有，故可以認定網上銀行、短信提醒係由呂曉陽開通。呂曉陽係張月琴代理人，其行為應被視為張月琴的意志。仇飛波替呂曉陽代簽開通網上銀行的手續，如果沒有呂曉陽將銀行卡交與櫃員並輸入密碼，仇飛波的代簽行為是無法開通網上銀行的，本案網上銀行的開通與仇飛波的代簽沒有因果關係。另外，根據中國農業銀行金穗借記卡章程，張月琴網上銀行的開通雖非本人親自辦理，但因為網上銀行的開通屬於憑銀行卡和密碼交易，也應視為其本人的行為。張月琴未妥善保管銀行卡和密碼，也是負有過錯的。農業銀行網上銀行轉帳流程為：插入天地融k寶（辦理網上銀行業務時櫃檯給予）一輸入天地融k寶密碼一輸入卡密碼一輸入天地融k寶密碼。可見，在開通網上銀行業務後，如果張月琴或呂曉陽沒有將銀行卡密碼與天地融k寶及天地融k寶密碼透露給了朱斌，朱斌也無法通過網銀將卡內資金轉走，而這才是張月琴損失的前提條件與必要因素。綜上，一審認定事實不當並進而適用法律錯誤，請求依法改判駁回張月琴的訴訟請求。

張月琴答辯稱，本案是銀行為拉大客戶存款而未嚴格依法依規操作導致的。銀行做為所有流程、電子技術、平台的開發者和提供者，相對於儲戶有巨大優勢，理應對銀行有更高的要求。張月琴對農行寧波東外灘支行和張月琴之間存在儲蓄合同關係、網上銀行是仇飛波違法違規開通等事實已盡舉證責任，農行寧波東外灘支行認為雙方不存在儲蓄合同關係、張月琴存在一定的過錯，與事實完全矛盾，而且舉證責任也應由農行寧波東外灘支行承擔。一審認定事實清楚，適用法律正確，請求駁回上訴，維持原判。

寧波市中級人民法院二審查明的事實與一審法院認定的事實一致。

寧波市中級人民法院二審認為，當事人對自己提出的訴訟請求所依據的事實或者反駁對方訴訟請求所依據的事實有責任提供證據加以證明。張月琴在農行寧波東外灘支行開戶並存入2,500萬元，張月琴與農行寧波東外灘支行形成儲蓄存款合同關係。農行寧波東外灘支行辯稱張月琴與朱斌之間存在借貸關係，但不能提供充分證據證明，對此不予採信。張月琴的存款係通過網上銀行轉走，張月琴的存款目的與存款被轉走也無直接因果關係。由於張月琴本人沒有開通網上銀行，亦沒有授權呂曉陽開通，農行寧波東外灘支行的操作流程也規定開通網上銀行須本人辦理，而張月琴開通網上銀行的簽約業務回單由農行寧波東外灘支行員工仇飛波填寫，故農行寧波東外灘支行認為其對存款被轉走沒有責任或可減輕責任應提供證據證明。根據農行寧波東外灘支行提供的證據，不能確定存款被轉走係由於張月琴的原因導致，也無法證明張月琴對此有過錯，故案外人的違法行為造成的後果應由農行寧波東外灘支行承擔。綜上，農行寧波東外灘支行的上訴理由不足，不予支持。一審認定事實清楚，程序合法，實體判決正確。依照《中華人民共和國民事訴訟法》第一百七十條第一款第（一）項之規定，寧波市中級人民法院於2014年10月10日做出（2014）浙甬商終字第693號民事判決：駁回上訴，維持原判。二審案件受理費151,746.50元，由農行寧波東外灘支行負擔。

農行寧波東外灘支行申請再審稱，一、張月琴網上銀行的開通係呂曉陽所為，且經張月琴兩次通過該帳戶借款給朱斌的行為予以追認，故存款損失與仇飛波的代簽等違規行為沒有直接因果關係，這種違規行為性質只能屬於履行瑕疵，而不屬於違約行為。1. 從事實上看，張月琴對代理人呂曉陽開卡及設置的密碼是認可的，且開卡後至今未對密碼做過修改，可以認定網銀係呂曉陽開通。2. 從合同內容看，張月琴的網銀是憑銀行卡和密碼開通，根據《中國農業銀行金穗借記卡章程》第四條規定，網銀的開通視為本人的行為。3. 從法律規定看，如張月琴否認開通網銀，也應對其未妥善保管好自己的身分證件及帳號、密碼等，承擔法律責任。4. 從合同履行過程看，張月琴用自己的行為已認可了開通網銀的行為。在張月琴銀行卡已開通短信功能的情況下，該卡近兩年的每筆交易紀錄通過銀行信息發送平台均會自動發短信至呂曉陽手機，其知道銀行卡資金的進出情況，張月琴也必然已經知道。二、張月琴對於存款後朱斌用網銀將存款轉走是知情的。且呂曉陽做為張月琴的代理人是明知的情況下，如呂曉陽未告知張月琴，張月琴可依據代理關係追究呂曉陽的法律責任。二審判決對短信及QQ信息屬於呂曉陽而不是張月琴為由簡單加以否認，忽略了呂曉陽是張月琴的代理人身分。三、與張月琴存款損失的發生有直接因果關係的是張月琴未妥善保管銀行卡和密碼，同時在2011年5月9日到2013年4月近兩年的時間內對用款人動用存款是明知或採取放任態度，且與其所稱一年期存款的存款目的不符，反映出張月琴向銀行存款其主觀目的是通過銀行存款做為融資平台借款給用款人朱斌，既保障其資金安全，同時獲取高額利差。案涉存款損失是由用款人朱斌在借款期間意外死亡不能按時將歸還款項存入指定帳戶造成，故應由張月琴自己對款項損失承擔責任。四、農行寧波東外灘支行與張月琴之間的儲蓄存款合同是張月琴與朱斌之間以存款形式進行的借貸，張月琴的目的是以此獲取高息，擾亂了金融秩序，其存款目的並非善意，屬於以合法形式掩蓋非法目的的行為，依法應認定為無效合同。綜上，請求依法撤銷二審判決，改判駁回張月琴的訴訟請求，本案全部訴訟費由張月琴承擔。

張月琴口頭答辯稱，銀行應對儲戶承擔嚴格法律責任，農行寧波東外灘支行的再審請求依法不能成立。一、關於張月琴與農行寧波東外灘支行之間是否存在合法的儲蓄關係問題。一審法院判決完全正確，雙方之間存在合法的儲蓄關係。在一審審理過程中，張月琴向法院提供了張月琴沒有開通任何網銀的一般開戶申請結算書，界定雙方之間的權利義務關係。根據儲蓄條例第三條規定，本案儲存關係有效合法。農行寧波東外灘支行未對張月琴提供的證據提出任何異議。二、關於一審判決農行寧波東外灘支行承擔法律責任的法律與事實依據問題。農行寧波東外灘支行向張月琴當場出具了有關電子銀行開具協議以及網銀開通等一系列的原始單據，張月琴當場指出簽字均不是本人所簽，後銀行的經辦人也確認是其工作人員仇飛波所簽，仇飛波也當場確認，未經過張月琴的同意。根據商業銀行法規定，農行寧波東外灘支行拒不履行合同責任已經產生，一審法院判決農行寧波東外灘支行承擔全額賠付責任正確。三、農行寧波東外灘支行不存在任何減輕責任的情形。開通網銀是身分行為，不存在任何代理可能。農行提供的格式文本中也明確說明開通網銀必須本人親自辦理。四、農行寧波東外灘支行的陳述互相矛盾，一方面認為雙方之間沒有法律關係，另一方面主張合同無效；一方面認為其行為有瑕疵，但不存在違約，一方面又認為其不承擔責任，或減輕責任。綜上，一、二審法院程序合法、事實認定清楚，請求維持原判。

再審中，申請再審人農行寧波東外灘支行與被申請人張月琴均未提供新的證據資料。

本院再審查明：一、本案雙方當事人確認如下事實：案涉張月琴農行借記卡內的存款通過網上銀行轉出需要輸入兩個密碼，即借記卡密碼和k寶密碼。二、2013年4月19日，張月琴在接受寧波市公安局江東分局詢問時陳述稱：1,400萬元和2,500萬元存款利息的收取都是通過呂曉陽帳戶再轉給其的；可能知道銀行卡密碼的人只有其和呂曉陽，其未將密碼告知任何他人。

三、2013年4月17日、18日，呂曉陽在接受寧波市公安局江東分局詢問時陳述稱：其和朱斌在四年前認識，2011年4月的一天，朱斌電話告知其農行在拉存款，活期存款一年利率11.75%。其遂於2011年5月9日來到農行寧波東外灘支行為張月琴辦理開戶，朱斌當時已在農行寧波東外灘支行等候。在案涉存款之前其和朱斌做過1-2次攬儲業務，資金都是張月琴所有。對一、二審法院查明的其他事實，各方當事人無異議的，本院予以確認。

本案的爭議焦點在於：1. 張月琴農行借記卡網上銀行的開通是否為其代理人呂曉陽開通，能否認定張月琴認可呂曉陽開通網銀的行為；2. 農行寧波東外灘支行違規開通網銀與存款損失之間是否存在因果關係，是否應承擔全部賠償責任；3. 張月琴及呂曉陽是否存在未盡到妥善保管借記卡、嚴格保管密碼等義務，未盡上述義務與案涉存款損失是否存在因果關係，張月琴是否應對存款損失承擔全部法律責任。對此，分析如下：

關於張月琴農行借記卡網上銀行的開通是否為其代理人呂曉陽開通並得到張月琴認可的問題。農行寧波東外灘支行再審主張張月琴借記卡網上銀行的開通為其代理人呂曉陽開通，張月琴認可呂曉陽開通網銀的行為。本案中，2011年5月9日呂曉陽持張月琴的身分證代理張月琴在農行寧波東外灘支行開立個人結算帳戶，呂曉陽在「個人結算帳戶申請書」中填寫了證件號碼、姓名、住址、電話等信息後，在客戶或代理人簽字處代簽了「張月琴」。在呂曉陽交與張月琴持有的該「個人結算帳戶申請書」中，有電子銀行業務申請的內容，但在該申請書中並未申請予以開通。而農行寧波東外灘支行持有的該「個人結算帳戶申請書」中，明顯增加了申請開通網上銀行、電話銀行業務的內容，呂曉陽在寧波市公安局江東分局對其的訊問筆錄中明確其未要求農行寧波東外灘支行開通過電子銀行業務，在農行寧波東外灘支行不能對其與張月琴持有的「個人結算帳戶申請書」存有區別做合理解釋及不能證明其已將k寶交付給張月琴的情況下，結合「業務回單」（該業務回單明確載明「本人已領取個人客戶證書兩碼信封」）中客戶確認欄簽名「張月琴」並非呂曉陽所簽，實際為農行寧波東外灘支行的工作人員仇飛波擅自違規填寫的事實，可以合理認定係農行寧波東外灘支行的工作人員擅自為張月琴開通了網上銀行業務，農行寧波東外灘支行的該節再審理由不能成立。

關於農行寧波東外灘支行違規開通網上銀行與存款損失之間是否存在因

果關係及法律責任的承擔問題。農行寧波東外灘支行再審確認其在開通張月琴借記卡網上銀行時未做到「親訪親簽」制度，在張月琴未在場的情況下開通，且相關憑證由其員工仇飛波代簽，屬於違規行為，但認為該違規行為與存款損失不存在直接的因果關係。對此，首先，銀行與儲戶之間係儲蓄存款合同關係，銀行應盡合理注意義務保護儲戶的存款，且相對於普通儲戶，銀行做為專業機構，更有條件和能力防範存款損失的風險，故銀行應制定完善的業務規範，並嚴格遵守規範，盡可能避免風險，確保儲戶的存款安全。其次，如前所述，根據現有證據可以合理認定係農行寧波東外灘支行的工作人員擅自為張月琴開通了網上銀行業務。如果沒有該違規行為，則網上銀行不會開通，案外人也無法通過網上銀行違法轉款。該違規行為給案外人違法轉款提供了直接條件，實質上增加了存款損失的客觀可能性。故該違規行為與存款損失具有相當的因果關係。農行寧波東外灘支行在工作人員管理、營業場所管理以及存款業務操作流程等方面均存在明顯過錯，其應對案涉存款損失承擔主要責任。

關於張月琴及呂曉陽是否存在未盡到妥善保管借記卡、嚴格保管密碼等義務，未盡上述義務與案涉存款損失是否存在因果關係的問題。雙方當事人對張月琴案涉借記卡中的存款通過網上銀行轉走必須同時輸入該借記卡密碼及k寶密碼並無異議。該借記卡內存款多次通過網上銀行轉走，表明借記卡密碼被洩漏。借記卡密碼係呂曉陽設置，呂曉陽在寧波市公安局江東分局對其的訊問筆錄中確認僅有張月琴和其知曉借記卡密碼。銀行借記卡的密碼具有私密性和唯一性的特點，儲戶應當合理保管密碼等個人信息。在無任何證據證明銀行的工作人員通過非法管道獲取借記卡密碼的情形下，結合以下情況：1. 案涉存款年息11.75%的利率明顯高於銀行同期活期存款利率，亦明顯高於正常幫忙完成存款任務所能得到的利息，且張月琴認可利息都是通過呂曉陽的帳戶再轉給其的，如果是正常存款的利息應該是匯入張月琴本人的借記卡中，而不是從呂曉陽處收取，故張月琴應當知道該存款並非一般的活期存款；2. 張月琴委託呂曉陽辦理銀行借記卡開戶，借記卡密碼亦由呂曉陽設置，而張月琴對該密碼一直未予更改；3. 呂曉陽與朱斌熟識，並共同到農行寧波東外灘支行辦理案涉借記卡的開卡業務，而朱斌並非農行寧波東外灘支行的工作人員，案涉損失款項亦實際轉入朱斌持有的銀行卡帳戶。據此，本院合理認定張月琴對借記卡密碼的洩露具有保管不善的過錯，而密碼的洩漏與案涉存款損失亦存在相當的因果關係，張月琴對存款損失應承擔與其過錯相適應的責任。

綜上，農行寧波東外灘支行主張的再審理由部分成立，應予支援。農行寧波東外灘支行、張月琴雙方構成混合過錯，應根據各自過錯程度承擔相應比例的責任。農行寧波東外灘支行負主要責任，承擔存款損失的80%，張月琴付次要責任，承擔存款損失的20%。二審判決認定事實不清，適用法律欠妥，應予糾正。依照《中華人民共和國民法通則》第一百零六條第一款、第二款、《中華人民共和國民事訴訟法》第二百零七條第一款、第一百七十條第一款第（二）項之規定，判決如下：

一、撤銷寧波市中級人民法院（2014）浙甬商終字第693號民事判決和寧波市江東區人民法院（2013）甬東商初字第1288號民事判決。

二、農行寧波東外灘支行賠償張月琴存款本金17,591,440元，並賠償張月琴自2013年4月10日起至判決確定履行日止按中國人民銀行公布的銀行同期同類貸款基準利率計算的利息損失，於判決送達之日起十日內付清。

三、駁回張月琴的其他訴訟請求。

如果未按本判決指定的期間履行給付金錢義務，應當依照《中華人民共和國民事訴訟法》第二百五十三條之規定，加倍支付遲延履行期間的債務利息。

一審案件受理費166,800元，由張月琴負擔49,430元，農行寧波東外灘支行負擔117,370元。二審案件受理費151,746.50元，由張月琴負擔30,349.50元，農行寧波東外灘支行負擔121,397元。

本判決為終審判決。

審判長　黃梅
代理審判員　倪佳麗
代理審判員　伍華紅
二〇一五年五月二十八日
書記員　呂俊

富蘭德林

台資銀行中國大陸債權確保實務 法院判例1-25

2016年9月初版 定價：新臺幣480元
2016年9月初版第二刷

著　者　台資銀行大陸從業人員交流協會
編　者　富蘭德林證券股份有限公司
總編輯　胡金倫
總經理　羅國俊
發行人　林載爵

出版者　聯經出版事業股份有限公司
地址　台北市基隆路一段180號4樓
編輯部地址　台北市基隆路一段180號4樓
叢書主編電話　(02)87876242轉223
台北聯經書房　台北市新生南路三段94號
電話　(02)23620308
台中分公司　台中市北區崇德路一段198號
暨門市電話　(04)22312023
郵政劃撥帳戶第0100559-3號
郵撥電話　(02)23620308
印刷者　世和印製企業有限公司
總經銷　聯合發行股份有限公司
發行所　新北市新店區寶橋路235巷6弄6號2F
電話　(02)29178022

叢書主編　鄒恆月
協力編輯　鄭秀娟
內文排版　陳玫稜

行政院新聞局出版事業登記證局版臺業字第0130號

本書如有缺頁，破損，倒裝請寄回台北聯經書房更換。 ISBN 978-957-08-4802-1 (精裝)
聯經網址 http://www.linkingbooks.com.tw
電子信箱 e-mail:linking@udngroup.com

國家圖書館出版品預行編目資料

台資銀行中國大陸債權確保實務 法院判例1-25/台資銀行大陸從業人員交流協會著．富蘭德林證券股份有限公司編．初版．臺北市．聯經．2016年9月（民105年）．400面．14.8×21公分（富蘭德林）
ISBN 978-957-08-4802-1（精裝）
[2016年9月初版第二刷]

1.銀行法規 2.放款 3.授信 4.判例解釋例

562.12 105016006